# 检察业务热点问题研究

JIANCHA YEWU REDIAN WENTI YANJIU

本书编写组　编

中国检察出版社

**图书在版编目（CIP）数据**

检察业务热点问题研究/《检察业务热点问题研究》编写
组编. —北京：中国检察出版社，2009.3
ISBN 978 – 7 – 5102 – 0062 – 5

Ⅰ. 检…　Ⅱ. 检…　Ⅲ. 检察机关 – 工作 – 研究 – 中国
Ⅳ. D926.3

中国版本图书馆 CIP 数据核字（2009）第 026109 号

---

检察业务热点问题研究
本书编写组

出　版　人：袁其国
出版发行：中国检察出版社
社　　　址：北京市石景山区鲁谷西路 5 号 （100040）
网　　　址：中国检察出版社 （www. zgjccbs. com）
电子邮箱：zgjccbs@ vip. sina. com
电　　　话：(010)68639243(编辑)　68650015(发行)　68636518(门市)
经　　　销：新华书店
印　　　刷：三河鑫鑫科达彩色印刷包装有限公司
开　　　本：720mm×960mm　16 开
印　　　张：17.25 印张
字　　　数：320 千字
版　　　次：2009 年 9 月第一版　2009 年 9 月第一次印刷
书　　　号：ISBN 978 – 7 – 5102 – 0062 – 5
定　　　价：36.00 元

# 序

党的十七大从中国特色社会主义事业发展全局出发，明确要求建设公正、高效、权威的社会主义司法制度，维护社会公平正义。检察制度作为中国特色社会主义司法制度的重要组成部分，检察机关作为国家的法律监督机关，强化法律监督，维护公平正义，为中国特色社会主义事业发展进步创造良好的法治环境，是根本职责所在。当前开展深入学习实践科学发展观活动，是为了全面贯彻落实党的十七大精神，更好地推进检察工作科学发展，维护司法公正，促进社会和谐。因此，检察机关应当把学习实践活动的成效体现到解决检察工作中的突出问题上，以进一步促进检察工作科学发展。

安徽省人民检察院法律政策研究室紧扣时代主题，将十七大精神和科学发展观贯彻落实于具体的检察实务中，尤其体现于影响检察工作和谐发展的而又亟待解决的现实问题，在此基础上形成了《检察业务热点问题研究》书稿，对检察工作中亟待解决的六个方面的问题进行了深入而细致的探讨。

关于"职务犯罪侦查问题研究"。首先对职务犯罪的法律属性问题进行了剖析，认为其形式上虽具有行政权、司法权的某些特征，但实质上属于法律监督权。其次对当前《刑事诉讼法》修订中争议较大的若干问题进行了细致的思考。如秘密侦查权应积极运用，但要严格限定防止侵犯人权；沉默权目前尚不符合我国国情，若立法加以规定势必严重影响对犯罪特别是某些严重犯罪的惩治；运用成本——效益的法律经济学理论，注重侦查成本的节约和侦查效益的提高；倡导侦查一体化，论证了侦查人员出庭作证的可行性和必要性。同时，对国外及我国香港特区、澳门特区和台湾地区职务犯罪侦查权配置运行情况进行了研究和借鉴。

关于"侦查监督问题研究"。检察机关直接受理职务犯罪案件的侦、捕、诉监督缺失问题长期受到质疑，本文考察了世界诸国的通行做法和发展趋势（如日本从 20 世纪初就赋予检察官以侦查权；意大利 1988 年 9 月 22 日颁布的《刑事诉讼法典》也明确规定了检察官有侦查权；德国、法国以及英国、美国检察官的侦查权都正在逐步建立和扩大），并基于国情论证了我国检察机关侦查权的必要性和可行性。同时，提出了对职务犯罪侦查权立体化监督（包括内部的侦、捕、诉分离，立案、侦查监督，控申监督，纪检监督，检委办监督，检察长及检委会监督；上级检察机关的立案、撤案审批和备案监督；人民监督员监督；人大监督；党委领导等）的构想。

关于"公诉问题研究"。对公诉引导侦查的法理依据、运行策略以及存在的问题等予以了深入研究；对控诉犯罪证据展示制度的意义以及证据展示的责任、范围、程序和违反证据展示义务的不利后果作了全面阐释；解读了检察量刑建议权的理论价值和实践意义。同时，对贯彻宽严相济刑事司法政策中试行的暂缓起诉以及辩诉交易制度等进行了有益的探索，并提出了颇有见地的设想。

关于"刑罚和刑罚执行监督问题研究"。刑罚执行中存在着一个明显的"黑洞"就是非法减刑、假释和暂予监外执行，尤其对于职务犯罪分子和涉黑犯罪分子的非法减刑、假释和暂予监外执行，不仅使法律的公正性无法实现，而且严重地破坏了法律面前人人平等的原则。本章以刑罚执行中的制度漏洞为抓手所提出的完善监督设想具有重要的现实意义。

关于"民行检察工作问题研究"。检察机关的职权主要体现于刑事法领域，民行检察工作是其中一项相对独立的业务。由于该项工作起步较晚，以及受传统重刑轻民思想的影响，致立法、司法均不完善、不规范，法院依此为据回避监督（比如不予调卷等）。权力失去监督必然导致腐败，本章据此论证了民行检察监督的必要性和可行性。

关于"人民监督员制度研究"。实行人民监督员制度，是最高人民检察院在检察工作中进行的一项重要改革探索。检察机关作为法律监督机关，直接受理侦查案件的外部监督机制亦需进一步完善。因此，如何使检察机关的侦查权不被滥用，不但为社会公众所关心，也是检察机关自身必需面对和解决的问题。本文对人民监督员制度的宪政基础、概念、性质、功能、价值体现、构成形式、监督范围、监督程序和权限以及与人大监督的衔接等进行了广泛的探究，并针对人民监督员制度的缺陷即客观存在着被监督者组织实施对自己的监督问题提出了立法完善建议。

安徽省人民检察院法律政策研究室是省院高学历人员积聚的部门，人员整体理论功底较为深厚，多数人长期从事检察实务，具有丰富的实践经验。该室作为综合性业务部门一方面为领导当好助手和参谋，另一方面注重检察理论及

# 目　　录

实务的研究和探索。《检察业务热点问题研究》是院领导率该部门全体人员针对检察业务工作中出现的热点、难点问题进行研究的成果，文中体现了政治性和业务性的统一、理论性和实务性的结合，对检察业务工作具有一定的指导意义。

时值《检察业务热点问题研究》一书付梓出版之际，作为检察长我深感慰藉和赞赏，特缀数语以为序。

安徽省人民检察院检察长　崔　伟

2009 年 6 月

# 第一章　职务犯罪侦查问题研究

依据我国《刑事诉讼法》规定，检察机关对贪污贿赂、渎职侵权犯罪等行使侦查权，因犯罪主体绝大多数是国家工作人员，犯罪行为具有利用职务之便的特征，侵犯的客体是公务行为的廉洁性、不可贿赂性和国家机关的正常管理活动，也就是说与一定的职务密切相关，故通称为职务犯罪侦查权。最高人民检察院原检察长贾春旺同志提出："要加强对检察权配置的研究。不仅要对现行检察权配置的合理性进行深入研究，包括对法律监督与职务犯罪侦查权的关系作出更加科学的阐释，而且要认真研究如何通过进一步完善检察权的配置，促进检察机关更好地发挥法律监督的职能作用。"近几年来，法学理论界和司法实践部门对职务犯罪侦查权问题进行了较为深入的研究，有的还提出了不同的改革方案，并从理论和实践层面上进行了分析论证。当前，在深化司法体制改革，推进刑事诉讼法修改，贯彻全国人大常委会《关于批准〈联合国反腐败公约〉的决定》的背景下，加强对职务犯罪侦查权问题的探讨，具有重要的现实意义。

## 一、职务犯罪侦查权的性质

当前，关于检察机关职务犯罪侦查权的性质问题，理论界和司法实践部门主要有以下几点不同认识：其一，检察机关职务犯罪侦查权从属于检察权，具有法律监督的性质。有的认为，检察机关案件侦查权是一种法律监督权。检察机关的侦查权应是包含有行政性的法律监督权的一部分[①]。其二，检察机关职务犯罪侦查权从属于公诉权，赋予检察机关职务犯罪侦查权，有利于打击和控制犯罪。有的认为，侦查是公诉的准备，立法赋予检察机关职务犯罪侦查权同样是基于这一诉讼原理。其三，检察机关职务犯罪侦查权是行政权。有的认为，"司法权具有被动性、独立性、终结性、亲历性、集中性等特征，侦查权

---

[①] 陈明涛：《检察侦查体制改革》，来源：http://www.lawbreeze.net。

不具有司法权的属性，它是行政权，具有行政权的属性"①。"侦查的目的、主体、结构和手段本质上具有行政特征。侦查的目的是查明事实真相，这一目的内在地决定了在侦查中适宜使用行政权。侦查的主体是行政机关，这一行政机关不因承担侦查任务而染上司法的色彩。侦查程序在整体上呈现出上下位的管理结构，表现出迥异于三角形结构的行政特色。侦查的手段强调效率，坚持行政的风格。"② 其四，职务犯罪侦查权从本质上说属于行政权，但同时具有司法权的某些特征。有的认为，侦查是诉讼活动的重要内容，是查明事实，适用法律，具有独立公正司法的内在要求，但主体特征还是行政权。其五，检察机关案件侦查权是一种司法权，检察机关在行使侦查权时表现为一定的独立判断权和处罚权等司法特征③。有的认为，侦查权是司法性质，至少是带有司法性质的权力，德国学者汉斯·海因里希·耶赛克等则将警察、检察机关、法院、刑罚执行机关统称为"国家司法机关"，从而认为侦查权是具有司法权性质的权力④。

笔者认为，检察权的构成特征具有相当的复杂性，其中职务犯罪侦查权具有行政权的某些特征，公诉权的司法属性较为突出，诉讼监督权的法律监督属性相对更为明显，这也就决定了职务犯罪侦查权、公诉权和诉讼监督权的运作规律和特点不同，必须建立有一定区别的权力运行模式。也就是说，职务犯罪侦查权究其性质，是其形式上具有行政权、司法权某些特征，而实质上属于法律监督权的一项国家权力。

## （一）职务犯罪侦查权本质上是法律监督权的重要组成部分

职务犯罪侦查权作为检察机关的一项主要权能，具有法律监督的性质。"每一项检察权都是法律监督职能派生出来的，体现的都是法律监督权的每一个侧面。检察机关的侦查权当然也派生于法律监督职能，是检察权的一项重要内容。"⑤ 检察侦查权具有三个显著的特点：一是，检察机关所侦查的犯罪主要是发生于国家管理活动中的职务犯罪，因而这种侦查本身就是法律监督的一种方式；二是，人民检察院认为必要的时候，经过一定的程序便可直接受理和

---

① 李震：《构建我国侦检关系的思考》，载《聊城大学学报（社会科学版）》2004 年第 4 期。

② 姜涛、冯慧：《侦查权性质略论》，载《人民法院报》2001 年 4 月 23 日。

③ 汪漳龙：《论检察机关案件侦查权》，来源：http：//www. lpjc. gov. cn。

④ 刘方权：《侦查效益研究论纲》，来源：http：//article. chinalawinfo. com。

⑤ 孙谦主编：《检察理论研究综述（1989—1999）》，中国检察出版社 2000 年版，第 113 页。

侦查各种犯罪案件，这种侦查权显然是对公安机关、安全机关等行政侦查部门的侦查权的一种制约和监督；三是，对国家工作人员是否遵守法律实行监督，对其犯罪特别是职务犯罪进行侦查，是对违法犯罪的国家工作人员进行司法弹劾的一种方式①。检察机关通过对国家工作人员行使司法弹劾权，可以保证国家公务活动的廉洁性和合法性，同时体现出检察机关法律监督权的性质，体现出保证国家法律统一、正确实施的职能。

### （二）职务犯罪侦查权形式上具有行政性、司法性

职务犯罪侦查权是法律监督权，仅是从权力最终归属角度来讲的，这一说法并没有完全揭示出检察侦查权权力属性的全部。检察机关侦查权权力形式上还具有行政性、司法性的特征。在检察一体化的过程中，职务犯罪侦查一体化更为迫切，在某种程度上也是因为检察权中职务侦查权的行政性特征更为明显，需要对案件线索、侦查人才、侦查装备等侦查资源实行统一管理和调配。而且，侦查活动要求做到主动、及时，这些也是职务犯罪侦查权行政性的特点所决定的。同时，作为刑事诉讼活动的重要内容，职务犯罪侦查又具有刑事司法的某些特点，要求做到全面、客观、公正、高效，要求依法独立公正地行使职务犯罪侦查权。

### （三）职务犯罪侦查权形式上的行政性、司法性从属于其法律监督性质

职务犯罪侦查权形式上的行政性、司法性包含在法律监督属性之内。认识检察机关职务犯罪侦查权的性质应当立足于法律监督这一基本特性，兼顾形式上的行政性和司法性。检察机关不是侦查机关，检察机关的案件侦查权是从检察机关法律监督职能中派生出来的，直接从属于法律监督，是为检察机关履行法律监督服务的，侦查权是法律监督职能实现的手段，而法律监督职能是侦查行为的目的②。有学者从西方英美法系法学与权力理论中的行政权、司法权的特点出发，主张我国的侦查权属于行政权，这种过于简单的归类不仅会造成理论体系上的混乱，而且其在改革中的实际应用更可能导致我国侦查体制乃至整

---

① 吴国贵：《我国检察权之独立法权属性再探讨——从法理学权力维度考察》，来源：http：//www.chinalawedu.cn。

② 汪漳龙：《论检察机关案件侦查权》，来源：http：//www.lpjc.gov.cn。

个刑事诉讼改革步伐的倒退①。

**（四）职务犯罪侦查权具有其他侦查权不同的性质**

"侦查权本身并不具有独立的品格，抽象地谈论其性质毫无意义。侦查只是发现犯罪行为存在的一种手段。作为一种带有强制性的调查手段，它为什么目的服务，就具有什么性质。检察机关侦查权行使的目的是为了及时发现执行法律的活动中存在的违法行为，那么，它就具有维护法律统一正确实施的功能，是附属于维护国家法律统一正确实施的法律监督权的一种手段。"② 我国刑事诉讼法在赋予公安机关、检察机关和国家安全机关侦查权的同时，还赋予了军队保卫部门和监狱侦查权。此外，铁路、交通、民航、林业、武警、海关等机关也可以行使部分侦查权。由于权力主体的职能性质及管辖范围的特点，决定了检察机关职务犯罪侦查权性质不同于其他侦查权的国家行政管理的性质。

# 二、检察机关行使职务犯罪侦查权的法理基础

现行职务犯罪侦查权配置模式的合理性和必要性，不仅在于促进反腐败斗争深入开展、促进依法行政、维护司法公正等方面的重要作用，而且在于有深厚的法理基础支撑。

**（一）检察机关行使职务犯罪侦查权是由检察机关国家法律监督机关的宪法定位所决定的，是法律监督的必要手段和有力保障**

法律赋予检察机关现有的各项职权都是法律监督职权的重要组成部分，都是履行法律监督职能所必需的，这一点在职务犯罪侦查权方面显得尤为突出。从理论上讲，"检察机关的基本职能是追诉犯罪，享有对所有案件的侦查权，既包括检察机关在审查起诉中认为公安机关移送的'事实不清、证据不足'案件的自行和补充侦查权，也包括对职务犯罪的侦查权。职务犯罪的侦查权不同于公安机关侦查权，它是对国家权力进行制约和监督的行为，是以权力制约权力，以法治权的过程，带有监督执法和司法弹劾的性质"③。检察机关在法

① 杨宗辉：《论我国侦查权的性质——驳"行政权本质说"》，载《法学》2005 年第 9 期。

② 陈明涛：《检察侦查体制改革》，来源：http://www.lawbreeze.net。

③ 晏向华：《职务犯罪侦查：由检察机关承担科学而合理》，载《检察日报》2005 年 1 月 21 日。

律监督工作中有一项重要职责，就是在发现和纠正违法问题的同时，依法追究实施职务犯罪的国家工作人员的刑事责任。强化职务犯罪侦查职能，是维护检察机关法律监督的权威性、有效性的客观需要和重要保障。首先，从检察机关负责侦查的职务犯罪的特点看，它们的主体都是根据法律或者受国家机关、国有企事业单位、人民团体委托从事公务活动的，在国家职能活动中或者在国家权力的运作过程中拥有一定责任的人；犯罪的发生是行为人滥用权力、以权谋私或者误用权力的结果。对这类犯罪案件的侦查，与公安机关对普通刑事案件的侦查，从法治目标上看，不是一个层面的问题。前者是对国家权力进行制约和监督的行为，后者是维护社会秩序的国家管理行为，尽管二者在形式上都是通过行使侦查权来实现的①。而且，由于职务犯罪主体社会地位较高，关系网较密，保护层较厚，办案阻力较大，客观上需要一个在国家机构体系中具有相对独立地位的国家机关行使这项职权。检察机关的国家法律监督机关的宪法定位和依法独立行使职权的宪法原则，有助于检察机关有效地行使职务犯罪侦查权。其次，从职务犯罪侦查与法律监督的关系看，"法律监督权与职务犯罪侦查权是整体权力与要素权力的关系，两者的基本功能和主要任务是一致的。法律监督权是国家政权结构中独立于行政权、审判权的一项国家权力。职务犯罪侦查权是检察机关法律监督权的组成部分，也是实现法律监督整体职能的体现。否定这种认识必将导致人民代表大会制度的结构性调整，改变我国的政体"②。职务犯罪侦查权，究其本质，就是法律监督权的重要实现方式。最后，从检察机关法律监督权与社会上其他形式的监督的比较看，检察机关法律监督具有专门性、强制性、权威性等特点，在促进全社会实现公平正义方面具有不可替代的作用。而检察机关法律监督的强制性和权威性，是建立在有效的监督手段的基础上的，其中一个很重要的方面，就是必须依赖于强有力的侦查手段打击执法犯法的犯罪活动，加大震慑力。如果将职务犯罪侦查职能从法律监督职能中剥离出去，法律监督的手段就会缺乏刚性，监督的力度就难以保证，监督工作就会显得软弱无力。

（二）检察机关行使职务犯罪侦查权是人民代表大会制度下完善国家权力运行机制，特别是强化对行政执法权和司法权制约的重要内容

党的十六大强调指出：加强对权力的制约和监督，要建立结构合理、配置

---

① 徐鹤喃：《职务犯罪侦查与法律监督》，载《检察日报》2004 年 2 月 22 日。

② 谢鹏程：《检察侦查权刍议》，载《检察日报》2001 年 11 月 22 日。

科学、程序严密、制约有效的权力运行机制。作为一项国家权力，职务犯罪侦查权，一方面自身需要优化配置和科学运行，另一方面必须发挥有效制约其他权力运行、促进权力运行机制完善的功能。"法律监督机关的独立设置和法律监督权的高效运作，对于督促国家机关严格依照法律的规定管理各项公共事务，防止权力的异化和滥用，具有极为重要的不可替代的作用。"① 如何监督行政权力，促进依法行政，建立有限政府、责任政府，是依法治国，建立社会主义法治国家进程中必须解决好的一个重大课题。对公共权力施加限制在古代西方的法律思想和法律制度中已经存在。宪法已由近代的限制政府权力发展到对一切可能破坏法律制度的权力进行控制，通过控制权力来达到稳定宪政秩序的目的。检察机关作为国家法律监督机关，本身也负有监督公共行政的职责。"一是对公共行政组织及其工作人员的直接监督；二是通过对行政诉讼活动的监督，间接地规范行政权。对公共行政的直接监督主要是对公共行政组织及其工作人员职务犯罪的侦查。"② 如果将职务犯罪侦查权由行政机关行使，无异于以行政权制约行政权，其效果难以保证。司法不仅需要独立和公正，而且需要有效惩治和预防腐败，如果将职务犯罪侦查权置于行政机关，由行政机关查处司法腐败，依靠行政权监督司法权，那么司法独立公正就会更加难以保证，而且还会严重损害司法的权威性。我国司法机关包括检察机关和审判机关，加强司法机关之间的监督制约可以有效解决这个问题。而且检察机关作为法律监督机关广泛参与刑事诉讼活动，有利于及时发现和查处诉讼违法背后的司法腐败问题。从建立健全国家权力健康运行的长效机制看，最终还是要加强对国家权力的司法控制。职务犯罪侦查权赋予检察机关，就是加强对国家权力司法控制的重要体现。

（三）检察机关行使职务犯罪侦查权是建设社会主义法治国家，实现反腐败斗争法治化的客观需要

邓小平同志指出，反腐败要靠教育，更要靠法制，还是制度靠得住些。制度好了，坏人想犯错误不能得逞，制度不好，好人也会犯错误。我国改革开放以来以及国外反腐败斗争的实践也表明，反腐败必须依靠法治，只有法治才能从根本上解决腐败问题。依靠法治，才能有力地惩治各种腐败行为，也才能有效制止以权压法，以言代法，干扰反腐败斗争深入开展的现象，防止腐败现象

---

① 张智辉：《法律监督机关设置的价值合理性》，载《法学家》2002 年第 5 期。

② 张步洪、孟鸿志：《检察机关对公共行政的监督》，载《人民检察》2001 年第 9期。

的滋生和蔓延。而且法治社会，"它的要害，在于如何合理地运用和有效地制约公共权力的问题"①。合理地运用和有效地制约公共权力，需要相应的制度保障，说到底就是要实现权力运行的法治化。职务犯罪侦查，是有效惩治腐败、制约公共权力的重要手段，也是重要的刑事诉讼活动和实现国家法治秩序的重要环节。"检察权的基本功能就是在国家法治秩序受到重大伤害时，运用特定的检察手段代表国家对特定行为进行追诉和督察，以保障国家法治秩序的最终实现。检察权的内容常常在不同国家、不同时期、不同国情、不同传统和受不同的统治阶级意志影响而有所不同，但不同的内容并不会影响检察权的共同价值属性——国家法治秩序保障。"② 随着依法治国方略的全面、深入实施，法律监督在国家法治建设中的重要性日益突出，作为维护国家法律统一正确实施，建设社会主义法治国家的重要力量，检察机关行使职务犯罪侦查权无疑有利于推进反腐败斗争的法治化。在反腐败斗争法治化的进程中，职务犯罪侦查也必须做到法治化。基于现代社会法治化的基本要件，职务犯罪侦查的法治化，就是要实现权力配置和运行的法治化。为此，一是必须制定良好的职务犯罪侦查制度，二是必须做到职务犯罪侦查权依法独立公正行使。由检察机关行使职务犯罪侦查权，无疑也有利于推进职务犯罪侦查的法治化。

（四）检察机关行使职务犯罪侦查权是与我国传统和现代法制相承接的，具有历史承继性和延续性

职务犯罪侦查权不仅是检察机关法律监督权的重要内容，而且从职务犯罪侦查权配置的历史进程看，也是检察机关一项传统的职权。中国检察制度的渊源可追溯到古代的御史制度。"从商周奴隶制时代起就有专司监察之职的御史制度。特别是秦代以后，御史制度在监察考核、监督选任和纠举弹劾官吏方面，始终具有重要的作用。"③ 当代我国检察机关行使职务犯罪侦查权，是可以从我国古代御史"纠举官吏不法"、"纠查百官善恶"的职责和近代有关法律规定中找到历史依据的。国民党统治时期的《刑事诉讼法》第 207 条规定："检察官因告诉、告发、自首或其他情形知有犯罪嫌疑者，应即侦查犯人及证据，实施侦查，非有必要，不得先行传讯被告。"在现代民主革命时期，对贪污等犯罪案件的侦查工作也是由检察机关承担的。如 1933 年中央苏区颁布的《关于惩治贪污浪费的行为》和 1939 年陕甘宁边区颁布的《惩治贪污条例》，

① 徐显明：《论"法治"构成要件》，载《法学研究》1996 年第 3 期。
② 郭立新：《再论检察权的法律属性》，载《检察日报》2005 年 5 月 20 日。
③ 张智辉：《检察制度的起源与发展》，载《检察日报》2005 年 2 月 10 日。

都规定由检察机关负责侦查贪污等犯罪。《陕甘宁边区高等法院组织条例》第14条规定："检察员的职权如下：（一）关于案件之侦查……"《晋察冀边区法院组织条例》第四章"检察官之设置"第18条规定："检察官之职权如下：（一）实施侦查、提起公诉、协助自诉、实行公诉、担当自诉及指挥刑事审判之执行……"① 从新中国的检察制度发展进程看，职务犯罪侦查权也一直是检察机关行使的。1949年12月21日，中央人民政府颁布的《中央人民政府最高人民检察署试行组织条例》第3条第1款第（三）项规定，检察机关"对刑事案件实行侦查，提起公诉"。1954年《中华人民共和国人民检察院组织法》第4条第（二）项规定，检察机关"对于刑事案件进行侦查，提起公诉，支持公诉"。当时检察机关负责侦查案件的范围主要是国家机关、企事业单位工作人员利用职权从事犯罪活动的案件。1962年11月，公安部、最高人民检察院和最高人民法院《关于公、检、法三机关受理普通刑事案件的职责范围的试行规定》，确定检察机关管辖属于国家机关工作人员、基层干部和企业职工中贪污、侵吞公共财产、侵犯人身权利等构成犯罪的案件②。1979年《刑事诉讼法》规定检察机关直接受理和立案侦查的刑事案件包括五类犯罪：贪污罪；侵犯公民人身权利、民主权利罪；渎职罪；危害公共安全罪中的重大责任事故罪；破坏社会主义经济秩序罪中的偷税、抗税罪，挪用救灾、抢险、防汛、优抚款物罪，假冒商标罪，盗伐、滥伐森林或者其他林木罪。检察机关对其他刑事案件认为需要直接受理的，可以立案侦查。《人民检察院组织法》第5条规定："各级人民检察院行使下列职权：（一）对于叛国案、分裂国家案以及严重破坏国家的政策、法律、法令、政令统一实施的重大犯罪案件，行使检察权。（二）对于直接受理的刑事案件，进行侦查。（三）对于公安机关侦查的案件，进行审查，决定是否逮捕、起诉或者免予起诉；对于公安机关的侦查活动是否合法，实行监督。（四）对于刑事案件提起公诉，支持公诉；对于人民法院的审判活动是否合法，实行监督。（五）对于刑事案件判决、裁定的执行和监狱、看守所、劳动改造机关的活动是否合法，实行监督。"根据1988年1月全国人大常委会《关于惩治贪污罪贿赂罪的补充规定》，挪用公款案、巨额财产来源不明案、隐瞒不报境外存款案由检察机关立案侦查。1996年3月，全国人民代表大会对1979年《刑事诉讼法》作出修改，在《刑事诉讼法》第3条第1款作出规定："对刑事案件的侦查、拘留、执行逮捕、预审，由公安机关负责。检察、批准逮捕、检察机关直接受理的案件的侦查、提起公

---

① 最高人民检察院研究室编：《中国检察制度史料汇编》（1987年2月）。

② 陈文鹰：《我国职务犯罪侦查制度研究》，来源：http://www.wanglei.com。

诉，由人民检察院负责。审判由人民法院负责。除法律特别规定的以外，其他任何机关、团体和个人都无权行使这些权力"；在第 18 条规定："刑事案件的侦查由公安机关进行，法律另有规定的除外。贪污贿赂犯罪，国家工作人员的渎职犯罪，国家机关工作人员利用职权实施的非法拘禁、刑讯逼供、报复陷害、非法搜查的侵犯公民人身权利的犯罪以及侵犯公民民主权利的犯罪，由人民检察院立案侦查。对于国家机关工作人员利用职权实施的其他重大的犯罪案件，需要由人民检察院直接受理的时候，经省级以上人民检察院决定，可以由人民检察院立案侦查。自诉案件，由人民法院直接受理"。从而将偷税抗税、假冒商标等一些非职务犯罪从检察机关侦查管辖权中划出。"这一调整突出了人民检察院国家法律监督机关的地位，有利于人民检察院在惩治腐败、规范国家公职人员的职务行为和提高我国的廉政水平等方面，集中力量，多做工作，发挥更大的作用。"① 也可以说，我国检察机关的案件侦查权经过五十多年的发展和完善，逐步形成了一个明确的权力配置和运行体系，无论是权力重新配置还是局部调整，都是围绕"强化法律监督，维护公平正义"的检察主题展开的。

（五）检察机关行使职务犯罪侦查权是被多年来的司法实践证明的科学、合理的权力配置与运行模式

国家权力的科学配置，体现在分工的科学性和运行的合理性。从国家权力分工方面看，权力分工的目的在于，建立有限责任行政和公正司法，强化权力制衡，保障公民权利。侦查权，作为一项重要的国家权力，其分工的科学性，源于国家机构体系的科学性及其侦查主体在国家机构体系中定位的准确性。如公安机关、国家安全机关分别是维护社会治安和国家安全的职能部门，因而由它们分别行使对破坏社会治安和国家案件的刑事犯罪的侦查权是适宜的。那么检察机关是国家法律监督机关，是促进依法行政，维护司法公正的职能部门，由其行使职务犯罪侦查权同样也是适宜的。从国家权力运行方面看，"在当代，权力运行的原则不外乎民主原则、法治原则、制约原则和责任原则等。权力的控制手段很多，在众多的手段中唯有法律是最有效的控制手段。法律必须在法治化的社会状态中才可能发挥出对权力的控制效用，充分实现其权力控制功能"②。笔者认为，要"实现法治化的社会状态"，必须强化法律监督，而要

---

① 樊崇义主编：《刑事诉讼法实施问题与对策研究》，中国人民公安大学出版社 2001年版，第 77 页。

② 卓泽渊：《法治中的权力及其控制》，来源：http://www.juristical.com。

强化法律监督，必须由专门法律监督机关行使职务犯罪侦查权。在国家权力运行过程中，必须考虑如何有利于实现权力运行的民主化、公正性和高效率。由专门法律监督机关行使职务犯罪侦查权，不仅有利于职务犯罪侦查权，也有利于促进其他国家权力运行的民主化、公正性和高效率，多年来的检察实践已经充分证明了这一点。多年的检察实践也表明，有案不立、有罪不究、执法不严、司法不公现象的背后往往隐藏着职务犯罪，就个案而言，要从根本上纠正这些问题，不仅要纠正诉讼违法问题，而且要深挖背后的职务犯罪。只有通过职务犯罪侦查，才能彻底查清和纠正一些诉讼违法问题，严厉惩治司法腐败现象。

# 三、职务犯罪侦查权配置与运行的主要原则

在侦查权的配置方面，国外存在着四种模式，即法国模式、德意模式、英国模式和美国模式，"在法国模式中，司法警察在检察官的领导、指挥下进行侦查；在德国模式中，侦查权只由检察机关享有，司法警察并不享有侦查权，它不是独立的侦查机关，只是检察机关的辅助机关；在英国模式中，侦查由司法警察进行，检察机关一般不参与侦查；在美国模式中，司法警察和检察机关都有独立的侦查权"①。我国在检察机关职务犯罪侦查权优化配置和运行的过程中，有必要对此加以分析和借鉴，立足于国情和现实需要，确立相应的原则。

## （一）职务犯罪侦查权权力结构完整性原则

为保障职务犯罪侦查活动的正常进行，必须赋予检察机关对相关犯罪的侦查权，只有如此，职务犯罪侦查权作为法律监督权的重要保障，在权力结构上才是完整的。如果检察机关职务犯罪侦查权的结构不完整，就难以充分发挥其职能作用。在查处职务犯罪过程中，对涉及的其他相关犯罪并案侦查，是检察机关法律监督职能的体现，也是检察机关查办职务犯罪工作正常和深入开展的内在要求，有利于保障职务犯罪侦查权的充分行使。"对检察侦查权，尽管目前理论界、实务界都存在较多的争议，但无论如何，这是检察机关一项现实的、不可或缺的权力，是法律监督权的重要组成部分。然而立法对这一权力的配置，存在先天的缺陷。如在实施侦查权过程中，并未赋予对原案的侦查权，

---

① 赵雪敏：《刑事侦查程序中权力制约机制的比较研究》，来源：http://www.china-lawinfo.com。

拘留的法定情形过窄，未赋予秘密和技术侦查权等等。"① 为此，必须通过修改《刑事诉讼法》，明确检察机关对查办职务犯罪过程中发现的相关犯罪可以立案侦查。如对与职务犯罪案件相关的伪证、包庇案件等可以并案侦查。

## （二）职务犯罪侦查权内部合理分工与资源优化配置原则

2004 年，最高人民检察院决定对人民检察院直接受理案件的侦查分工进行新的调整。根据新的分工，民事行政检察部门和监所检察部门有权对自身监督工作中发现的国家工作人员利用职权进行的贪污受贿、徇私舞弊、枉法裁判、渎职侵权等职务犯罪案件直接立案侦查。这样，原由反贪污贿赂部门和渎职侵权检察部门负责侦查的民事行政诉讼活动中发生的职务犯罪案件和监管场所发生的一些职务犯罪案件，划归民事行政检察部门和监所检察部门负责侦查。这次侦查分工调整，使得民事行政检察部门拥有了职务犯罪侦查权，监所检察部门职务犯罪侦查权在原有基础上进一步扩大，实际上是落实职务犯罪侦查权内部合理分工与资源优化配置原则的重要体现，可以实现侦查资源的优化配置，更加有效地对民事行政诉讼活动、刑罚执行活动和监管活动依法进行监督，从而维护国家法律的统一、正确实施。目前，各地探索实行的"职务犯罪侦查一体化"，则是检察侦查资源优化配置的又一具体体现。

## （三）职务犯罪侦查权权力行使的保障性原则

"对任何犯罪的侦查，法律都应当做到两条：一是授权要充分，即侦查措施要满足侦查犯罪的需要；二是监督要有力，即要以制度切实防止侦查权的滥用。对职务犯罪侦查亦然。"② 我国现行法律关于职务犯罪侦查措施的规定，与职务犯罪侦查工作面临的形势和任务相比，还存在诸多不完善和滞后的地方。由此带来的后果是，司法实践中有一部分职务犯罪案件的突破在某种程度上依靠纪检监察部门的非法律强制措施，致使非侦查机关承担了限制人身自由的风险，也导致了侦查机关侦查功能的萎缩。有的地方为了有效打击职务犯罪，搞超时限拘传、讯问或违法适用监视居住，不仅违反了法律，也侵犯了犯罪嫌疑人的合法权益。为此，必须进一步明确职务犯罪侦查权权力行使的保障性原则，从制度上保障检察机关依法独立公正地行使职务犯罪侦查权。其中，完善侦查措施是落实这一原则的重要内容。《联合国反腐败公约》第 50 条

---

① 郑华、温军：《以科学发展观指导渎职侵权检察工作》，来源：http：//www. bj148. org。

② 朱孝清：《诉讼法修改中若干问题的意见》，载《人民检察》2005 年第 11 期。

（特殊侦查手段）中也规定："一、为有效地打击腐败，各缔约国均应当在其本国法律制度基本原则许可的范围内并根据本国法律规定的条件在其力所能及的情况下采取必要措施，允许其主管机关在其领域内酌情使用控制下交付和在其认为适当时使用诸如电子或者其他监视形式和特工行动等其他特殊侦查手段，并允许法庭采信由这些手段产生的证据。……"此外，还要强化领导体制保障、经费制度保障、检察官职务制度保障等方面的权力保障措施，确保职务犯罪侦查权的健康运行。要从保障职务犯罪侦查权依法独立公正行使的角度出发，加强和改进党对职务犯罪侦查工作的领导，合理界定领导范围和领导途径；规范和改进人大对职务犯罪侦查工作的监督，改进监督方式，规范监督程序。探索建立职务犯罪大要案经费预算制度，为侦查办案提供必要的经费保障。

（四）有利于强化法律监督职能原则

维护法律统一正确实施，有效惩治犯罪，有力保障人权，是检察机关的职责和使命所在。职务犯罪侦查权的配置与运行必须有利于强化检察机关的法律监督职能，有利于检察机关完成宪法和法律赋予的神圣使命。有人提出，检察权中侦查功能更新的设计思路是：支撑诉讼监督功能为必要并保障支撑的充分有效；对诉讼监督功能和一体化的公诉功能没有直接贡献的职务犯罪侦查权，按照最有利于侦查的原则划归公安机关或监察机关；拥有一定限度的机动侦查权，对民事、行政公诉过程中发现需要追究刑事责任的或直接立案侦查或指挥公安机关进行侦查，应对形势变化产生的新型犯罪，填补侦查权主体多元化可能造成的盲区①。笔者认为，检察机关职务犯罪侦查权的配置和运行，主要是有利于强化诉讼监督，但不能局限于此，对于其他法律监督职能的行使也应起到应有的保障作用。建议国家立法机关在进一步明确检察机关法律监督权的内涵的基础上，修改完善立法规定，强化职务犯罪侦查权的优化配置和运行。

（五）有关国家机关协助检察机关侦查原则

必须通过立法进一步明确其他国家机关协助检察机关侦查的义务，以及不履行这一义务的法律责任。对此，可借鉴《联合国反腐败公约》的有关规定。该公约第 38 条（国家机关之间的合作）规定："各缔约国均应当采取必要的措施，根据本国法律鼓励公共机关及其公职人员与负责侦查和起诉犯罪的机关之间的合作。这种合作可以包括：（一）在有合理的理由相信发生了根据本公

---

① 邱景辉：《职务犯罪侦查权之重构》，载《国家检察官学院学报》2003 年第 3 期。

约第十五条、第二十一条和第二十三条确立的任何犯罪时，主动向上述机关举报；（二）根据请求向上述机关提供一切必要的信息。"当前，尤其是要明确纪检监察机关、行政执法机关和公安、审判机关移送涉嫌职务犯罪案件方面的义务。主要是明确六个方面的义务：一是妥善保管和完整移交有关证据；二是有关国家机关负责人不及时移送案件应承担相应的纪律和法律责任；三是对检察机关决定不予立案的要依纪作出处理；四是不得以党纪政纪处分、行政处罚代替移送；五是在规定期限内与检察机关办结案件的交接手续；六是依法接受上级有关国家机关和同级检察机关的监督。

### （六）强化对职务犯罪侦查权运行的内部制约原则

当前，应尽快建立健全省级以下检察机关直接受理立案侦查案件的备案、批准制度。省以下各级人民检察院对直接受理的职务犯罪案件作出立案、逮捕决定的，应当报送上一级人民检察院备案；作出撤销案件、不起诉决定的，应当报经上一级人民检察院批准。通过建立相关备案、批准制度，发挥上级检察机关的领导作用，同时也可以发现纠正不依法独立行使职务犯罪侦查权的问题，从内部工作机制上保障职务犯罪侦查权的依法独立行使。上一级检察机关经过审查，如果认为下级检察机关的立案或者逮捕决定错误的，应当通知下级检察机关纠正。对于下一级检察职务犯罪案件拟撤案、不起诉报批的，上一级检察机关经过审查后，应当在规定的时限内予以批复。下级检察机关接到批复后，应当按照批复意见作出撤案、不起诉或者继续侦查、提起公诉的决定。

## 四、当前对职务犯罪侦查权配置模式的质疑及评析

由于职务犯罪侦查制度还有许多不完善的地方，影响了侦查功能的发挥，客观上也使职务犯罪侦查权在运作过程中出现了一些问题，加之对国外职务犯罪侦查权配置和运行状况缺乏全面、客观的分析，有的学者和从事法律实务的同志对检察机关行使职务犯罪侦查权的合理性和必要性还存有质疑，需要在认识上进一步澄清。

### （一）以检察机关是纯粹的公诉机关为由，提出将职务犯罪侦查权交给其他机关行使

关于检察机关的定位，历来存在多种理解，有的认为是公诉机关，有的认为是第二侦查机关，有的认为是法律监督机关。应当说，根据宪法和法律规定，我国检察机关的定位是明确的，即国家法律监督机关。公诉权只是检察权

的一项重要内容。"无论在英美法系国家还是大陆法系国家，检察机关都不是纯粹的公诉机关，检察机关一般具有广泛的独立侦查权和指挥侦查权，很多国家甚至还赋予了检察机关民事诉权。"① "美国洛杉矶市检察官除检控职责外，还有200多人组成的特别行动队，对欺诈、腐败、渎职事件，对政治腐败、不公正待遇、警察违纪、公共社区官员等案件进行调查。"② 而且，从一般诉讼理论上讲，侦查是起诉的准备，侦查权从属于公诉权。当然就独立的侦查目的观而言，这一观点还有一定的局限性。为了保证公诉权的落实和正确行使，客观上需要公诉机关具有侦查权。基于这一诉讼原理，各国普遍赋予检察机关侦查权或指挥侦查权。"重点打击职务犯罪，特别是贪污、贿赂犯罪，是各国刑事政策长期定位目标。由行使控诉权的机关同时行使侦查权无疑有利于加大打击力度，提高司法效率。"③ 有的认为，各国法律之所以赋予检察官或大或小的侦查权力，其主要原因是检察官垄断了起诉权和实行了起诉便宜主义的结果。公诉权的行使与侦查有着密不可分的联系，为了更好地揭露犯罪，查获证据，为公诉做好准备，保证公诉质量，赋予检察机关一定的侦查权，以在需要的时候开展调查工作，是十分必要的。我国检察机关不仅是公诉机关，而且核心定位是法律监督机关，更需要行使职务犯罪侦查权，以保障法律监督目的的实现。"自侦案件范围过大会分散检察机关精力，冲淡其他职能的行使。目前的问题是对自侦案件的监督力度不够。"④ 因此，当务之急，是应当研究如何强化对检察机关职务犯罪侦查权的监督，并完善职务犯罪侦查体制，以保障检察机关依法独立公正地行使职务犯罪侦查权，而不是要否定检察机关行使职务犯罪侦查权。

（二）以侦查权属于行政权为由，提出职务犯罪侦查权应由公安机关行使，或由行政监察机关行使，或设立类似于香港廉政公署的机构专门行使

有的人提出："将最高人民检察院与司法部合并，由司法部部长兼任总检

---

① 晏向华：《职务犯罪侦查：由检察机关承担科学而合理》，载《检察日报》2005年1月21日。

② 晏向华：《职务犯罪侦查：由检察机关承担科学而合理》，载《检察日报》2005年1月21日。

③ 汪海燕、范培根：《我国自侦权重构之思考》，载《浙江社会科学》2002年第1期。

④ 陈光中：《刑事诉讼中检察权的合理配置》，载《国家检察官学院学报》2005年第3期。

察长"、"设立廉政公署，将检察机关的自侦案件划归廉政公署，归中央纪委和国务院双重领导"。有的人提出，尽管资本主义各国的检察机关拥有刑事侦查权，但它们都隶属于行政系统，一般受司法行政机关的领导和指挥。笔者认为，上述观点一是曲解了职务犯罪侦查权的性质。"这种观点在权力分类、权力分配等方面都存在概念和逻辑上的混淆。既然我们已经认识到中国的政体构造是与'三权分立'不同的人民代表大会制度，而且也不怀疑其在政治实践上的正当合理性，为什么在具体法律制度改革的分析和研讨上总是摆脱不了'三权分立'的权力界定?"① 根据我国法律规定，职务犯罪侦查权是具有行政性和司法性特征的法律监督权。与其他侦查权不同的是，职务犯罪侦查权本质是一种法律监督权。在国家权力构架上，运用侦查权的主体不同、侦查的方式不同、侦查权行使的对象不同，所要实现的目的就会有所不同，因而它所具有的性质也是不同的。"我们没有必要一定效仿西方国家把侦查权划归行政机关。综观当今世界各国检察机关，都在不同程度地扩大法律监督权，即便拥有侦查权的国家也是如此。我们为什么一定要反其道而行之，以职务犯罪侦查权与法律监督的性质不符为由，取消检察机关的职务犯罪侦查权呢?"② 二是侦查权属于行政权的观点本身也得不出职务犯罪侦查权必须与检察机关分离的结论。国外许多国家将职务犯罪侦查权赋予检察机关，本身就是考虑职务犯罪侦查权具有司法权的一些特征，以及检察机关自身所具有的"准司法机关"的特点，在权力运行性质上考虑到行使机关的相对独立性。我国检察机关的法律监督机关定位与国外不同，而且将职务犯罪侦查权定位为法律监督权，检察机关在国家机构体系中独立性更强，是符合职务犯罪侦查权的特点和运行要求的。如果说，职务犯罪侦查权是行政权，必须由警察机关或监察机关行使，那么为什么国外许多国家没有如此做呢? 三是将职务犯罪侦查权交由检察机关之外的其他机关行使不具有可行性。"公安机关是政府机关的组成部分，而政府机关工作人员是职务犯罪监督的重中之重，由公安机关侦查，效果很难保证。监察部门也属于行政机关，由其对政府工作人员的犯罪行使侦查权，效果同样很难保证。而纪委属于党的机构，不能行使属于国家权力的侦查权。纯粹效仿香港地区设立廉政公署也不合适，香港廉政公署直接向特首负责，而祖国大陆

---

① 晏向华:《职务犯罪侦查：由检察机关承担科学而合理》，载《检察日报》2005 年 1 月 21 日。

② 邹海军:《职务犯罪侦查权归属问题研究》，来源：http://www.jczs.gov.cn。

地区幅员辽阔的特点决定了直接向最高行政首脑负责的体制行不通。"①

（三）以检察机关具有"侦查者"、"公诉者"、"监督者"多重身份，职务犯罪侦查工作缺乏制约为由，提出检察机关不应当行使职务犯罪侦查权

有的人提出："检察机关具有侦查权、公诉权以及对审判活动进行监督权，好比运动员同场兼任裁判员，破坏了侦、诉、辩、审、监五者诉讼法律关系的平衡，有悖于分权制衡和诉讼公正的原则。"②"作为行使侦控权的检察机关同时又必须客观地作为裁判者来决定逮捕措施的适用是否合理，这两种互相冲突的诉讼角色无论如何也是难以协调的。"还有的人提出："检察机关行使侦查权与其法律监督职能无关，从某种角度上看是对法律监督职能的削弱。"③笔者认为，检察机关的权力主要包括三个方面：即职务犯罪侦查权、公诉权和诉讼监督权，集三项权力于一身，主要是基于检察机关的法律监督机关定位。职务犯罪侦查权是法律监督权的重要内容和有力保障。诉讼监督权是法律监督权的重要内容，是检察权法律监督性质的集中体现。而公诉权则是设立检察机关时所赋予的一项基础性权力。而且公诉权也是检察机关诉讼监督权的重要依托。检察机关有效行使诉讼监督权，离不开对诉讼活动的广泛参与，其中公诉就是参与诉讼活动的体现。如果不通过公诉等活动参与诉讼，检察机关也是很难全面、正确地履行诉讼监督职能的。在法律监督的架构下，职务犯罪侦查权、公诉权、诉讼监督权由检察机关统一行使，并不发生权力性质上的冲突。无论是追溯历史，还是考察现实，检察机关行使职务犯罪侦查权的权力配置模式都是合理可行和非常必要的。"在检察机关监督权本已软弱的情况下，取消侦查权无异于进一步削弱法律监督。现实条件下，除了需要对职务犯罪侦查程序专门立法外，加强检察机关侦查权的内外部监督制约机制构建是较为理性的选择。"④ 具体来说，考虑目前检察权配置现状，为保证权力运行的科学性，正确的思路应是"对检察侦查权加以合理的设置和严密的控制。既要授予对

---

① 晏向华：《职务犯罪侦查：由检察机关承担科学而合理》，载《检察日报》2005年1月21日。

② 徐红、刘小勇、梁安春：《浅论我国检察的结构性权力之重构》，来源：http：//www.jcrb.com。

③ 陈健民：《论人民检察院侦查权的性质——兼评取消检察机关侦查权的论点》，载《人民检察》1994年第6期。

④ 江伟：《论刑事侦查程序的诉讼化改造途径——以刑事诉讼构造为视角》，载《福建法学》2005年第2期。

检察侦查权以必要的权威，又要有效控制乃至防范自侦权的滥用，以维护司法的公正和人权的保障"①。通过完善监督制度，完善监督程序，促进检察机关职务犯罪侦查权的正确行使。一方面，强化监督者接受监督的意识，自觉接受党的领导、人大监督、舆论监督、群众监督，按照《刑事诉讼法》的规定与公安机关、人民法院相互配合、相互制约。深化人民监督员制度试点，进一步强化对职务犯罪侦查活动的外部监督。另一方面，强化内部制约，严格落实最高人民检察院制定的《关于完善人民检察院侦查工作内部制约机制的若干规定》，实行大案要案备案审查等制度，加强上级检察院对下级检察院的监督以及有关内设机构之间的制约。

**（四）以检察机关行使侦查权导致诉讼权力配置违背刑事诉讼和侦查权配置基本规律要求，造成侦查主体多元化为由，提出检察机关不应当行使职务犯罪侦查权**

有的人提出："我国的侦查权由公安机关和检察机关分别独立行使，使得我国侦查权的分配存在两大弊端：一是侦查权的多头分配导致了权力运作的分散；二是检察机关负责的自侦案件过多。应当将我国的侦查权进一步集中到公安机关身上，尽量由公安机关来行使侦查权，检察机关只是在严格的条件下（需立法明确规定）保留非常少量的侦查权。"② 笔者认为，侦查主体在相对集中的基础上具有多元化的特征，不仅在我国立法中有体现，而且也是各国的通行做法。如"在美国，联邦侦查机关分设在联邦政府的 7 个部，总共有 19 个，包括：财政部的烟酒和枪支管理局、国内税务局、联邦海关总署、联邦经济情报局等。在英国，除警察机关外，还有其他一些侦查机构，分散于政府的不同部门，如贸易和工业部、内陆税务局、海关署、大都会警察诉愿调查局、金融服务局等。在法国，某些行政部门的官员与工作人员，虽然不隶属于警察部门，但是在涉及由行政机关处理的犯罪案件方面，却享有司法警察的权力，并且以此名义而归入司法警察队伍"③。《俄罗斯联邦刑事诉讼法典》第 117 条规定的行使调查权的机关多达 10 余个，包括民警机关、部队、联队的指挥员和军事机关的首长、国家安全机关、劳动改造机关、侦查隔离所等。我国立法关于检察机关与公安机关侦查权的分配，并非是以侦查能力为依据，而是与各

---

① 叶林华：《论对检察机关侦查权的控制》，载《犯罪研究》2004 年第 5 期。

② 郑铭勋：《侦查构造基本问题探究》，载《广西政法管理干部学院学报》2003 年第 5 期。

③ 谢佑平、万毅：《侦查法律关系论纲》，来源：http://www.chinajudicialreform.com。

机关的性质直接相关。1996 年修改后的《刑事诉讼法》将检察机关的侦查权调整为职务犯罪侦查权，主要也是基于检察机关的职能性质确定的。"人民检察院对公务犯罪实施侦查，本身就是对公务人员实施的一种刑事强制监督，与其法律监督机关的性质是完全相符的，也体现了权力制衡的一般原理。"① 我国现行侦查程序存在的问题不在于赋予检察机关职务犯罪侦查权，而在于对公安机关等侦查机关侦查活动监督制约力度不够，使得侦查阶段特别是一般刑事案件侦查阶段成为诉讼违法甚至刑讯逼供等侵犯人权犯罪的多发环节，以及检察机关对于侦查活动缺乏必要的指导权，造成一些案件侦查方向的把握、证据的收集、法律的适用等方面存在偏差，造成司法资源浪费，一些案件因此成为"疑案"。从刑事法治的长远发展考虑，有必要对公安机关侦查权加强司法控制。"职务犯罪侦查权统一归口公安机关，必将使原有侦查权一头独大的局面进一步恶化。"②

## 五、国外及我国港、澳、台地区职务犯罪侦查权配置运行概况及借鉴意义

从当今世界立法规定和具体做法来看，由检察机关行使职务犯罪侦查权相当普遍。在研究和探讨我国职务犯罪侦查权的优化配置和运行过程中，有必要对其他国家和地区的立法规定和具体做法加以借鉴。

（一）国外及我国港、澳、台地区职务犯罪侦查权配置和运行的立法规定和具体做法

在美国，"各级检察机构在贪污受贿案件的调查和起诉中发挥着非常重要的作用，因而被认为是美国最主要的反贪污机构。包括联邦检察机构、州检察机构、市镇检察机构和独立检察官"③。"美国检察官直接立案侦查的案件主要是一些特别重大的贪污、行贿、受贿、警察腐败、白领犯罪案件，在全国、全州范围内有影响的、公众特别敏感的刑事案件。"④

---

① 检察机关职权研究课题组：《检察权的内容》，载《检察日报》2000 年 12 月 20 日。

② 江伟：《论刑事侦查程序的诉讼化改造途径——以刑事诉讼构造为视角》，载《福建法学》2005 年第 2 期。

③ 梁国庆主编：《国际反贪污贿赂理论与司法实践》，人民法院出版社 2000 年版，第 600 页。

④ 张弯：《当代检察官的职权》，载《检察日报》1999 年 6 月 2 日。

在英国，检察机关"通过审查起诉和出庭公诉等基本方式，保证刑事法制的统一，实现检察环节上的司法公正，其他附属职能有：侦查有管辖权的商业欺诈、贪污、恐怖主义、贩毒等重大案件"[①]。按照《1997 年严重欺诈局法》的规定，总检察长领导下的严重欺诈局（即反贪污贿赂局），有权直接立案侦查涉案 500 万英镑以上的重大复杂欺诈案件[②]。严重欺诈局有权要求任何与商业欺诈案件有关的公民或企业提供相关信息、文件和资料，也有权进入相关机构调查。

在法国，"侦查主体由司法警察、共和国检察官和预审法官三部分人组成"[③]。"原则上，对重罪案件的侦查由检察官或预审法官负责进行。"[④] 职务犯罪侦查程序是："一、立案侦查阶段。巡逻警察或治安警察接到有关职务犯罪的举报后，按照有关管辖的规定，通知相关司法警察，司法警察决定立案侦查之后，就通知检察官并开始侦查。二、初步侦查阶段。初步侦查由检察官主持，检察官在初步侦查阶段除了有权亲自或指挥司法警察实施侦查措施外，还有权签发拘票和拘留证，拘传或拘留犯罪嫌疑人并进行讯问。三、预审阶段。在侦查过程中，属于重罪的职务犯罪必须经过预审，移送预审由检察官决定，预审法官接收案件以后，初步侦查结束，预审阶段开始。"[⑤]

在德国，《德国刑事诉讼法典》侦查程序的规定主要包括侦查程序的启动、检察官和警官的侦查权、法官在侦查中的职能、具体的调查行为等。"检察官对一切刑事案件都有侦查权，他可以亲自侦查，也可以委托受他领导的警察侦查，对于在什么情况下检察官亲自侦查，在什么情况下委托侦查，检察官有较大的决定权。根据《德国刑事诉讼法典》，检察机关为刑事案件的侦查机关，而警察属于侦查辅助机关。根据该法第 163 条的规定，在侦查犯罪行为的范围内，警察只担负辅助检察院的责任，警察只能作出'不允许延误'的决定，对自己的侦查结果应当'不迟延地'送到检察院，由检察院进一步侦查。"[⑥]

---

① 最高人民检察院外事局编：《中国与欧盟刑事司法制度比较研究》，中国检察出版社 2005 年版，第 198 页。

② 晏向华：《检察机关拥有侦查权符合国际趋势》，载《检察日报》2004 年 7 月 13 日。

③ 瞿丰：《法国侦查制度简论》，来源：http：//www. police. com. cn。

④ 最高人民检察院外事局编：《中国与欧盟刑事司法制度比较研究》，中国检察出版社 2005 年版，第 228 页。

⑤ 赵永红：《法国对职务犯罪的预防与惩罚》，来源：http：//china. z4. cn。

⑥ 《德国刑事诉讼法典》，李昌珂译，中国政法大学出版社 1995 年版，第 81 页。

在俄罗斯，"侦查机关为检察院、内务机关和国家保安机关。根据《俄罗斯联邦刑事诉讼法典》规定，检察长有权亲自进行或委托下级检察长对任何一个犯罪案件进行侦查"①。根据2001年《俄罗斯联邦刑事诉讼法典》规定，"包括强盗在内的一些侵犯财产的犯罪，包括杀人在内的侵害人身的犯罪、性犯罪、渎职罪和妨害司法罪等案件，由俄罗斯联邦检察院负责侦查。具体地说，俄罗斯联邦总检察院侦查局和各级检察院的侦查处负责侦查上述案件，其中包括贪污贿赂和行贿受贿案件"②。

在意大利，刑事诉讼中"侦查分为初步侦查和正式侦查两个阶段，它们分别由司法警察和检察官负责实施"③。《意大利刑事诉讼法典》在第1编"主体"中规定了行使侦查权的公诉人和司法警察的职能和机构④。《意大利刑事诉讼法典》第327条规定，由检察官领导侦查工作并且调动司法警察。"在意大利司法系统中担负反贪污腐化的重任就主要由以维护'公共利益'为专门职责的检察机关来承担。意大利的检察官除在刑事案件中代表国家提起公诉外，还必须直接参与和领导刑事案件的侦查工作，并在民事案件涉及'公共利益'时介入诉讼活动。"⑤

在日本，"检察官被赋予较大的侦查权，包括自行侦查权、补充侦查权、指挥侦查权和监督侦查权。其中自行侦查刑事案件的范围为：经济与公司犯罪案件、大规模偷税与漏税犯罪案件、公务员贪污贿赂犯罪案件等"⑥。《检察院法》第6条规定，检察官可以侦查任何犯罪案件。《刑事诉讼法》第191条规定，检察官在认为有必要时可自行侦查犯罪；第193条规定，检察官在所管辖区域之内可以就侦查对警察发布指示，指挥警察侦查，请警察协助侦查。警察对检察官不服从，检察官有权向有关部门提出惩戒或罢免建议。为了检举、揭发隐藏在政治、经济领域的黑恶势力，促进社会各界的廉洁自律，检察机关直接立案侦查一些涉及政治家、高级政府官员的重大政治案件，以及一些涉及大

---

① 晏向华：《检察机关拥有侦查权符合国际趋势》，载《检察日报》2004年7月13日。

② 梁国庆主编：《国际反贪污贿赂理论与司法实践》，人民法院出版社2000年版，第368页。

③ 陈瑞华：《刑事诉讼的前沿问题》，中国人民大学出版社2000年版，第309页。

④ 樊学勇、陶杨：《论我国侦查立法体系之完善》，载《法商研究》2005年第3期。

⑤ 梁国庆主编：《国际反贪污贿赂理论与司法实践》，人民法院出版社2000年版，第447页。

⑥ 梁国庆主编：《国际反贪污贿赂理论与司法实践》，人民法院出版社2000年版，第91—92页。

公司首席执行官的重大经济犯罪案件①。

在韩国，在大检察厅及地方检察厅内设置不正腐败事犯特别搜查本部和特别搜查部（班），负责受理、侦查、起诉特别重大的公务人员贪污、贿赂犯罪案件。检察机关是反贪污贿赂等腐败犯罪的主管机关。韩国检察机关直接侦查的案件主要是四级以上公务员利用职务犯罪的案件，其他案件如重大的毒品犯罪、偷税犯罪、警察渎职犯罪等案件，只要检察机关认为有必要直接受理，都可以直接受理，立案侦查②。警察和其他机关开展侦查（调查）时，必须在检察官的指挥和监督下进行，没有检察官的许可，任何侦查部门不能开展侦查或停止侦查。对于认定为案件性质严重，损失巨大的案件，如官员贪污、经济犯罪、有组织犯罪、环境污染、司法人员徇私舞弊等，检察官可以直接进行侦查③。

在苏格兰，地方检察官负责调查和起诉所有的贪污案件，警官的犯罪行为也由其负责调查和起诉④。

在罗马尼亚，"司法机关组织法和检察官法规定，在总检察院设立反贪污与刑事侦查厅，其《刑事诉讼法》第 209 条规定了行贿、受贿犯罪在内的一切案件由检察官进行侦查"⑤。

在秘鲁，"根据法律规定，检察机关可以优先对涉及国家官员使用公有资源的情况进行初步调查和司法审查；可以监督秘鲁所有法官的职能行为；可以利用信息系统在全国范围内实行警方拘留登记，以了解剥夺公民自由的情况，从而监督其是否合法"⑥。

在墨西哥，"根据墨西哥宪法和法律规定，凡属于全国范围的刑事犯罪案件（包括贪污贿赂案件），均由联邦总检察院进行司法调查并向联邦法院起诉"⑦。

---

① 叶峰：《日本检察机关的职责权限》，载《检察日报》2005 年 7 月 21 日。

② 梁国庆主编：《国际反贪污贿赂理论与司法实践》，人民法院出版社 2000 年版，第 60—61 页。

③ 张志杰：《韩国检察机关及检察官职权简介》，载《人民检察》2000 年第 8 期。

④ 晏向华：《检察机关拥有侦查权符合国际趋势》，载《检察日报》2004 年 7 月 13 日。

⑤ 邱学强：《论检察体制改革》，载《中国法学》2003 年第 5 期。

⑥ 梁国庆主编：《国际反贪污贿赂理论与司法实践》，人民法院出版社 2000 年版，第 639 页。

⑦ 梁国庆主编：《国际反贪污贿赂理论与司法实践》，人民法院出版社 2000 年版，第 650—651 页。

在哥伦比亚，"检察机关是国家的法律监督机关，其主要职责是：负责监督司法官员的执法活动，根据需要可以委派工作人员对任何司法官员进行刑事侦查和搜查。对国家公职人员的职务活动进行监督，根据需要对任何行政官员进行刑事侦查和搜查，并控告其所犯罪行。维护宪法的尊严，有权参与最高法院审理关于法律违宪的诉讼"①。

在匈牙利，"对于伪证、诽谤、警察犯罪及外交官、政府高级官员的犯罪案件以及检察官、法官的交通事故案件，由检察机关侦查"②。

在芬兰，警察涉嫌犯罪案件由检察机关负责侦查。

在蒙古，对于贪污案件，一般由检察机关行使侦查权。

在马来西亚，《马来西亚防止腐败法》第23条规定："如果检察官确信有合理根据怀疑某人实施了本法所指犯罪或者法定犯罪，他可以发出命令授权高于或者相当于助理警长的警官以命令指定的方式对有关事项进行调查。"

在我国香港特区，由廉政公署负责调查任何涉嫌或被指称是犯防止贿赂条例所订的罪行、犯舞弊及非法行为条例所订的罪行、由官方雇员借着或通过不当使用职权而犯的勒索罪等。此外，也有一些国家和地区将职务犯罪侦查权赋予检察机关之外的其他国家机关行使，如巴基斯坦联邦反贪污委员会、联邦调查局、泰国反贪污委员会、新加坡贿赂侦查局、印度中央调查局、菲律宾独立调查处、缅甸特别侦察局、文莱反贿赂局、尼日利亚腐败行为调查局、南非严重经济犯罪行为调查署、埃及非法收入局，以及我国香港地区的廉政公署等。

在我国澳门特区，根据《澳门特别行政区基本法》和《司法组织纲要法》的规定，特别行政区检察院是唯一行使法律赋予的检察职能的司法机关，行使领导刑事侦查、提起刑事检控、监督法律实施和保障合法权益等职责。因此，打击职务犯罪，净化施政环境，一直以来，都是特区检察院所需承担的重要任务和工作重点之一。廉政公署对有关职务犯罪的侦查，并不影响其他部门就此类犯罪而行使侦查权③。也就是说，法律赋予廉政公署刑事侦查权并非专属权，澳门检察院同样享有侦查权。

在我国台湾地区，检察机关"对任何案件都有侦查权，但并不是事必躬亲，而是必要时有介入的权限，大部分的案件，也都是公安、调查局侦查告一

---

① 梁国庆主编：《国际反贪污贿赂理论与司法实践》，人民法院出版社2000年版，第660页。

② 孙谦主编：《中国检察制度论纲》，人民出版社2004年版，第136—137页。

③ 何超明：《打击职务犯罪，净化施政环境》，载《澳门廉政》2003年第6期。

段落才移送给检察官起诉，或补充侦查的"①。在侦查程序中，检察官对警察拥有一般指示权、一般指挥权和具体指挥权，检察官的地位较警察优越。"刑事警察受检察官之命执行职务时，如有废弛职务情事，其主管官应接受检察官之提请，依法予以惩处。"②

许多国家和地区对包括检察机关在内的侦查机关的侦查行为作出了明确的制约性规定，对立案、拘捕、讯问、勘验、搜查、扣押、鉴定等侦查行为，都规定了严格的操作程序和行为准则。《德国刑事诉讼法典》第163条规定："禁止对被告人施加压力。"《奥地利刑事诉讼法典》第200条、第202条规定，在讯问被告人过程中，不得向被告人提出套供式的问题，不准用许诺或欺骗及威吓、强制或使用暴力等手段促使被告人供认或作其他陈述。"为保障检察官侦查权的正确行使，日本设立了强制处分的令状主义、羁押的法定主义、自白排除法则和违法证据排除法则来防止检察官侦查权的恶性膨胀。"③

关于职务犯罪的侦查，联合国有关法律文件也做出了相关规定。如联合国大会1990年批准的《关于检察官作用的准则》规定："检察官应当适当注意对公务人员所犯罪行，特别是对贪污腐化、滥用权力、严重侵犯人权、国际公认的其他罪行的起诉，和依照法律授权或当地惯例对这种罪行的调查。"1998年联合国《国际刑事法院罗马规约》第54条（检察官在调查方面的义务和权力）规定，检察官应当为查明真相，调查一切有关的事实和证据，以评估是否存在本规约规定的刑事责任。《联合国反腐败公约》第36条（专职机关）中规定："各缔约国均应当根据本国法律制度的基本原则采取必要的措施，确保设有一个或多个机构或者安排了人员专职负责通过执法打击腐败。这类机构或者人员应当拥有根据缔约国法律制度基本原则而给予的必要独立性，以便能够在不受任何不正当影响的情况下有效履行职能。这类人员或者这类机构的工作人员应当受到适当培训，并应当有适当资源，以便执行任务。"

## （二）对我国优化职务犯罪侦查权配置与运行的借鉴意义

1. 检察机关是否具有职务犯罪侦查权是基于历史传统和实现需要，不可强求千篇一律

西方发达国家，特别是人口众多、地域较大的国家，一般是由检察机关行

---

① 林文斌：《国家追诉主义》，来源：http://bbs.procedurallaw.com.cn。

② 宋英辉、张建港：《刑事程序中警、检关系模式之探讨》，载《政法论坛》1998年第2期。

③ 宋高初：《日本检察官职权行使制约机制研究》，载《法学评论》2003年第3期。

使职务犯罪侦查权，如美、英、德、意等，亚洲国家中、日、韩也是如此。以检察机关之外设定一个机关行使职务犯罪侦查权往往是基于一个时期腐败问题严重，且该国家或地区人口较少、地域较小。将职务犯罪侦查权赋予由哪个国家机关行使，主要归结于三个因素：一是权力主体在国家机构体系中的定位，二是可供使用的侦查资源，三是历史传统等。权力配置是否合理，关键看是否符合权力运作规律的要求和实际的运作效果，这往往取决于一个国家或地区的执法传统、执法观念和执法环境。总之，采取何种侦查权力配置模式，不能生搬硬套，要因时、因地制宜。就我国法治传统以及现实国情而言，在检察机关之外设定一个国家机关行使职务犯罪侦查权不具有可行性。

2. 合理确定检察机关的侦查范围，服务检察机关的法律定位

从世界上具有侦查权的检察机关的侦查管辖范围看，"多数国家的检察机关只侦查重大、特别重大以及案情比较复杂的案件，或者侦查与法律监督的职权相适应的公务人员违法乱纪案件；对国家元首和高级官员的贪污受贿等违法犯罪案件，都由检察机关侦查"[①]。赋予检察机关侦查权的国家和地区，"检察机关的直接侦查权以职务犯罪为主但并非只针对职务犯罪，也可以针对特定的犯罪类型，具体设定完全根据实际需要"[②]。西方有些国家赋予检察机关职务犯罪侦查权，是基于检察机关是国家公诉机关的法律定位，体现了侦查是公诉的准备，为公诉服务是其基本目的。我国赋予检察机关职务犯罪侦查权是基于检察机关国家法律监督机关的宪法定位，体现了职务犯罪侦查权是法律监督权的重要组成部分和有力的保障。无论是以"现代检察权的核心是公诉权，检察机关的侦查权和侦查指挥权都应当为公诉活动服务"的角度出发，还是从强化和保障法律监督的角度出发，都应当赋予检察机关职务犯罪侦查权。此外，检察机关侦查权的范围如何界定，是否具有侦查指挥权，关键是看对检察机关的核心定位。就我国而言，应当根据强化法律监督的需要，重新界定检察机关的侦查范围。

3. 强化对检察机关侦查活动的监督制约，保证侦查权健康运行

职务犯罪侦查权对于惩治腐败至关重要，但如果缺乏合理规制而被滥用，被当做权钱交易、司法腐败的工具，其危害性更大，因而，我们在强调要优化配置职务犯罪侦查权的过程中，始终要注意加强权力监督制约，将侦查职能严格限制在法律允许的范围之内，保持权力的健康运行。"检察机关要接受的外部监督主要有以下五个方面：接受党对检察工作的领导和监督，有关职务犯罪

---

① 张穹：《当代检察官的职权》，载《检察日报》1999 年 6 月 2 日。

② 邱景辉：《职务犯罪侦查权之重构》，载《国家检察官学院学报》2003 年第 3 期。

侦查工作中涉及的重大决策、重大工作部署、重大问题，要及时向党委请示报告；接受人民代表大会及其常务委员会的监督，包括工作报告的审议、人事任免、质询、特定问题的调查及决定、逮捕人大代表须经许可等；接受政协的民主监督；群众监督和舆论监督；接受公安机关、人民法院和律师在法律程序上的制约。"① 通过实行人民监督员制度，畅通接受群众和社会监督的渠道，促进侦查活动的公开与公正，增强检察机关职务犯罪侦查权的社会公信力。

# 六、职务犯罪侦查权配置模式的完善

自《刑事诉讼法》修改被列入十届全国人大立法规划以来，无论是国家立法机关，还是司法实践部门、诉讼法学理论界，都对这一问题进行了更为深入的研究和探讨。2005 年 10 月 27 日，十届全国人大常委会第十八次会议审议并批准了《联合国反腐败公约》。如何在《刑事诉讼法》修改过程中，实现与公约相关规定的衔接，成为当前的又一重要课题，其中也涉及检察机关职务犯罪侦查权的优化配置与运行问题。在当前探讨《刑事诉讼法》修改和贯彻全国人大常委会《关于批准〈联合国反腐败公约〉的决定》的法治背景下，必须从立法层面上深入研究如何实现职务犯罪侦查权的优化配置。

## （一）扩大检察机关的特别案件管辖权

检察机关的特别案件管辖权，是指根据《刑事诉讼法》第 18 条第 2 款的规定，对于国家机关工作人员利用职权实施的贪污贿赂、渎职侵权犯罪以外的其他重大犯罪案件，需要直接受理的时候，经省级以上人民检察院决定直接立案侦查的权力。赋予检察机关特别案件管辖权，体现了侦查权设置上的原则性与灵活性相统一。《刑事诉讼法》基于公安机关、检察机关性质和刑事案件特征的不同，而对刑事案件管辖作出具体分工。考虑职务犯罪侦查权是法律监督权的重要组成部分，检察机关一般情况下管辖的职务犯罪案件并未涵盖所有职务犯罪案件，非纯正的职务犯罪罪名十分宽泛，因此《刑事诉讼法》确立了检察机关的特别管辖权，同时把管辖范围限定为"国家机关工作人员利用职权实施的其他重大的犯罪案件"。

实践表明，这一限定不利于检察机关有效行使法律监督权，同时也不利于维护诉讼参与人的合法权益。从优化配置侦查权，强化法律监督的角度出发，在《刑事诉讼法》修改的过程中，应当考虑进一步扩大检察机关的特别案件

---

① 孙谦主编：《中国检察制度论纲》，人民出版社 2004 年版，第 59—129 页。

管辖权。而且这也是与检察机关侦查权是法律监督权的重要组成部分和有力保障的定位相适应的。对此，有的人提出："特殊侦查权的内容可以划分为三类：一是确立对消极侦查行使特殊侦查权制度。二是确立维护诉讼职能的特殊侦查权。三是确立对特殊群体的特殊侦查权。"① 在侦查分工方面，应当赋予检察机关以机动侦查权，同时对涉及两个侦查机关管辖的案件，可以由负责主罪的侦查机关立案侦查；在一定限制情况下，也可以允许检察机关根据案件侦查需要确定侦查管辖②。笔者认为，扩大检察机关的特别案件管辖权，一是要扩大对国家工作人员与职务相关的犯罪的机动管辖权，"修改我国相关立法，将国家工作人员的职务犯罪和与之相关联的'前提罪'的侦查管辖权统一起来，促进反腐败斗争的深入"③。二是要赋予检察机关代位侦查权。代位侦查权，是指当一定侦查主体对法定管辖的具体个案刑事侦查权有悖程序正当性时，由另一合法侦查权主体拥有，取而代之，进行侦查的权力。"为保障侦查活动满足刑事诉讼程序的价值取向及社会对国家追诉权的正当期望，应当增设代位侦查权。"④ 三是要赋予检察机关对妨害法律监督和诉讼活动的刑事犯罪的管辖权。基于健全和完善法律监督功能的考虑，检察机关的侦查权不应局限于职务犯罪，应当包括对妨害诉讼活动的非职务犯罪。由检察机关"侦查直接以司法人员或行政执法人员为犯罪对象的人身伤害及侵犯其他人身权利与民主权利的犯罪案件，以及执业律师利用律师职务之便实施的犯罪案件，有助于维护正常的司法秩序和司法职业的廉洁与高尚"⑤。在查处职务犯罪案件中，犯罪嫌疑人翻供、证人翻证现象时有发生，背后往往隐藏着伪证、强迫作证等犯罪行为，赋予检察机关对此类犯罪的侦查权，也是节约司法资源的需要。

## （二）赋予检察机关技术（秘密）侦查权

技术（秘密）侦查，是指侦查主体经过严格的批准程序和在严密指挥监控下，秘密使用跟踪、录音监听、摄像等技术（秘密）手段，掌握侦查对象的动向，控制其活动，获取证据或证据线索的侦查方法。"大力发展和使用刑

---

① 王国栋、李剑、王廷伟、刘云涛：《试论职务犯罪侦查权的优化配置、实现模式与人权保障》，来源：http://www.chinalawedu.com。

② 李和仁、李玉花：《程序公正新探索——中国法学会诉讼法学研究会'99 年会综述》，载《检察日报》1999 年 12 月 1 日。

③ 沈宇峻：《论渎职犯罪"前提罪"的侦查管辖权》，载《犯罪研究》2005 年第 3 期。

④ 邱景辉：《代位侦查权：法律监督的应有之义》，来源：http://www.jcrb.com。

⑤ 邱景辉：《职务犯罪侦查权之重构》，载《国家检察官学院学报》2003 年第 3 期。

事科学技术是侦查工作的发展方向。刑事科学技术能够通过不限制犯罪嫌疑人权利的常规侦查措施中获取的证据分析出许多对侦破犯罪具有重要价值的案件信息，被西方学者认为是一种能够实现控制犯罪和保障人权兼顾的理想侦查方式。"[1] 基于以下几点，需要在修改后的《刑事诉讼法》中赋予检察机关技术（秘密）侦查权：

1. 由职务犯罪的特殊性所决定

"职务犯罪大多比较隐蔽，犯罪分子智商高，曾掌握有相关权力、社会关系面较广，反侦查能力较强，必须强化检察机关相应的侦查措施。"[2] 加之职务犯罪大多只能靠言词证据定案，为解决取证难问题，必须强化检察机关的侦查手段。检察机关使用一些高科技手段侦查，在不正面接触犯罪嫌疑人的情况下收集必要的证据，就可以提高侦破案件和追诉犯罪的能力，追诉能力的提高也有助于侦查人员侦查观念的转变、由证到供的侦查模式的转变，减少拘留、逮捕等强制措施的适用，减少审前羁押。此外，还可以使侦查活动达到秘密侦查的要求，避免和减少外界的阻力和干扰，保障依法独立行使侦查权。

2. 保持不同侦查权权力平衡的需要

我国1993年制定的《国家安全法》第10条规定："国家安全机关因侦察危害国家安全行为的需要，根据国家有关规定，经过严格的批准手续，可以采用技术侦察措施。"1995年通过的《人民警察法》第16条规定："公安机关因侦查犯罪的需要，根据国家有关规定，经过严格的批准程序，可以采取技术侦察措施。"而检察机关使用技侦手段，必须通过公安机关，显然有失公平。应当按照侦查的需要，配置侦查手段或措施，而不能因为职务犯罪主体的特殊身份就限制技侦手段的使用。恰恰相反，职务犯罪总体上比一般刑事犯罪更需要使用技侦手段。法律既然赋予检察机关职务犯罪侦查权，就应该赋予检察机关技术（秘密）侦查手段。

3. 由技术（秘密）侦查手段的特点所决定

就秘密监听而言，秘密监听是侦控高智能、高隐秘性的贪污贿赂等经济犯罪的必要手段。并且由于是在被追诉者及一般社会公众均未知晓的情况下进行，能避免来自犯罪嫌疑人的反侦查措施，所获取的证据也通常比较真实可靠，同时还能比较有效地防止给最终被证明无罪的犯罪嫌疑人的名誉带来不必要的负面影响，避免给其本职工作带来不必要的损失。同时，由于秘密监听的

---

[1] 樊崇义：《论侦查模式的转换和改革》，来源：http：//www. police. com. cn。

[2] 晏向华：《职务犯罪侦查：由检察机关承担科学而合理》，载《检察日报》2005年1月21日。

适用将导致对犯罪嫌疑人隐私权的侵犯和限制，因此亟须制定出相应的法律、法规，对秘密侦查的方式、条件、审批机关、适用程序、违法责任等问题作出严格的规定①，以保持控诉犯罪与保障人权之间的平衡。

4. 与国外通行做法相一致

"现代职务犯罪侦查制度的主要特点是各国和地区为了加强对职务犯罪的打击，除了在《刑法》、《刑事诉讼法》中规定了各种侦查措施及强制措施并适用于职务犯罪侦查外，还在一些刑事特别法中作了一些特别规定。尽管其他法律中有相反的规定，有关人员仍有权决定对有关事项或场所进行调查。只要他们确信或有充分理由怀疑贪污贿赂犯罪事实已经发生，即可发布命令，授权或指定有关人员就有关事项进行调查。"② 如在英美等国，普遍认识到，贿赂犯罪是一种高隐蔽性的犯罪，很难取得令法庭满意的证据，因此只能依靠技术侦查和"秘密渗透"的手段。虽然这种手段过去和现在一直受到强烈的批评，被认为是"严重地侵犯人权"，但司法部门坚持认为，"官员们关在办公室里密谋贪污的勾当，只有用秘密摄像才能进行观察"，"对官员的贪污必须使用新的手段才能查清情况，掌握证据"，并表示要继续进行下去③。美国《综合犯罪控制与街道安全法》明确规定，秘密监听适用于"贿赂政府官员罪"等12 种犯罪的调查。"在大陆法系国家，法律也赋予了检察机关或检察官以技侦权，并且规定了更多的技侦手段和措施。"④ 德国《刑事诉讼法典》有关于"监视电信通讯"的规定。意大利《刑事诉讼法典》规定刑事侦查可以采用"通讯窃听"手段。"侦查权的重新配置，秘密窃听的法治化，增强犯罪嫌疑人的防御能力等，是意大利刑事侦查制度改革给我们的启示。"⑤ 法国1991 年7 月在原《刑事诉讼法典》中增加了"电讯的截留"一节，对秘密监听的程序作出了详细规定。新加坡贿赂调查局依照法律规定，有权对嫌疑人进行采取跟踪、密取、侦听等侦查措施。"在香港，法律把跟踪和卧底取得的证据规定为合法的证据，而且认为其证明力比其他证据还要高。"⑥ 我国澳门特区1997 年颁行的《刑事诉讼法典》也专章规定了"电话监听"。

① 樊崇义：《论侦查模式的转换和改革》，来源：http: //www. police. com. cn。

② 陈文鹰：《我国职务犯罪侦查制度研究》，来源：http: //www. wanglei. com。

③ 海珠检察院反贪局课题组：《反贪侦查创新之设想与实践》，来源：http: //www. hzjcy. com。

④ 邓思清：《检察机关应拥有技术侦查手段》，载《法制日报》2004 年6 月24 日。

⑤ 谢佑平、邓立军：《意大利刑事侦查制度的改革与启示》，载《政治与法律》2004 年第4 期。

⑥ 温百林、何天鹏：《职务犯罪侦查机制新探》，来源：http: //www. gxjc. gov. cn。

5. 完善我国刑事诉讼制度的客观需要

我国现行《刑事诉讼法》对技术（秘密）没有作出规定，《国家安全法》、《人民警察法》中虽有"技术侦察措施"的规定，但并不能调整和规范诉讼行为。应通过修改《刑事诉讼法》，规定刑事技术侦查制度，对适用范围、提请主体、批准主体、执行主体、监督主体、实施时限、结果的管控、证据的审查与适用等在立法上加以明确。

## （三）建立职务犯罪侦查的特殊证据制度

针对职务犯罪的特点，确立特殊的证据制度，突破传统证据制度，以适应与职务犯罪作斗争的需要，是国外许多国家的普遍做法。

1. 污点证人作证免责制度

当前污点证人制度在许多国家和地区已得到普遍运用。美国《联邦量刑指南》、《联邦量刑改革法》、《联邦刑事责任豁免法》对检察官通过辩诉交易来获取共同犯罪的被告人的证言作出了相关规定。《联合国反腐败公约》第37条（与执法机关的合作）也规定："一、各缔约国均应当采取适当措施，鼓励参与或者曾经参与实施根据本公约确立的犯罪的人提供有助于主管机关侦查和取证的信息，并为主管机关提供可能有助于剥夺罪犯的犯罪所得并追回这种所得的实际具体帮助。二、对于在根据本公约确立的任何犯罪的侦查或者起诉中提供实质性配合的被告人，各缔约国均应当考虑就适当情况下减轻处罚的可能性作出规定。"虽然我国《刑法》中对行贿人和介绍贿赂人主动交代行贿和介绍贿赂行为的，规定可以减轻或者免除处罚，但与公约规定还具有一定的差距。"由于贿赂犯罪是典型的'无被害人犯罪'，在证据收集方面，缺乏目击证人和被害人，通过污点证人的作证，可以使国家追诉机关能够用有限的司法资源迅速、有效地追究犯罪。"

可以考虑在贿赂犯罪中适用侦查便宜原则，即给予坦白罪行的行贿人或受贿人予以较为合理或优先的诉讼待遇，给予诸如免除羁押，迅速起诉，证据禁用或不起诉等豁免措施，以换取其对犯罪事实的主动供述。对罪行较轻的行贿人或受贿人，如其对贿赂犯罪事实提出证据，或者在与此相关的问题上作过证，可以考虑不再就此事对其起诉[①]。建议我国《刑事诉讼法》对证人免责问题作出规定，对证人回答或揭露自己的犯罪行为的，可以在追究其刑事责任的诉讼中不作为不利于他的证据采用。对于为检察机关侦查破案提供关键证据的污点证人，如果其职务犯罪情节不属于严重的，可以作为不追究刑事责任的情

---

① 陈志华、陈靓蓉：《贿赂犯罪侦查措施探讨》，载《厦门检察》2000 年第 4 期。

形之一。没有立案侦查的，不再立案侦查；已经立案侦查的，尚未终结移送审查起诉的，可以撤销案件；已经审查起诉的，可以作出不起诉处理。"证人免责的前提是对合法讯问的一切有关事项必须作出'真实而全面'的回答。对于故意隐瞒证据或提供虚假供词的，一些国家明确规定不得享受免除责任的法律保护。"①

2. 举证责任倒置制度

在当前各国反腐败斗争中，有越来越多的国家认识到，规定让犯罪嫌疑人、被告人在特定情况下承担举证是适宜和必要的。美国《证据法》规定，如果某制定法规定，在没有合法授权、正当理由、特殊情况或例外情况下，实施某种行为就是非法，那么被告方就有责任举证说明存在合法授权、正当理由、特殊情况或例外情况。如果被告方意图推翻制定法对某些事实的推定，或者意图援引法律条文中的但书、例外或豁免，这时被告方也负有举证责任。《联合国反腐败实际措施手册》对举证责任倒置作出相关规定，认为"在反腐败斗争中这项程序性办法可能在本国内具有巨大的重要意义。这种办法同时兼备战术和战略意义"②。《联合国反腐败公约》第54条（通过没收事宜的国际合作追回资产的机制）第2款规定："为就依照本公约第55条第2款提出的请求提供司法协助，缔约国均应当根据其本国法律：……（二）采取必要的措施，在收到请求时使本国主管机关能够对该财产实行冻结或者扣押，条件是该请求须提供合理的根据，使被请求缔约国相信有充足理由采取这种行动，而且有关财产将依照本条第一款第（一）项按没收令处理。"此外，英国、印度、新加坡等国家还规定了贿赂推定原则。印度《防止腐败法》第5条第（1）项规定："如他或他的代表人拥有，或在其任职期间曾拥有与其公开收入来源不相称的财物，而本人又不能满意解释的"，被称为"刑事不良罪"。新加坡《没收贪污所得利益法》第4条规定："本法认为：一个人所拥有的财产（在本法公布实施之前后已经占有的财产），或其在财产里的利益与其已知的收入来源不相符合而该人又不能向法院作出合理满意解释时，其财产被视为贪污所得。"英国《惩治贿赂法》规定，对贿赂案中给付报酬的行为视为贿赂行为，但有相反的证明者除外，也就是说，证明未受贿的责任在被告方。建议我国立法机关借鉴《联合国反腐败公约》和有关国家的立法规定，对有关事实的举证责任倒置和贿赂推定原则作出规定。"在腐败犯罪案件中，犯罪人为了逃避侦查常常会采取各种手段掩盖其犯罪行为。贪污犯罪的行为人一般很少贸然

---

① 陈文鹰：《我国职务犯罪侦查制度研究》，来源：http://www.wanglei.com。
② 陈文鹰：《我国职务犯罪侦查制度研究》，来源：http://www.wanglei.com。

作案，而多是在其职务的掩盖下进行周密的预谋准备后实施犯罪行为，通常情况下难以被及时发现。在犯罪实施的整个过程中往往没有被害人，留下的痕迹、物证等很难保留或者无法利用现代物证技术事后予以再现。在追回腐败犯罪所得资产的案件中，如果一味强调控方对犯罪所得的合法性承担证明责任，则往往无法有效地追回犯罪所得，这就需要我国的刑事诉讼立法作出一定的调整和完善。"① 我国《刑法》关于巨额财产来源不明罪的规定体现了这一精神，同时《刑事诉讼法》也应对诉讼中的一些情况推定问题作出规定，特别是明确查办职务犯罪过程中需要作出推定的一些情形。通过确立贿赂推定原则，将受贿犯罪的部分举证责任确定由犯罪嫌疑人、被告人承担，即知情人提供证据证明对方受贿后，被指控受贿的一方应当提供相反证明以示清白，如不能提供反证，则推定受贿成立。如在犯罪嫌疑人、被告人与其亲属共同受贿案件中，根据亲属收受财物的事实，请托人的证言，请托事项与犯罪嫌疑人、被告人职务之间的关系，可以推定犯罪嫌疑人、被告人与其亲属共谋受贿的故意，除非其提出确实、充分的反证。

## 七、职务犯罪侦查权运行机制的完善

如何有效地惩治腐败是诉讼法的一个重大课题，在中国法学会诉讼法学研究会 2005 年年会上，"有代表对我国的职务犯罪侦查体系提出了看法，提出构建完备的反腐败体系，完善职务犯罪侦查措施"②。在有效惩治腐败、推进反腐败斗争深入开展的历史背景下，职务犯罪侦查权不仅要实现优化配置，更要完善运行机制，保持健康的运行状态。

### （一）完善职务犯罪侦查权的启动机制

"随意启动刑事侦查程序，必将给个人自由造成极大威胁，因此，刑事侦查程序的启动必须慎重。一般认为，侦查程序的启动应当遵循公共性和合理性两项原则。公共性原则要求侦查权作为一项国家公权力，其启动应当以维护公共秩序为目标。合理性原则则要求作为一种应激机制，只有在有理由认为确有

---

① 杨宇冠、吴小军：《〈联合国反腐败公约〉资产追回机制与我国刑事诉讼法的完善》，载《当代法学》2005 年第 1 期。

② 晏向华、柴春元：《刑事诉讼法如何修改　检察权配置令人关注——诉讼法学研究会 2005 年年会观点撷要》，载《检察日报》2005 年 10 月 11 日。

犯罪发生的情况下，才能启动侦查程序展开调查。"① 根据我国《刑事诉讼法》的规定，立案是侦查程序启动的标志。通过立案环节的活动，包括之前进行的初查，一方面使符合立案条件，需要开展侦查的案件迅速、及时地进入侦查程序；另一方面使不需要立案侦查的案件不进入诉讼程序，防止侵犯有关人员的合法权益，同时也防止浪费司法资源。职务犯罪案件立案必须同时具备两个法定要件：一是认为有犯罪事实发生；二是需要追究刑事责任。

目前，在职务犯罪立案方面存在的主要问题是：一是人为拔高立案标准，把立案当成证明犯罪的诉讼活动，把立案条件等同于结案条件。在这一观念支配下，有的地方检察机关在立案前进行大量初查工作，取得能够足以证明犯罪的证据材料后，才决定立案侦查，这实际上曲解了立案的目的和功能。"实践中，有的侦查人员或机关利用立案的高标准，将应该按照刑事案件处理的案件当成一般治安案件来办理，大案化小，重罪化轻，以罚代刑，对重大刑事案件不及时侦查，久拖不结，使犯罪分子逃脱了法律的严惩，受害人的生命财产安全得不到有效的保护。"② 二是立案方式不够科学。根据法定立案条件，是否认为存在犯罪事实是立案的事实要件，因而原则上应采取"以事立案"的立案方式，但实践中绝大多数仍采用"以人立案"的方式，影响了立案的必要性和及时性。三是法定立案条件不够科学。司法实践表明，仅依靠对报案、控告、举报和自首的立案材料，一般很难对是否有犯罪事实发生，是否需要追究刑事责任作出准确的判断，往往需要通过大量的侦查活动，在侦查终结时才能得出这一结论。此外，还存在一些行政执法机关不移送刑事案件线索，造成打击不力的问题。有些行政执法机关因受部门利益的驱动，往往将应向司法机关移送的涉嫌构成犯罪的案件而不移送或者以行政处罚代替刑事处罚，不仅影响了行政执法的效果，而且使犯罪分子得不到及时的惩处。

为此，需要重点规范以下三个方面的工作：一是完善立案条件，将立案条件确定为"认为存在涉嫌犯罪的事实，有可能需要追究刑事责任"。这样既便于把握，防止立案不及时，也能够适应惩治犯罪的客观需要。二是健全纪检机关、行政执法机关办案程序与刑事诉讼程序的衔接工作。国务院2001年7月制定了《行政执法机关移送涉嫌犯罪案件的规定》，但由于这个法规所规定的负有移送义务的机关限于行政执法机关，我国《刑法》规定的徇私舞弊不移

---

① 万毅：《程序正义的重心：刑事侦查程序论——兼论我国侦查程序改革》，载《金陵法律评论》2002年秋季卷。

② 焦俊峰：《论侦查价值与侦查立案条件》，载《中南财经政法大学研究生学报》2003年第4期。

交刑事案件罪的犯罪主体也限于行政执法人员，而大量的涉嫌职务犯罪案件在检察机关介入或受理之前，已由纪检机关调查处理，实践中也存在着一些单位机关根据自己的认定来确定移送或不移送问题。因此，必须健全纪检机关、行政执法机关办案程序与刑事诉讼程序的衔接机制。立法要明确纪检机关、行政执法机关办案过程中，发现被调查人涉嫌犯罪的，即应将案件移送侦查机关或检察机关，而非认为查清事实后才移送，同时要作出移送时限规定。此外，还应通过修改《刑法》，将徇私舞弊不移交刑事案件的犯罪主体扩大到纪检机关人员。立法应明确，犯罪案件发案单位为国有单位的，其主要负责人和其他直接责任人员不仅有控告犯罪的权利，也负有控告犯罪的义务。如不履行控告义务，造成犯罪嫌疑人潜逃或其他严重后果的，应当追究刑事责任。三是规定立案前的调查措施。从司法实践来看，无论是一般刑事案件还是职务犯罪案件，立案前的调查是必要的。如公安机关接到报案后赶赴现场进行勘察、调查等，之后才进行立案。由于职务犯罪案件不同于一般刑事案件的特点，初查的重要性相对更为突出。因此，《刑事诉讼法》应当对立案前的调查措施作出明确、具体的规定。

## （二）完善职务犯罪侦查活动中的人权保障机制

检察机关是国家法律监督机关，"强化法律监督，维护公平正义"是检察工作的主题，是刑讯逼供、暴力取证等侵犯人权犯罪的侦查主体，检察侦查权是法律监督的重要内容和有力保障，基于这样的定位和认识，在职务犯罪侦查活动中，更需要强化人权保障。

### 1. 强化检察机关的客观公正义务

所谓客观公正义务，指的是检察机关负有不偏袒、公正地采取行动，全面侦查事实真相，不得单方面谋求证明被告人有罪的义务。"按照联合国《关于检察官作用的准则》的规定，检察官的客观性义务，主要包括以下内容：不歧视任何人；按客观标准行事；保证公众利益；必要时中止追诉；依法保护犯罪嫌疑人的合法权益；酌处中的客观公正性。"[①] 关于检察机关的客观公正义务，国外许多国家都专门在法律中作出规定。如德国《刑事诉讼法典》第160条第2款规定："检察院不仅要侦查证明有罪的，而且还要侦查证明无罪的情况，并且负责提取有丧失之虞的证据"；第163条规定："被指控人请求收集对他有利的证据时，如果他们具有重要性，应当收集。"强化检察机关的客观公正义务，可以促使检察人员树立正确的执法观，使职务犯罪侦查权的运行保

---

① 张智辉：《遵循客观性义务　确保公平正义》，载《检察日报》2004 年 5 月 19 日。

持客观公正性，从而有利于强化侦查活动中的人权保障。

2. 规范讯问程序

总体上看，我国刑事诉讼中对犯罪嫌疑人在讯问中的权利保障是事后补救性的，而不是事前、事中防范性的，难以有效保障犯罪嫌疑人的合法权利，因此，建议修改完善相关立法规定。笔者认为，根据侦查活动的特点和客观需要，目前不应赋予犯罪嫌疑人被讯问时的律师在场权，但为了保证讯问活动的合法性，以及有效防止被讯问人翻供，立法应当规定侦查人员对讯问过程必须进行全程录音、录像。考虑到司法现状的客观需要，应当继续保留现行《刑事诉讼法》关于"犯罪嫌疑人对侦查人员的提问，应当如实回答"的规定，但同时应当规定：不能因犯罪嫌疑人拒绝回答而采取强迫手段，要求其自证其罪；不能把犯罪嫌疑人拒绝回答作为从重处罚的情节。此外，还应借鉴刑事司法国际公约的有关内容，规定侦查人员在律师会见犯罪嫌疑人时，只能在"看得见、听不见"的范围在场，以切实保障律师在侦查阶段的会见权。

3. 完善审前羁押制度

立法应明确规定，检察机关在审查决定逮捕阶段，必须讯问犯罪嫌疑人，听取其对适用逮捕措施的意见。被逮捕的犯罪嫌疑人可以向检察机关提出变更或撤销逮捕措施的申请。如果没有申请，检察机关审查逮捕部门应当定期进行复查。检察机关审查起诉过程中，必须审查对被羁押的犯罪嫌疑人继续羁押的必要性，根据案件情况决定是否变更或撤销羁押措施。

4. 强化违法侦查的司法救济

刑事诉讼法还应明确超期羁押的违法性和侦查机关、侦查人员超期羁押的法律责任。对于犯罪嫌疑人在超期羁押期间的损失应进行国家赔偿。对错误拘传、取保候审、监视居住的，也应与错误拘留、错误逮捕一样，给予被采取强制措施的人适当补偿。除了完善救济制度外，还应建立适用强制措施的责任制度。

（三）建立健全职务犯罪侦查权的监督机制

"侦查权的行使大都与公民的各种权益有关，如果缺乏必要的程序保障措施，侦查权就可能被滥用而侵犯公民的权利。需要借鉴西方各国侦查权良性运作的经验，并对侦查权的司法控制机制是否具有内在的正当性进行系统的考察，从而对我国侦查权的司法控制机制之建构作一宏观上的设计，以规制我国侦查权的行使，保护被追诉人的权利。"① 在职务犯罪侦查实践中，建立健全

---

① 陈卫东、李奋飞：《论侦查权的司法控制》，载《政法论坛》2000 年第 6 期。

相关监督机制，需要着力从以下几个方面努力：即在外部监督中强调完善人民监督员制度，在内部监督中强化上级检察机关的监督，在侦查强制措施方面强调建立健全司法审查制度。

1. 完善人民监督员制度，推进法制化进程

实行人民监督员制度的必要性已得到检察机关内外各方面的广泛理解和支持，当前关键是要采取有效措施，尽早实现这一制度的法制化。人民监督员制度虽然是检察机关的一项重大改革措施，但其涉及面、影响面较大，如何进一步完善这项制度，显然已不能停留在检察机关内部工作机制建设这一层面，最终来说，还是要通过立法加以规范和解决，使这项制度能够更好地发挥作用。尽管人民监督员制度仍处于试点阶段，还有一些问题有待深入研究和探讨，但人民监督员制度法制化的发展方向应该不会改变。在推进人民监督员制度法制化的过程中，先实行地方立法是一项重要内容，可以进一步推进国家立法。通过将人民监督员制度纳入立法程序，一方面保证检察机关正确行使权力，有效防止权力滥用；另一方面规范监督行为，健全监督程序，促进检察工作深入健康发展。可以说，对人民监督员制度进行地方立法，是一项富于时代精神的探索和创新，有利于保证这项制度的权威性和严肃性，促进检察机关公正、文明和廉洁执法。其中，在国家立法过程中，可以考虑在《刑事诉讼法》和《人民检察院组织法》中，对人民监督员制度作出规定，使其成为继人民陪审员制度之后人民群众参与司法活动的又一重要诉讼法律制度。建议在《刑事诉讼法》总则中规定"人民检察院立案侦查的案件，依照本法实行人民监督员监督制度。人民监督员负责对人民检察院直接受理侦查案件的下列工作实施监督：（一）被逮捕的犯罪嫌疑人不服逮捕决定的；（二）拟撤销案件的；（三）拟不起诉的。"同时，对人民监督员的回避等具体问题作出规定。建议将现行《人民检察院组织法》第7条第1款修改为："人民检察院在工作中必须坚持实事求是，贯彻执行群众路线，倾听群众意见，接受社会和公众的监督。"在总则部分增加关于人民监督员制度的一些原则性规定。如"人民检察院办理直接受理立案侦查案件应当接受人民监督员的监督。在人民检察院设置人民监督员办事机构，并明确其职责。人民监督员制度由法律另行规定。在法律另行规定之前，可由最高人民检察院制定工作规则"等。在此基础上和条件成熟时，由国家制定和颁布《人民监督员法》。在立法过程中必须明确，人民监督员是代表社会公众监督检察机关执法办案活动的，是以社会公众的感受来反映对检察机关查办职务犯罪案件工作的意见和要求，其实施的监督属于社会监督和民主监督，是群众监督司法的有效实现形式。人民监督员依照规定监督检察机关查办职务犯罪案件中的某些环节，可以听取办案人员介绍案情、旁

听讯问、询问，具有监督权，负有相应义务。根据人民监督员应具有的法律地位及其监督的性质，在对人民监督员制度进行立法时，确定由人大对人民监督员进行选任和管理。

2. 强化职务犯罪侦查活动的内部监督制约

强化对职务犯罪案件立案活动的监督，可由侦查监督部门和控申检察部门共同履行此项职责。监督范围应包括已经立案的情况、该立案而不立案或不该立案而立案的情况以及立案活动的全过程。对不立案侦查的案件，应建立不立案线索反馈复核评估制度。即自侦部门对线索经初查决定不立案的，应在决定后及时将不立案意见和初查案卷移送举报中心，由举报中心进行复核并提交检察长或者检察委员会决定。规范侦查终结活动，完善侦查终结的条件和处理方式的有关规定，明确规定侦查机关对于经过反复侦查，仍然事实不清、证据不足的案件，即所谓的疑案，可以作出撤案决定。加强对下级院撤案活动的诉讼监督。《刑事诉讼法》应当明确侦查机关撤案前，应当听取有关单位的意见；拟撤案的，应当报上一级检察机关审查批准。

3. 确立由检察机关为审查主体的职务犯罪侦查强制措施司法审查制度

"对刑事侦查的司法审查可以预防无实质原因的强制性处分，切实保障犯罪嫌疑人的合法权益；可以保证被侦查权侵害的人得到司法救济。"[①] 目前，在这方面提出的方案主要有："一个方案是将职务犯罪案件的逮捕权改由人民法院行使。检察机关在侦查过程中需要逮捕犯罪嫌疑人的，报请同级人民法院审查批准，具体程序可参照现行法律关于公安机关对犯罪嫌疑人报请检察机关批准逮捕的规定执行。人民法院对职务犯罪案件，要实行批捕和审判分离，以避免审判时先入为主。另一个方案是，职务犯罪案件的逮捕权仍由检察机关行使，可以规定职务犯罪案件的犯罪嫌疑人不服检察机关逮捕决定的，可以向人民法院申请撤销。人民法院经审查，认为对犯罪嫌疑人依法不应当予以逮捕的，有权裁定撤销逮捕决定。第三个方案，就是检察机关的自侦案件的逮捕权上收一级，由上一级人民检察院决定和行使。此外，应进一步加强对检察机关侦查中采取的强制性侦查活动的监督制约。对于检察机关采取扣押、查封、冻结等强制性措施后，有关当事人不服的，可以申请同级人民法院予以解除，人民法院经审查认为违反法律规定，有权依法裁定解除强制性措施。对检察机关的批捕权，可以设立司法救济程序，当事人有权向法院申请审查逮捕决定的合

---

① 董清林：《对刑事侦查程序的司法控制》，载《江苏公安专科学校学报》2002 年第 4 期。

法性。"① 笔者认为第三种方案较为合理、可行，即地方检察机关职务犯罪案件的决定逮捕权可由负责侦查的检察机关的上一级检察机关行使。职务犯罪案件侦查，是强化法律监督的重要手段；审查批准逮捕，是诉讼监督的重要内容，必须从强化法律监督的角度，认识检察机关行使职务犯罪案件决定逮捕权的必要性。通过上收一级的方式，加强内部监督，保证适用的质量。

# 八、秘密侦查

贪污贿赂犯罪作为权力型职务犯罪，随着腐败与反腐败的反复较量，越来越具有高智能性、高隐秘性的特点，运用常规侦查手段很难获得有效证据。因此，秘密侦查已成为世界上许多国家采取的用于惩治腐败的重要手段，并取得了较好效果。

近两年来，国内诉讼法学界与侦查学界逐渐将秘密侦查的法治化研究重点从个别的秘密侦查行为（如监听、诱惑侦查、卧底侦查等）转向秘密侦查活动的整体。这种研究进路折射出如下思想，即各种秘密侦查行为的实际运用具有极为密切的牵连性，因此，任何秘密侦查行为的法治化问题都不能从它自身得到解释，而只有置于秘密侦查活动的整体之中，才能确定其制度归属。

## （一）秘密侦查的概念

秘密侦查的概念回答的是秘密侦查的本质问题，同时，这也是我们进行秘密侦查理论研究的逻辑起点。从我们所了解和掌握的有关外国资料来看，似乎国外学者对秘密侦查的概念并不感兴趣，无论是外国的刑事诉讼法学著作还是刑事侦查学著作，对秘密侦查的概念进行分析和研究者极为罕见。相反，他们更多的是关注各种具体的秘密侦查行为的法律规制及其实施策略与方法。综观国内各种观点，对秘密侦查概念的表述，比较典型的有以下几种②：

一是秘密侦查，相对于公开侦查而言，是公安机关、国家安全机关因侦查犯罪的需要，根据国家法律，经严格批准手续，在当事人不知情的情况下对犯罪嫌疑人采取的技术侦查手段和非技术侦查手段。此外，该学者还提出了判断秘密侦查的两个标准：一是看所使用的侦查措施和手段是否为当事人所知晓；二是看所使用的侦查措施和手段是否明确规定在法律中。

---

① 陈国庆：《检察改革与刑事诉讼法修改的几个问题》，载《检察日报》2004 年 1 月 9 日。

② 谢佑平、邓立：《秘密侦查的解读与诠释》，载《中国刑事法》2005 年第 6 期。

二是秘密侦查措施指的是："为了对付危害大、侦破难度高的某些特殊犯罪，在法律规定的范围内，侦查机关针对特定案件的侦查对象，暗中搜集犯罪的证据和情报，以证实和揭露犯罪的一种具有隐蔽性和强制性的侦查措施。"①

三是以"列举＋概括"的方式定义秘密侦查。即在秘密侦查概念中先行列举几种较为典型的秘密侦查行为，而对于其他未能一一列举的秘密侦查行为则以"其他"二字加以概括。例如，"秘密侦查是指经过严格的批准程序，在严密的指挥和监控下，秘密使用跟踪、设伏、录音监听、摄像、伪装潜入等合法的手段，掌握侦查对象的动向，控制其活动，从而发现和揭露犯罪的一种侦查方法。"

四是将秘密侦查等同于技术侦查。例如，有学者认为"技术侦查手段亦称秘密侦查手段"。又如，"秘密侦查也可称为技术侦查措施，是以高科技技术为装备，如电子通信技术、识别技术、计算机模拟技术、微机分析技术甚至现代测谎的运用来实施的侦查行为。"再如，技术侦查手段，亦称秘密侦查手段，是刑事侦查措施的一类，指公安机关、国家安全机关、检察机关侦查人员在办理贪污贿赂等刑事案件中，依据国家赋予的特殊侦查权力，运用各种专门的技术侦查手段和秘密侦查力量收集证据，查明案情的专门的特殊的侦查手段。

以上几种定义都有失偏颇，不足以引导我国秘密侦查制度实现法治化。笔者同意谢佑平教授关于秘密侦查所下的定义。所谓秘密侦查，是指为了侦查某些具有严重社会危害性且采取公开侦查行为难以奏效的犯罪行为，由法定的国家机关或部门在法定职权范围内，依照法定程序采取法定的隐蔽性措施以查明案情，收集证据和查获犯罪嫌疑人的一种专门调查工作②。这一关于秘密侦查概念的界定具有以下优点：一是限定了秘密侦查的适用范围只能是某些具有严重社会危害性的犯罪活动；二是确立了秘密侦查的从属性地位，即只有在采取公开侦查行为难以奏效的情况下方才可以采用；三是确定了秘密侦查的主体，即必须是法定的国家机关或部门；四是确立了秘密侦查的程序条件，即依法享有秘密侦查权的国家机关或部门必须在法定职权范围内，依照法定程序实施；五是明确了秘密侦查的本质属性，即秘密侦查是一种收集证据和查获犯罪嫌疑人的专门调查工作。由此可见，上述关于秘密侦查概念的界定既体现了秘密侦查法制化的要求，也符合我国国情，应该说是较为科学和合理的。

---

① 唐磊、赵爱华：《论刑事司法中的秘密侦查措施》，载《社会科学研究》2004 年第 1 期。

② 谢佑平、邓立：《秘密侦查的解读与诠释》，载《中国刑事法》2005 年第 6 期。

### （二）秘密侦查程序的正当性问题

秘密侦查程序的正当性，从宏观上是犯罪控制与个人自治利益的价值冲突与平衡问题。在侦查犯罪的诸种手段中，秘密侦查具有较高的效率[①]。具体表现在：第一，有组织犯罪、毒品犯罪等"无被害人犯罪"类型缺少传统意义的犯罪现场，缺少被害人报案和目击证人，其犯罪过程具有高度隐蔽性特点，运用卧底侦查和诱惑侦查等方法能有效地了解犯罪集团内部的组织情况、活动情况和对犯罪人的行踪进行控制。第二，由于社会流动性增强、社会关系日益复杂等多重因素，依赖"动机调查模式"侦查传统犯罪类型的效度趋于减弱；同时，限于基层侦查机关物证发现、采集、鉴定技术能力普遍较低，运用秘密侦查技术就成为公开侦查的重要补充。鉴于上述原因，秘密侦查技术被各国侦查机关普遍使用，我国侦查机关也不例外。但只要有秘密侦查技术的使用，就始终有非议的伴生，根本原因就是基于秘密侦查对公民权益侵扰的必然性。从人权保障的宪政角度，没有任何负面作用、侦查效率也能得到保证的侦查方法是法治国家的最佳选择。但这只是一种"看起来很美"的理想设计。在现实社会中，即使是在法治国家，也"没有绝对的隐私权，只有免遭'蛮横'或'不合理'的干涉个人隐私、住宅或通讯的权利"。侦查实践的理性要求，在犯罪控制与个人权益自治的冲突之间须找到一个合理的平衡点，即秘密侦查如何合理运行才能既保证犯罪侦查的基本效率需要，又能保障公民的自治权益不受过度侵扰（并非不受侵扰）。这一平衡点的合理确定可以从哲学、伦理、法律的多重视角展开[②]：

首先，从哲学角度，根据自由意志理论，无论是强制抑或诱骗，只要没有根本地剥夺犯罪人的自由意志，刑罚的根据就不会消失，这种强制或诱骗也就具有了一定程度的法律容许性。特情和秘密侦查员进行的秘密侦查会影响犯罪嫌疑人自由意志的程度。特情或秘密侦查员在与犯罪嫌疑人面对面的侦查过程中，所使用的"欺骗"手段包括两方面：一是隐瞒自己的真实身份，只有如此才可能取得侦查对象的信任与保障自己的安全；二是虚构情况，以此探听有关犯罪信息，掌握侦查对象的犯罪动向。上述两种欺骗手段通常综合运用。无论是哪种手段，都能不同程度地影响侦查对象的主观判断和行动选择，即犯罪人的自由意志问题。在通常情况下，上述欺骗性手段并不足以剥夺犯罪人的自由意志，因此也不存在法律禁止的问题。在美国诉罗素（United States

---

① 邓剑光：《秘密侦查正当程序之理论解说》，载《政治与法律》2005 年第 3 期。

② 邓剑光：《秘密侦查正当程序之理论解说》，载《政治与法律》2005 年第 3 期。

v. Russull)一案的判决意见中，大法官雷恩奎斯特（Rehnquist）阐述了如下观点："判定是否构成侦查陷阱，就必须区分为'轻率的无辜者'设置陷阱和为'轻率的犯罪人'设置陷阱两种情况。"如果陷阱是为"轻率的无辜者"所设置的，则侦查人员的行为构成侦查陷阱，从而为法律禁止；反之，如果陷阱是为"轻率的犯罪人"设置的，则侦查人员的行为不构成侦查陷阱。这一判例确立了判断秘密侦查行为是否剥夺犯罪人自由意志的主观标准。即对于早有犯意的"轻率的犯罪人"而言，秘密侦查行为并不足以剥夺其自由意志，而对于根本没有具体的犯罪意图的"轻率的无辜者"，秘密侦查行为则可能超过诱骗的合理限度，造成侦查对象的自由意志的丧失。

其次，从伦理角度，信赖利益存在于最普遍的社会关系之中，受私法调整应是其纠纷冲突的最佳解决机制。霍发诉美国案（Hoffa v. United States, 1966）的判决从合宪性角度论证了秘密侦查与信赖利益之间的关系。该案中，控辩双方论争的焦点是："政府在刑事审判期间通过欺骗性地使用一名特情出入被告人的寓所及其顾问团而获得的证据是否违反了宪法第四、五、六修正案赋予被告人的权利规定，以至于在对同一名被告人此后的其他指控的审理中需要排除此类证据。"在判决意见中，大法官斯特沃特（Stewart）认为信赖利益并不涉及宪法第四修正案所保护的权益，他写道："请求人并非因其住所的安全性问题而被窃听，而是因其错误地信赖别人，即他错误地相信帕丁不会揭发他的罪行而被窃听……任何法庭的法官都没有表达过如下观点，即要根据宪法第四修正案保护那些基于误信（misplaced belief）而遭受利益损失的违法者，这里的误信指的是相信了解其罪行的人不会向法院揭发他。"该案表达了这样的信息：误信问题，仅仅属于道德自治的范围，而不是任何宪法或法律问题。因此，因欺骗行为而引起犯罪人信赖利益损失的秘密侦查行动不能称之违宪。一个普通的检举人与秘密侦查员、特情的根本区别不在于前者没有、而后者却侵犯了犯罪人的信赖利益，而在于前者并没有事先得到侦查行动的指示、其探听犯罪情报的行为属于私人行为，后者则接受侦查指示，其行为属于侦查行为或代理侦查行为。既然普通公民的揭发为法律所许可且充分肯定，那么，以侦查犯罪为目的的有组织的政府行动也具有了法律形式上的合理性根据。

再次，从法律角度，隐私权、住宅权是法治国家基本人权的重要构成，理应得到国家权力的尊重和保护，但刑事诉讼中公共利益的实现会不可避免地以隐私权、住宅权的受限为代价。1967年卡茨诉美国（Katz v. United States）一案，美国最高法院较为合理地在第四修正案范围内确立了隐私权保护规则。根据该规则要旨，隐私的范围应由隐私所有人的合理的预期行为所确定，"对于那些在大庭广众之下都被公然暴露的东西，即使是在其家中或办公室里，也不受宪法第四修正案保护；但对于某人刻意躲避公众关注的隐私，即使是在接近大庭广众的地方，也受宪法第四修正案保护。"对于任何公民的合理预期隐私，侦查员都不得以电子窃听形式加以侵犯。这一规则被称之为"合理预期隐私权规则"。相对于《联邦通讯法令》的规定，"合理预期隐私权规则"体现了对隐私权保护的一定程度的限制，同时也确立了隐私权保护的主观标准。根据这一标准，犯罪人的合理预期隐私应当得到尊重，即使有合理的根据（probable cause）认为存在需要侦查的犯罪事实和犯罪人，也必须事先取得法官的令状才能对犯罪人展开秘密侦查行动。自此，隐私权保护成为秘密侦查行动中涉及的最基本的法律问题。

但从字面意义理解，"合理预期隐私权规则"也并非没有任何问题。根据该规则，只要是合理的预期隐私，都受到宪法第四修正案的同等保护，针对此展开的监听、监视行动也必须取得司法令状。但事实上，即使是犯罪人的合理预期隐私所及的权益也有大有小，均等的法律保护从根本上违反了形式理性规则。英国法律就没有完全照搬这一规则，而是根据由监视导致的对个人隐私权的侵扰程度或是否涉及不法入侵，将监视活动划分为不同种类，每一类别需要不同的理由和不同授权。例如，使用特情（耳目）和对商用建筑物进行监视较之监视民宅和私车的合理根据和授权程序要宽松得多。而且，任何监视行动都不需要法官事先批准。其实，即使在隐私权保护制度最为严格的美国，跟踪监视、使用特情、秘密侦查员的情报刺探也通常不需司法令状程序，而只接受事后的司法审查（即审判中的证据可采性审查）；否则，在巨大的犯罪压力下的侦查活动就无法有效、灵活地展开。

然而，合理的价值平衡不能停留在理念的层次，而只能通过一系列的原则、程序与规则的制定和实施来具体展示。

（三）秘密侦查的特点

由于贪污贿赂案件大多是"一对一"案件，所掌握的线索包含的事实往往缺乏具体性，在可靠性上也有许多问题，对其真伪必须进行充分的调查。秘密侦查手段与常规侦查手段相比，具有秘密、科技含量高以及灵活、快速等特点，对调查贪污腐败案件颇为有利。

一是秘密性。秘密侦查是将调查意图和行为隐蔽化，被侦查者处于一种自然行为状态，与犯罪事实有关的证据尚未遭到破坏。因此，所收集的证据真实性大、可靠性强、准确率高。

二是技术性。秘密侦查依赖于一定的科学技术装备和掌握这些技术的专门人员，收集的证据材料多以技术为载体，以录音、录像等视听资料的形式出现，科技含量高，受主客观因素的影响而失真的可能性较小。例如，埃及监察署每名监察官都配备有工作用车和先进的通信工具，拥有多种性能先进的微型摄像机、微型录音机、微型监听器等侦察设备，监察署内还设有技术先进的办案指挥中心，为收集证据提供了强大的技术支持。

三是多样性和灵活性。秘密侦查作为一种特殊的调查手段，具有多样性的特点，可根据办案的实际需要灵活加以运用。既可以单独使用，也可以综合运用；既可以作为主要侦查手段，也可以作为辅助侦查手段；既可以单次使用，也可以多次连续使用。

四是快速性。快速性是秘密侦查手段的出发点和立足点。在侦查实践中，运用秘密侦查手段有利于抓住瞬息即逝的战机，能够做到机警敏捷、快速出击，迅速查证，不给腐败分子以喘息之机。这是常规侦查措施所无法比拟的。

五是广泛性。秘密侦查活动隐蔽性强，与查账、扣押等常规侦查手段相比，调查的内容和范围要广泛得多。例如，新加坡贪污调查局有权对所有政府工作人员使用跟踪、监听等秘密侦查手段调查他们的活动。秘密侦查的内容包括：私生活是否正常，有无嫖娼行为，有无出入酒吧，有无与非法团体相互往来等等。日本检察机关的特别搜查部调查的内容则包括资产（土地、建筑物、车辆、宝石、股票、债权、银行存款等）的有无及其收入、支出情况，收受金钱、礼品的来源、使用去向、贿赂性、有无不在现场的证明等事项。

### （四）运用秘密侦查手段应依法进行

由于秘密监听直接涉及对公民个人隐私权的干预，因而世界各国都以公开的法律法规对秘密侦查的适用范围和具体程序设立了严格的限制条件。

第一，运用秘密侦查手段必须严格依法进行。秘密侦查手段的使用无不涉及公民的人身权利和民主权利，必须依法进行。从适用对象、批准权限，以及每一种措施的适用方式和期限，都要按照法律规定严格进行，坚决杜绝违反程序使用、越权使用和滥用。许多国家和地区的法律都规定，非法监听所获得的证据材料必须予以排除，不得用作对犯罪嫌疑人、被告人不利的证据。非法监听行为的受害者有权对实施非法监听者提起民事赔偿诉讼。

第二，秘密侦查手段只能适用于重大复杂的案件，且只有在常规性侦查措施无法查清事实时才能采用。由于秘密侦查是非公开进行的，且直接触及公民个人的隐私，难以受到有效的监控。因此，秘密侦查手段只能适用于重大复杂的案件。对于一般性的危害不大的案件，则不宜采用秘密侦查手段。西方国家规定，秘密侦查只能适用于法律明文规定的重大复杂案件。如美国《公共汽车犯罪控制与街道安全法》规定，秘密侦查只能适用于包括贿赂政府官员罪在内的 12 种犯罪。《法国刑事诉讼法典》规定，只有可能判处 2 年或 2 年以上监禁的重罪案件才能适用通讯截留手段。同时，秘密侦查手段只有在常规性侦查措施难以达到预期侦查目标时才准予采用。美国《公共汽车犯罪控制与街道安全法》规定，"只有当常规侦查措施已经失败或不可能成功或过于危险时才能使用秘密监听手段。"《德国刑事诉讼法典》第 100 条也规定，只有在以其他方式不能或难以查明案情的情况下，才允许监视、录制电讯往来。

第三，运用秘密侦查手段必须经过严格的审批程序。首先必须经过法定的机关批准。经过法定的机关批准，这是秘密侦查的程序性条件。秘密侦查是无须取得犯罪嫌疑人、被告人同意的强制性侦查手段，为了防止司法机关在实施过程中侵犯公民的个人权利，西方国家规定秘密侦查的适用必须经司法机关提出申请，法官审查批准后才能使用。但为了适应侦查犯罪的紧急需要，有些国家规定，特殊情况下也可不经法官，而由检察官直接决定适用，但必须随后取得法官的认可。如《德国刑事诉讼法典》第 100 条 b 第 1 项规定，对电讯往来是否监视、录制，只允许由法官决定。在延误有危险时也可以由检察院决定。检察院的命令如果在 3 日内未获法官确认的，失去效力。《意大利刑事诉讼法典》第 267 条第 2 项也作了类似规定。

第四，运用秘密侦查手段的期限受到严格限制。如《法国刑事诉讼法典》第 100 条 2 规定，电讯截留的最长期限为 4 个月，继续截留必须按同样的条件、方式和期限重新作出决定。《德国刑事诉讼法典》第 100 条 b 第 2 项规定，监视电讯往来的期限应当限制在最多 3 个月的期限内。

第五，通过秘密侦查手段所获取的信息必须限制使用范围。秘密侦查是建立在干预被侦查者隐私权的基础上的。为了防止被侦查者隐私的过分扩散，采用秘密侦查所获得的证据通常只能限于在本案中使用。特殊情况下必须在其他案件中使用的，也应符合采用秘密侦查的案件范围和其他各项限制条件。

第六，通过秘密侦查手段所获取的信息必须限期销毁。秘密侦查资料的长期保存将使被侦查者的个人隐私被泄露和滥用的可能性增大，因此，许多国家和地区规定，秘密侦查所获得的证据材料一旦在本案中使用完毕，必须马上销毁。

秘密侦查手段虽然对遏制腐败能起到一定作用，但必须加以严格的限制和监督，使其在法制轨道上运行。否则轻者容易侵犯公民隐私，重者可以加剧派系间的政治斗争影响政治稳定，甚至形成特务政治、人人自危的可怕局面。这类例子在国外并不鲜见。

### （五）我国应加强秘密侦查的立法

秘密侦查是一种有效的犯罪侦查方法，但是，这种方法的使用往往会侵犯有关人员的合法权利，如隐私权、通信自由权等。在各种秘密侦查方法中，秘密监听是用途最广的一种，也是最有侵权争议的一种侦查方法，是一种侵犯公民权利的侦查方法。

由于秘密侦查既是一种有效的侦查手段，也是一种侵犯公民权利的侦查方法，所以其使用必须受到法律的严格规制。但是，目前我国法律在这个问题上只有一些简单笼统的规定。我国《宪法》第 40 条规定，公安机关和检察机关"因国家安全或者追查刑事犯罪的需要"，可以"依照法律规定的程序对通信进行检查"。《刑事诉讼法》对秘密侦查手段的使用没有明确，只在第 116 条规定，侦查人员可以扣押犯罪嫌疑人的邮件、电报。《国家安全法》第 10 条规定："国家安全机关……根据国家有关规定，经过严格的批准手续，可以采取技术侦察措施。"《人民警察法》第 16 条规定："公安机关……经过严格的批准手续，可以采取技术侦察措施。"如此简单的规定显然很难规范秘密侦查活动。

秘密侦查是一种涉及公民权利的侦查手段，应该由国家的立法机关做出明确规定，并以法律的形式向社会公开。秘密侦查的实施必须保密，但关于秘密侦查的法律规定却是无须也不应保密的。这是现代法治国家的民主决策原则和政务透明原则的基本要求。

造成我国秘密侦查立法滞后的原因是多方面的。首先，受传统文化的影响，我国的秘密侦查活动具有浓厚的神秘主义色彩，自然不能在公开的法律中做出明确具体的规定。其次，我们在社会生活中似乎已经习惯于"做而不说"的行为方式。有些事情，人们可以做，至少可以秘密地做，但是不能说，特别是不能公开说。于是，我们可以使用秘密侦查手段，却不能公开讨论秘密侦查问题，甚至连一些与秘密侦查有关的专门用语在公开场合都讳莫如深。在这种行为习惯的影响下，秘密侦查立法存在空缺就不足为奇了。再次，权力本位的法律观也是秘密侦查立法空缺的原因之一。在过去一段时期内，我们过分强调国家专政，宣称法律是维护国家权力的工具，因此在制定法律的时候往往以维护国家权力的需要为出发点，忽视了个人权利保护问题。在秘密侦查的问题上，内部的"秘密规定"当然比法律的公开规定更有利于维护国家权力。但是，如果从保护个人权利的角度出发，或者从权利本位的法律观出发，由国家立法机关对秘密侦查做出明确规定就是必然的选择了。最后，重实体轻程序的司法公正观也对秘密侦查立法空缺产生了一定的影响。由于我们在司法活动中习惯于强调司法的实体公正，所以在秘密侦查问题上也就注重强调目的的正当性，而对于程序和手段的正当性则重视不够。由此可见，在秘密侦查立法的问题上，转变观念或改变传统的思维习惯是非常重要的。

秘密侦查具有打击犯罪和侵犯人权的双重属性，对其进行规范的法律也具有相应的双重属性①：一方面是授权，即授予侦查机关使用秘密侦查方法的权力；另一方面是限权，即限制侦查机关运用秘密侦查手段的权力。在现代法治国家中，后者具有特别重要的意义。秘密侦查权是需要限制的，其行使是需要监督的，否则就会被滥用。近年来，一些专家学者已经认识到秘密侦查立法的重要性。例如，王传道教授就明确指出："为防止秘密侦查之泛化和滥用，法律应明确秘密侦查手段只能在立案之后的侦查阶段使用，并严格限定其使用范围和完善监督机制。"在具体讨论我国秘密侦查立法问题之前，我们有必要先考察一下外国的相关立法情况。

# 九、沉　默　权

沉默权作为自我归罪原则的否定原则在西方已确立数百年。它出现于18世纪的英国，今天已为世界绝大多数国家的立法所确认，并作为一项独立的诉讼权利和司法公正的最低标准载入国际法文件中并为许多国家所接受。例如，英国法官规则规定，当犯罪嫌疑人被警察讯问时，可以拒绝回答，只要制定法无特别规定，即不得因其沉默对其追究；警察讯问之前，必须告知犯罪嫌疑人享有沉默权。《德国刑事诉讼法典》第136条第1款规定，应当告知被指控人"依法有对指控进行陈述或者对案件不予陈述的权利"。《日本刑事诉讼法典》第311条第1款规定，"被告得始终沉默或对各个讯问拒绝陈述"。另有许多国家将沉默权载入宪法，为其提供最高权利保障，如美国第五宪法修正案规定，任何人"不得在刑事案件中被迫自证其罪"；加拿大《自由权利宪章》第11条规定，被告人有权在针对自己的刑事指控中不被强迫作证。沉默权不仅为各国立法所确认，而且作为一项独立的诉讼权利和司法公正的最低标准载入了国际法律文件，如《公民权利和政治权利国际公约》第14条第3款规定，受刑事追诉的人所享有的最低限度的保障之一，就是"不被强迫作不利于自己的证言或强迫承认犯罪"，这表明，沉默权已成为国际社会的共识。

在我国，由于受传统文化观念和新中国成立后相当长的一段时期内过分强调阶级斗争的影响，"坦白从宽、抗拒从严"的刑事政策一直在定罪尤其是量

---

① 何家弘：《秘密侦查立法之我见》，载《法学杂志》2004年第6期，第26页。

刑中发挥着重大作用，而沉默权却长期为人们所忽视，或者说是根本没有被人们所关注。近年来，我国许多学者在对西方沉默权理论和模式研究的基础上，呼吁建立我国的沉默权制度。

## （一）沉默权的概念及内涵

沉默权（the right of silence）又称反对自我归罪的特权（the privilege against self-incrimination），是指现代刑事诉讼中一项专属于犯罪嫌疑人、被告人的基本诉讼权利，是无罪推定原则的核心内容之一，它指在刑事诉讼中，被指控者有权拒绝回答警察、检察官和法官的讯问而且不因此受到追究或产生不利后果[①]。简言之，沉默权是指刑事诉讼中被追诉者对追诉者的讯问享有缄口不语的权利。这一权利包含以下具体规则：其一，供述必须是基于犯罪嫌疑人、被告人的完全自愿且其明了供述的法律后果；其二，不得强加提供有罪供述材料的义务于犯罪嫌疑人、被告人，他们对于自己的有罪、无罪不负举证责任；其三，犯罪嫌疑人、被告人之沉默不得被用作证明其有罪的根据，不得以犯罪嫌疑人、被告人沉默为由推导出对其不利的结论；其四，违反以上规则的司法行为归于无效。

这一概念可以从以下几个方面来理解：

其一，沉默权的主体是刑事诉讼中的被追诉者，它包括侦查和审查起诉阶段的犯罪嫌疑人、审判阶段的被告人。当然，有些国家的刑事诉讼法没有将沉默权适用于刑事诉讼的全过程，而仅适用于审判阶段，在这种情况下，沉默权的主体就仅限于被告人，而不包括犯罪嫌疑人。

其二，沉默权的义务主体是刑事诉讼中的追诉者，包括侦查人员、检察人员和审判人员。与上述的沉默权不同的适用范围相适应，有些国家沉默权的义务主体仅包括审判人员。

其三，沉默权的行为对象是追诉者的讯问，即沉默权只能针对追诉者的讯问行使。至于讯问的内容主要是犯罪事实的有无和轻重，这个"犯罪事实"既包括直接构成犯罪的事实本身，也包括作为发现犯罪事实线索的事实。但是，有的国家（如大陆法系国家）不包括被追诉者姓名、地址等事实；有的国家（如美国）仅限于证明犯罪事实的言词证据，而不包括实物证据。也就是说，被追诉者不能针对关于其姓名、地址等讯问保持沉默，不能拒绝提供实物证据。

其四，沉默权的行为方式是对追诉者的讯问有权缄口不语。沉默权的表达

---

① 祁建建、王戬：《论沉默权》，载《政法论丛》2005 年第 5 期。

方式是语言上的消极的不作为。当然，缄口不语作为一种权利，被追诉者可以放弃，变为张口回答问题，即在语言上积极的作为，但这是被追诉者放弃沉默权的结果而非沉默权本身的行为方式。

上述四个方面，既是沉默权的概念，又构成了沉默权的内容。

## （二）沉默权制度的价值分析

自沉默权制度问世之日起，对其价值的不同认识就相伴而生，赞成者有之，反对者有之。可以说，沉默权是在不同认识的争论中发展和变化的。这也从一个侧面说明了沉默权是利弊共存的双刃剑。

综合对沉默权价值的不同评价，主要观点如下：

1. 沉默权制度的积极价值

（1）沉默权制度有利于保障人权，遏制刑讯逼供。沉默权是被追诉者的权利保障机制，是维护其人格尊严的一道防线。确立沉默权，给侦查机关的侦讯活动设定了一定的界限，防止在缺少证据的情况下随意启动追诉程序，防止把取证的希望建立在获取口供上，为获取口供而不择手段，从而遏制刑讯逼供等非法取证行为的蔓延。

（2）沉默权制度有利于实现控辩平衡，实现司法公正。控辩平衡既是查明案件真实情况的需要，又是实现司法公正的保障。司法机关以国家权力为后盾，享有广泛的司法资源，力量十分强大；而被追诉者却力量弱小，加上人身自由受到限制，无法收集和提供有力的证据来抵御司法机关的攻击。因此，必须赋予被追诉者包括沉默权在内的法定权利，以便增强被追诉者的防御功能，强化司法机关的举证和证明责任，实现控辩平衡和司法公正。

（3）沉默权制度有利于贯彻无罪推定原则，提高侦查工作的能力和水平。一方面，沉默权是无罪推定原则的内在要求，因为无罪推定的基本要素，就是司法机关承担证明被追诉者犯罪的全部责任，而被追诉者却没有证明自己无罪的责任或义务，因而被追诉者对讯问就自然具有沉默的自由。另一方面，沉默权又是贯彻无罪推定原则的重要保障，因为被追诉者享有沉默权，必然促使追诉机关全力在被追诉者之外全面获取各种证据，全面地承担起证明犯罪的责任，从而促进无罪推定原则的落实。同时，赋予被追诉者沉默权既会使侦查工作遇到严峻挑战，又会给侦查工作的发展提供难得的机遇，它必将迫使侦查机关增加经费投入，改善装备设施，转变侦查模式（从由供到证转为由证到供），增强自身素质，提高侦查工作的能力和水平。

2. 沉默权制度的消极价值

（1）沉默权制度会影响侦查效率，不利于打击犯罪。讯问是收集证据的重要途径和手段，特别是像我国这样侦查经费短缺、侦查装备落后的国家，讯问不得不在侦查中唱主角。赋予被追诉者沉默权，就会使讯问这一侦查措施失去应有的作用，从而使大量确凿的证据丧失，办案难度和诉讼成本显著增加，严重犯罪得不到应有的打击。

（2）沉默权制度所保护的是犯罪分子。设立沉默权的初衷是保护无辜和弱者，但是，真正无罪的人并不需要沉默，而需要陈述和辩解，只有犯罪分子特别是惯犯、累犯、重罪案犯、职业罪犯等严重犯罪分子才需要沉默。因此，规定沉默权无助于保护弱者和无辜，而是保护了严重犯罪分子。

3. 沉默权制度会在一定程度上损害被害人权利

在刑事案件中，犯罪分子与被害人是对立统一的两个方面，二者的权利保护此消彼长，即一方权利之所得，必然是另一方权利之所失，如果一方的权利得到了不适当的保护，则另一方的权利必然被损害。因此，刑事诉讼的"保障人权"应当是保障被追诉者和被害人两个方面的人权，而不能只保护被追诉人的人权。如果沉默权所保护的是犯罪分子的合法权利，那也无可非议，但如果不适当地保护了其非法利益，使本应受到法律追究的行为逃避了法律追究，那被害人的权利就必然遭受损害。如前所述，规定沉默权不利于惩治犯罪，而有利于保护犯罪分子，其结果必然在一定程度上损害被害人的权利。

4. 沉默权制度会影响公众对法律的信任

执法必严、违法必究可以使犯罪分子增强对法律的敬畏，使广大公众增强对法律的信任，从而为法治奠定基础。沉默权制度有利于保护犯罪人而不利于保护被害人，必然有损于法律的公正性和权威性，它一方面会强化犯罪分子的侥幸心理和蔑视法律心理，从而引发更多的犯罪；另一方面会使公众丧失对法律的信任，并从反面"教育"被害人与其信任法律，不如信任自己，从而采取自行报复的办法以弥补损失。其结果，必然是法治基础的毁坏。

### （三）我国立法上是否要规定沉默权制度

如前所说，我国《刑事诉讼法》体现了不被强迫自证其罪制度，蕴涵了沉默权的部分内容，但未明确规定沉默权。现在需要研究的是，我国法律要不要明确规定沉默权。

沉默权作为保障人权的一项诉讼制度，在我们考虑是否将其引入我国法律时，必须首先明确我国的人权观。根据《中国的人权状况》、《中国人权事业的进展》白皮书、《中国人权发展50年》白皮书等有关人权的文件，我国发展人权应当坚持以下原则：（1）从国情出发原则。"人权状况的发展受到各国历史、社会、经济、文化等条件的制约，是一个历史发展过程。""我国是一个历史悠久、人口众多、资源和财富相对短缺的东方发展中国家，在这样一个国家促进人权，既不能照搬西方发达国家的人权发展模式，也不能因袭其他发展中国家的做法。而只能从中国的国情出发，探索具有自身特点的发展道路。"（2）将生存权、发展权放在首位、全面推进原则。生存权是一切人权的前提和基础，发展权对经济文化相对落后的我国来说，也极为重要。因此，享有生存权与发展权，是中国人民最迫切的要求。"在促进人权的轻重缓急上，强调生存权、发展权的首要地位，同时兼顾公民的政治、经济、社会、文化权利和个人、集体权利的全面发展。"（3）以改革、发展、稳定为条件原则。"在促进和保障人权的方式方法上，强调稳定是前提，发展是关键，改革是动力，法治是保障。"

根据人权发展的上述原则和我国实际，笔者认为，我国目前还不宜明确规定沉默权。

1. 规定沉默权会严重影响惩治犯罪

刑事诉讼的目的是惩治犯罪与保障人权相统一，因此，在研究是否规定沉默权时，必须首先考虑若规定沉默权能否实现惩治犯罪与保障人权的统一。笔者认为，规定沉默权势必严重影响对犯罪特别是某些严重犯罪的惩治，从而使惩治犯罪与保障人权二者严重失衡。

（1）从讯问在刑事诉讼中的地位、作用来看。讯问作为一种侦查措施，在刑事诉讼特别是侦查中具有重要的地位和作用，这是由于被追诉人对自己有无实施犯罪和怎样实施犯罪最清楚，以及讯问所得的口供是直接证据这一特点决定的。首先，讯问是查清犯罪事实的重要途径和手段。讯问不仅可以获取被追诉人口供（包括供述和辩解），而且可以获取其他证据线索，并进而收集到物证、书证、视听资料、证人证言、被害人陈述等证据。侦查人员通过讯问，可以较快地查清犯罪事实。可以说，在我国目前侦查资源还十分有限的情况下，讯问是查清犯罪事实的一个捷径，它比抛开讯问、另辟途径去分析案情、查找线索、收集核实口供之外的证据，其侦查效率要高得多，所耗费的侦查成本要小得多。其次，讯问是扩大案件线索、深挖余罪漏犯的重要途径和手段。特别是对共同犯罪案件、群案、窝案、串案，讯问更具有"辐射"和"扩张"效应。再次，讯问是侦查某些犯罪案件的必经途径，离开了讯问，就难以揭露和证实犯罪，或难以查清犯罪事实。如贿赂等无物证犯罪，这类犯罪主要靠言词证据定案，口供是言词证据的重要组成部分，离开口供，往往难以定案；流窜等身份不明者的犯罪，由于身份不明，离开讯问，往往难以查清全部犯罪事实；盗窃、赌博、贩毒、走私、涉税、假冒伪劣等连续犯特别是其中的惯犯，这类犯罪如离开讯问，那抓住一次就是一次，难以查清全部犯罪事实。综上，如果说定案可以离开口供的话（《刑事诉讼法》第46条规定，没有被告人供述，证据充分确实的，可以认定被告人有罪和处以刑罚），查案则是离不开口供的。因此，如果赋予犯罪嫌疑人以沉默权，那讯问这一侦查措施就会失去应有的作用，其结果必然是：一些原可查清的案件难以查清，大量原可按照口供提供的线索收集到的证据难以收集，从而使侦查效率降低，诉讼成本增加。而打击的乏力、揭露概率的低下、犯罪风险的减少，又更使犯罪分子觉得犯罪有利可图，从而刺激他们进一步犯罪，从而使犯罪率上升。这样，公安、司法机关惩治犯罪、保护人民、维护稳定的职能就难以实现。

（2）从沉默权的需求主体来看。规定沉默权的初衷之一是保护无辜，但是，真正无罪的人绝不会选择沉默，他所需要的是辩解。只有犯罪分子特别是职业犯罪分子、高隐秘性犯罪分子和某些胆大心狠、奸诈狡猾的严重犯罪分子，才会选择沉默，并善于运用沉默权制度来逃避法律追究。正像美国著名法学家庞德所说：沉默权不能帮助无罪的人，倒是职业罪犯通过律师滥用这一权利。一些学者说，规定了沉默权的国家选择沉默权的人并不多，据英国内务部研究报告，行使沉默权的人占被讯问者的总数，英国占4.5%，美国占4.7%，日本占7.7%，因而不必担心不供认犯罪的人会大大增加，并以此为依据，论证我国规定沉默权的可行性。笔者认为，该论证具有一定的道理，但有三点必须指出：①被追诉者决定是否行使沉默权，是根据趋利避害的原则反复权衡的结果，它取决于国家揭露犯罪的能力和水平、嫌疑人所犯罪行的隐秘程度及被揭露的可能性等变量。如果国家揭露犯罪的能力水平高而自己所犯罪行隐秘程度低，他就会选择供述；如果国家揭露犯罪的能力、水平低而自己所犯罪行隐秘程度高，他就会选择沉默。②美国有90%左右的案件是通过辩诉交易处理的，在其余的10%左右的重罪案件中，有4.7%即一半左右的重罪案件选择了沉默，这是极高的比例。③退一步说，就算我国与上述国家选择沉默的比例相当，那也应看到，其比例虽不高，但绝对数却很大，且这些人基本上是严重犯罪分子。据公安部统计，我国2002年立刑事案件433万多件，如按日本的7.7%计算，选择沉默的就达34万多件，这不仅会增加大量的诉讼成本，而且会使大量的严重犯罪案件难以侦破，从而对社会造成极大的危害。

2. 我国目前还不具备规定沉默权的条件

沉默权制度会增加诉讼成本，影响打击力度。但如果我国能够承担这增加的诉讼成本，并通过其他措施弥补受影响的打击力度，那也能予以规定。然而，由于历史、社会、经济、文化等原因，我国当前还不具备这样的条件。

（1）我们目前还不具备转换司法证明方法的条件。德国刑法学家拉德布鲁赫说，口供之所以在刑事诉讼中衰落，与刑事诉讼中证明方法的进步有着很大关系。规定沉默权，标志着口供在刑事诉讼中地位的降低和以"人证"为主的司法证明方法的瓦解，代之以"物证"为主的司法证明方法。然而，以物证为主的司法证明方法的建立是需要一系列条件的，而我国目前则还不具备这些条件。从一些发达资本主义国家司法证明方法的发展历程看，建立以物证为主的司法证明方法需要以下条件：①科学技术的发展并广泛用于侦查。首先是法医学的发展，它为判断人死亡的时间、原因并进而分析作案者的基本情况提供了重要依据；其次是人身识别技术的发展，如笔迹鉴定技术、人体测量技术、指纹技术、足迹鉴定技术、牙痕鉴定技术、声纹鉴定技术、唇纹鉴定技术、遗传基因鉴定技术（DNA）等，从而为通过对现场及人身所留物证的鉴定来判断作案者提供了重要依据。此外，还有侦查记录技术、痕迹勘验技术、枪弹检验技术、夜视技术、激光技术、计算机技术等也被广泛运用于侦查活动的发现、收集、鉴别证据之中，从而提高了通过物证等口供之外的证据侦查破案的能力。②侦查装备的现代化。侦查装备是侦查技术的载体，侦查技术只有通过侦查装备才能用于侦查并发挥作用。因此，上述各种现代化的技术必须有现代化的侦查装备。③较高素质的侦查队伍。以人证为主的司法证明方法在侦查活动中表现为由供到证的侦查模式，这种模式比较单一，也比较容易掌握和操作，因而一些素质不高的侦查人员也能勉强适应。而以物证为主的司法证明方法却要求侦查人员在口供之外寻找案件线索，确定侦查思路，其难度要比由供到证的侦查模式要大得多，需要侦查人员有较高的侦查能力和水平。同时，现代化的侦查装备，只有具有现代化科技知识的人才能操作，这也对人员素质提出了更高的要求。④国家经费的巨额投入。上述科学技术的研发，科技装备的购置，人员素质的提高，都必须以巨额经费为支撑，而这必须以巨大的生产力为前提，正像有的学者所说，沉默权制度是以美元和欧元为支撑的一种制度。⑤侦查手段的拓展。如针对犯罪智能化、隐秘化、组织化的新特点，许多国家在侦查活动中除运用常规的侦查措施外，还允许采取监听、秘取等技术侦查手段，以弥补沉默权给侦查取证带来的困难。⑥诉讼制度的变革。如规定强制证人作证制度和证人保障制度，以提高通过证人查明案情的可能性。又如美国通过规定辩诉交易制度，以从轻从速处理为优惠条件，换取了90%左右刑事案件的被告人供认犯罪，这不仅使口供在规定沉默权的情况下仍能取得，而且大大减轻了以物证证明犯罪的压力，降低了诉讼成本。而上述技术、装备、素质、经费、制度等方面的条件，我国目前都不具备或不完全具备，如技术装备落后，特别是基层还主要靠两条腿、一张嘴、一支笔办案；国家经费投入有限，不少地方连办案经费都难以保证，干警出差费都难以及时报销；侦查、司法人员素质总体上不高；封建社会重人情轻法制的文化积淀使得公民一般不愿出庭作证，从而影响了现代证人制度的建立；由于思想观念、文化传统、意识形态等方面的原因，使得某些侦查手段和诉讼制度缺乏必要的制度条件。因此，在我国，以物证为主的司法证明方法还一时难以到来。当然，就国家和侦查机关来说，应当努力促使其到来，但其真正的到来毕竟还要相当长时间，因而建立在口供基础上的以人证为主的司法证明方法还难以退出历史舞台，这就如同轮流站岗，在接岗人难以到来的情况下，原站岗人还只好继续站下去。

有人说，我国现在侦查机关的装备早已远远超过17世纪英国规定沉默权时的水平，因此，所谓我国尚不具备规定沉默权的条件的观点不能成立。笔者认为，首先，英国17世纪确立的是不被强迫自证其罪制度，而并没有确立沉默权，确立沉默权是20世纪初的事。其次，我国目前大城市公安机关的装备可能超过当年英国规定沉默权时的水平，但由于发展的严重不平衡，因而中小城市特别是基层则肯定未达到更不可能超过当年英国的水平。再次，我国当前犯罪的严重、复杂程度，特别是隐秘性犯罪、有组织犯罪、高科技犯罪、跨国犯罪等犯罪，以及犯罪工具、犯罪手段、逃避打击手段不断翻新等情况，肯定远远超过当年的英国。因此，不能得出我国目前规定沉默权的条件已优于当年英国的结论。

（2）体制转轨期犯罪高发，维护稳定任务十分艰巨。我国处于并将长期处于社会主义初级阶段，人口多、底子薄、资源短缺、经济社会发展很不平衡是我国的基本特点。在社会主义初级阶段，特别是在体制转轨的条件下，不安定因素甚多。如国外敌对势力颠覆渗透；国内各种思想冲突激荡；利益调整所带来的矛盾很多而管理却跟不上；农村富余劳力、城市下岗人员以及部分大学毕业生就业困难；国家工作人员腐败严重；金融资产质量不高，潜伏着金融危机；等等。对这些不安定因素如消解不力或处置不当，随时都有可能酿成刑事犯罪，且会进一步呈现犯罪隐秘化、智能化、科技化、组织化的特点。社会发展的规律也说明，人均 GDP 在 1000 美元至 3000 美元的时期，是社会不稳定期。我们目前正处在这一时期。因此，在今后相当长的时间内，我国仍将处于犯罪高发期。但另一方面，人心思安，人心思稳，改革建设也需要稳定的环境，因而稳定压倒一切，维护稳定是国家的大局，也是广大人民群众根本利益所在。犯罪高发与强烈的稳定需求之间的矛盾，迫切需要刑事诉讼制度在惩治犯罪与保障人权的平衡中不因脱离实际地强调保障人权而影响对犯罪的惩治。

（3）更新诉讼理念是一个渐进的过程，不宜操之过急。我国脱胎于封建社会的时间还不长，加强民主法治建设、建立有利于民主法治成长的市场经济体制的时间则更短。此前的几千年间，我国政治上实行的是高度集权的封建主义专制制度，法律文化上重国家和社会利益，轻个人权利保护，诉讼中实行的是纠问式的结构，被追诉人毫无享受诉讼权利可言。全国解放后，党和政府十分注重保护国家、集体利益和公民个人利益，但更注重保护国家、集体利益；在惩治犯罪与保障人权的关系上，更注重惩治犯罪；强调实事求是的诉讼原则，实行职权主义的诉讼结构，以追求实体真实为目标。这种法律文化和诉讼理念与沉默权制度所蕴涵的诉讼理念相去甚远。1996 年《刑事诉讼法》修改后，更新诉讼理念的工作取得了明显成绩，但要彻底改变几千年形成的旧观念也非易事，它是一个渐进的过程，且要受社会稳定与文明进步程度的制约。我们既要有特殊的紧迫感，又不能操之过急。而当旧的思想观念还广泛存在时，它必然要顽强地表现自己，并影响和指导人们的行动。特别是像我国这种缺乏法制传统的国家，指导人们行为的往往是深藏于人们思想观念之中的"潜规则"，而非见之于书面的"显规则"；制度经济学理论也告诉我们，深藏于人们思想观念之中的非正式制度的作用，往往大于见之于法律与规章的正式制度。当人们的思想观念和诉讼理念尚未接受沉默权时，即使勉强规定了沉默权，也会"水土不服"，出现"南橘北枳"、"东施效颦"等事与愿违的结果。各种制度，从抽象意义上来说，固然有先进与落后之分，但具体到某一国家，还有一个是否适合的问题，只有适合该国当时实际的制度，才是最好的制度。

### （四）吸取国际先进理念，推进诉讼文明与进步

引起我国沉默权讨论热的直接起因，是我国于 1998 年签署了联合国《公民权利和政治权利国际公约》，该公约第 14 条规定："任何人不被强迫作不利于自己的证人或被强迫承认犯罪。"我国已签的国际公约理当遵守，而一些人又认为不被强迫自证其罪与沉默权同义，因而直接引发了我国应否规定沉默权的讨论。

如前所述，公约第 14 条关于"任何人不被强迫作不利于自己的证人或被强迫承认犯罪"的规定，其关键词是"不被强迫"，其基本精神是不准以刑讯逼供等非法手段获取口供等证据，而不是赋予沉默权。因此，我国目前不规定沉默权并不违反国际公约，因而也就没有必要因上述国际公约的签署而勉强地去规定沉默权制度。

加强民主和法治建设，是我们党和国家坚定不移的方针，推进诉讼制度的文明与进步，既是民主法治建设的重要内容，也是政治文明的题中应有之义。而推进诉讼制度的文明与进步，不惟规定沉默权这一途径。目前不规定沉默权，并不等于不推进诉讼制度的文明与进步。我们要用推进诉讼制度文明与进步的实际行动，加强民主法治建设和政治文明建设。具体可从以下几个方面入手：

1. 转变诉讼观念

转变"重打击、轻保护"的观念，树立打击犯罪与保障人权相统一的观念；转变"重实体、轻程序"的观念，树立实体法与程序法并重的观念。

2. 遏制刑讯逼供

一些人主张规定沉默权制度的主要理由就在于认为它能有效地遏制刑讯逼供，因为被追诉者一旦主张沉默，追诉者就不能继续讯问，这样，刑讯逼供自然就不会存在。但是，刑讯逼供既有深刻的历史根源，又有复杂的现实原因，因而遏制它必须多管齐下。诚然，规定沉默权肯定有利于遏制刑讯逼供，但也并非唯一途径。我们也不要寄希望于法律一写上"沉默权"几个字，刑讯逼供就会销声匿迹。在不规定沉默权的情况下，可采取以下措施遏制刑讯逼供：（1）加强文明执法教育，增强文明执法观念。（2）加强对讯问的监督。规定讯问过程全程录音录像，音像要录制双份，每次讯问完毕在录音录像盒上写明讯问人、被讯问人、讯问起讫时间等内容，由讯问人与被讯问人签字，一份封存备查，一份随案移送。从目前一些地方实践的情况看，效果很好。（3）完善非法证据排除规则，在刑事诉讼法中明确规定凡刑讯逼供取得的口供，一律不得作为证据使用。（4）坚决惩处刑讯逼供违法犯罪。一旦发现刑讯逼供，坚决依法查处，该党政纪处分的党政纪处分，该定罪判刑的定罪判刑。除追究行为人的责任外，还要追究主管领导的领导责任。同时，对刑讯在押犯罪嫌疑人的案件，实行举证责任倒置制度，这是因为刑讯逼供是在犯罪嫌疑人无助的情况下（与外界隔离，失去人身自由，无第三者在场）发生的，要求犯罪嫌疑人控告时提供刑讯的证据的确勉为其难。举证责任倒置后，当被害人有一定的依据（如伤痕）控告办案人员曾对其刑讯时，并不需要提出充足的证据，而被控告的办案人员如要反驳这一控告，则必须提出足够的证据。

3. 加强装备建设

只有当侦查模式从"由供到证"转变为"由证到供"后，沉默权制度才有实行的基础。而加强装备建设是推进侦查模式转变的关键环节，因为只有加强装备建设，提高收集、固定、鉴别各种证据特别是物证的能力，转变侦查模式才有可靠的保证。为此，必须加强侦查工作的经费投入和科技投入，加强刑事技术研究开发，加强科技装备建设，提高侦查工作的科技含量。

4. 完善证人制度

我国法律虽然规定了证人作证的义务，但由于重人情轻法制传统思想的影响，由于人情观念的干扰、法律保障的乏力以及对不作证行为惩戒措施的缺失，因而证人大多不愿作证。要想逐步降低口供在司法证明中的地位，除上述重视物证的收集、固定和鉴别外，重视证人证言的收集是一项重要措施。因此，必须建立证人强制作证制度和证人保障制度，对经通知不到场的证人可以实施拘传，对拒不作证的，可以依法追究刑事责任；同时，给作证证人的安全和权利以有力的保障。

5. 提高队伍素质

公安、司法人员是刑事案件的承办者，也是刑事诉讼程序的主要参与人，只有提高他们的素质，才能推进诉讼程序的文明进步。为此，要大力提高干警的学历层次，优化专业结构，强化技能训练，加强岗位培训，提高人员素质，努力打造高素质、专业化的公安、司法队伍。

# 十、侦查效益与成本

20 世纪 60 年代、70 年代，美国学者科斯、波斯纳分别把交易成本和经济分析理论导入法学研究领域，"科斯理论"集中到一点即是：法律制度的基本取向在于效益。"经济分析对法律的实质影响，在于它使效益观导入于法律——导入于法律意识、法学理论和法律制度。"因此，"效益"这一概念逐渐浮出经济学的"水面"，堂而皇之地步入法学殿堂，并逐步被认可为与公正、正义等并列的价值范畴，波斯纳本人就说："正义的第二个含义，简单地说，就是效益。"时至今日，效益原理已经成为人们理解法律制度的一把钥匙，关于"法律效益、司法效益"等的研究在我国也渐成一门"显学"。同样地，作为刑事诉讼中"做饭的法门"的侦查工作，也应当以效益观为本位或价值尺度来衡量侦查工作的优劣。

## （一）研究侦查效益的意义

在社会转型的新形势下，侦查工作借鉴、引入效益原理主要是及于以下因素①：

侦查资源属于稀缺性资源。

"法律的遵守不是理所当然的，一部分公共资源和私人资源通常用来防止犯罪和逮捕罪犯，——法律的执行需借助于一定规模的资源与惩罚。"侦查资源是公共资源的一部分，是国家投入侦查活动的人力、物力、财力和智力的总和。侦查工作是打击犯罪、保护人民的一项专门的、特殊的国家活动，需要消耗一定的资源，侦查工作的开展离不开侦查资源的支撑。如果侦查资源是取之不尽，用之不竭的倒也罢了，问题是侦查资源是有限的，是稀缺性资源，具体

① 袁经义：《侦查效益及其保障机制研究》，载《政法学刊》2003 年第 5 期。

表现在：

一是经济基础决定上层建筑。国家及于社会生产力的发展水平，受整个社会工作重心和经济总量的制约，在一定时期内对侦查工作的投入总量是有限的。目前除省、市公安机关外，大部分的县级公安机关办公、办案经费没有纳入同级财政年初预算，经费的严重不足，造成各级公安机关"贫血"现象严重，也造成侦查资源的稀缺。

二是法律的供给是有限的。法理学的一般原理表明，一项法律制度的设计、制定和实施是一个浩繁的工程，其权威性和相对稳定性的刚性要求，致使法律不能朝令夕改，而由法律规范和调整的社会现象和社会活动是鲜活的，这就使得法律的供给在一定程度上存在滞后性和稀缺性，受制于法律的侦查活动及其资源配置也表现出相应的稀缺性。

三是法律制度中对侦查活动的约束性规则造成侦查资源的稀缺和有限。人们出于程序正义、司法公正和保护人权等理念的考虑，对侦查这种国家权力给出了种种约束性条件。这是非常必要的，但是，犯罪活动是复杂多变的，具有很强的不确定性，约束性规则或条件束缚着侦查工作在揭露、证实犯罪时的"手脚"的尽情施展，从而使侦查资源带有明显法律约束"印记"的有限性。

由上可知，人类出于遏制犯罪、安全生存和发展的绝对需要使满足这种需要的侦查资源相对有限，这种有限性的不断发展导致了侦查资源的稀缺性。侦查资源的稀缺性与犯罪活动的无限发展产生矛盾和冲突，二者之间的矛盾冲突酿就了效益观滋生的人文土壤。它促使"掌握法律资源（包括侦查资源）的权力者总是力图寻找一种能实现行为价值最大化（即耗费资源最少，从中收益最多）的方式去分配和利用有限的法律资源，并将该方式以规范的形式固定下来，使之常态化"。这种行为价值最大化的方式表现于侦查活动中，就是侦查成本原理。

## （二）市场经济和法律经济学的兴起对侦查工作产生历史性影响

近些年来，市场经济在我国逐步培育、发展和完善。市场经济意识已经成为人们思考问题和行为方式的自觉意识，市场经济最显著的特点就是市场对资源的配置起基础性作用。在此条件下，产权明晰的"经济人"为追求最大化地利用资源和取得利用资源最大化的收益，必然展开竞争，"经济人"们若要取得竞争的优势和成为赢家，一个根本的先决条件就是提高经济活动的效益。所以说，市场经济就是效益经济。为了竞争的有序性、资源流转的高效益，规范市场的制度和法律就随之而出现。随着社会经济的发展，"法律同社会经济生活的联系越来越紧密，法律已无法回避接受经济功利规则的影响和支配，法学理论固守古罗马法文化遗产和理性观念而孤芳自赏的时代一去不复返了"。法律与市场经济的融合，导致了法律经济学的诞生。

法律经济学的基本观点是：一种法律制度就代表一种交易形式，法律制度或者说"交易"是稀缺性资源，交易能给人们带来收益，却也需要人们为此付出交易成本。至此，科斯第一定律是：如果交易成本为零，不管怎样选择法律规则、配置权利，有效益的结果都会发生。换句话说，交易成本为零并且个人是合作的，法律权利的任何分配都是有效益的；科斯第二定律是：如果存在现实的交易成本，有效益的结果就不可能在每个法律规则、每种配置方式下发生。也就是说，在有交易成本的情况下，不同的权利界定和分配，则会带来不同效益的资源配置，更直白地说，能使交易成本最小化的法律是有效益的法律。波斯纳的法律经济分析则认为，"效益的宗旨是：是否及在哪种情况下，非自愿的交易可能会提高效益"。

**（三）侦查工作的现实困境迫使侦查机关采取措施降低侦查成本，提高侦查效益**

侦查的功能是揭露、证实犯罪，预防犯罪和保护国家、集体和个人的合法权益不受侵害。但在当前条件下，这种功能的发挥却受到诸多因素的困扰。排除国家投入不足的因素，这些困扰突出地表现在：

其一，犯罪总量不断攀升，有与"经济发展同步增长"的趋势，尤其是我国加入 WTO 以后，具有世界性的五大犯罪浪潮必然会在我国迅猛发展：（1）以涉枪涉爆为特征的暴力犯罪会日益突出；（2）带有黑社会性质的有组织犯罪进一步扩展蔓延；（3）以吸毒、贩毒为纽带的连锁犯罪突出；（4）经济犯罪日益突出，严重危害国家的经济秩序和经济安全；（5）以电脑、网络为代表和作案工具的高科技犯罪发展迅猛。这五大犯罪情况在我国有的已初见端倪。

其二，近些年来，法律知识的普及、法学理论研究成果转化为社会生活理念的节奏和现行法律所构筑的社会运作模式越来越吊高了人们憧憬美好法制环境的"胃口"。所有这些都已经超出了公安机关现有的科技、装备水平和公安机关经费的承受能力，给公安机关尤其是刑事侦查部门增添了有形的和无形的巨大压力。好在现行法律在办案程序、侦查措施的条件、范围和时限等方面给侦查破案留下了较大的空间。如果这些空间使用到位，基本上可以补偿因技术、装备落后和经费不足造成的缺憾，但是，由于侦查机关之间和侦查机关内部在开展侦查活动时存在：（1）内容要求、标准过高，宽松的执法空间被人为地提高了门槛，法律赋予的权限未被有效地利用；（2）自定程序过多，堵塞了法律铺就的执法通道；（3）相关的法律规定被"搁架"或"异化"。这些现象势必造成刑事案件的"久侦不破"、"久破不决"，不仅造成侦查资源的浪费，而且使社会公众对法律缺乏信心。

其三，侦查机关在办案过程中，大都比较重视所谓具有"政治影响"的大案、要案。在具体操作上，喜欢"大轰大嗡"，不计血本。一个案子下来，动辄几十万元，甚至上百万元。"政治影响"消除了，而原本就已经紧张的经费状况更加"雪上加霜"，投入与产出严重失衡，也就无法对公安基础业务作长线投资。基础业务投入少，引发大案、要案的"温床"没有整治好，一有机会，大案、要案甚至恶性案件又会冒出来。如此，就形成社会治安的恶性循环。侦查机关面对上述困境，必须转变观念，注重投入与产出的平衡，注重投入方式和方向，走降低侦查成本之路。

### （四）影响侦查效益的诸多因素

侦查效益考察的是侦查机关进行侦查的快慢程度，侦查破案数量的多少，以及在侦查过程中对各种资源的利用程度和节省程度。影响侦查效益主要有以下几个因素[①]：

1. 侦查效益要以侦查目的为评价标准

人类的任何社会活动都有其目的。目的是人们在一定时期内力求达到的状态和境界。侦查目的主要是为了查明案件的全部情况，确定是否存在犯罪嫌疑和追究刑事责任的可能。它是侦查的核心，也是衡量侦查工作成败的标准。它反映着国家基于自身需要和对侦查活动的认识而设计的关于自己行为的趋向目标和对侦查结果的一种预见性观念，它是设计者关于侦查程序对社会及其成员的作用、意义的认识与评价的集中体现。侦查工作是否有效益，理所当然地以侦查目的是否实现为评判标准。侦查学的原理表明，侦查是一个过程，是由若干阶段、若干具体活动组成的，那么侦查目的也是可以划分的，可以分为直接目的、阶段性目的和最终目的等。由于侦查成本是一个综合性概念，是一个理性分析工具，所以，以侦查目的评价侦查成本时，既可以表现为一定的数量形式，也可以将获得的侦查结果与侦查目的进行比较来确定，但整个侦查工作的效益不等于每个具体侦查行为效益的简单相加，这是笔者必须强调的一点。

2. 侦查效益与侦查程序是侦查并行不悖的价值目标

正义是人类的美德。侦查程序正义是指侦查程序在具体运行过程中要实现的价值目标，是一种"过程价值"，其核心是"公正"。侦查程序正义要具有

---

① 袁经义：《侦查效益及其保障机制研究》，载《政法学刊》2003 年第 5 期。

普遍的社会意义，必须公正、公开。诚如英、美国家一句格言所说，在侦查过程中"正义不仅应得到实现，而且要以人们看得见的方式得到实现"。侦查程序正义与侦查成本都是当前人们评论侦查机制改革和创新的热门话题。波斯纳说："判断行为、制度是否正义或善的标准，就在于它们能否使社会财富最大限度化，这种态度容许效用、自由等这些相关竞争的伦理原则之间的协调，——当然，财富最大限度化并不是影响法律善或正义的唯一概念。"对此，我国的侦查理论工作者和侦查实践者进行一系列的论证和探索并取得了趋向一致的认识，认为程序正义与侦查成本是理想侦查模式所要追求的共同价值目标；同时，也是理想侦查模式所必备的两个基本要素，因而是相辅相成的。但是，我们也应该看到，正义是一个发展变化着的概念，具有开放性和相对性，而效益反映的是投入与产出的比值，具有可比性、绝对性。所以，侦查程序正义与侦查成本在一定意义上又存在内在的紧张关系，这种内在的紧张关系导致我们在工作中一直存在"重实体、轻程序"，"重结果、轻公正"的观念，给我们带来了许许多多"难咽的苦果"和不良影响。及于此，在侦查价值取向上，当前及将来的侦查工作，应当选择侦查程序正义与侦查成本并重的原则。

3. 侦查成本是实现侦查效益的重要参数

侦查成本是指在侦查活动中，需要消耗和占用的最小量的人力、物力和智力的总和。它包括直接成本、机会成本、边际成本和伦理成本等。其中，后三种对侦查工作影响较大，侦查机会成本是指实施一项侦查行为要以放弃实施另一种侦查行为为代价，它是侦查决策经济性和直接成本配置的基础。侦查边际成本是指每追加从事另一种侦查行为所增加的或额外的成本，是在均衡情势下侦查成本最大化的主要参数。侦查伦理成本是指侦查机关、侦查人员在侦查活动中的精神损耗，是非物质性的成本。所以，侦查成本与侦查成本之间联系紧密，考察侦查成本必须以梳理侦查成本各类型与侦查成本的关系为前提。

## （五）有效提高侦查效益的途径

侦查效益的提高取决于多种因素，我们应针对影响侦查效益的突出因素对症下药，确立提高侦查效益的途径，切实地采取措施提高侦查效益。

1. 树立效益观念，明确评估侦查效益的标准

要提高侦查效益首先必须树立效益观念。侦查人员，特别是各部门的有关领导对效益问题必须有正确的认识。要树立侦查工作必须讲效益的正确观点，要把侦查效益作为衡量工作好坏的重要标准之一，要对侦查工作目前的效益状况有客观的认识，要澄清在侦查效益问题上的模糊认识。效益观念的树立直接

影响着提高效益措施的采取。在树立正确效益观念的基础上，还必须确立侦查效益评估标准。只有制定了科学的、具有可操作性的标准，评价侦查效益才有了基本的依据，只有这样才能避免评估侦查效益陷入混乱状态，逐步消除"盲目评断"、"王婆卖瓜"、"权力定论"等现象。

2. 从形成效益的基本要素入手，把提高侦查效益作为一个系统加以建设①

主要从以下方面着手：

(1) 进行侦查队伍的正规化、专业化建设。在影响侦查效益的各因素中，侦查主体的因素是摆在第一位的。为此，为了提高侦查效益就必须围绕队伍建设大做文章。当前，队伍建设的主题应是正规化与专业化建设，即根据与犯罪作斗争的需要"制定科学、合理的组织机构设置标准和符合人民警察特点的职务序列；形成能进能出、能上能下、充满活力的用人机制和法制完备、纪律统一、权威有效的监督机制；建立一个适应实战需要和培养专门人才的教育训练体系；营造一个关系明确、内务规范、运转通畅的工作秩序和生活秩序"；建设"一支政治强、业务精、作风正、执法严、特别能战斗的刑侦队伍"。

(2) 改革侦查体制和运行机制。侦查人员只有从一种腐朽的、落后的体制与机制中解放出来，才能充分发挥自身的聪明才干。尽管目前我国正在进行侦查体制与运行机制的改革，但改革的基本思路并非十分正确，改革的步伐还相当缓慢，改革中还面临着种种矛盾和困惑……我们必须坚持实事求是的科学态度，敢于修正改革过程中出现的种种不当做法，敢于正视改革中出现的种种矛盾，从公安工作的根本宗旨出发，加快改革的步伐，发现矛盾，解决矛盾。对盲目地、片面地追求警察与公众的高比值，过分地追求快速反应等不良现象应加以克服。对那种不是根据侦查工作和刑事犯罪的规律、特点而设定的机构应坚决进行改革。应进行"侦检一体化"建设，对快速反应机制应从实际出发进行科学的设置，不断发现、掌握侦查中队伍建设、侦审一体化改革中出现的问题并加以切实地克服，将侦查权由行政机关（具体为公安机关、国家安全机关）和检察机关共同行使的体制改为由行政机关统一行使的体制。应对宝贵的侦查资源进行合理的、有效的利用，要有针对性地投入，真正提高战斗力，要把侦查力量放在与犯罪分子作斗争的第一线，要减少不必要的侦查环节，在依法办案的前提下尽量消除人为干扰侦查工作的种种因素；坚决消灭机构重叠、职能交叉、管理落后、职责不清、人浮于事等现象。

(3) 建立既有竞争激励，又有责任约束的工作机制。一是建立健全责任制。各级刑侦部门，特别是责任区刑警队和刑警大队，要结合本地的实际情

---

① 李双其：《犯罪侦查效益浅议》，载《犯罪研究》2002 年第 2 期。

况，将立案、破案、办案、打击处理、追逃、基础工作等各项任务的执法办案的具体要求落实到每个侦查员身上，并制定科学的目标管理考核制度，使每个侦查员任务明确、责任清楚，激发他们执法办案的积极性。二是落实检查考核制度。每月、每季、每年都要对每个侦查员和每个责任区刑警队、专业队的执法办案情况进行检查考核，保证各项责任和要求能落到实处。三是实行逐级把关制度。责任区刑警队领导对查清案件事实、搜集证据负责；刑警大队领导对法定程序、定性定罪及证据是否齐全负责；主管局长对处理意见负责。对变更强制措施、撤销案件和重大复杂的案件要实行集体讨论制度。对疑难的、有分歧的、易出问题和拿不准的案件，实行法制部门把关制度。四是做到责、权、利结合，切实兑现奖惩。对办案质量好、执法水平高、取得较佳侦查效益的侦查员和刑警队要表彰、奖励，该晋级的要晋级，该立功的要立功；对执法办案不符合要求的、侦查效益低的要有相应的处理办法。五是制定落实执法错案追究制度。对违反法律规定，造成冤案的，要依法追究办案人员的主管领导的法律责任；对因工作失误而造成错案的，要根据《人民警察法》的规定予以惩罚。总之，要通过竞争激励和责任约束最大限度地调动每个侦查人员的工作积极性，充分挖掘潜能，从而有效地提高侦查效益。

（4）适当增加侦查工作投入。提高侦查效益，离不开警力、装备等条件，投入不足、投入不当都将直接左右着侦查战斗力的发挥。要通过投入，形成有利于侦查工作发展的保障机制，确保刑事侦查各个环节高效、高质量地运行。

3. 在具体的侦查活动中应重点注意以下几个方面的问题

（1）要讲究工作时间的有效利用率。在侦查活动中要分清主次，并按重点与次要的区别部署侦查力量。如果主次不分，抓不住重点就会使侦查工作的效率低下，使工作时间的有效利用率降低。同时，在侦查过程中还要求侦查人员坚持积极侦查的工作方针，发扬雷厉风行、连续作战的工作作风，要严守侦查纪律，切忌办事拖拉、自由散漫，应防止公私不分等现象的出现。

（2）要科学决策。侦查的过程就是不断地拟定决策方案，不断地优选方案并使之付诸实施的过程。决策的优劣直接左右着侦查效益的高低。在当前的侦查活动中，因侦查决策的失误而导致侦查工作走弯路，最终导致侦查效益低下的现象是十分普遍的。为此，应把科学决策作为一个重点问题来抓。

（3）要注意拓展破案模式。当前的不足主要表现在两个方面：一是只注重"从案到人"的侦查模式，而忽视"从人到案"、"从物到案"、"从情报到案"的侦查模式。侦查破案的大模式显得单调，缺乏生机。二是当采用"从案到人"的模式开展侦查时，一方面对面广量大的多发性案件，因受技术、人力等因素的影响，还不能普及使用专门的技术手段，也无暇顾及侦查谋略和艺术，而是以多年一贯制陈旧的"人力排查"等方法展开侦查。另一方面对重特大攻坚案件又常兴师动众，沿袭多年的"等领导、等派工"；工作上以排摸开路，一哄而上；破案寄望于一蹴而就，速侦速破。在信息、科技社会里，侦查工作必须依靠信息，依靠科技，实现信息与技术的结合才是侦查工作的正确之路。

（4）要注意侦查协作，防止出现内耗。侦查工作涉及方方面面，能否将方方面面的关系理顺，直接影响着侦查效益。关系理顺了，就能将个体凝聚在一起，形成强大的合力。

（5）要引进风险机制，对侦查效果要进行效费比考核。在评估侦查效果时，应引进两个观念：一是风险机制观念。即对于一些常规的侦查活动，在行动中应当考虑成本因素，应当有勇气承担一定风险。二是进行效费比考核观念。即应以科学的评估标准对侦查效用与费用进行全面的考核，以此来确定侦查效果。

# 十一、侦查人员出庭作证

从我国的司法实践来看，侦查人员出庭情况少之又少，以证人身份接受交叉询问的情况几乎不见，一般是以盖有单位公章而无证人落款的某某刑警队、某某派出所的证明等出现的材料，如"关于某某被告人投案情况的证明"、"关于审讯情况的证明"等。证人出庭作证，是现代庭审制度的基本要求，已形成共识。但是，侦查人员出庭作证却存在制度上和实务上的缺陷与障碍。笔者认为，侦查人员出庭作证有其法理、法律依据和诉讼价值。它对于实现程序正当与公正，最终保障当事人的合法权益具有重要意义。

## （一）侦查人员出庭作证的相关理论问题

侦查人员出庭作证是以下述理论作为基础①的：

1. 检警一体理论

为了提高诉讼效率，节约诉讼成本，保障控诉获得成功，基于检察机关和侦查机关共同的追诉职能，无论是在大陆法系国家还是在英美法系国家，一般都赋予检察机关对侦查活动的指挥权、参与权、指导权、监督权等权力，即实行所谓"检警一体化"。在"检警一体化"模式下，警察是检察官的当然助手和控诉支持者。一方面，在侦查阶段，警察要在检察官的领导、指挥下展开侦

---

① 《警察作证若干问题研究》，来源：中国娱乐网。

查工作，根据检察官的要求收集证据，抓获犯罪嫌疑人或采取强制措施，直到检察机关认为证据足以保证控诉的成功为止。另一方面，在法庭审理过程中，警察应当根据检察官的要求补充侦查以提出新的证据材料，或者必要时检察官要求负责讯问、勘验、检查、搜查、扣押、鉴定的警察出庭作证，接受控辩双方的交叉询问，以言词的方式向法院说明自己收集的证据系合法所得，以便有效地反驳辩护方提出的证据与主张。

2. 非法证据排除规则

随着现代社会民主与政治的不断发展以及人类文明的不断进步，人们的权利也越来越受到重视，而国家的权力越来越受到一定限制。这反映在现代刑事诉讼中，就是越来越强调程序公正与保护人权，国家绝不能因为控制犯罪的需要而过分追求实体真实或者不择手段，惩罚犯罪也绝不能以牺牲当事人的合法权利为代价。而侦查人员的非法取证行为恰恰与上述理念相违背。有鉴于此，无论是英美法系国家还是大陆法系国家，无不通过建立非法证据排除规则对侦查人员的非法取证行为予以规制。但是，如何确认非法证据的存在进而对其予以排除在客观上需要警察出庭作证对其取证行为加以说明。这是因为，一方面，公诉人对侦查人员收集证据的过程缺乏详细地了解，如果他仅凭侦查笔录或者侦查机关的情况说明是难以令人信服的，而负责侦查案件的警察对收集证据的全过程了如指掌，所以对证据是否合法心知肚明，此时由警察出庭就证据的合法性予以阐述最合适不过，因此，从客观上讲，公诉人员需要警察出庭作证对其取证行为的合法性予以阐述以反驳辩方就某个证据的合法性提出的质疑。另一方面，被告人对其是否实施犯罪行为最为清楚，再加上其本身就是侦查人员收集证据的对象，因而它对于警察是否非法收集证据也知根知底，当然需要警察出庭作证并渴望非法证据能够得到排除，从而保护其合法权益。可以说，警察出庭作证是控辩双方"双赢"的要求。

3. 直接言词原则或者排除传闻规则

为了确保程序公正与审判公开，在大陆法系国家刑事审判中非常强调直接言词原则的运用。该项原则其中的一个重要要求是在法庭上提出任何证据材料均应以言词陈述的方式进行，诉讼各方对证据的调查应以口头方式进行，如以口头方式询问证人、鉴定人、被害人等，以口头方式对实物证据发表意见等，任何未经在法庭上以言词方式提出和调查的证据均不得作为法庭裁判的根据①。英美法系国家中尽管没有确立直接和言词原则，却设有与之相关的"传

---

① 陈瑞华：《刑事审判原理论》，北京大学出版社 1997 年版，第 183—184 页。

闻证据规则"（hearsay rule；rule against hearsay）①。根据这一规则，提供证言或者证据材料的原证人在一般情况下应当出庭，当面接受控辩双方的交叉询问，而禁止法庭采用"传闻证据"（hearsay evidence）。上述情况表明警察应当出庭就有关的取证行为向法庭陈述，而不能以侦查笔录代替之。

客观地讲，上述三个理论在我国《刑事诉讼法》中并没有直接的体现或者说是体现得并不充分。因此，在实践层面，若以此作为警察出庭作证的理由是存在一定瑕疵的。不过，值得注意的是，根据两高的司法解释，警察却有义务向法庭说明其收集的证据的来源。根据《最高人民法院关于执行〈中华人民共和国刑事诉讼法〉若干问题的解释》（以下简称《解释》）第150条以及《最高人民检察院刑事诉讼规则》（以下简称《规则》）第340条的规定，公诉人应当就物证、书证等实物证据的来源、特征等作必要的说明，让辩方辨认并发表意见。而控辩双方难免发生争议，一旦发生争议，根据《规则》第341条的规定，公诉人应当出示、宣读有关诉讼文书、侦查或者审查起诉活动笔录。如果控辩双方对上述笔录仍存在争议，根据《规则》第343条的规定，公诉人员可以建议合议庭通知负责侦查的人员出庭陈述有关情况。另外，《解释》第138条也规定："对指控的每一起案件事实，经审判长准许，公诉人可以提请审判长传唤……勘验、检查笔录制作人员出庭作证……被害人及其诉讼代理人和附带民事诉讼的原告人及其诉讼代理人经审判长许可可以分别提请传唤尚未出庭作证的……勘验、检查笔录制作人出庭作证……"显然，这里的勘验、检查笔录的制作人包括警察在内。

## （二）侦查人员出庭作证的诉讼价值

### 1. 侦查人员出庭作证有助于厘清一系列司法实践中的错误认识，从而树立正确的诉讼理念

这主要表现为：（1）纠正证据的概念。在我国刑事庭审中，由公安机关出具的"关于被告人某某投案情况的证明"、"关于审讯情况的证明"、"关于某某报案情况的记录"等材料被大量地采用。然而，这些材料是证据材料还是证据？如果它是证据材料，那为什么在判决书中又被采用？如果它是证据，那么它属于哪一类证据？这恐怕是难以回答的。而如果允许警察出庭作证，这些可以视为证人证言。（2）纠正证人的概念。长期以来，我国理论界与实践界一直坚持证人优先原则、证人不可替代原则，从而反对在同一案件中将担任侦查职责的警察同时作为证人。而警察恰恰是能以证人身份出庭作证的。对这

---

① 陈瑞华：《刑事审判原理论》，北京大学出版社1997年版，第184—185页。

个问题，下文再作阐述，此处从略。（3）纠正警察特权思想。警察承担维护社会安全与侦查犯罪的重任，在侦查过程中从来都是讯问或询问的主角，让其屈尊下驾出庭作证接受曾经被其拘留、逮捕和讯问的被告人以及辩护人的质询，恐怕使警察在这一角色的转换过程中形成巨大的心理反差。究其原因，就是警察特权思想作怪。

2. 警察出庭作证有助于解决长期困扰我国司法实践中存在的某些问题

这主要表现为：（1）抑制警察非法取证行为。由于种种原因，我国警察非法取证行为在很多地方还相当普遍。而这同警察不出庭作证恐怕不无关系。因为在警察不出庭作证的情况下，辩方由于得不到同证据提供者即警察当庭质证的机会，所以有时很难揭露并证实警察的非法取证行为。即便检察官、法官对此有所警觉，往往由于他们对警察不出庭作证采取容忍态度而使其非法取证行为不了了之。（2）提高证人出庭率。长期以来，我国证人出庭率比较低，在很大程度上不利于贯彻落实新的庭审方式。但如果警察能够出庭作证，无疑会对证人起到表率作用，从而带动证人出庭作证。（3）解决恶意翻证、翻供问题。在刑事庭审中，当被告人翻供或者证人翻证时，如果警察能够出庭作证同他们进行对质，无疑能够有效地戳穿他们的谎言。（4）保障被告人的合法利益。一方面，由于警察出庭作证，使被告人的质证权得到实现，从而彰显程序公正；另一方面，这有助于被告人通过揭示非法取证行为，使法庭排除对被告人不利的证据，从而保障被告人的合法权利和提高其防御能力。

3. 警察出庭作证有助于提高诉讼效率

在我国刑事庭审过程中，被告人及其辩护人常常辩称警察有刑讯逼供等非法取证行为而要求排除非法证据。面对这种辩护理由，检察机关一方面因为证据并非自己收集，加上警察又不出庭与其当庭对质，所以公诉人在这种情况下往往无法对此予以回应。但为了确保司法公正和履行法律监督职能，公诉人又不能对此一概不予理睬。这往往迫使法官宣布延期审理，以查清侦查人员是否有非法取证行为。但检察机关对警察的刑讯逼供等非法取证行为的调查往往由于碰到各种阻力或者取证困难而无功而返。而辩方有时为了保护自己的合法权益却不依不饶，这就常常导致案件久拖不判，既有违司法公正也不利于司法效率。而一旦侦办案件的警察出庭作证，在很大程度上就能当庭解决上述问题而不必延期审理，从而减少波斯纳所说的"错误消耗"，提高司法效率。

## （三）侦查人员出庭作证身份问题

目前，无论是在学术界还是在实践界，大多数人对警察以证人身份出庭作证是持反对态度的。其理由主要有：一是，证人必须是在诉讼之前了解案件情况，所以证人具有不可替代性。而警察只是在侦查机关立案之后即在参与侦查过程中才了解到有关案件情况，而且警察是可以替换的，所以警察不能以证人身份出庭作证。二是，证人必须是当事人以外的诉讼参与人，且与诉讼案件的审理结果没有法律上的利害关系，即"自己不能给自己作证"。而警察是行使侦查职能的工作人员，如果允许警察出庭作证就会影响案件的公正处理。三是，根据《刑事诉讼法》第 28 条的规定，曾担任过本案证人的侦查人员应当适用回避。笔者认为，不管是从借鉴国外经验出发，还是从诉讼法理分析，承办案件的警察都应以证人身份出庭作证，以证人身份出庭作证的警察可以称之为警察证人。其主要理由有以下几个方面：

其一，承办案件的警察以证人身份出庭作证是世界许多国家的做法。在英美法系，刑事证人是一个非常宽泛的概念，包括了所有在诉讼过程中向司法机关提供口头证词的人。因此，在英美法系国家的司法实践中，警察经常作为控方的证人出庭作证，辩方也可以依据案件的实际情况和具体需要传唤某个警察出庭作证。在美国，警察出庭作证非常普遍，只要案情需要，警察就必须出庭作证，且要像普通证人一样宣誓，然后接受辩方的讯问和质证。否则，警察可能构成伪证罪或者妨害司法罪。如在著名的辛普森刑事诉讼案中，辩方律师正是抓住了控方主要证人即福尔曼警探出庭作证时的漏洞，才使辛普森免去了牢狱之灾。在英国，警察被视为法庭的公仆，在出庭作证问题上，警察与其他普通证人负有同样的义务和责任①。在澳大利亚，根据《1995 年证据法》第 33 条的规定，在刑事诉讼中，除特殊情况外，承办案件的警察可通过宣读证词或者根据其先前撰写的证词引导作证，为控方提供直接证据（evidence in chief）②。

根据大陆法系传统理论，一般认为证人是专指向司法机关陈述所知案件情况且又不具有其他诉讼身份的人员，因而主张主办案件的法官、检察官及协助其侦查犯罪的警察不得同时为证人。如《意大利刑事诉讼法典》第 195 条就明确规定："司法警官和警员不得就从证人那得知的陈述内容作证。"③ 但也有许多大陆法系国家允许警察以证人身份出庭作证。如在法国的轻罪审判程序中，法官讯问被告人之后，就是询问证人，而询问证人通常是先询问检察官的证人，警察最先，专家证人最后，然后询问被告人、民事当事人的证人。这说

---

① 陈光中、江伟主编：《诉讼法论丛》第 2 卷，法律出版社 1998 年版，第 373 页。

② 何家弘、张卫平主编：《外国证据法选译》（上卷），人民法院出版社 2000 年版，第 220 页。

③ 《意大利刑事诉讼法典》，黄风译，中国政法大学出版社 1994 年版，第 69 页。

明法国的警察同英美法系国家一样都可以作为控方的证人出席法庭作证。在前苏联，法院若需要查明进行侦查或调查的条件时，可以把侦查员或执行调查职务的人作为证人传唤到法院。在日本，司法警察可以就勘验结果在公审日期作为证人而受到讯问。在我国台湾地区，在别无录音带或录音带附在讯问笔录可供调查时，对于取得被告自白之经过，法院实有了解之必要，作为采用自白证据之依据，为此必须传唤取得被告自白之司法警察官员，以警察证人之身份出庭说明取得被告自白之经过①。

其二，侦查人员出庭作证并不违反证人的不可替代性特征。根据学术界的通说，证人是以本人所知道的情况对案件事实作证的人，所以证人具有不可替代性。笔者对此表示赞同。但以此为由推导出"证人优先原则"进而反对警察作为证人并不能成立。首先，证人作证的案件情况既包括实体性事实，也包括程序性事实。这是因为刑事诉讼过程既是一个适用实体法的过程，也是一个适用程序法的过程，而适用程序法的过程必然产生程序性事实；就案件本身而言，它是一个程序法上的概念。尤其是当程序性事实成为控辩双方的争议事实时，法官应对此予以查清而不能置之不理。否则，会对是否正确定罪量刑产生一定影响。如不对侦查人员的刑讯逼供行为予以澄清，就难以判断被告人口供的真实性，进而对被告人是否定罪量刑也无从谈起。因此，主张证人必须就诉讼之前的案件情况作证从而反对警察的证人身份是不全面的。其次，就执行某项侦查任务而言，警察的确具有可替代性，但是，警察一旦执行某项侦查任务，他就成为了解有关案件情况的特定人，如侦查人员接受犯罪嫌疑人投案自首情况，侦查人员在跟踪、盯梢、诱惑侦查过程中所了解的情况等等，此时他又成为不可代替和不可选择的人。

其三，侦查人员出庭作证并非"自我证明"，对其作证就会影响案件的公正处理的担心是不必要的。不可否认，侦查人员作为证据的提供者，他既是取证行为的实施者，又是取证行为的见证者。所以，从侦查人员出庭作证的内容上看，他的确是在就自己的取证行为作证。但是，侦查人员不是诉讼当事人，他在法庭上作证本质上是为了支持公诉人的控诉，或者是为了满足辩方质证权的需要。虽然侦查人员出庭作证有时会导致对己不利的后果，如因非法取证而受到行政处分等，但他对控诉本身能否获得成功并不承担责任。就算侦查人员出庭作证是"自我证明"，但他提供的证言像其他证据一样也要受到法庭的审查判断之后才能采信。因此，冤假错案的产生并不在于谁作证人而是在于证明内容的谬误。难道"不自我证明"就能避免错案？

---

① （台）蔡墩铭：《刑事证据法论》，五南图书出版公司1997年版，第92页。

其四，《刑事诉讼法》第 28 条关于警察回避的规定是不恰当的。学术界普遍认为，担任过证人的警察之所以适用回避主要是因为，侦查人员如果在本案中曾担任过证人，为本案提供过证言，就有可能对案件事实或案件的实体结果产生先入为主的预断，无法再客观、冷静地收集证据，从而导致不公正。笔者认为，这种担心是不必要的，也是不合理的。主要理由如下：一是从诉讼发展过程来看，犯罪嫌疑人、被告人的定罪量刑问题要经过法庭审理之后才能最后确定，而等案件移送到法庭审判时，侦查人员实际上早已完成本案的侦查任务，不可能发生身份竞合情形。也就是说，在法庭审理阶段，警察的侦查人员身份与证人身份处于分离状态，或者说是，警察的身份已由侦查阶段的侦查人员转换为审判阶段的证人。因此，以侦查人员不能身兼二任为由反对警察出庭作证在很大程度上是因为没有看到警察的身份可以发生分离或者转换这一规律。二是侦查人员的职责就是收集证据，至于是否客观公正要到审判阶段受到法官的司法审查之后才能予以评判。如果因为侦查人员可能无法客观地收集证据而使其回避，那么侦查人员适用回避的情形远远不止这些。照此推理下去，侦查人员是不是都要适用回避？三是在特殊情况下，如在侦查人员跟踪、盯梢、诱惑侦查过程中，往往只有侦查人员和犯罪嫌疑人在现场，如果犯罪嫌疑人、被告人拒不供罪又让侦查人员回避而不出庭作证，那么势必会放纵犯罪。

## （四）侦查人员出庭作证的基本范围

尽管警察可以证人身份出庭作证，但警察客观上又行使过侦查权，所以警察毕竟不同于其他证人，这就决定了侦查人员出庭作证需要受到一定的限制，而不能让警察就其了解的所有情况都向法庭作证。否则，是不利于侦查工作的顺利开展的。笔者认为，只有在下列几种情况下，控辩双方或法官才可以要求警察以证人身份出庭提供证言：

一是警察如果在犯罪现场目击犯罪事实发生，或者当场抓获犯罪行为人，或者重大犯罪嫌疑分子进行投案时，或者犯罪行为人投案自首时，那么以后法院在对这起案件进行审判的过程中，该警察应当就他所目睹的犯罪过程或者抓捕经过或者盘问、受案情况出庭加以证明。例如，警察在巡逻时发现某人盗窃仓库内的货物时，他应当出庭就盗窃的时间、地点、手段、物品等情况出庭作证。

二是警察实施现场勘验、检查、搜查、扣押、辨认等活动时，即使是当场制作的笔录，也不能完全保证其内容就是真实情况的反映，如果控辩双方对此有疑问，警察应当出庭就勘验、检查、搜查、扣押、辨认等活动的进行过程提供证词，以便当庭核实这些笔录的真实性与合法性。例如，对于警察在现场勘验、检查、搜查、扣押活动中获取的某种实物证据的提取过程、保管过程，如果辩方对该实物证据是否是原物存在异议，或者提出该实物遭到人为地破坏，或者要求控方提供其在犯罪现场遗留下来的对己有利的实物证据时，警察应当出庭证明整个实物证据的提取过程和保管过程是否合法。又如，当辩方对证据及其侦查行为的合法性提出异议时，警察应当出庭陈述，以证实没有实施刑讯逼供，没有非法搜查、扣押等。

三是警察通过秘密侦查手段获取的证据。秘密侦查手段通常是在犯罪嫌疑人未察觉的条件下进行的，且往往没有第三者在场见证，警察的大多数侦查行为都是自行决定、自行执行，缺乏必要的制约，其中难免会发生偏差。为了防止警察有意或无意地歪曲犯罪嫌疑人的意愿，让警察出庭接受审查以证明秘密侦查行为的合法性是十分必要的。因为在庭审阶段，警察的秘密侦查行为业已完成，没有必要对此继续保密。

四是在必要的时候，如辩方确有异议，或者侦查行为本身有瑕疵，刑侦技术人员应当出庭作证，对侦查活动中的有关专门性问题予以说明，如涉及现场勘察的摄影技术、痕迹的固定、判断以及物证的提取、处理技术等。特别是在我国目前侦查机关自侦自鉴的状况下，更应如此。

五是如果辩方声称犯罪嫌疑人的口供是警察通过刑讯逼供等非法手段获取的，或律师取得的证人证言同警察获取的证人证言有较大出入且难以判断孰是孰非，而且上述情况能够引起法官合理怀疑时，警察应当出庭与被告人以及相关证人进行对质，以判断口供与证人证言的真实性。

六是使用"诱惑侦查"获得的证据。诱惑侦查手段的运用是现代社会同犯罪作斗争的客观需要。实践证明，诱惑侦查在某些无特定受害人的对偶性违法犯罪、有组织犯罪和智能性犯罪案件中取得了事半功倍的效果。然而诱惑侦查好似一柄双刃剑，如果使用不当就会伤及无辜。因此，很有必要让承担诱惑侦查任务的警察出庭就有关情况作证。

（五）侦查人员出庭作证的主要障碍

尽管从前文的论述中我们不难看出，我国警察出庭作证有其必要性与合理性，但是在现实语境下让警察出庭作证必将困难重重。笔者认为，在我国刑事司法实践中，警察出庭作证主要存在以下障碍：

1. 立法缺陷

首先，我国《刑事诉讼法》第 48 条关于证人资格的规定不甚明确，导致理论和实践上对警察是否具备证人资格在理解上存在一定的偏差。特别是我国《刑事诉讼法》第 28 条关于侦查人员不能同时兼任证人的规定直接导致刑事司法实践中警察出庭作证少之又少。其次，虽然能从我国有关司法解释中找到警察出庭作证的些许依据，尤其是《规则》第 343 条和《解释》第 138 条的规定是我国关于警察出庭作证的最直接依据，但是这些司法解释往往只对本部门有效，加之公安部门又缺乏相应的配套解释，所以上述两条规定对侦查机关可以说基本上没有约束力。难怪有的法官无奈地说："通知归通知，（警察）来不来我们就管不着了。"① 因此，实践中，法官、检察官对警察出庭作证要么"遮遮掩掩"，要么持"暧昧"态度。最后，虽然从《刑事诉讼法》第 43 条以及《解释》第 61 条规定的内容来看，我国在某种程度上确定了非法证据排除规则，但是这两条规定还相当笼统从而操作性不强，这在一定程度上增加了警察出庭作证的难度。

2. 流水作业式的诉讼模式

长期以来，公安机关、人民检察院、人民法院进行刑事诉讼一直坚持"分工负责、互相配合、互相制约"的原则。它通过对公、检、法三机关之间的法律关系进行界定，从法律上确立了中国"流水作业式"的刑事诉讼构造。在这一构造之中，侦查、起诉和审判成为三个完全独立而互不隶属的诉讼阶段，犹如工厂生产车间的三道工序，即侦查人员、检察人员、审判人员被看做刑事诉讼这一"流水线"上的三个主要"操作员"，他们通过前后接力的诉讼活动分别代表公安机关、人民检察院、人民法院在侦查、起诉、审判三个环节上分别进行"流水作业式"的操作，以此共同致力于实现刑事诉讼法的目的和任务。不可否认，这一诉讼构造对于惩罚犯罪起到十分重要的作用。但其弊端亦是十分明显的。一方面，公、检、法三机关分别在三个阶段各自独立地实施诉讼行为，使法院难以对检警机构的追诉活动实施真正有效的司法控制，司法裁判活动与侦查、起诉相互平衡而无法在刑事诉讼中居于中心地位，从而导致警察是否出庭的主动权完全掌握在公安机关手里。另一方面，公、检、法三机关的目标的一致性以及他们之间前后递进和接力互补的关系，使得检警机构的案卷材料对法院的裁判结论具有决定性的影响，法院的审判只不过是对侦查结论的正确认定而已，造成警察的诉讼活动随着侦查终结而终结，警察是否出庭作证已无关紧要，因为法院在检警机构的追诉活动完成之后，实际发挥着继续追诉的作用，即充当"第三追诉机构"的角色。

3. 检警分离

如前文所述，在世界许多国家，大都实行"检警合一"，通过赋予检察机关对警察侦查活动的指挥权、参与权、指导权、监督权，使警察成为检察官的

---

① 刘仁文：《警察要不要作证》，载《南方周末》2000 年 2 月 11 日。

助手和控诉支持者，因此，警察必要时可以出庭作证以保证检察官的控诉获得成功。然而，长期以来，我国公、检、法三机关实行"分工负责、互相配合、互相制约"这一刑事诉讼基本原则，导致检警在实质上处于分离状态，检察官仅仅对侦查活动有事后的监督权而没有足够的法律依据与权威指挥警察的侦查行为，更没有直接命令警方出庭协助公诉的权力。这导致检察机关在庭审中往往处于被动地位。正如有人指出："在实践中，侦查机关用刑讯逼供、威胁、引诱、欺骗、非法搜查、扣押、窃听等非法手段收集证据的行为仍然屡禁不止；在庭审过程中，被告人及其辩护人也越来越多地辩称其口供系通过刑讯逼供、威胁、欺骗、引诱等方法获得。面对这种辩护理由，检察机关一方面因为证据并非自己收集，也不需要自己负责而漠然置之；另一方面又因为自己没能查明证据系非法证据而处于被动境地。但当检察机关准备防止或消除这些非法证据的产生时，又感到无能为力。"[①] 其症结就在于我国的警察不能名正言顺的以控方证人身份出席法庭作证。

4. 思想观念

警察出庭作证在理论上似乎并不难阐明，但实践中为何步履维艰？笔者认为，这固然事关技术因素，但思想观念的障碍有时更具隐蔽性、破坏性。当前，警察难以出庭作证与下列思想观念有关。首先，是怕麻烦的思想。由于我国立法对直接、言词原则或排除传闻证据规则缺乏完整的规定，导致卷宗、书面证明材料的使用未受到应有的限制，因此，一些法官和检察官可能认为侦查机关的案卷已经很完备了，干吗要耗费有限的司法资源来要求证人（包括警察）出庭作证呢？这不是多此一举吗？这样，当辩方要求警察出庭作证时，法官和公诉人常常会以各种理由驳回其请求，或者干脆宣读侦查机关制作的笔录、证明材料了事。其次，是警察的特权观念。警察承担维护社会安全与侦查犯罪的重任，在整个国家权力体系中占有重要地位，在他们的观念中自己从来都是讯问或询问的主角与发动者，哪时成为被质问的对象？加之"官本位"思想作怪，在某些地方"警察特权"现象较为普遍，因而某些警察具有强烈的"优越感"，让其屈尊下驾出庭作证接受曾经被其拘留、逮捕和讯问的被告人以及辩护人的质询，不仅对他们来说是感情上的极大"伤害"，而且他们往往对此持强烈的反对态度乃至产生抵触情绪，认为这样会有损警察的形象和不利于以后的侦查工作的开展。最后，是长期以来我国刑事诉讼实行的是"流水作业式"的诉讼模式，公、检、法三机关相互独立、互不隶属，对公安机关来说，警察既不是"法庭的仆人"，也不是检察机关的"助手"，难以树立

---

① 黄永：《检警关系的若干思考》，载《人民检察》2000 年第 12 期，第 14 页。

以公诉为中心的服务观念，而常常是案件一侦结，只要将侦查卷宗一移交就万事大吉了，在这种背景下，警察对"出庭通知"采取不理不睬的态度，只能令法官无可奈何。

5. 警察出庭作证难免对警察自身以及侦查工作产生一定影响

（1）警察出庭作证无疑会加大警察自身的职业风险，这可能使警察不愿意出庭作证。因为，一旦警察出庭作证，很可能使自己的非法取证行为当庭或当众暴露，从而使自己感到很难堪，甚至事后还遭受行政处罚或者刑事制裁。笔者认为，这恰恰是创设警察证人制度的目标之一，牺牲少数害群之马的所谓利益对改善整个执法环境有利。警察证人制度正是通过这种警醒作用培养警察依法侦查的意识，从而减少非法侦查行为。（2）警察出庭作证无疑会加大警察的负担，这在我国犯罪数量不断增长的情况下尤其如此。应当说，这个问题应当引起足够的重视。如果解决不好，可能会影响公安工作的稳定。笔者认为，一方面，这可以通过加大投入和限制警察出庭作证的范围加以缓解；另一方面，从长远来看，这点牺牲是值得的。

## （六）科学规制侦查

侦查人员出庭作证创设警察证人制度可以说既是一个重大的理论问题，也是一个亟待解决的现实问题，它涉及方方面面，动一发而牵全身，所以在法治观念尚未深入人心、司法体制尚未理顺以及诉讼理念与制度存在重大缺陷的背景之下，再加上传统习惯的固有惰性，如何确保警察出庭作证并非一蹴而就，恐怕需要投入大量的人力、物力、财力，我们试图从理论上提供一些基本思路，有待于专家学者们进行论证以及实践的检验。

1. 转变思想观念

警察出庭作证虽然涉及许多重大的理论问题，但这是技术层面，实际上技术层面要克服的最大障碍不是来源于理论本身，而是来自于观念的革新。对警察出庭作证的正确态度有待于司法实践部门，尤其是公安机关对此问题的重新定位与认识。当前所要解决的是：（1）警察应破除特权思想，树立以公诉为中心的工作导向，接受"警察是法庭的仆人"、"警察是控诉的助手"等现代刑事诉讼理念。（2）法官、检察官应改变对警察过分信任的态度，改变传统的公、检、法三机关"分工不分家"的专政观念。

2. 完善有关法律

（1）修改《刑事诉讼法》第28条的规定，在坚持检察官、法官不能同时担任证人的同时，去掉该条关于侦查人员不能同时兼任证人的规定。（2）修改我国证据立法关于证人资格的规定，即扩大可以作为证人的人的范围，明确规定必要时警察应以证人的身份出庭就有关问题作证。（3）通过完善非法证据排除规则、建立包括警察在内的证人拒证制裁条款等来构建保障警察出庭作证机制。（4）明确规定检察官在必要时可以命令警察出庭作证，或者由法官传唤警察出庭作证。（5）明确规定直接、言词原则，强化对犯罪嫌疑人、被告人辩护权的保护，确保其对非法证据的质证权，赋予他们申请警察出庭作证的权利。（6）规定一些警察出庭作证的例外情况。例如，控方若有足够的证据能够证明警察的侦查行为是合法的，可以免去警察的作证义务；警察若能提供关于侦查过程的录音录像资料，且该录音录像资料未经任何破坏、编辑、剪切、删除的，可以免去警察的作证义务；辩方申请警察出庭作证的理由应当是引起法官的合理怀疑，否则，可以免去警察的作证义务；在特殊情况下（如战争、动乱、社会治安形势非常严峻等），可以免去警察的作证义务。（7）修改我国证据立法，规定侦查机关制作的笔录和出具的各种书面证明材料除了特殊情况可以在法庭上宣读之外，其他的必须由警察出庭加以说明。

3. 理顺公、检、法之间的关系

首先，取消《刑事诉讼法》第 7 条规定的"分工负责、互相配合、互相制约"原则，改变检察机关"法律监督"的地位，赋予法院"最终裁判者"的地位，设立司法审查体系，将审前程序纳入司法裁判的控制之中。其次，赋予检察机关对侦查机关的侦查活动的指挥权、参与权、指导权、监督权，实行检警"紧密化"或"一体化"，使检察机关在审前程序中居于核心地位，将承担侦查职能的公安机关定位在辅助检察机关履行控诉职能上。最后，理顺公诉权与审判权之间的关系，确保审判机关独立审判的功能，避免刑事庭审形式化倾向；确立审判机关的权威地位，避免将审判机关沦为第二控诉人的不良倾向。

# 十二、检察机关侦查一体化

出于履行法律监督职能的需要，法律赋予人民检察院对直接受理案件的侦查权。因此，检察机关自侦案件的对象绝大多数是国家工作人员，不仅作案隐蔽狡诈，且给侦查工作施加的干扰和阻力也较其他案件大得多。而且，现在的职务犯罪，已经打破地域、行业的限制，比如甲地、甲行业的贪污贿赂犯罪往往涉及乙地或乙行业。因为经济越来越一体化，导致职务犯罪也越来越"一体化"。因此，侦查一体化就在检察机关的自侦工作实践中逐渐被探索和总结出来。

## （一）目前实践中有效的一体化模式

根据安徽省检察机关这几年在检察工作实践所总结的经验来看，较为有效的侦查一体化机制模式是：为了优化侦查资源配置，提高整体效能，采取以侦查指挥中心或其他侦查机构为组织形式，以提办、交办、联合办、督办为主要办案方式，实行侦查活动统一组织指挥，案件线索统一管理和经营，侦查人才和技术装备统一调配使用，执法环境统一营造的侦查机制。也就是检察机关作为一个整体，在依法独立行使检察权的原则下，内部实行下级检察机关服从上级检察机关，地方各级检察机关服从最高人民检察院，同级检察机关在侦查活动中紧密协作的运行机制。

## （二）实行一体化的理论根据和实践基础

### 1. 一体化的理论根据

检察机关实行侦查一体化的理论根据在于法律上对检察机关的一体化规定。即检察系统作为一个整体统一有效地行使检察权，这是检察体制的基本特点，反映了检察工作的内在要求和发展规律，是检察工作适应社会发展需要的必然要求。因此我国宪法和法律规定了检察一体制的核心内容，即下级服从上级的领导关系（如《宪法》第132条第2款、《人民检察院组织法》第3条和第10条），规定了实现检察一体化的组织保证和制度保障。

实行检察一体原则，其法理根据主要在于"有效打击犯罪和纠举违法行为，保证法律统一正确的实施；切实保障人权，制约侦查权和审判权，维护程序公正；统一追诉标准和执法标准，保证执法的法律效果、政治效果和社会效果的统一，对国家权力机关全面负责；加强上级检察机关的领导职能，防止检察机关在执行职务过程中受到外部干涉，保障检察机关依法独立行使检察权。"[1]

### 2. 一体化的实践基础

近年来，很多地方都在摸索实行侦查一体化的有益尝试，取得了不少好的经验，对于综合检察机关的侦查资源，排除办案阻力都取得了明显成效。

安徽省淮南市院在深入论证的基础上，结合工作实际，以市院大要案侦查指挥中心为平台，自2004年以来实行了"三个统一"（即线索统一管理、人员统一调度、经费统一保障）的查案运作模式。经过近两年的实践，该市两级院初步形成了上下联动、区域互动、协同作战的一体化办案格局，顺利突破

---

[1]　孙谦主编：《中国检察制度论纲》，人民出版社2004年版。

了一批疑难大案、窝案串案，自侦工作取得明显成效。

线索统一管理。他们首先从案件线索统一管理入手，要求县区院必须在受案 3 日内，将线索报市院指挥中心备案。需要市院参办、领办的，提出申请，由市院决定是否参办、领办、督办、提办。这项工作的着眼点在于提高线索利用率，实现全市检察机关线索资源的共享。

在线索统一管理上，淮南市院要求确定专人进行登记，逐案评估，并分级分类建立档案。对认为确有可查价值的线索，由指挥中心办公室跟踪督促上报备案的单位启动查案工作。对有一定价值但暂不具备初查条件的线索，归入缓查档案，待条件成熟时，再择机初查。对无价值的线索，则存档备查。

指挥中心有权根据线索本身的价值，结合县区院和市院相关部门办案力量、在侦案件情况等，对备案线索统一调配。如认为某一线索由另一院查办更为合适，可直接提办或交由另一院查办，市院也可将自己受理的案件线索交给县区院查办，以合理调度全市侦查资源，防止发展失衡，同时也大大提高了线索利用率和初查成功率，避免了线索资源的浪费。2004 年以来，淮南市院指挥中心共向所辖县区院交办案件线索 21 件，其中初查后立案 11 件（2008 年交办的 6 件正在初查中）。

实行线索统一管理还在一定程度上减少了地方干扰和办案阻力，妥善解决了依靠党委领导和独立行使检察权之间的平衡与协调问题。以往，常出现县区党委效仿要案方式，要求凡是初查科级干部就必须向党委汇报。实行线索统一管理后，这个问题得到解决。对于基层院上报的科级干部犯罪线索，一律由市院指挥中心督办、交办、领办、参办，或由市院直接开展初查，待突破后再向地方党委通报情况，此时因已获取相关证据，基本具备立案条件，往往更易得到地方党委支持，有利于案件的顺利查处。

在线索统一管理的过程中，不可避免要涉及异地办案。他们依据法律及上级院有关规定，进行了一些有益的尝试。主要做法是对本属于 A 区管辖的案件根据工作需要交 B 区立案查办或由市院直接立案查办，待侦查终结后再按程序移送有管辖权的检察院审查起诉，这样就解决了法院立案庭不受理非本辖区案件的问题。

在线索统一管理调配的基础上，淮南市院开展了案件统一管理工作，主要方法是参办、领办案件。参办案件的主要内容是"三个调整"，即视案情需要，适时帮助县区院调整初查思路、调整侦查方案、调整办案策略。参办案件所要解决的主要问题是帮助攻坚克难，排除阻力，提高基层院的办案水平，而不是代替基层院办案。实践中，凡是县区院提出申请的，市院经审查认为符合条件，一律派员参办；同时市院根据线索统一备案审查的情况也可以自行决定派员参办。2004 年以来，市院先后派员参办案件 35 件，帮助突破口供 24 人次，挽回经济损失 250 余万元。

领办案件的侦查工作以市院的名义进行。针对的主要是跨县区案件、窝案串案以及办案难度大需要集中全市主要侦查力量办理的案件。领办案件由指挥中心指挥长决定，根据案件性质分别交由市院渎检处处长或反贪局一名主任侦查检察官牵头经办。办案人员根据需要从基层院抽调，在案件突破后根据具体情况分别决定由市院自办、交有管辖权的基层院办理或指定异地管辖。一年来，市院先后派员 30 余人次，深入辖区各基层院，精心组织，深挖细查，突破了一批疑难大案、窝案串案，取得了较好的社会效果。

人员统一调度。侦查人才和器材的统一调度使用是实行侦查一体化的必然要求。该市侦查人才库以反贪、渎检干警为主，同时从其他科室中精选了有自侦工作经历、有丰富办案经验的人员参加。在人才使用上充分发挥人才库的资源优势，实行统一调度使用。需要区域联动、进行大兵团作战而警力不足时，就由指挥中心从人才库中抽调人员，形成整体作战优势。特别是在重大疑难案件侦查中，可通过调动实战经验丰富、具有特定专长的侦查员参与办案，扬长避短，对犯罪嫌疑人形成强大的心理攻势，促使案件尽快突破。一年来，市院指挥中心先后从县区院抽调侦查骨干 60 余人次，在协同办案中，大家共商案情，交流学习，相互借鉴，侦查素养和办案技能得到普遍提升。

在侦查器材方面，淮南市院指挥中心对全市的侦查器材进行了统一登记，由市院统一调配使用。市院讯问室、测谎仪、密拍密录等侦查装备，县区院可随时申请使用；指挥中心可视案情需要，即时调度各县区院交通工具以及其他办案设施。为加强侦查一体化工作，他们又为指挥中心配备了两辆办案用车，专为参办、领办案件时使用。年初，市院制定了《关于进一步加强监控室管理的通知》，凡因侦查工作需要使用技侦手段的，统一由指挥中心办公室对外联系，办理相关手续；对所有渎检案件及重大反贪案件，由指挥中心办公室负责全程录像，制作视听资料，固定证据。在市院的积极带领和推动下，全市自侦办案质量和安全得到保障，基层院办案人员证据意识明显增强。

经费统一保障。办案经费紧张是基层院普遍存在的问题，直接影响和制约了自侦工作的深入开展。针对该市实际，市院统筹兼顾，提出谁办案谁追赃谁承担办案费用的原则。同时规定，凡市院领办、参办的案件，只要具体承办案件的基层院提出申请，办案经费全部由市院承担；县区院在办案时如需从其他基层院抽调人员，除承担办案中的费用外，不给付被抽调人员单位其他经费，在年终考评时由市院给被抽调单位记分。一年来，市院已计支付参办、领办案件过程中的各种费用 10 余万元，并为八公山区院购买了一辆办案用车，给大通区、田家庵区等院直接拨付办案经费近 20 万元。市院在经费保障上通盘考虑，在业务考评上兼顾各方，有效地调动了县区院的办案积极性，"三个统一"得到了各基层院的支持。

为进一步深化侦查一体化改革，淮南市院将"三个统一"办案模式与侦查检察官责任制试点改革有机结合。在反贪局下设两个主侦检察官办公室，副局长兼任办公室主任，根据个人特长和干警组合采取不同的办案模式，分别量化考核，奖罚兑现。其中一个办公室着重采取领办、交办案件的办法，抽调精兵强将，集中优势兵力，实施大兵团作战，攻坚克难，强势推进。2008 年以来，该办公室直接办理案件 6 件 8 人，指挥县区院立案 19 件 20 人，为国家挽回直接经济损失 160 余万元。另一个办公室则着重采取参办、督办案件的方法，派出具有一定经验和技能的侦查员参与基层院办案工作。2008 年以来，该办公室参办、督办案件 21 件 25 人，直接办理案件 7 件 7 人，挽回经济损失 150 多万元。

### （三）当前检察机关实行侦查一体化过程中存在的困难和问题

就像安徽省淮南市院的做法那样，目前的检察工作实践中，侦查一体化主要是市以下检察机关侦查工作在线索管理、经费物资车辆的调配、人员指挥上的一体化。也就是强化市级院的主体作用，线索统一管理、装备统一调配、人员统一指挥。实施中收到了明显效果，但也还存在许多需要解决的问题。

一是线索管理难以严格。统一管理线索，无论是信函呈报，还是实行电脑联网，都必须依赖于下级院的基础工作。如果收受举报的基层单位出现任何疏漏，上级院的线索管理就难以真正统一起来，统一管理的效用也会大打折扣。实践中基层院的疏漏是存在的，甚至还有瞒案不报的情况。

二是财政上的分灶吃饭，制约着侦查装备的统一调配。一体化的侦查体制，要求上级院在决定查处每一起案件的时候，需要统一使用经费和装备。而当指挥甲地查处乙地案件时，是使用甲地的办案经费，还是使用乙地的，或者自身的办案经费，就成了一个问题。甲地不是案件的管辖地，乙地不是办案单位，上级院自身也没有这笔拨款。调配装备时也会遇到同样的问题。一个案件也许问题不大，但案件多了，需要的经费多了，就难以找到出处了。

三是人员统一指挥上难度更大。侦查一体化中的人员统一指挥，不仅需要调配权，还需要与此直接相关的对干警的任用权、奖惩权。任用和奖惩是调动干警积极性的必要手段，缺少这些手段，就不能长久维护调配权的效力，实际上调配权也是空中楼阁。现行的检察体制中，干警的任用和奖惩权大多在各级检察院自身，上级院仅有部分奖惩或奖惩建议权。因此上级院在行使指挥权中的权威性大受影响，不服从指挥或消极应付的现象时有发生，有时严重影响案件侦查工作。

## （四）理想的侦查一体化模式

理想的侦查一体化模式，应当是案件线索、办案力量、装备及经费高度统一的模式。只有真正做到三方面的高度统一，才能彻底实现检察机关侦查工作的一体化。

### 1. 线索管理模式

"案件线索实行统一管理是有效利用的前提。"[①] 检察机关侦查一体化的前提和基础就是上级检察机关要对下级检察机关发现或收到的职务犯罪案件线索实行统一管理。真正做到这一点，笔者建议，应当实行基层院只接待不受理的原则。各基层检察院对控告、举报只接待、收转，不正式受理，一律移交市级院统一受理，接待、收转应有电脑记录备查。

实行计算机联网的原则。各级院接待、收转、受理人民群众的控告接待，必须输入联网计算机，以接受上级院的监督和控制。

有权受理案件线索的上级院，也应有专门的部门管理案件线索，这个部门应当是举报中心。其他部门应当是接待、收转，不受理，以便案件线索的统一归口。

### 2. 后勤保障模式

强化上级院侦查部门的后勤保障力量，增加装备，增加投资；改革对下级院侦查部门装备设施的管理体制，下级院侦查部门的装备设施应在本级院独立、固定，并一律在上级院登记备案，管理权由上下两级院侦查部门共同行使。职务犯罪案件的办案经费，在现行的财政体制下，年初可由各级财政分级按计划拨付，基层院的职务犯罪办案经费则全部交由市级院统一管理。省级院直接指挥或决定办理的大要案，则采取建立专项基金的形式解决，实行每案申请制。

### 3. 侦查队伍建制模式

"实行侦查一体化就是要对侦查资源进行合理配置，优化组合，最大限度地发挥效能，这是侦查一体化机制的基本要求。"[②] 仿照公安侦查队伍的建制，改革和重构检察机关侦查队伍。各省级院分别建立反贪污、反渎职侵权侦查总队，市级院设立支队，基层院则建大队，大队隶属于支队，支队隶属于总队。

---

① 王松苗等主编：《检察事业可持续发展》，中国检察出版社2004年版。
② 王松苗等主编：《检察事业可持续发展》，中国检察出版社2004年版。

大队长、支队长的任命必须得到支队或总队的同意并得到上级院检察长的批准才得以通过。在征得本级院检察长同意后，总队或支队可以调动支队长或大队长或一般干警到其他支队、大队临时履行职责。总队人员到任何支队或支队人员到任何大队履行公务，该支队或大队都应绝对听从调遣和指挥。

4. 指挥决策模式

侦查决策是指有关侦破案件的策略和办法的决定，也即发令调度侦查。① 案件线索的受理统一归市级以上院后，初查和立案的决定权一律由市级以上院行使。具体某一起案件由哪个支队或大队初查或侦查，也一律由市级以上院作出决定，下级院应当服从。案件侦查过程中的决策指令，由负责案件侦查的检察院独立作出，但上级院认为有必要直接干预时，可以直接发出指令，下级院应当执行。"查办职务犯罪案件是一个系统工程，从线索的初查到立案，从强制措施的运用到案件侦查终结移送起诉，是一个谋与断的过程，同时也是一个决策、组织、指挥、协调和控制的过程。这种整体作战、上下联动的大侦查格局，只有实行统一组织指挥，才能对侦查资源进行合理的配置，才能有效地协调各方面的关系。"②

5. 纪律约束模式

为保证上述四大模式的真正实现，必须有强有力的纪律约束，而且是上级院对下级院的纪律约束。首先，要由最高人民检察院制定具有司法解释效力的侦查一体化的具体规定，规范各级检察机关侦查工作中的三个统一；其次，就是要详细规定违反任一模式管理的具体处罚措施，包括撤职、开除等处罚；第三，要赋予上级院侦查和纪检监察部门联合调查下级院及其干警违纪行为，并赋予上级院直接处分下级院干警的权力。这种权力是直接的、强有力的，不是建议性的，而且是不受其他机关左右的，具有刚性。

---

① 姜伟主编：《专项业务教程》，中国检察出版社 2004 年版。
② 王松苗等主编：《检察事业可持续发展》，中国检察出版社 2004 年版。

# 第二章　侦查监督问题研究

逮捕的必要性是逮捕的实质性要件之一，是指适用逮捕时具备的充分的必要性、正当性的必要条件。《刑事诉讼法》第 60 条第 1 款规定："对有证据证明有犯罪事实，可能判处徒刑以上刑罚的犯罪嫌疑人、被告人，采取取保候审、监视居住等方法，尚不足以防止发生社会危险性，而有逮捕必要的，应即依法逮捕。"据此，逮捕应当同时具备以下三个条件：第一，有证据证明有犯罪事实；第二，可能判处徒刑以上刑罚；第三，采取取保候审、监视居住等方法尚不足以防止发生社会危险性，而有逮捕必要的。1998 年 1 月 19 日，最高人民法院、最高人民检察院等六部、委、办发布了《关于刑事诉讼法实施中若干问题的规定》（以下简称六机关《规定》）；2000 年 8 月 28 日，最高人民检察院、公安部发布了《关于适用刑事强制措施有关问题的规定》；2001 年 8 月 6 日，最高人民检察院与公安部联合发布了《关于依法适用逮捕措施有关问题的规定》。司法解释对逮捕条件进行了解释，但是，司法理论界对逮捕必要条件的理论研究和适用仍有诸多探讨。

## 一、对"有逮捕必要"条件的理解和把握

### （一）当前关于"对逮捕必要条件"问题的不同认识

#### 1. 有逮捕必要是适用逮捕所不可缺少的实质要件

我国《刑事诉讼法》第 60 条规定，"对有证据证明有犯罪事实，可能判处徒刑以上刑罚的犯罪嫌疑人、被告人，采取取保候审、监视居住等方法，尚不足以防止发生社会危险性，而有逮捕必要的，应即依法逮捕。对应当逮捕的犯罪嫌疑人、被告人，如果患有严重疾病，或者是正在怀孕、哺乳自己婴儿的妇女，可以采用取保候审或者监视居住的办法。"据此，逮捕的实质性条件包括：（1）证据要件。所谓证据要件，是指有相当的理由（证据）怀疑犯罪事实已经发生且系犯罪嫌疑人所实施两个方面。（2）刑罚要件。根据我国《刑事诉讼法》第 60 条之规定，对于可能判处徒刑以上刑罚的犯罪嫌疑人、被告人才可能采取逮捕措施。（3）必要性要件。由此可见，具备必要性是适用逮

捕所不可缺少的实质要件①。

2. 有逮捕必要是我国《刑事诉讼法》第 60 条规定检察机关审查批准或决定逮捕犯罪嫌疑人的法定条件

对于没有逮捕必要的犯罪嫌疑人，尤其是轻微刑事案件的犯罪嫌疑人不捕是检察机关独立行使检察权，依法行使侦查监督职能，维护司法公正有效的手段之一②。

3. 关于逮捕的必要性条件

最高人民检察院和公安部联合发布的《关于依法适用逮捕措施有关问题的规定》第 1 条第（二）项规定，具有下列情形之一的，即为"有逮捕必要"：（1）可能继续实施犯罪行为，危害社会的；（2）可能毁灭、伪造证据、干扰证人作证或者串供的；（3）可能自杀或者逃跑的；（4）可能实施打击报复行为的；（5）可能有碍其他案件侦查的；（6）其他可能发生社会危害性的情形。同条还规定，对有组织犯罪、黑社会性质组织犯罪、暴力犯罪等严重危害社会治安和社会秩序以及可能有碍侦查的犯罪嫌疑人，一般应予逮捕。这个规定从表面上看很具体，但由于没有对"可能"做出界定，司法实践中被歪曲被滥用的现象十分普遍。有的侦查人员和检察官认为，任何一个犯罪嫌疑人都有逮捕的必要，因为根据日常生活经验和趋利避害的本能，任何一个犯罪嫌疑人都有实施上述 6 种行为的可能，尽管可能性有大有小，因人因案而异，但谁也不能说一个犯罪嫌疑人绝对没有实施上述 6 种行为的可能，毕竟 1‰ 的概率也是可能。这些侦查人员和检察官的说法虽有强词夺理的嫌疑，但也不能说没有一点道理。正是这个貌似具体实则模糊的规定，导致了逮捕的司法实践与人权保障优先，兼顾保护社会利益的价值追求背道而驰。因此，为了正确地适用逮捕，重新制定具有操作性的判断标准已是刻不容缓③。

应当清醒地认识到该"规定"并没有真正解决逮捕必要性的法律含义，因而也不符合《刑事诉讼法》第 60 条规定的立法原意。逮捕必要性包括两方面含义：一是具有社会危险性；二是采取取保候审、监视居住不足以防止发生这种社会危险性。

4. 检察机关在实践中对"有逮捕必要"的理解

"有逮捕必要"在实践中检察机关容易从"互相配合"的角度出发，把这个"必要"理解为"不关人无法侦查，人一放就办不了案"，将"防止发生社

---

① 刘根菊、杨立新：《逮捕的实质性条件新探》，载《法学》2003 年第 9 期。
② 曹青：《准确把握"有逮捕必要"的条件》，载《中国检察论坛》2004 年第 1 期。
③ 陈柏新：《逮捕的必要性条件初探》，载《人民法院报》2004 年 3 月 10 日。

会危害性"的情况扩大解释为"防止出现侦查妨碍",使批捕的必要性条件服从于侦查的需要,导致刑事诉讼活动总是陷入"捕归捕,管不管,诉难诉"的怪圈之中,这说明检察机关还是摆脱不了主动追诉者的桎梏,其结果不仅有违检察机关对执法标准的统一认识,也有损检察机关作为法律监督者的威信和形象①。

5. 目前司法实践中的做法

北京市检察机关审查批捕办案规范将"有逮捕必要"界定为"犯罪嫌疑人的社会危害性较大,对其采取取保候审、监视居住等方法尚不足以防止发生社会危害性的情形"。实践中通常掌握以下情况:其一,妨碍刑事诉讼顺利进行的危害。如逃跑、串供、毁灭罪证、干扰证人作证等。其二,继续危害社会的危险。犯罪嫌疑人社会危害性的大小制约着逮捕的必要性,逮捕不是唯一的强制措施,只有当犯罪嫌疑人的社会危害性较大,确有逮捕必要时,才能对之适用逮捕这一强制措施。但是由于我国《刑事诉讼法》没有对"有逮捕必要"作列举式规定,因而对其理解与适用往往夹杂着主观因素②。

## (二) 国外对逮捕的必要性要件的有关规定

由于逮捕是对人身自由的严厉剥夺,因此只有在具有充分的必要性时才能够适用。在保释制度普遍适用的法国、德国、日本等大陆法系国家,无不对逮捕的必要性要件作出明确规定。根据《法国刑事诉讼法典》第 144 条第 1 款之规定,逮捕除了具有下列首要条件之外,即"在重罪案件和轻罪案件中,如果所犯的是现行轻罪,可能判处的刑罚相当或高于 1 年监禁,或者所犯的是其他罪行,可能判处的刑罚相当或高于 2 年监禁,而且司法管制的义务不足以起到第 137 条所确定的作用"(出于审判的需要或者安全所需),还应具有下列情形之一,才能实行先行拘押:"1. 对被审查人进行先行拘押是为了保全证据或物件痕迹,或者防止其对证人或受害人施加压力,或者防止被审查人与共犯之间进行串供的唯一手段;2. 实行先行拘押是保障社会秩序免受犯罪扰乱所必要,或者是保护当事人、制止犯罪或防止其再犯、保证被指控人接受审判所必要。"而德国对逮捕必要性的规定则更加完善。根据《德国刑事诉讼法典》第 112 条第 1 项之规定,羁押的事实要件首先是有急迫的犯罪嫌疑,此外还需有特别的羁押理由:"1. 有逃亡或逃亡之虞(《德国刑事诉讼法典》第

---

① 谢雁湖:《构筑以检察批捕权为主导的审前司法审查制度》,载《中国刑事法杂志》2004 年第 6 期。

② 转引自《北京市检察院系统论文》2002 年第 10 期。

112条第2项第1款、第2款）。对于有逃亡之虞的判断，应按法律明确的条文规定，并酌以个案的实际情况作为判断标准。因此不得仅因被告涉案之轻重程度及可能被处刑罚之高低而直接判断其有无逃亡之虞，另外也不能仅因被告有固定的居所而判断其无逃亡之虞。2. 使调查工作难以进行之虞（《德国刑事诉讼法典》第112条第2款第3项）。该条件要求被告的行为有下列急迫之嫌疑，即（1）湮灭、变造、除去、隐匿或伪造各种证据物；（2）以不正当方法影响共犯、证人或鉴定人；（3）使他人为此类行为，致使调查真相的工作有增加困难之虞。3. 以法定的重大犯罪行为作为羁押的理由（《德国刑事诉讼法典》第112条第3款）。4. 再犯之虞。"①

　　然而我国《刑事诉讼法》并没有明确规定何种情形是适用逮捕的必要性情形。这种立法规定，一方面考虑到侦查程序的特点，有利于侦查人员、检察人员针对具体情形作出适当的处分；另一方面也是因为我国刑事诉讼中并不普遍采取取保候审，相反，逮捕的运用却是普遍做法。因此，无论是立法还是司法实践更注重对逮捕的证据要件和刑罚要件的规定与适用，而不重视逮捕的必要性条件。

　　从法国、德国的上述规定看，立法注重对羁押的必要性要件予以规定，而且在司法实践中对必要性的判断注重遵循国家法治原则、注重人权保障原则。对于普遍适用保释制度的国家尚且能如此注重考虑羁押的必要性，以确保羁押的正当性，那么对于普遍适用逮捕措施的我国，则更应该注重从上述方面对逮捕的必要性进行立法完善，尤其是对未成年人适用逮捕的必要性要件应作出明确的规定，以防止逮捕措施的滥用。同时，我国也应进一步完善取保候审制度，以便在实践中更具操作性，从而与国际刑事司法准则接轨。

　　在借鉴外国科学合理的立法设计并完善我国有关逮捕必要性要件的同时，尚需对于现行立法有关"变更型逮捕"要件中存在的问题进行探讨，以期合理地完善我国的逮捕要件。

　　首先，变更型逮捕要件突破了一般逮捕的刑罚要件。根据我国《刑事诉讼法》第56条、第57条第2款之规定，对于违反法定义务，情节严重的被取保候审或者监视居住的犯罪嫌疑人、被告人也能够予以逮捕。然而，根据我国《刑事诉讼法》第51条之规定，适用取保候审、监视居住的对象既包括可能判处徒刑以上刑罚的犯罪嫌疑人、被告人，也包括可能判处管制、拘役或者独立适用附加刑的犯罪嫌疑人、被告人。对于前者，在其违反法律规定的义务时，对其采取逮捕措施，既符合逮捕的刑罚要件，也符合逮捕的必要性要件。

---

① 刘根菊、杨立新：《逮捕的实质性条件新探》，载《法学》2003年第9期。

而对后者适用逮捕措施，则突破了适用逮捕的刑罚要件。这种对刑罚要件的突破违背了强制措施的限制适用与适度原则。对于可能判处管制、拘役或者独立适用附加刑的犯罪嫌疑人不应适用逮捕。

其次，变更型逮捕未充分考虑必要性要件。最高人民检察院与公安部于 2001 年 8 月 6 日联合发布的《关于依法适用逮捕措施有关问题的规定》第 1 条第（四）项第 3 种情形规定，被取保候审的犯罪嫌疑人"两次未经批准，擅自离开所居住的市、县的"，第 4 种情形规定"经两次传讯不到案的"，应当予以逮捕。第（五）项第 4 种情形中规定，被监视居住的犯罪嫌疑人，"两次未经批准，擅自离开住所或者指定的居所的"；第 5 种情形规定"两次未经批准，擅自会见他人的"；第 6 种情形规定"经两次传讯不到案的"，属于"情节严重"，应当予以逮捕。上述规定并没有充分考虑逮捕的必要性要件。因为，根据上述情形的出现并不能简单判断犯罪嫌疑人、被告人有无逃亡或逃亡之虞；有无增加调查困难之虞；有无逃避刑事诉讼程序之虞。因此，在仅具备上述情节时即可对相关的犯罪嫌疑人、被告人适用逮捕，并不具备充分的必要性，在司法实践中会造成逮捕的滥用。

再次，对于以其他原因被适用取保候审或者监视居住的人，均因违反上述法定义务而予以逮捕的法律规定是否可行，值得商榷。根据我国《刑事诉讼法》第 65 条规定，因"需要逮捕而证据还不充足"而被取保候审或者监视居住的，这种对象本身就不具备证据条件，即使他们原来所涉犯罪严重，甚至是杀人、强奸、抢劫等犯罪也不能因为他在被取保候审或监视居住期间违反上述规定，就对其实行逮捕。因为，他是否实施了犯罪尚不确定，如果变更为逮捕，不是明显的错误逮捕吗？再如，根据我国《刑事诉讼法》第 74 条规定，被羁押的犯罪嫌疑人、被告人因不能在法定期限（侦查羁押、审查起诉、一审、二审期限）内办结，需要继续查证、审理而适用取保候审或监视居住的，这些对象实质上已不是被逮捕的对象，公安、司法机关已失去了对他们逮捕的权力，对这些人不能因为其有违规行为而又恢复逮捕措施；否则，与法律规定的羁押期限相抵触，与立法宗旨相悖①。

（三）从司法实践的层面上来说，仅仅把握有逮捕必要的条件尚不足以限制逮捕的过高适用率，只有进一步研究无逮捕必要的概念及范围，才能保证逮捕这一强制措施的恰当运用

可从三方面把握"无逮捕必要"：一是从犯罪嫌疑人犯罪的性质上把握。

---

① 刘根菊、杨立新：《逮捕的实质性条件新探》，载《法学》2003 年第 9 期。

犯罪嫌疑人的犯罪性质，是考虑有无逮捕必要的重要基础。一般而言，犯罪性质严重、手段残忍、动机卑劣的，其社会危害性较大，对这种人如果不实行逮捕，犯罪嫌疑人就会继续给社会造成危害。如对于实施杀人、抢劫、强奸、投毒、爆炸等严重暴力犯罪的嫌疑人，必须按照程序给予逮捕，限制其人身自由，使其不能危害社会。相反，对于一般犯罪性质不严重、主观恶性不深，采用取保候审、监视居住能够预防其犯罪后果的，则属于无逮捕必要，如偶犯、初犯且犯罪情节轻微的故意犯罪和过失犯罪等。二是从犯罪嫌疑人的人身危险性上去把握。犯罪嫌疑人的人身危险性大小，是确定有无逮捕必要的又一个重要条件。关于人身危险性的把握应掌握下述三点：第一，从犯罪嫌疑人自身的情况把握其人身危险性。我国《刑事诉讼法》明确规定，患有严重疾病或者是正在怀孕、哺乳自己婴儿的妇女则无逮捕必要。这是对无逮捕必要的法律规定。除此之外，如果犯罪嫌疑人是未成年人或者年迈体弱之人，由于其年龄关系，其人身危险性一般较小，也可按无逮捕必要处理；在校学生犯罪如果认罪态度好，有一定的帮教措施，可考虑按无逮捕必要处理。第二，从犯罪嫌疑人在犯罪前、犯罪中、犯罪后的表现来把握。犯罪前表现一贯良好的人，其人身危险性要明显小于那些一贯吃喝嫖赌、横行乡里、称王称霸的人。犯罪嫌疑人如果是初犯、偶犯，其人身危险性要明显小于那些惯犯和累犯。犯罪嫌疑人在犯罪后能主动交代犯罪事实，并表示悔罪的，有自首和立功表现的，其人身危险性要明显小于拒不认罪、串供毁证、隐匿罪证的犯罪嫌疑人，对前者即可认定为无逮捕必要，不予批捕。另外，对共同犯罪人恰当运用无逮捕必要措施，可以促使其中的从犯、胁从犯为争取宽大处理而积极交代自己的犯罪事实，检举揭发他人的犯罪行为，甚至协助司法机关调查取证、缉拿其他犯罪嫌疑人。第三，从犯罪嫌疑人主观恶性程度来把握。事先预谋、精心策划的犯罪不同于临时起意的犯罪；故意犯罪不同于过失犯罪；中止犯罪不同于既遂犯罪；从犯、胁从犯不同于主犯。犯罪嫌疑人主观恶性不同，意味着人身危险性有大小之分，对于临时起意犯罪、过失犯罪、中止犯罪和胁从犯，采取取保候审、监视居住能够防止其发生社会危害性，一般可认定为无逮捕必要。三是从犯罪嫌疑人可能被判处的刑罚来把握。我国《刑事诉讼法》将"可能判处徒刑以上刑罚"设定为逮捕的一个必要条件。从这个角度讲，犯罪嫌疑人能否判处徒刑以上刑罚，就成为有无逮捕必要的一个标准。在把握这个条件时，不单要考虑刑法分则的规定，同时还要考虑刑法总则关于从轻、减轻、从重情节的规定，结合具体案件的事实、性质、情节加以判断，除此以外考虑法院先前对相同或类似案件判决，在内心确信犯罪嫌疑人应当判处徒刑以上刑罚时才能进行批捕①。

**（四）一些基层检察院在办理批捕案件时不着重考虑有无逮捕必要的条件，原因是多方面的**

其一，法律、司法解释规定不明确，难把握。我国《刑事诉讼法》第60条第1款规定了逮捕的三个条件，1998年1月19日最高人民法院、最高人民检察院、公安部、国家安全部、司法部和全国人大常委会法制工作委员会《关于刑事诉讼法实施中若干问题的规定》明确界定了"有证据证明有犯罪事实"这一逮捕条件，但对"有逮捕必要"这一条件未作规定。2001年8月6日最高人民检察院、公安部联合制定下发的《关于依法适用逮捕措施有关问题的规定》中虽明确规定了"有逮捕必要"的6种情形，但规定中均为"可能"。2002年最高人民检察院侦查监督厅印发的10个罪名逮捕证据参考标准对"有逮捕必要"的规定也不具体。因此，基层检察院在办理批捕案件时难以把握"有逮捕必要"的条件。

其二，侦查部门立案侦查的刑事案件抓获的犯罪嫌疑人98%以上采取的强制措施为刑事拘留，或者由取保候审、监视居住改为刑事拘留后报捕。且刑事拘留的日期延长至7天，甚至30日。极少因犯罪嫌疑人违反监视居住、取保候审规定而报捕的。因此，对刑事拘留的犯罪嫌疑人报捕的，基层检察院经审查认为只要有证据证明有犯罪事实的犯罪嫌疑人均作了批准或决定逮捕。

其三，我国《刑事诉讼法》规定检察机关受理的审查批捕案件作出的决定只能是捕与不捕，不能退回补充侦查，也不能不收案。实践中有建议撤案的做法，但这种做法于法无据，不少侦查机关拒绝撤案。近几年来一些地方政法委、人大和检察机关内部的各种执法检查均把不捕作为检查对象，一个不捕案件常常要被检查多次。此外，各类综合考评、考核均将批捕率作为一项重要指标。因此不少基层院检察长在审核批捕案件时很少考虑有无逮捕必要，对符合逮捕第一个条件的案件均作出了批准或决定逮捕的决定。

其四，公安机关侦查体制改革，侦查、预审职能合并后，公安机关内设各部门、基层派出所均办案。且适用强制措施审批权下放后，在实际工作中存在滥用刑事拘留措施，忽略或极少适用监视居住、取保候审的强制措施。对刑事拘留的犯罪嫌疑人一律报捕，致基层检察院审查批捕部门承担大量预审职能，因此办案中考虑侦查需要多，考虑有逮捕必要的少。

其五，侦查人员在侦查刑事案件时，由于忽视监视居住、取保候审措施的

---

① 刘艳春：《从三方面把握"无逮捕必要"》，载《检察日报》2004年12月16日。

适用，因此侦查中很少收集和提供犯罪嫌疑人有逮捕必要的证据，致使检察人员在审查批捕案件时很难准确判断犯罪嫌疑人是否有逮捕必要。在制作的《审查逮捕意见书》中往往也没有是否有逮捕必要的内容①。

## （五）如何全面准确地理解把握"有逮捕必要"的法律含义

准确理解"有逮捕必要"的法律含义，才能更好地贯彻慎用逮捕措施的思想，使逮捕成为维护社会公共秩序与维护个人人身自由、保障刑事诉讼顺利进行与保障人权并重之间的平衡杠杆，以防止逮捕权的滥用。

根据我国《刑事诉讼法》第60条的规定，逮捕的必要性表现为"采取取保候审、监视居住等方法，尚不足以防止发生社会危险性，而有逮捕必要的"。据此，逮捕必要性应当包括两方面含义：一是具有社会危险性；二是有证据证明采取取保候审、监视居住不足以防止发生这种社会危险性。二者有机结合，才能完整地构成逮捕必要性的法律内涵。

社会危险性是指犯罪嫌疑人给社会带来新危害的可能性，它不同于社会危害性。社会危害性是犯罪的本质特征，是主观危险性和客观危害性的统一。社会危险性与社会危害性相比，不具有危害后果的现实性特点，只是一种可能性。其具体内容包括两个方面，即犯罪嫌疑人人身危险性和罪行危险性。人身危险性是指基于犯罪嫌疑人人身因素可能给社会带来的危险性；罪行危险性是指基于犯罪嫌疑人的罪行因素致使犯罪嫌疑人可能给社会带来的危险性。二者共同构成社会危险性的法律内涵。

适用取保候审、监视居住不足以防止发生社会危险性，一是对该犯罪嫌疑人适用取保候审、监视居住，是否足以防止发生社会危险性。对于犯罪嫌疑人具有人身危险性的，对其采取取保候审、监视居住是否能够防止发生这种危险性，是一个相对复杂的过程，需要办案人员根据各相关事实及证据，全面地分析、判断，在具体适用中，必须慎用。二是为防止发生社会危险性，应当首先考虑适用取保候审或者监视居住措施，而不是逮捕。只有在适用取保候审、监视居住不足以防止发生社会危险性的，才能认定有逮捕必要，进而综合考虑适用逮捕措施。

鉴于上述法律规定与司法解释，如何理解逮捕的实质条件，即我国《刑事诉讼法》第56条、第57条第2款规定中的"予以逮捕"（变更型逮捕）条件与该法第60条规定的逮捕条件（以下可称为"一般逮捕条件"），学界有不同的见解。一种观点认为，"变更型逮捕"是一种特殊形式的逮捕，即"程序

---

① 曹青：《准确把握"有逮捕必要"的条件》，载《中国检察论坛》2004年第1期。

意义上的逮捕，只要违反程序法的规定，情节严重的，就可以予以逮捕，它不受一般逮捕条件的约束"。另一种观点认为，"变更型逮捕"仍然是一种逮捕措施，因此它必须符合一般逮捕的条件。犯罪嫌疑人违反取保候审或者监视居住的规定，只表明其具备了一般逮捕中的必要性条件，只有当其他两个条件都能满足时，才能适用"变更型逮捕"。笔者称第一种观点为"完全不同等"条件说，称第二种观点为"同等条件说"。无论属于前者或是后者，均有失偏颇，未能准确把握立法意图。纵观《刑事诉讼法》关于逮捕条件整体构成及其惩罚犯罪与保障人权的基本理念，有学者认为，逮捕的一般条件与变更型逮捕的条件之间是辩证统一、互相联系的，但也是有区别的。它们是一般与例外、原则性与灵活性相结合的关系。对于可能判处徒刑以下刑罚，特别是可能独立适用附加刑的被取保候审或监视居住人，因违反法定义务在决定对其是否逮捕时，应当持特别慎重的态度（一般不予逮捕）；对于原来因"证据不足"或因"法定期限内不能办结"而变更为取保候审或监视居住的人，即使其实施了违反法定义务的行为，甚至满足了予以逮捕的情节要求，在无确凿证据证明其应当逮捕或者又犯新罪的情况下，都不能将其逮捕。

概言之，即在适用"变更型逮捕"措施时，应当根据不同案件、不同对象、不同违反义务的情节等因素，权衡利弊，作出是否予以逮捕的决定。这样既能警戒被取保候审或监视居住人不敢以身试法，做到遵纪守法，随传随到，保障诉讼活动顺利进行，又能保障人权，避免发生错案[①]。

笔者认为，根据我国《刑事诉讼法》第60条第1款，最高人民检察院、公安部《关于依法适用逮捕措施有关问题的规定》和最高人民检察院侦查监督厅制定下发的逮捕证据参考标准，结合司法实践，检察机关在办理审查批捕案件中可以从以下几个方面准确把握"有逮捕必要"的条件。一是从犯罪嫌疑人涉嫌犯罪性质来把握。我国《刑法》第84条第2款规定了不得假释的范围，第20条第3款规定了无限防卫的范围。因此笔者认为对于累犯、杀人、故意伤害（重伤）、爆炸、放火、抢劫、强奸、绑架以及其他严重危及人身安全、公共安全的可能判处10年以上有期徒刑的犯罪嫌疑人应当认定为有逮捕必要，对这类案件的嫌疑人应予批捕。二是从犯罪嫌疑人在涉嫌犯罪中的地位来把握。我国《刑法》第25条规定了共同犯罪，第26条规定了主犯。因此对于共同犯罪的主犯，犯罪集团的首要分子应当认定为取保候审、监视居住不足以防止其社会危害性，应认定为有逮捕必要。三是从犯罪嫌疑人实施犯罪和归案后的情况来把握。犯罪嫌疑人有以下情况应认定为有逮捕必要：其一，犯

---

① 刘根菊、杨立新：《逮捕的实质性条件新探》，载《法学》2003年第9期。

罪嫌疑人实施犯罪后潜逃的。其二，犯罪嫌疑人犯罪后销毁证据的。其三，犯罪嫌疑人实施犯罪被群众或司法机关当场抓获使用暴力抗拒抓捕脱逃的。其四，犯罪嫌疑人在侦查机关传唤、取保候审、监视居住、拘留后自残、自杀的。其五，犯罪嫌疑人作案后准备条件企图外逃的。四是从犯罪嫌疑人作案后对被害人、控告人、举报人、证人的态度来把握。犯罪嫌疑人实施犯罪后对被害人恐吓、威胁不准报案；对控告人、举报人用文字、电话、语言等方式扬言报复、伤害；妨害证人作案的，应认定为有逮捕必要。五是从犯罪嫌疑人实施的犯罪与其他案件的关系来把握。如果犯罪嫌疑人涉嫌的犯罪与其他刑事案件相关联，影响其他案件的侦查，如行贿与受贿、虚开增值税发票与偷税等，应当认定为有逮捕必要。六是从犯罪嫌疑人监视居住、取保候审的情况来把握。如果被采取监视居住、取保候审的犯罪嫌疑人违反《刑事诉讼法》第 56 条、第 57 条规定，不能保证诉讼顺利进行，或继续实施危害社会的行为，应当认定为有逮捕必要。

　　侦查机关在立案后应注意收集犯罪嫌疑人有逮捕必要的证据，检察机关在审查案件时应当认真审查，根据侦查部门提供的证据准确掌握有逮捕必要的条件。既要防止该捕不捕，更要防止不该捕的捕了，即滥用批捕权侵害当事人的合法权益，真正使逮捕这一强制措施发挥其应有的作用①。

　　此外，从根本上改变审查批捕不考虑有逮捕必要条件的现状还需采取以下措施：第一，修改现行法律。首先，修改现行《刑事诉讼法》对犯罪嫌疑人采取刑事拘留的规定，参照《刑法》第 20 条第 3 款规定的无限防卫的范围和第 84 条规定不准假释的规定做法，明确规定对累犯、杀人、爆炸、抢劫、强奸、绑架等暴力犯罪和犯罪集团的首要分子，可能判处 10 年以上有期徒刑的犯罪嫌疑人应当采取刑事拘留，其他犯罪嫌疑人一般采取监视居住或取保候审措施。其次，修改《刑事诉讼法》第 60 条第 1 款规定的逮捕条件中有逮捕必要的原则性规定，修改为被刑事拘留的嫌疑人和违反取保候审、监视居住规定的嫌疑人为有逮捕必要。第二，取消侦查机关以报捕多少、批捕人数多少作为考核、评比指标的做法，推行侦查阶段对犯罪嫌疑人多采取监视居住、取保候审的做法，减少对犯罪嫌疑人动辄刑事拘留的做法。且明确规定刑事拘留权由侦查机关负责人行使即公安局局长审批。侦查机关报捕的案件必须附有逮捕必要的证据材料。第三，取消检察机关把批捕率作为考核、评比指标，严把有逮捕必要的条件，对除法律规定采取刑事拘留的犯罪嫌疑人外，没有采取监视居住、取保候审措施报捕的和对没有提供有逃跑、自杀、销毁证据等有逮捕必要

---

①　曹青：《准确把握"有逮捕必要"的条件》，载《中国检察论坛》2004 年第 1 期。

证据的犯罪嫌疑人，检察机关可以没有逮捕必要作出不批捕决定，承办审查批捕案件的检察人员制作的《审查逮捕意见书》应有犯罪嫌疑人是否有逮捕必要的内容①。

# 二、逮捕的证明标准

逮捕证明标准，在司法实践中存在诸多困惑，主要表现为：审查逮捕机关害怕承担错捕和刑事赔偿的责任，又不愿承担放纵犯罪的责任。如出现捕后被撤案、不诉或者判无罪，就无可争议地被认为起码是逮捕质量不高。因此，确定逮捕证明标准，使公安机关和检察机关在运用逮捕强制措施时，执行统一的证据标准，对于准确打击犯罪，保护当事人的合法权益，保证刑事诉讼的顺利进行，具有重要意义。

（一）当前，关于对逮捕的证明标准，理论界和司法实践部门主要有以下几种主要观点

一是所谓逮捕证明标准，即批准、决定逮捕机关掌握的证据应达到何种法律要求的证明程度。对此，理论界很少论及，实务界存在不同的认识和做法。逮捕的证明标准要受阶段性的限制，应处于拘留和起诉的证明标准之间，而不应当以起诉标准或者定罪量刑的标准来衡量。它作为最严厉的强制措施，其适用必须符合《刑事诉讼法》第60条规定的三个实质性条件。逮捕的三个条件是互相联系，同时必备，缺一不可的②。二是刑事诉讼的证明标准是指在刑事诉讼中对案件事实的证明所须达到的要求。逮捕的证明标准，主要是针对逮捕的首要条件而言的，是指逮捕时，案件的证据对案件事实的证明程度所应达到的标准③。三是所谓逮捕证明标准，即批准、决定逮捕机关掌握的证据应达到何种法律要求的证明程度④。四是从国外的立法来看，对于逮捕也并不要求达到主要犯罪事实已经查清的程度，一般都是有充分理由怀疑犯罪嫌疑人存在犯罪嫌疑即可进行逮捕⑤。一种观点认为，《刑事诉讼法》第60条第1款规定：

---

① 曹青：《准确把握"有逮捕必要"的条件》，载《中国检察论坛》2004年第1期。

② 赵燕：《错捕问题研究》，载《中国刑事法杂志》2001年第3期。

③ 周炳亮、黄楚元：《初步确定：逮捕的证明标准》，载《广西政法管理干部学院学报》2004年第2期。

④ 毛晓玲：《逮捕证明标准研究》，载《人民检察》2003年第7期。

⑤ 蔡福兴、蔡雪嵩、付昊：《逮捕证据标准与起诉证据标准的确定与协调》，载《中国检察论坛》2004年第2期。

"对有证据证明有犯罪事实,可能判处徒刑以上刑罚的犯罪嫌疑人、被告人,采取取保候审、监视居住等方法,尚不足以防止发生社会危险性,而有逮捕必要的,应即依法逮捕。"可见逮捕的证明标准较立案的证明标准有所提高。1996 年修订后的现行《刑事诉讼法》降低了逮捕的条件,有利于发挥逮捕的功能。但由于我国实行逮捕与羁押一体之制且由检察机关审查批准逮捕,使得逮捕的程序缺乏正当性,在实践中亦出现很多无法克服的弊病,一方面是存在不当逮捕以及严重的超期羁押;另一方面则存在该捕不捕妨碍起诉进行的现象①。

关于逮捕的证明标准问题,有观点认为《刑事诉讼法》第 60 条的规定是可行的,关键在于严格执行,实践中按起诉的标准来掌握逮捕是错误的。因此,应实行逮捕司法令状主义,以及逮捕与羁押分离制度,由法官审查逮捕与羁押,并完善取保候审制度,防止不必要的羁押。并将错捕的赔偿责任从检察机关解放出来,由国家设立专项的赔偿基金,并由专门成立的赔偿委员会负责认定赔偿与否。其目的在于实现程序的公正性,充分发挥逮捕保障刑事诉讼顺利进行的作用,避免该捕不捕对刑事诉讼顺利进行带来的消极后果②。

也有人提出对逮捕案件的证据标准应加以细化,即对《刑法》分则规定的每一个罪名的逮捕的证据标准作出统一规定,例如,涉嫌盗窃的案件应具备什么样的证据,证据达到什么样的规格才能够进行逮捕。笔者认为,这种提法本意虽好,但每一起刑事案件都有它不同的个性特点,要穷尽每一种犯罪的不同情况似乎是不大可能。所以,还是应该按照《刑事诉讼法》的有关规定在对逮捕的证据标准作原则性的规定的基础上,再规定一些操作性更强的解释才能适应目前的司法实践需要。

"有证据证明有犯罪事实"这一逮捕的首要条件,直接反映了法律对逮捕的证据要求,正确适用逮捕的关键也在于如何正确理解这一规定。从近几年的司法实践看,对这一规定具体含义的理解,公安机关与检察机关之间存在着分歧与差异。公安机关认为检察机关对逮捕条件掌握过严,1998 年 11 月 17 日,最高人民法院在《关于霍娄中、霍一米申请宝鸡县人民检察院赔偿案的复函》中规定:"因事实不清、证据不足检察机关决定不起诉或撤销案件的,根据刑事诉讼法的规定即不能认定犯罪嫌疑人的犯罪事实,检察机关批准逮捕应视为

---

① 陈卫东、刘计划:《关于完善我国刑事证据标准体系的若干思考》,载《法律科学》2001 年第 3 期。

② 陈卫东、刘计划:《关于完善我国刑事证据标准体系的若干思考》,载《法律科学》2001 年第 3 期。

对没有犯罪事实的人错误批捕，依照国家赔偿法的规定，检察机关应承担赔偿责任。"从这一规定看，检察机关必须严格适用逮捕条件，否则将承担赔偿责任。

## （二）关于逮捕的证明标准的法律规定

如何正确理解"有证据证明有犯罪事实"呢？最高人民法院、最高人民检察院、公安部、国家安全部、司法部、全国人大常委会法制工作委员会《关于刑事诉讼法实施中若干问题的规定》（以下简称六机关《规定》）第26条第1款规定，"有证据证明有犯罪事实"是指同时具备下列情形："（1）有证据证明发生了犯罪事实；（2）有证据证明犯罪事实是犯罪嫌疑人实施的；（3）证明犯罪嫌疑人实施犯罪行为的证据已有查证属实的。"为了明确同"主要犯罪事实已经查清"的区别，该条第2款进一步规定"犯罪事实可以是犯罪嫌疑人实施的数个行为中的一个"。《公安部办理刑事案件程序规定》第116条完全援引了这一规定。《人民检察院刑事诉讼规则》第86条第1款的解释同六机关《规定》第26条第1款的规定相同，但第2款规定比六机关《规定》第2款的规定更为明确，即"'犯罪事实'既可以是单一犯罪行为的事实，也可以是数个犯罪行为中任何一个犯罪行为的事实"。①

## （三）《刑事诉讼法》修改前后逮捕条件的变化

1979年《刑事诉讼法》和1996年修改后的《刑事诉讼法》均未明确规定逮捕的证明标准。有关逮捕证明标准的争议，主要源于修改后《刑事诉讼法》第60条规定对修改前《刑事诉讼法》第40条有关逮捕条件的变更。对照修改前后的《刑事诉讼法》，逮捕的三个条件中，刑罚条件和社会危险性条件均未作实质性变动，唯独逮捕的证据条件由原来的"主要犯罪事实已经查清"修改为"有证据证明有犯罪事实"。修改后的《刑事诉讼法》适当放宽了逮捕的证据条件，但不等于降低逮捕的证明标准。因为"有证据证明有犯罪事实"相对于逮捕的刑罚条件和社会危险性条件来说，是证据条件；但相对于审查逮捕阶段的案件事实来说，却是证明标准。而证据条件通常是针对证据本身是否具有真实性、关联性和合法性的采用标准而言，且法律对不同诉讼阶段证据的采用标准应当是一致的；但证明标准则是相对阶段性的案件事实是否达到法律要求的证明程度。由于诉讼阶段不同、诉讼主体不同、采取的诉讼行为、完成

---

① 蔡福兴、蔡雪嵩、付昊：《逮捕证据标准与起诉证据标准的确定与协调》，载《中国检察论坛》2004年第2期。

的诉讼任务也不同，因此，法律规定不同的诉讼阶段应当遵循不同的刑事证明标准。

修改后的《刑事诉讼法》对逮捕条件适当放宽，是为了适应取消收容审查后打击犯罪的需要，只是不再强调审查逮捕阶段必须查清主要犯罪事实或全部犯罪事实，不再苛求证据的全面和充分。但这种放宽是有限度的，必须限制在"有证据证明有犯罪事实"的幅度之内。因此，准确理解"有证据证明有犯罪事实"的法律要求，即成了正确把握逮捕证明标准的关键。

笔者理解，"有证据证明有犯罪事实"中的"犯罪事实"，是指起点犯罪构成的事实，必须同时具备犯罪构成的四要件，缺一不可；"有证据证明有犯罪事实"中的"有证据"，是最起码的证据要求，即客观存在的犯罪结果确系犯罪嫌疑人的犯罪行为所致；"有证据证明有犯罪事实"中的"证明"，是指肯定性证明，逮捕当时的证据（已知的事实）同犯罪事实（待证的事实）之间的联系程度，已达到证明犯罪嫌疑人实施起点犯罪的事实，经查证属实不会错。审查逮捕中，只要有证据证明数罪中的一罪或者多次犯罪中的一次犯罪，或者共同犯罪中的一人犯罪，是符合起点犯罪构成要件的，即可批准逮捕。这是逮捕证明标准的底线，并不表明逮捕的证明标准必然低于起诉的证明标准。司法实践中，有不少案件，就是凭借逮捕当时的证据提起公诉，法院也是依据逮捕当时的证据作出有罪判决的。

综上，《刑事诉讼法》修改前后逮捕条件的变化，只是逮捕证明标准在量上的适当放宽，而非逮捕证明标准质上的丝毫降低。对此，应当有清醒的认识。

## （四）确立逮捕证明标准的必要性

### 1. 现行刑事诉讼结构的需要

有人认为，逮捕是强制措施，不是独立的诉讼阶段，因此，没有必要设立逮捕的证明标准。随着司法改革的逐渐深入，理论界关于审查逮捕权归属问题的争议、实务界关于捕诉合一的呼声，似乎也表明没有单独设立逮捕证明标准的必要。但笔者认为，根据现行《刑事诉讼法》第3条"检察、批准逮捕、检察机关直接受理的案件的侦查、提起公诉，由人民检察院负责"的规定，在我国目前的刑事诉讼结构未发生根本性改变，在检察机关的内设机构未作出明确调整的情况下，尤其从全国第一次侦查监督工作会议将审查逮捕部门更名为侦查监督部门，明确侦查监督今后的工作方向主要是针对公安机关等侦查机关的侦查活动，工作重心要放在引导侦查取证上的法律要求看，非常有必要单独确立逮捕的证明标准，以区别于立案、刑拘、提起公诉和有罪判决的证明标准。同时，也有利于强化人民检察院对公安机关侦查取证工作的引导、监督和规范。

2. 实现两大刑事诉讼目的的保障

打击犯罪和保护人权是我国刑事诉讼的两大基本目的，也是公安机关、人民检察院和人民法院开展刑事诉讼活动应当努力实现的共同目标。打击犯罪必须遵循保护人权的原则，保护人权是打击犯罪追求的目标之一。逮捕作为强制措施，其主要任务是保证侦查活动的顺利进行，使有罪的人受到法律的制裁；同时，逮捕又是强制措施中最严厉的一种，它要限制人身自由，所以不能轻率地施以逮捕措施，这也是审查逮捕的另一重要任务，保障无罪的人不受刑事追究。由于审查逮捕处于整个刑事诉讼过程的初始阶段，可以说是打击犯罪、保护人权、维护社会稳定的前沿阵地。因此，审查逮捕关键是要把握好罪与非罪。以往的司法实践充分证明，审查逮捕这一关把握得适时和适度，就能够保障打击犯罪和保护人权两大基本目的的顺利实现。同时，明确逮捕证明标准，还有利于协调检察机关各职能部门的工作，减少内耗，提高效率，服务公诉。

3. 防止两种偏差出现的措施

现行《刑事诉讼法》关于逮捕证明标准"有证据证明有犯罪事实"的表述，既原则又抽象，司法实践中难以操作。尤其是国家赔偿法明确错捕的机关是赔偿义务机关，现行《刑事诉讼法》又适当放宽了逮捕的证据条件之后，司法实践中出现了两种明显偏差：一是标准把握过严，束缚了逮捕正常功能的发挥，不利于打击犯罪；二是标准把握过宽，侵害了犯罪嫌疑人的合法权益，有悖于司法公正。因此，非常有必要单独确立一个合理的逮捕证明标准，即规范逮捕案件的最低证明要求，确保逮捕案件质量。防止和克服标准把握过严或过宽的偏差，切实做到既不以起诉的证明标准替代逮捕的证明标准，又不以捕代侦。

## (五)《刑事诉讼法》的规定

立案的条件是"发现犯罪事实或者犯罪嫌疑人"；刑事拘留的条件是"现行犯或者重大嫌疑分子"；逮捕的条件是"有证据证明有犯罪事实"；侦查终结、提起公诉、有罪判决的条件均是"事实清楚、证据确实充分"。从以上法律规定我们可以看出，法律没有明确立案、刑事拘留的证明要求，因为立案是刑事诉讼的启动，此时的"犯罪事实"仅指客观存在的危害结果，但危害结果究竟是谁所为尚不一定清楚；而刑事拘留是立案后的紧急措施，此时的犯罪嫌疑人有实施犯罪行为的"重大嫌疑"，如不采取紧急措施，极有可能使整个案件"付诸东流"。法律对逮捕证明标准"有证据证明有犯罪事实"的要求，是刑事诉讼启动以后首次强调要有证据证明，但此时的证据究竟要达到什么程度才算是有证据证明，很抽象。但笔者认为，有一点是不容置疑的，即逮捕当时的"犯罪事实"，已非单纯指立案时"客观存在的危害结果"，而是指同时具备了犯罪构成要件的起点犯罪事实；逮捕当时的犯罪嫌疑人，也非停留在刑拘时的"重大嫌疑"，而是要求证明犯罪行为"确系犯罪嫌疑人所为"。法律对侦查终结、提起公诉和有罪判决证明标准的要求基本相同，都是"事实清楚、证据确实充分"，只是在程度上有所差异：提起公诉的证明标准，在"犯罪事实已经查清、证据确实充分"的前面加上"人民检察院认为"，是为了表明检察官确信提起公诉时的证据足以对被告人定罪量刑；有罪判决的证明标准又将起诉证明标准中的"犯罪事实"改为"案件事实"，是为了体现判决的全面、客观和公正。因此，可以得出这样一个结论：刑事诉讼中的证据，都有一个从无到有、从少到多、从量变到质变、从不完备到完备的发展过程。并且，刑事诉讼后阶段的证明标准同前阶段的证明标准相比，呈现不断递增的规律。其中，从立案到逮捕阶段，刑事证明标准的递进为质的递进；从逮捕到侦查终结、提起公诉，以致到作出有罪判决的过程中，刑事证明标准的递进为量的递进。在此基础之上，我们进而可以推论出现行逮捕证明标准的特点：

1. 逮捕的性质，决定了审查逮捕阶段的证明标准具有即时性

逮捕是强制措施，不是终结处理。法律规定刑事拘留后提请批准逮捕的案件，人民检察院审查逮捕的最长期限为 7 日。同时，《人民检察院刑事诉讼规则》还明确规定，审查逮捕案件不另行侦查。这表明，在审查批捕中，如认为提请批捕的证据存在疑问，除了对关键性的证据在有限的法定期限内可进行必要的复校外，只能是根据提请批捕当时的证据，依照《刑事诉讼法》第 60 条的规定，作出批准逮捕或不批准逮捕的决定。而逮捕当时据以认定的证据，通常在捕后的侦查阶段，有被进一步充实完善和发生变化后被推翻或者发生变化后出现存疑状态的可能。但只要逮捕当时符合《刑事诉讼法》第 60 条规定的逮捕条件、符合逮捕的证明标准，即使捕后事实、证据发生变化，被不作为犯罪处理，也不是错捕。从这一角度出发，审查逮捕阶段的证明标准具有即时性。

2. 逮捕处于整个刑事诉讼的初始阶段，决定了审查逮捕阶段的证明标准具有受限制性

逮捕在整个刑事诉讼中承上（立案、刑事拘留）启下（起诉、审判），但不是必经程序（可以不经逮捕直接起诉），又处于立案后侦查阶段的初期，因此，审查逮捕阶段的证据往往不充分、不全面，许多案件事实和证据都有待于捕后的侦查阶段去查清、去获取。所以，逮捕只是刑事诉讼中阶段性的评判，

必然要受到阶段性的限制。因为审查逮捕阶段难以预见捕后的法律、司法解释、事实和证据将会发生的变化。假如一概以起诉、审判的证明标准倒过来要求审查逮捕阶段即达到，显然不合情理，也失去了发挥逮捕强制措施功能的意义。

3. 刑事诉讼法对审查逮捕工作的新要求，决定了审查逮捕阶段的证明标准必须具有保障性

修改后的《刑事诉讼法》实施后，取消了收容审查，不再保留原审查逮捕阶段的退回公安机关补充侦查权，即扩大了不捕案件的范围；逮捕的证据条件由原来的"主要犯罪事实已经查清"修改为"有证据证明有犯罪事实"，且六机关《规定》中明确规定"对报请批准逮捕的案件不另行侦查"；加上法定审理期限短，案件质量要求高，这一系列的新变化和新要求，无疑给审查逮捕阶段证明标准的把握增添了难度。《刑事诉讼法》逮捕证据条件的变化，纠正了容易将逮捕、起诉和审判的证明标准相混同的弊端，但要防止出现另一个极端，即将逮捕、起诉和审判的证明标准完全割裂开来。应当充分认识到，各刑事诉讼阶段的证明标准有区别，但又相互联系、紧密衔接。从这一角度出发，审查逮捕阶段的证明标准必须具有保障性，即必须保证捕后的绝大多数犯罪嫌疑人能够被起诉和判刑。因为逮捕的最终目的就是要保障有罪的人受到刑事制裁。

## （六）对逮捕证明标准的理解和把握

从逮捕的性质、逮捕的功能、逮捕在整个刑事诉讼活动中所处的阶段，以及逮捕决定机关肩负的法律监督职责等多方面的因素看，逮捕的证明标准应当达到或者接近起诉的证明标准。具体地说，视不同案情，又可分为一般证明标准和特殊证明标准。

一般证明标准：要求犯罪嫌疑人实施起点犯罪构成要件的基本事实清楚，基本证据充足，且对提请批准逮捕的案件事实达到了排除合理怀疑的证明程度（与排他性尚有距离）。尤其是对仅有一罪或一次犯罪的案件来说，在定罪情节方面，逮捕的证明标准应当达到起诉的证明标准；在量刑情节方面，逮捕的证明标准可以不求齐全（但对于刚达起刑点的一罪或一次犯罪，是否具有法定的从轻、减轻情节，涉及捕与不捕）。对一人犯数罪或者一人多次犯罪的案件，只要有其中的一罪或者一次犯罪符合逮捕证明标准的，就可以批准逮捕。而提起公诉则不然，凡是对定罪量刑有影响的一切事实，都必须查清，证据都应当达到确实、充分的程度。

特殊证明标准：对重特大恶性案件（通常指可能判处 10 年以上有期徒刑的犯罪或在本地区造成较大影响、群众反映强烈的案件），虽然有时犯罪构成

某一要件的证据尚不充足，但只要有查证属实的证据证明犯罪嫌疑人已经涉嫌犯罪，同时进一步开展侦查有获取充足证据的现实可能，而犯罪嫌疑人又不能证明自己确实无过错的，可以直接推定其涉嫌犯罪（犯罪推定是以不提出反驳或反驳无理为成立条件的，它是用已查实的证据对待证的事实进行认定，而被告人承担的部分是证明自己无罪而非有罪。它同无罪推定不一样，无罪推定纯粹是一种程序上的假定，并非事实上的无罪），我们将此类案件称之为"相对批捕"，即有条件的批捕。司法实践中，人民检察院对杀人、爆炸等重特大恶性案件作出"相对批捕"的决定，即使不排除捕后因证据达不到起诉、审判的要求，而被不作为犯罪处理的可能性，有时也是非常必要的。因为，正是这类重特大案件，更加需要充分发挥逮捕强制措施保障侦查活动顺利进行的积极作用。同时，这也是体现逮捕证明标准与起诉证明标准差异的重要意义所在。

由于逮捕的证明标准与提起公诉、有罪判决的证明标准在本质上是一致的，只是在数量、范围、对象上与起诉、审判的证明标准有所差距。因此，审查逮捕必须坚持高标准、高质量。同时，出现捕后不作犯罪处理的情况，也是各刑事诉讼阶段不同证明标准呈现递进关系的客观表现。假如苛求逮捕后的提起公诉率、有罪判决率达到百分之百，实际上是错将逮捕的证明标准完全等同于起诉的证明标准。

1. 设置科学、合理的"捕后不作犯罪处理率"

"捕后不作犯罪处理率"应严格控制在逮捕总数的 1.5% 以下，包括捕后撤案、不诉、劳教和判无罪。须防止司法实践中出现逮捕证明标准把握过严（以起诉的证明标准替代逮捕的证明标准），或者逮捕证明标准把握过宽（以捕代侦），但要严格控制捕后不作犯罪处理率的非正常增长。为此，在逮捕前，侦查监督部门要通过对重大疑难案件的适时介入活动，引导、帮助公安机关确立正确的侦查方向，积极提出依法取证、固证的意见和建议，以提高报捕案件的质量。在审查批准逮捕中，侦查监督部门要运用好《要求提供证据材料通知书》和《不批准逮捕案件补充侦查意见书》，引导公安机关按照逮捕、起诉的证明标准进一步补证、固证，以提高因证据不足不批准逮捕案件经补充侦查后的重新提请逮捕率。尤其是对"相对批捕"的案件，侦查监督部门更应充分发挥引导侦查取证的作用，不仅要准确把握好逮捕的证明标准，同时还要预测证据可能发展的趋势，前瞻提起公诉、法庭审判时必需的证据，引导公安机关依照起诉的证明标准侦查取证。为确保"相对批捕"的重大案件捕后能诉、能判，在逮捕后，侦查监督部门一方面要加强与公诉部门的联系，做好与审查起诉工作的衔接，保证检察机关引导侦查取证工作思路的一致性；另一方面，侦查监督部门要加强跟踪监督。督促公安机关及时开展有效的侦查。必要时，检察机关可直接派员参与公安机关的侦查活动。公安机关则应加大"相对批捕"案件的侦查力度，切实防止因捕后取证、固证不力，导致证据欠缺，最终出现不诉、撤案等不作犯罪处理的情况，以提高逮捕案件的提起公诉率和有罪判决率。

2. 正确评估逮捕案件质量

衡量逮捕案件的质量，应当以逮捕当时是否符合《刑事诉讼法》第60条规定的逮捕条件，是否达到逮捕的证明标准为主要依据。同时，还应当综合考虑逮捕后的诉讼结果。

（1）准确界定错捕。错捕，意味着刑事诉讼中阶段性的评判失误。首先，我们界定错捕，主要是为了检验审查批准逮捕工作的质量，找出工作中存在的问题，促进严格执法；其次，是对确实无辜的人给予赔偿，有利于保障公民的合法权益，促进社会稳定。笔者认为，对没有犯罪事实（应指客观上不存在犯罪事实，而非法律上推定无犯罪事实）或者完全无辜的人逮捕的，是错捕；对批准逮捕后事实、证据或者法律未发生变化，而是由于案件承办人故意或重大过失造成不应逮捕的人被逮捕的，是错捕。只要逮捕当时符合逮捕的条件和逮捕的证明标准，逮捕后由于法律或司法解释变更、事实或证据发生变化，而案件承办人主观上又不存在故意或重大过失的，案件最终被撤案、不起诉或者判无罪，一般不宜认定为错捕，也不能以此追究案件承办人的错案责任。

（2）正确看待刑事赔偿。错捕可能引起刑事赔偿，但非必然引起刑事赔偿。若有《国家赔偿法》第17条规定免赔情形之一的就例外。但不赔偿的仍然可能是错捕，如逮捕了《刑法》第17条规定的不负刑事责任的人，国家不予赔偿，但从评价逮捕案件的质量来说，仍然是错捕。笔者认为，逮捕后因证据不足的原因被存疑不起诉、存疑判无罪的，从评价逮捕案件的质量来说，不全是错捕（如上述"相对批捕"的案件，逮捕后经侦查，证据仍达不到起诉的证明标准的，就不是错捕）；但从保障人权的角度来说，只要法律上推定是无罪的，就可以适用刑事赔偿。因为案件事实不清、证据不足只是一种暂时的、阶段性的结论，不等于事实上无罪。更何况刑事诉讼是一个循序渐进的过程，我们不能以程序的结果来否定侦查初期依据相应法律和一定证据作出的逮捕决定的合法性。

# 三、对检察机关自侦案件的监督制约

根据法律规定，我国检察机关既是法律监督机关，同时也是侦查机关，承担着部分案件的侦查工作。检察机关对国家工作人员利用职务进行犯罪的案件享有立案权，并有权进行侦查和决定起诉与不起诉。对于检察院直接受理的案件（即自侦案件）的侦查活动应否监督，怎样监督，法律并无明确规定。实践中，检察院对自侦案件侦查监督主要通过其内部审查批捕部门、审查起诉部门来实现。监督主体与侦查主体同属检察机关，形成了自己监督自己的模式。近年来，检察机关围绕建立现代、科学、高效的内部监督方式作了一些有益的探索，出台了一系列的规章制度，检察机关内部采取了一些制约措施，如主诉、主办检察官制度、改革和规范各部门的内部办案流程和程序等，取得了一些可喜的效果，但仍然还只是停留在表面上。这种自己立案，自己侦查，自我监督的工作机制，使其侦查监督徒有其名①。如何构建我国检察机关自侦案件的侦查监督模式？值得深入探讨。

## （一） 目前理论界和司法实践部门主要有以下几种观点

对自侦案件的侦查监督，法律无明确规定。对自侦案件是否进行侦查监督，认识不同，有的认为检察机关是法律监督机关，其侦查监督职能是针对公安机关和其他有侦查权机关的侦查活动进行的，对自侦案件不存在监督问题，而且自行侦查管辖范围的案件也是法律监督的体现。有的认为检察机关的法律监督职能与自侦具体案件的职能，在性质上是有原则区别的，《刑事诉讼法》在修改时缩小自侦案件的范围，在很大程度上就是为了使检察机关集中精力搞好法律监督。因此，对检察机关的自侦案件，进行侦查监督是必要的，也是可行的。

侦查监督是宪法和法律赋予检察机关履行法律监督职能的重要手段之一。长期以来，检察机关对公安机关的侦查监督一直较为重视，并形成了一整套的程序和做法，且向正规化方向迈进。但对检察机关的自侦案件的侦查监督相对薄弱，依赖于内部职能部门间的相互制约而取代之。这在一定程度上削弱了检察机关法律监督职能作用的有效发挥。司法实践表明：检察机关内部分工制约不能等同于法律监督，更不能替代自侦案件的侦查监督。从多年的实践来看，检察机关自行侦查的案件由原来受理的 25 种扩大到 53 种之多。此外，法律明文规定，国家机关工作人员利用职权实施的其他重大的犯罪案件，需要由人民检察院直接受理的时候经省级以上人民检察院决定，可以由人民检察院立案侦查。由此可见，搞好自侦案件的侦查监督，不仅大势所趋，迫在眉睫，也是全面履行检察职能的重要体现和保障。

---

① 张爱钦：《侦查制度建设刍议》，载《政法学刊》2003 年第 4 期。

### （二）世界主要国家对检察机关侦查案件的侦查监督立法与实践

在世界其他国家，与我国自侦案件相对应的也是公诉机关即检察官侦查的案件。从目前形势看，愈来愈多的国家正在赋予检察官以侦查权。日本从 20 世纪初就赋予检察官以侦查权，意大利 1988 年 9 月 22 日颁布的《刑事诉讼法典》也明确规定了检察官有侦查权，德国、法国以及英国、美国检察官的侦查权都正在逐步建立和扩大。纵观世界主要国家的立法与实践，对检察机关侦查案件的侦查监督，主要有以下模式：

1. 英美法系当事人主义监督模式

在英美法系国家中，不承认侦控机关单方面的强制处分权，法官作为第三者介入侦查，监督、制约检察官的侦查活动。根据司法令状主义，在当事人主义国家，侦查机关无论采取强制措施，还是侦查手段，都需要由法院令状的形式批准得以实施。但法官中立化，不可自行侦查。比如美国两个侦查机关，即警察机关和检察机关，如果在执行公务中发现犯罪，可以对罪犯当场逮捕而无须逮捕证；如果被害人或目击者向其报告的，侦查机关经过初步调查，认为理由充足，便可以向法院申请搜查证和逮捕证，在法院签署后将犯罪嫌疑人逮捕归案。

2. 大陆法系的职权主义监督模式

在大陆法系尤其是德、法、意等国，由于预审法官可随时介入侦查，领导检察官进行侦查，检察官侦查案件的监督权归属于预审法官。在法国，检察官在场时，司法警察卸去职责、丧失权力，由共和国检察官负责，而一旦预审法官到达现场时，共和国检察官和司法警察即卸去职责，此时预审法官负责领导完成全部侦查活动。预审法官为了侦查的必要，可以决定截留、登记和抄录邮电通讯，可以根据情况需要签发传票、拘传证、拘留证或逮捕证。而在德国，非任意侦查手段的监督控制权也归属于预审法官，如对于扣押、监视电讯设备、扫描侦查、使用技术侦查手段、派遣秘密侦查员、搜查、拉网拘捕等侦查手段，只允许法官决定实施，在延误就有危险时，也可由检察官或者由他的辅助员决定，并应当不延迟地提请法官确认，在 3 日内未得到法官确认的，决定失去效力。

3. 日本的折中主义监督模式

在日本，侦查手段也有任意侦查和强制侦查两种，任意侦查手段一律由检察官监督，强制侦查手段不管是警察还是检察官进行的，其监督权都归属于法官，由法官通过司法令状来实施，法官中立化，不介入侦查，无权决定提起侦查和侦查终结①。

（三）与其他国家相比，我国自侦案件的侦查监督模式却有独特之处，具体呈现出以下一些特点

1. 监督主体为检察机关内部的批捕、起诉部门

根据法律规定，我国检察机关既是法律监督机关，同时也是侦查机关，承担着部分案件的侦查工作。对于检察院直接受理的案件（即自侦案件）的侦查活动应否监督，怎样监督，法律并无明确规定。实践中，检察院对自侦案件，早先采取的是"一竿子插到底"的工作方式，从立案侦查到侦查终结、出庭支持公诉，办案人员一般不作更替，从而形成了自批自捕、自侦自诉的现象，对于侦查活动的违法行为，只是由检察机关的有关领导督促解决。显然，缺乏应有的监督和制约。为了克服这种缺陷，1988 年 11 月召开的全国检察长工作会议，决定把检察机关直接受理侦查的案件由原来的一个部门负责到底的办案制度，改为侦查和批捕、起诉分开，分别由自侦、批捕、起诉三个部门办理的制度，建立和加强检察机关内部自我约束机制。这种做法虽然没有法律确认，但是一直运用至今，成为一种固定做法。因而检察机关自侦案件的侦查监督主要通过其内部审查批捕部门、审查起诉部门来实现。监督主体与侦查主体同属检察机关。

2. 监督的途径主要通过批捕、起诉部门的审查来实现

侦查监督的途径是有权监督机关为了履行侦查监督职能，而获取侦查活动的情况信息，发现侦查主体在侦查活动中违法行为的具体方式。不同于西方国家法官可以随时介入侦查，以发现检察机关侦查活动中的违法情况来限制违法，我国检察机关的侦查监督中只有重大案件方可提前介入侦查，自侦案件中的重大案件是否可以介入，法律还存在真空。由于同属一个机关，我国自侦案件侦查监督的途径主要是通过审查批捕、审查起诉部门在审查中来实现。审查批捕主要是批捕部门对自侦部门上报的报捕材料进行审查，以发现是否有违法侦查的情况。而审查起诉则是对自侦部门侦查终结的材料进行审查，对于犯罪事实清楚，证据确实充分的决定提起诉讼，对于事实不清，证据不足的退回侦查，对于有违法侦查的情形，提出纠正意见，通过审查活动来达到内部的监督与制约，减少违法侦查。

---

① 叶晓龙：《论检察机关自侦案件的侦查监督》，载《中国刑事法杂志》2003 年第 5 期。

3. 监督的措施主要通过口头通知和检察长决定追究法律责任两种进行

侦查监督的措施，是指侦查监督机关为实现对侦查机关侦查活动监督的监督权而使用的监督手段。从国外看，许多国家对自侦案件的监督都通过法官的司法令状的手段来实现。由于我国自侦案件的侦查权与监督权属于同一机关行使，加之检察院实行检察长负责制，从而形成了有中国特色的监督措施。一方面，对于自行侦查中的一般违法活动，更多的是通过口头通知解决。由于侦查、批捕、起诉三部门系同一机关内部的分支部门，因而它们之间不能用《纠正违法通知书》的形式，批捕、起诉部门在审查中发现侦查中的违法问题，主要通过口头方式通知侦查部门，侦查部门接到纠正违法的口头通知后，应当认真纠正，并将纠正情况回复批捕、起诉部门。另一方面，对于侦查活动中比较严重的违法行为或者应当追究刑事责任的，审查部门审查发现后应当报请检察长决定。因为检察机关的侦查部门和侦查监督部门都是在检察长领导下进行工作的。因此，当监督部门发现侦查活动中有重大违法问题或者应当追究刑事责任的，不能自行决定处理，而应报请检察长决定，以达到监督的目的①。

（四）目前自侦案件侦查监督实践中的主要做法及制度缺陷分析

目前，在我国自侦检察权的内部监督主要有四种模式：第一种是以人为中心的监督模式。监督的主体主要是检察机关内设的纪检监察部门。主要是通过有关涉及干警违法违纪情况的举报以及对干警执法、执纪情况的检查等，对检察官的行为规范进行监督，包括履行职责情况、遵守法律法规和办案纪律情况、执行廉政规定情况等。第二种是以案件为中心的监督模式。主要是侦查监督部门、公诉部门通过办理自侦部门移送的审查逮捕案件和审查起诉案件，对自侦部门的办案情况进行监督。第三种是以人和案件为中心的监督模式。主要是通过自侦部门的"自治"和检察长或检察委员会对案件的决定权，对干警和案件进行管理和监督，如通过对案件的请示、汇报、审批或决定等环节对案件进行监督，通过科（处）长、检察长或检察委员会行使管理权或决定权对办案干警执法执纪情况进行监督。第四种是以案件和部门为中心的监督模式。主要是上级检察机关通过评比、考评、案件质量检查、备案审查、交办案件等

① 叶晓龙：《论检察机关自侦案件的侦查监督》，载《中国刑事法杂志》2003 年第 5 期。

方式对下级检察机关自侦部门或者某个案件进行监督①。但这几种监督模式都不同程度地存在局限性、被动性和缺漏性。

不可否认，人民检察院审查批捕、审查起诉部门对自侦部门的侦查活动具有一定的监督性质，这种监督显然比以前的"一竿子插到底"毫无制约的情况前进了一大步，具有十分重要的现实意义，在司法实践中也发挥了重要作用。不仅保证了职务犯罪监督权的落实，提高了办案质量，而且在一定程度上体现了国家法制的统一，维护了社会主义法制尊严，巩固了人民民主专政政权。

然而，一个法治社会，"它的要害，在于如何合理地运用和有效地制约公共权力的问题"。我国宪法赋予检察机关法律监督权，监督法律的实施，但在实践中法律还赋予检察机关一定的侦查权，这样就形成了自己监督自己的模式，加之我国司法监督总体的滞后性，也使得自侦案件其他监督难以落实。权力，尤其是不受制约的权力本身就具有腐蚀道德，侵犯公众利益，与公共利益相对抗的潜在倾向。无论中外、无论历史或现实都不断向人们暗示，这种潜在的倾向具有普遍性，而且一有机会就要从潜在的倾向转变成潜在的现实。因而，我国现行自侦案件的侦查监督模式不可避免地存在一定局限性。

1. 以内部监督为主，效力不高

从理论层面上看，"监督的基本含义是旁观者的察看和督促，其基本的立场与事件的参与者应当截然分开，才能实现监督所应有的公正地位"。检察机关对于自侦案件的侦查监督权没有相应的制约机制，从而导致行使权力与公诉地位极不相符。加之"权力在行使时往往是残忍的，肆无忌惮的；当权力的统治不受制约时，它容易引起紧张、摩擦和仓促的变化。此外，权力的行使不受限制的社会制度中，往往会出现社会上的强者压迫或剥削社会上的弱者倾向"。尽管我国现行自侦案件侦查监督中存在这种危险并非那么突出、明显和具有普遍性，但其潜在的倾向是无法避免的。从实践中看，我国自侦案件的侦查监督是检察机关的内部监督，这样"案件毕竟还是出自一门，人们对它的客观公正性还是容易产生怀疑"。由于内部监督的措施一般是由审查批捕部门、审查起诉部门的口头提示，纠正违法，缺乏根本的强制力，况且内部各部门还存在"权力本位"思想，这种口头提示式的监督犹如隔靴搔痒，与现代法治观念是完全相悖的，也容易出现监督形同虚设，没有根本的法律效力。另外，自侦案件侦查的外部监督缺乏系统化、制度化，呈疲软状态。"我国司法

---

① 李维国：《关于加强自侦检察权内部监督的思考》，载《中国检察论坛》2004 年第 6 期。

活动的外部监督方式主要有人大监督、舆论监督、社会监督。"因而,自侦案件侦查活动外部监督也有这些内容。然而不可否认,由于人民检察院自侦过程大多处于"秘密"状态,其内部审查批捕、审查起诉部门一旦作出决定,立即生效。因而外部监督很大程度上停留在理论肯定的层面上,监督的渠道、方式、权限、手段、程度长期处于缺乏规范的状态。尽管现行《刑事诉讼法》把律师介入诉讼的时间从审判阶段提前到侦查阶段。但是实践中,律师提前介入却常常被以莫须有的理由加以拒绝。"不受监督的权力,必然产生腐败,绝对的权力产生绝对的腐败。"这种自侦案件的侦查监督模式由于只有内部部门间的互相制约,缺乏有力的外部监督,出现一些违法侦查得不到及时纠正的现象是不可避免的。

2. 监督方式的滞后性,难以起到及时纠错,维护人权的目的

众所周知,近代以来人权理论和民主宪政发展导致保障人权作为刑事诉讼的目的之一。在政治国家与市民社会相分离的现代社会结构中,每个人作为平等的社会群体,在私法自治领域拥有不受公权侵犯的基本权利和自由,即使出于保护社会公共利益的需要也不得侵犯个人应有的基本人权。西方一些国家从保护人权的目的出发,在侦查中赋予监督机关随时介入,及时纠正违法的权力,以防止因侵权后再纠正的滞后性。我国《刑事诉讼法》立法和刑事政策以及诉讼实践基本坚持了惩罚犯罪与保障人权相统一的目的观。为实现这一目的,要求严格限制侦查、起诉权力。侦查程序应当进一步法治化,限制人身自由或侵害财产权、隐私权的强制措施,如逮捕、搜查、扣押、邮检、窃听等,除紧急情况外,应当经过独立的机关批准,并严格适用条件;加强对侦查权力的检察监督和公众监督。同时也要求在诉讼过程中,对违法而侵犯当事人人权的行为要及时发现,并及时纠正。然而,我国在自侦案件的侦查监督中,检察机关主要是由内部的审查逮捕、审查起诉部门通过审查批捕、审查起诉两个环节来开展,这两个环节的监督实质上只是通过审查侦查结果进行监督,而通过当事人申诉、控告监督也主要是在当事人获得自由后,这时违法结果早已发生。这样就形成了事后监督为主,事中监督为辅的模式。在我国自侦案件侦查监督实践中,审查批捕和审查起诉部门在非审查时间,一般不知晓侦查进展情况,因而对侦查部门有无违法情况很难及时发现并及时纠正,即使要发现也是在审查阶段,这样对于弱势群体——公民个人而言,其合法权益、人权已经遭致强大国家权力侵犯,就是要得到救济也是后事。这种保护虽然是必要的,但显然不如在侦查侵犯发生时发现并纠正来得及时。因而,这种监督模式并不能完全体现现代刑事诉讼的保障人权之目的。

3. 检察长监督权力无限扩大，且处于无监督状态

由于人民检察院对自侦案件的侦查监督毕竟属于内部监督，其内部的各部门，包括承担侦查监督职能的审查批捕部门和审查起诉部门，都是在本院检察长的统一领导下开展工作，《人民检察院刑事诉讼规则》规定，审查批捕部门、审查起诉部门对于侦查活动中情节较轻微的违法行为，可以直接向侦查部门提出纠正意见，如果属于情节较重或者需要追究刑事责任的行为，则应当报请检察长决定。由于由审查批捕部门、审查起诉部门采取口头通知纠正违法行为，很难起到应有的作用，前文已有论述。因而真正的监督权力就主要集中在检察长一人身上。"这种办案制度设计的初衷是为了落实民主集中制原则，以集思广益，防止办案人员主观擅断。"然而正如梅利曼所言："诉讼权利的不平等，以及书面程序的秘密性，往往容易形成专制暴力制度的危险。"如果我们不顾诉讼机制内在的公正性和规律性要求，在其内部设立一种由检察官主持进行的法制监督机制，不但会完全打破诉讼程序自身的平衡性，使权力分立制衡形同虚设，容易出现司法专断和司法腐败，也容易变成一种失去制约的专断性权力，明显带有浓厚的人治社会色彩。实际中这种机制使得检察长权力膨胀，也存在很大弊端：一是容易造成行动迟缓，办理案件久拖不决和效率低下；二是由于领导把关，有对办案人员不信任之嫌，因而办案人员不知不觉地产生依赖思想和无所谓心态，进而滋生惰性，不思进取，不注意学习和更新知识，业务水平难以提高；三是检察长和检察委员会由民主集中渐成片面集中，日理万机、集中办案，且案件侦查权和侦查监督权主体身份竞合；四是为了防止办案人员的主观擅断而疏忽了检察长的主观擅断；五是一旦发生错误、冤案，难以区分责任和及时纠正，致使错案追究形同虚设①。

（五）改革我国自侦案件侦查监督制度的几点设想

检察机关是法律监督机关，正人先正己，必须保证执法的公正。从国家权力运行的规律来看，不受监督的权力最容易产生腐败。检察机关对职务犯罪侦、捕、诉集于一身，因此要下大工夫设立各种制衡措施。另外，从依法治国的要求来看，实现法治必须做到：一是一切权力的行使必须有明确的法律依据；二是一切权力的行使都要有一定的限制；三是一切权力的行使都要遵循一定的程序。检察机关近十年来对职务犯罪的侦查权采取了一系列制约措施，取得了很大的成效，但还远远不够。因为在职务犯罪的侦查活动中违法的情况大量存在，案件质量不高的问题仍较突出。我们还要在职务犯罪案件的线索管理、立案侦查、决定逮捕、提起公诉这四个环节上加大内部制约的力度。同时加大外部监督的力度，接受党的监督、群众监督、舆论监督等。加强对职务犯

罪内部和外部监督的重点，是防止对诉讼当事人各项权利的侵犯①。

2003 年 10 月，最高人民检察院作出在全国十个省、市、自治区开展人民监督员制度试点工作的决定。同时，还印发了《最高人民检察院关于人民检察院直接受理侦查案件实行人民监督员制度的规定（试行）》（以下简称《规定》）。时任中共中央政治局常委、中央政法委书记的罗干同志充分肯定了人民监督员制度试点工作的重要意义。在全国政法会议的讲话中，他列举的 2002 年政法机关推出的三项改革举措，其中一项就是人民监督员制度。在全国检察长会议上，罗干同志强调指出："检察机关按照中央的部署积极进行司法体制改革研究论证工作，开展人民监督员制度试点，完善办理职务犯罪案件的监督制约机制，取得了初步成效。"②

在刑事司法中，"存在的问题并不能，也不应当期望通过完善监督体制而予以全部解决。""不论谁是监督者，不论赋予监督者多大的权力，人世间的权力，人世间的监督者都不是神，而是由人来担当的，因此，永远存在着谁来监督'监督者'，以纠正可能甚至必然会存在的监督者错误的问题。"况且在法律实践中，由于"价值评价主体的多元性和多向性，社会的层次性和复杂性，个体间利益的差别性和社会条件的变化性，导致法律价值包括刑事诉讼法价值取向发生冲突是难以避免的"。但是刑事司法体制的模式选择是由一定的精神构造决定的，围绕国家、人民、权力等问题而产生的基本观念。现代刑事司法体制也主要是建立在人权、权力制衡和法治的基础之上，司法改革的目的不是要使某一制度达到尽善尽美，而是要使这三种观念从理念上更接近。而正如前文所述，我国刑事司法体制中的自侦案件的侦查监督与这些观念还有很大的出入，因此，改革完善自侦案件侦查监督，对于推进我国整个司法改革显然是十分必要的。任何法治国家都离不开法律监督。在依法治国的进程中，法律监督应当强化而不是削弱，自侦案件侦查监督也是如此，我们改革的目标就是应当强化和改善对自侦案件的法律监督，以最大限度地实现人权等刑事诉讼价值取向。为此，笔者认为改革和完善自侦案件侦查监督，可以基于我国实际，并借鉴其他国家的做法，通过上级人民检察院实现自侦案件的侦查监督。

我国宪法和法律已经确认，检察机关是国家的法律监督机关，代表国家行使检察权，刑事诉讼中的侦查监督是监督机关的一项重要职能，对侦查的监督必然包括一切侦查机关所进行的侦查活动。可见，人民检察院依法独立对自侦

---

① 张穹：《关于检察改革中若干问题的思考》，载《人民检察》2003 年第 7 期。

② 李泽明、江红鹰、陈晓东：《人民监督员制度研究》，载《行政与法》2004 年第 12 期。

案件行使检察权是一条不能违背的宪法原则。因此，在宪法尚未能改变的情况下，建立和完善对自侦案件侦查进行监督的制度，不应破坏现行分工的基本格局。由于检察机关进行内部监督存在诸多弊端，前文已述。这样，加强检察机关内部上下级的纵向监督就成为首选的方向。

我国《宪法》和《人民检察院组织法》都规定"最高人民检察院领导地方各级人民检察院和专门人民检察院的工作，上级人民检察院领导下级人民检察院的工作"。这为上级检察院监督下级检察院的侦查活动提供了组织和法律保证，也为上下级检察机关之间监督避免自己监督自己的尴尬。

从世界范围看，越来越多的国家检察官的侦查权正在扩大，意大利1988年9月22日颁布的新《刑事诉讼法典》第327条规定："公诉人领导侦查工作并且直接调动司法警察。"英、美、法等国家虽然侦查权主要由警察行使，但检察官的侦查权也正逐渐确立和扩大。在美国，根据《程序法典》第28条的规定，独立检察官在侦查政府官员犯罪案件时，享有充分、独立的侦查权与诉讼的权力。这些情况表明，检察机关享有特殊侦查权，是一种世界性的发展趋势，是强大法律监督的重要措施，因而我们也没有理由因噎废食地限制和制约法律已经赋予检察机关的侦查权与监督权。

这一改革方案具体设想是通过《刑事诉讼法》和《人民检察院组织法》的修改，确立下级检察院自侦案件的侦查监督工作由上级人民检察院监督。自侦部门立案进入侦查后，应立即将有关立案材料移送上级检察机关的监督部门。上级检察院的监督部门可以随时介入侦查工作，从而形成监督部门对侦查部门侦查活动同步监督，及时发现并纠正下级侦查部门的违法活动，改善纠正违法的传统形式。由于上下级的监督关系，它们之间隶属于不同机关，可以适用《纠正违法通知书》，而不必过多利用口头提醒，进一步提高《纠正违法通知书》的法律效力。在纠正违法时应赋予上级检察机关对下级自侦部门侦查人员执行职务的处分权，如停止或变更侦查人员对案件的侦查权，提出对违法侦查人员处分建议，对拒不执行纠正违法通知的侦查人员提出警告，责令由于侦查人员违法行为给受害人造成损失对受害人进行赔偿等。同时借鉴西方国家的一些做法，赋予上级检察院监督机关的强制措施及其他侦查活动的决定权。如搜查、扣押、冻结等最终都由监督机关决定，从而减少违法利用侦查措施及方法的可能性。另外，还可以强化监督部门审查批捕、审查起诉的作用。自侦部门将侦查终结的案件直接移交上一级检察机关的起诉部门审查起诉，进行侦查事后监督。上级检察机关经审查后作出决定，对事实清楚，证据确实、充分，应当提起公诉的，发回原检察院提起公诉；对有违法情况的，发出《纠正违法通知书》予以纠正；对需补充侦查的，依法退回补充侦查。当然，这一切都要有严格科学的期限规定，以确保诉讼的效率。

完善我国自侦检察机关内部监督机制的具体构想，是坚持检察机关内部的"侦、捕、诉三权分立"，完善内部分工和外部制约，确保检察机关在行使批捕权时的相对中立和客观。根据检察一体化原则的要求，在检察机关内部不同的职能部门之间实现"完全的独立"是不可期待的，但可以实现"相对的中立"。这表现在职能配置上，坚持"捕诉分立"，使批捕权不再服务于侦查的需要，而是单独作为一种由宪法授予的司法审查权进行运作；对检察机关自侦案件的审查批捕，则要引进第三方力量进行制约。最高人民检察院推出的人民监督员制度，就是基于这一种现实需要来实施的。在对检察机关人员的制约上，则要"避免检察官的角色冲突，以客观义务为追求重铸检察官的品格"。同时使检察机关内部的人员管理相对稳定，相对专业化、精细化，可以借鉴主诉检察官的成功做法，在负责侦查和负责审查批捕的部门实行"主侦检察官负责制"和"主办检察官负责制"，从制度上来保证检察官对所办理案件进行客观、公正的评价①。

建立健全我国检察机关自侦案件内部监督机制应当主要从以下几个方面着手进行：

1. 实行自侦案件受理线索与初查分离

受理线索与初查分离，目的是实现受案环节与查案环节之间的相互监督制约。举报中心（控申部门）应统一受理对职务犯罪的举报和控告，对于举报线索，不论来源何处，也不论线索是以何种方式获得，举报中心都应当统一登记备案，集中行使举报线索管理职权，除初查个别难以归口的疑难线索外，不应行使初查权。要加强对举报、控告的受理、审查、分流和举报线索的跟踪管理监督，保证举报线索按内容性质及时转到有管辖权的侦查部门。线索初查应由检察长决定。除特殊情况外，检察长一般不直接给办案人员批查线索，而是通过部门负责人逐层落实。对举报中心分流到自侦部门的案件线索，自侦部门应按时初查，并将初查、立案的情况及时反馈举报中心。反馈应以书面方式进行，成案的要说明情况，没有成案的要说明原因。对于举报内容较详细、可信度较高、成案可能性较大的举报线索，经初查没有成案的，举报中心可以建议检察长另行指派侦查人员初查。举报中心应对分流线索尤其是重要线索跟踪监督，及时催办，并将查处情况回复举报人。

2. 加强对自侦案件的立案监督制约，按照检察权运行的环节和特点，对

---

① 谢雁湖：《构筑以检察批捕权为主导的审前司法审查制度》，载《中国刑事法杂志》2004 年第 6 期。

自侦案件立案活动的一般程序监督应由刑检部门、控申部门共同负责。

　　监督范围应包括：已经立案的情况；该立案而不立案的情况；不该立案而立案的情况；以及立案活动的全过程。自侦部门对已经立案的，应将立案情况和简要案情通知刑检部门，以便刑检部门介入侦查，开展监督；对不立案侦查的案件，应将《不立案决定书》或《撤案报告》以及初查过程中所形成的材料，送刑检部门审查，刑检部门经审查后认为，应当立案或应当继续初查的，应要求侦查部门说明不立案的理由或不继续初查的理由；侦查部门不立案的理由不能成立的，刑检部门经检察长或检委会决定后，应当发出《通知立案书》，通知侦查部门立案，侦查部门应当立案。对于应当继续初查的，侦查部门应当继续初查。控告人（或被害人）认为侦查部门应当立案而不立案，向检察院提出的，控告申诉部门应当受理，并根据事实和法律进行审查。审查时，可以要求控告人提供有关的材料，进行必要的调查，并应当根据主管检察长的批准，要求自侦部门说明不立案的理由。承办人接到自侦部门说明不立案理由后，应进行审查和必要的调查，制作《审查自侦部门不立案理由的报告》。认为自侦部门不立案理由成立的，应积极做好控告人（或被害人）疏导工作，并坚持原不立案决定；认为自侦部门不立案理由不成立的，应经主管检察长批准，将案件移送刑检部门，由刑检部门审查后，报请主管检察长批准，重大或疑难、复杂案件经检察长或检委会决定后，发出《通知立案书》，并将有关证明该立案的材料移送自侦部门。自侦部门在收到《通知立案书》后，应当决定立案，并将《立案决定书》送达控申、刑检部门。

　　3. 加强对自侦案件侦查活动的监督制约

　　《人民检察院刑事诉讼规则》第390条明确规定："人民检察院审查逮捕部门或审查起诉部门对本院侦查部门侦查或者决定、执行、变更、撤销强制措施等活动中的违法行为，应当根据情节分别处理。情节较轻的，可以直接向侦查部门提出纠正意见；情节较重或者需要追究刑事责任的，应当报告检察长决定。"这一规定虽然是刑检部门对自侦部门的侦查活动实行监督的重要依据，但目前还没有完全落实到运行机制和实际工作上，因此在实际操作上，还应进一步规范化、程序化和补充新的监督内容。刑检部门可以根据侦查工作的特点，积极开展多形式的监督活动：一是提前介入，既监督又引导侦查活动。如前文所述自侦部门立案后，应将立案情况和简要案情通知刑检部门，以便刑检部门介入侦查，开展监督。刑检部门可以对重大、复杂的职务犯罪案件提前介入，实行动态的全过程监督。可以参加侦查部门对重大案件的讨论，共同研究完善侦查方案，提出侦查建议，协助侦查部门确定侦查、取证的思路方向，引导侦查部门全面、及时、准确地收集和固定证据。二是审查决定逮捕。侦查部门在侦查中需要逮捕犯罪嫌疑人时，由侦查部门提出提请逮捕意见，侦查监督部门审查并提出是否决定逮捕或退回补充侦查的意见，报检察长或检委会决定。对逮捕决定的执行情况，侦查部门要及时告知侦查监督部门。自侦部门拟对已被逮捕的犯罪嫌疑人取保候审的，应书面征求侦查监督部门的意见。三是监督审讯等侦查活动是否合法。刑检部门通过办理自侦部门移送审查逮捕和审查起诉案件，着重监督侦查人员是否履行对犯罪嫌疑人、证人的告知义务，是否具有诱供、刑讯逼供等违法取证行为。如发现侦查人员有违法违纪行为，可以直接向侦查部门提出纠正意见，意见未被采纳或者情节较重的，应报检察长决定。四是审查其他强制措施。着重审查逮捕以外的其他强制措施的决定、执行、变更、撤销情况，从中发现和纠正违法行为。五是审查撤案决定。侦查部门作出撤销案件的决定应及时通知刑检部门，刑检部门经审查认为撤销案件有错误的，可以报请检察长或检委会决定。

4. 发挥监所检察部门的监督制约作用

监所检察部门应重点对自侦、刑检部门行使职权的办案期限实行监督，并负责纠正超期羁押、单人提审、出所讯问等问题。侦查部门应当将决定、变更、撤销取保候审、监视居住、拘留、逮捕等强制措施的情况书面通知本院监所检察部门。监所检察部门发现自侦部门对犯罪嫌疑人采取强制措施有超过法定期限或有其他违法现象的，应当向自侦部门提出纠正意见，并报告检察长。

5. 在办理刑事申诉案件中发挥监督制约作用

办理刑事申诉案件是对自侦检察权进行内部监督的一道重要工序，发挥好这一工序的监督制约作用，必须要有制度机制的保证。实践证明，自己纠正自己的错误比较困难，自侦部门扣押、搜查搞错了或者违法了，不容易自己纠正。控申部门不直接开展批捕、侦查、起诉工作，纠正有关错误较超脱。控申部门通过对自侦案件中当事人和发案单位不服自侦部门有关决定的申诉进行复查，监督自侦部门是否依法办案，纠正办案中的违法行为或不当决定，防止和堵塞自侦检察权的滥用和误用。对自侦部门工作人员，因违法行使职权侵犯公民的人身权利和财产权利的，经审查核实后，该赔的应大胆赔、主动赔，绝不能姑息和掩饰错误。为了加强内部监督制约，明确部门和办案人员的责任，有必要健全两项制度：一是实行责权利相统一的办案责任制。明确承办人、部门领导和检察长的职责；要明确界定各级别检察官的职权，检察官应在职权范围内依法大胆行使职权，不能什么事都请示、依赖领导。二是落实错案责任追究制度。实行错案追究制的根本目的在于增强办案人员的责任意识、提高办案质量。对自侦部门工作人员违法行使职权造成错案的，根据情节依法追究相应的刑事、民事、行政责任，这有利于从办案机制上强化内部监督制约。

6. 发挥检委办的监督制约作用

检委办是检委会的日常办事机构，应对自侦部门的办案活动履行一定的监督制约职责。具体操作上，检委办可在检察长和检委会的授权下，对自侦部门办案情况进行特别程序性的专门检查和监督。监督案件的范围应包括：署名举报的重大线索初查后没有立案的；作撤案处理的；检察长认为需要检查监督的其他案件。监督可以通过审阅卷宗，调取相关材料，讯问犯罪嫌疑人（被告人），询问与案件有关的当事人等方法进行。对不影响案件处理的一般办案质量问题，由检委办审查后直接通知自侦部门纠正；对需要发出书面纠正意见的，经检委办审核后，报主管检察长决定；对需要确定案件质量责任和改变原处理决定的，提交检委会讨论决定。

7. 发挥纪检监察部门的监督制约作用

检察机关内部的纪检监察部门，应积极主动地开展监督，主要做法可以是：（1）走访单位，协请监督检纪检风。通过走访单位和发送《随案征询意见表》，听取和了解干警办案纪律作风情况，及时发现有无随意占用发案单位车辆、通信工具、报销费用等现象。（2）征询当事人意见，依法保障当事人权益。通过随时走访案件当事人，及时了解干警是否依法办案，是否严格执行诉讼程序和办案纪律，是否有效保障当事人诉讼权益等。（3）深入办案第一线实地检查督促。与侦查部门保持密切的联系，经常深入办案现场检查或随时抽查办案中执法执纪情况，发现问题及时督促纠正，防患于未然。

8. 实行对重大案件的专门监督

对县处级以上干部犯罪要案或在当地有重大影响的案件，应实行专人办理和专人监督相结合的模式，即对该类案件的线索受理、初查、立案和侦查，指定专人（重案组）负责，并严格遵守保密规定；在对该类案件办理过程中，指定专门人员进行重点监督；在案件侦结后，实行专人复核，对办案程序、案件质量进行严格把关，防止可能出现的各种疏漏。

9. 加强上级检察机关对下级检察机关侦查工作的监督制约

对自侦案件的侦查活动，要建立分级备案制度，即按犯罪嫌疑人的职级，报不同的上级检察机关备案。最高人民检察院和上级人民检察院根据报送的材料对案件的侦查活动进行监督，发现下级检察机关在侦查中有违法违纪现象的，应进行批评纠正和处理。在这里，笔者要着重强调的是建立独立的检察一体化体制问题，这是构建现代自侦检察机关内部监督机制的前提。我国现行的检察体制完全是按照行政区划设置的，在行政事务上由当地党政管理，人、财、物完全受制于地方。过多的地方性行政干预是造成自侦检察权滥用的一个不可忽视的因素。对于这个问题，法学界开出了许多"药方"，其中呼声最高的、最具代表性的就是实行垂直化管理。垂直化管理同时具有两种不同的方案：一种是绝对的垂直，即从最高人民检察院到地方实行单一的领导体制，但这种金字塔式的管理体制，对体系庞大的四级检察机关来说，管理效率就是一个不容忽视的问题，而权力的分配、人、财、物等等一系列的问题使提出这一方案的专家也感到底气不足。另一种是相对的垂直，即省级检察院以下实行三级垂直管理，改革的难度和操作的难度都相对较小，既保持了检察机关的独立性，又消除了检察权力过分地方化的弊端，笔者认为这个方案具有较大的可行性。同时，笔者认为在实行垂直化管理的同时，还应当适时地建立职业化检察官制度。即在现行宪法框架下，检察官产生方式不变的情况下，由省级人大设立相应的机构对新任检察官进行考试，取得资格后，再由同级人大对不同类型的职业检察官进行任命，一经任命，即成为职业检察官，不受行政职级和行政权力的左右。在此基础上，不同类型的职业检察官按照自己的职责范围，按照《刑事诉讼法》的规定开展法律监督，从根本上杜绝行政权对法律监督权的干扰和替代①。

# 四、立案监督的范围问题

修改后的《刑事诉讼法》实施以来，检察机关不断加大刑事立案力度，监督公安等侦查机关对有案不立，有罪不究，以罚代刑案件的犯罪分子追究了刑事责任，维护了司法公正，保证国家法律的统一正确实施。但在司法实践中，对刑事立案监督的范围如何确定还存在着一些问题，造成监督不力。因此，理论界和司法实务工作者就检察机关立案监督的范围仍在进行广泛探讨。

所谓刑事立案监督的范围，是指应当对哪些案件实施立案监督。《刑事诉讼法》对刑事立案监督范围的规定主要有《刑事诉讼法》第 87 条和第 18 条第 2 款。在司法实践中，对于刑事立案监督的范围，分歧较大的是如何理解《刑事诉讼法》第 87 条规定的"公安机关应当立案侦查而不立案侦查"的案件。对该条应如何理解？除了通常所讲的"有案不立"之外，是否还应包括其他案件？

## （一）刑事立案监督的法律根据和范围

我国《刑事诉讼法》第 87 条规定："人民检察院认为公安机关对应当立

---

① 李维国：《关于加强自侦检察权内部监督的思考》，载《中国检察论坛》2004 年第 6 期。

案侦查的案件而不立案侦查的，或者被害人认为公安机关对应当立案侦查的案件而不立案侦查，向人民检察院提出的，人民检察院应当要求公安机关说明不立案的理由。人民检察院认为公安机关说明的不立案的理由不能成立的，应当通知公安机关立案，公安机关接到通知后应当立案。"第18条第2款规定："……对于国家机关工作人员利用职权实施的其他重大的犯罪案件，需要由人民检察院直接受理的时候，经省级以上人民检察院决定，可以由人民检察院立案侦查。"这是人民检察院对刑事立案活动进行监督的基本依据。根据该规定，最高人民法院、最高人民检察院、公安部、国家安全部、司法部、全国人大常委会法制工作委员会《关于刑事诉讼法实施中若干问题的规定》、《人民检察院刑事诉讼规则》等又进一步作出了具体规定。根据上述规定，刑事立案监督的范围包括：其一，公安机关应当立案而不立案侦查的案件；其二，公安机关不应当立案而立案侦查的案件；其三，人民检察院侦查部门应当立案侦查而不报请立案侦查的案件。

立案监督是检察机关应当履行的法律监督职能之一，我国有关法律对立案监督作出了规定，但仍然存在一些欠缺。监督范围界定不完备，未规定对不应当立案却立案的监督：其一，《刑事诉讼法》仅规定了对"应当立案而不立案侦查"的立案监督，并未就"不应当立案而立案侦查"的立案监督作出规定。在实践中，某些司法机关受利益驱动，超管辖范围立案，对不应由本部门立案的案件违法立案侦查。监督范围界定不全，易形成立案监督的空白地带。因此，明确人民检察院对刑事立案主体的"不应当立案侦查而立案侦查"及其他刑事立案活动中的违法行为的立案监督权迫在眉睫。其二，立案监督的范围应当不仅局限于对应不应当立案的法律监督，还包括对刑事立案程序是否规范、立案决定是否合法的法律监督。在提倡建立法治国家的今天，程序与实体同样重要。立案监督不应当仅限于对立案或不立案决定是否合法进行监督，还应当就立案程序是否合法规范进行监督。在实践中尤其要重点抓好下列案件：一是刑事立案主体接到报案或者发现犯罪事实、犯罪嫌疑人，没有作出刑事立案决定的。二是刑事立案主体把应当追究刑事责任的案件以治安处罚案件立案或者处理。三是刑事立案主体刑事立案后发现不应对犯罪嫌疑人追究刑事责任的，本应当撤销的案件却转为治安处罚或者劳动教养处理的。四是检察机关发现正在被执行刑罚的罪犯，在判决宣告以前还有其他犯罪，公安机关应当立案侦查而不立案侦查的。五是被害人有证据证明的轻微刑事案件，因证据不足被驳回自诉或人民法院认为被告人可能判处3年以上有期徒刑，移交公安机关处理，公安机关应当立案侦查而不立案侦查的。六是人民法院对公民提出的自诉案件以不属于自诉案件为理由不予立案，而公安机关又以自诉案件归法院受理为由不予受理的。

（二）强化刑事立案监督的必要性

首先，强化刑事立案监督是司法公正的需要。1996 年《刑事诉讼法》颁布实施前，司法工作中时常出现如有案不立、有罪不究、不破不立或以行政处罚、经济处罚、治安处罚代替刑事追究等现象。这些都是我国犯罪黑数的重要成因，使得有的统计数据不能准确、客观地反映出社会治安的真实面貌，给国家对社会治安治理的决策造成误导。建立和加强对刑事立案的监督就是要消除这些情况的存在，切实保证公正司法。

其次，强化刑事立案监督是保障人权的需要。作为我国刑事诉讼的第一道程序，立案与否直接关系到国家、社会、公民合法权益的保障。这是因为，一方面，任何机关团体、企业事业单位或公民，都有权对犯罪提出控告和举报，要求追究犯罪人的刑事责任，立案与否，就意味着司法机关对这一权利能否给予有效保护。另一方面，对被举报人、被控告人来说，是否被立案决定了其是否成为被刑事追诉的对象。因此，要避免冤错案件的发生，使无辜者免受追究，也必须加强对刑事立案的监督。

（三）当前，关于刑事立案监督的范围，理论界和司法实践部门有观点认为，根据《刑事诉讼法》第 87 条的规定，检察机关只能对应当立案而不立案的行为实施监督

因此，对不应当立案而立案侦查的情况不在立案监督内容之列，检察机关如要监督，并无法律上的依据①。

立案监督制度目前在法律及有关司法解释中的规定共体现在三个规范性文件中，即《刑事诉讼法》第 87 条，六部门《关于刑事诉讼法实施中若干问题的规定》第 7 条和《人民检察院刑事诉讼规则》第 10 条之中。

《刑事诉讼法》第 87 条规定："人民检察院认为公安机关对应当立案侦查的案件而不立案的，或者被害人认为公安机关对应当立案侦查的案件不立案侦查，向人民检察院提出的，人民检察院应当要求公安机关说明不立案的理由。人民检察院认为公安机关不立案理由不能成立的，应当通知公安机关立案，公安机关接到通知后应当立案。"这是检察机关实施立案监督的直接法律依据。从本条内容不难看出，其立法原意是公安机关（含国家安全机关）是立案监

---

① 周洪波、单民：《关于刑事立案监督的几个问题》，载《人民检察》2004 年第 4 期。

督的唯一对象。但是，立案监督是指检察机关对刑事立案主体的立案行为是否合法实施的法律监督活动。在我国刑事诉讼中，有权立案的主体包括：公安机关、国家安全机关、人民检察院和人民法院。

由此可见，立法仅把立案监督的对象归结于公安机关必然会造成立案监督体系的疏漏，难以保证立案监督制度的科学性和合理性。因此，在立法中要加强对其他立案主体立案活动的监督。这不仅有利于这一制度得以实现，而且有利于其他部门更好地发挥作用。例如，北京市反贪部门有利用立案监督制度解决举报人缠诉案件的实践，通过批捕部门的监督和解释，经历有关程序，能够让举报人获得更为满意的"说法"。

同时，根据这一规定，检察机关实施立案监督的范围只能是对应当立案而不予立案的行为。也就是说，立案监督的范围仅限于有案不立这一种情况，这样不仅未将立案活动的过程如立案材料的接受、审查和处理纳入监督范围，对立案结果的其他几种情况，如不破不立、破而不立、以罚代立、立而不究等几种情况都未作规定。虽然《刑事诉讼法》明确规定对消极立案行为实施监督，主要是为了解决司法活动中存在的有案不立、有罪不究、以罚代刑等问题，但这并不意味着对积极立案行为中的违法现象放任自流。事实上，积极立案行为中的违法现象也大量存在，其危害与消极立案中的违法行为造成的危害同样是巨大的。如果不对积极立案行为实施监督，其中的违法行为就得不到及时纠正，立案的合法性就失去保障，这样的立案监督制度本身就是片面的、不科学的。

正因为如此，《人民检察院刑事诉讼规则》对《刑事诉讼法》的这一规定作了一定突破，其第378条规定，对于公安机关不应当立案而立案侦查的，人民检察院应当向公安机关提出纠正意见。此规定颇为含糊，它表明了最高人民检察院认为应当把积极立案行为纳入立案监督程序之内的态度，但囿于《刑事诉讼法》的规定，最高人民检察院又不可能直接在这一制度中涵盖这一行为。何况公安机关是否接受超出刑事诉讼法范围的监督也是问题。纠正意见的效力并不能真正起到监督的作用。

## （四）完整、全面地确立立案监督的范围

建议立法应该规定刑事立案监督也包括公安机关不应立案而立案的情形，理由如下：其一，从理论上讲，刑事立案监督是对刑事立案活动的全面监督，既包括公安机关应予立案而未立案情况，也包括公安机关不应立案而立案的情况。刑事立案是刑事立案主体认为有犯罪事实，需要追究刑事责任时，依法决定作为刑事案件进行侦查的一种诉讼活动。刑事立案的任务是审查和判定获得

的材料是否符合立案条件，有无法定不予追究的情形，决定是否立案。其内容包括决定立案和决定不立案，即积极立案行为和消极立案行为。如果只对消极立案行为实施监督而不对积极立案行为实施监督，立案的合法性就失去了保障，这样的立案监督制度本身就是片面的，缺乏科学合理性。其二，检察机关的法律监督，目的在于保障人权和保护社会，二者不能偏废。检察机关既要通过对公安机关消极立案行为进行监督，使得实施犯罪行为的人受到刑事追究，实现保护社会的目的；也要通过对公安机关的积极立案行为进行监督，使得没有实施犯罪行为的人不受刑事追究，以实现保障人权的目的。《刑事诉讼法》明确规定对消极立案行为实施监督，主要是为了解决司法活动中普遍存在的有案不立、有罪不究、以罚代刑等问题。其没有规定对积极立案行为实施监督，是立法的缺陷。其三，从某种意义上说，公安机关积极立案行为中的违法现象比其消极立案行为具有更大的社会危害性，更容易引起民愤，导致法的威信丧失。因为公安机关消极立案行为中的违法行为是放纵犯罪分子，而其积极立案行为中的违法行为却是在侵犯人权。有人认为，对积极立案中的违法行为，可以在立案后的侦查、起诉过程中，通过作出不批捕、不起诉等方式予以纠正，无须直接对积极立案行为监督。笔者认为，这种观点极不正确，是轻视人权的思想。既然能够早一些避免人权被侵犯，为什么不及时补救，而要等到后面的程序呢①？

根据《宪法》对检察机关是法律监督机关性质的定位和《刑事诉讼法》第7条、第8条的规定以及公、检、法三机关在刑事诉讼过程中"互相配合、互相制约"的立法精神。笔者认为，刑事立案监督应当既包括立案活动过程的监督，也包括对立案与否的结果监督；应当既包括对其立案活动是否符合刑事实体法的规定予以监督，也包括对其立案活动是否符合刑事程序规范进行监督，这样才是完整的、全面的监督②。

---

① 周洪波、单民：《关于刑事立案监督的几个问题》，载《人民检察》2004年第4期。

② 黄一超、李浩：《强化刑事立案监督的若干问题探讨》，载《政治与法律》2001年第3期。

# 第三章　公诉问题研究

## 一、公诉引导侦查

### （一）公诉引导侦查的概念

公诉引导侦查取证，细言之就是检察机关引导侦查取证，是指检察机关为了提高刑事案件的公诉质量，及时、全面、合法地获取指控犯罪所必需的证据，而采取法律规定的诉讼手段，加强与侦查机关（包括公安机关和自侦部门）的配合，引导侦查机关准确、全面地收集和保全指控犯罪所必需的证据，保证侦查活动的依法进行，从而确保公诉活动的顺利进行。

《刑事诉讼法》修订后，庭审方式的改革，证据不足，指控的犯罪不能成立的无罪判决，都对公诉机关提出了更高的要求。依法全面、准确、及时地收集和固定证据就显得至关重要，它直接影响到公诉案件的质量，影响到案件的定性和审判。当前，由于侦查机关受高科技设备技术手段、人工素质所限和来自社会各方面对侦查活动的干扰，犯罪嫌疑人拒不供认犯罪事实或时供时翻，犯罪嫌疑人与证人、证人与证人之间的相互串通，加之新形势下犯罪所呈现出的集团化、智能化、犯罪手段更加隐蔽等诸多因素的影响，侦查部门所收集到的证据有时难以达到起诉所要求的标准。在此情况下，公诉机关根据需要将案件退回侦查机关重新侦查或补充证据是不可避免的。这样，个别的重特大、疑难复杂案件不能在法定的期限内补查完毕，导致案件审限过长，甚至超审限办案，不能充分发挥司法机关从重、从快打击刑事犯罪的作用，在社会上造成不良的影响，而且还侵犯了当事人的合法权益。因此最高人民检察院提出了三大公诉改革之一建立公诉引导侦查取证制度，当前全国检察系统的公诉部门均处在积极的摸索和试行之中。

### （二）公诉引导侦查的必要性

1. 公诉引导侦查取证是刑事诉讼法的要求

《刑事诉讼法》第 129 条规定："公安机关侦查终结的案件，应当做到犯罪事实清楚，证据确实、充分，并且写出起诉意见书，连同案卷材料、证据一并移送同级人民检察院审查决定。"第 136 条规定："凡需要提起公诉的案件，一律由人民检察院审查决定。"第 140 条规定："人民检察院审查案件，可以要求公安机关提供法庭审判所必需的证据材料。……"

从上述规定可以看出，在刑事诉讼中，公安机关侦查取得的证据，最终能否作为证据使用，需要检察机关的认可，而检察机关认定的依据则是该证据是否是法庭审判所必需的。而法庭审判活动就是出庭支持公诉的过程。由此可见，侦查取证的最终目的是为了提起公诉进行法庭审判。因此侦查取证应紧紧围绕这个目的进行，为此目的服务。这就要求在实践中，侦查取证活动应接受公诉的引导，按照公诉的要求去做。

2. 公诉引导侦查取证是实现刑罚目的需要并进而保障《刑法》的实施

刑法实施的保障在于其不同于一般法律的强制力，而刑法的强制力是依靠刑罚来实现的。刑罚的目的之一就是打击犯罪，这一目的实现的途径则是司法审判。司法审判的内容是确定犯罪、惩罚犯罪。公诉活动是司法审判的重要组成部分，揭露犯罪、证实犯罪是公诉的目的。这一目的的达到要靠能满足公诉需要的，确实、充分的证据。这些合乎要求的证据来源于侦查取证。

刑罚目的的整体实现，有赖于个案审判的质量保证。在具体案件的审判过程中，证据是决定性因素，而担负向法庭提供证据、出示证据，并运用证据来揭露、证实犯罪任务的是公诉机关。因此，证据的搜集必须是以公诉为中心、为目的、为指向。也只有这样，侦查取得的证据才会有价值，才会发挥应有的作用。

3. 公诉引导侦查取证是司法制度发展的趋势

世界上基本存在两大法律体系：一为英美法系，一为大陆法系。我国的司法制度源自前苏联，受大陆法系影响较大，但又有别于大陆法系国家。在司法制度的范畴内，公诉与侦查取证的关系可以理解为检察机关与司法警察的关系。传统的英美法系国家，检察机关与司法警察是各自独立的，检察机关完全不干涉司法警察对刑事案件的侦查取证工作。但对于司法警察提供的案件及证据拥有绝对的否定权。这种司法制度强调保障人权，但却不利于打击犯罪保护社会。因此，英美法系国家近年来正在逐步吸收大陆法系国家的一些司法制度，以增强在追诉犯罪方面的能力。

大陆法系国家中，司法警察在工作中接受检察机关的领导、指挥，侦查取证按照检察机关的指导进行。这有利于案件的诉讼、审判，从而进一步保障社会公众的利益。因此，大陆法系国家实行的这种侦检一体化的司法制度，在世界范围内正被越来越多的国家采用。①

　　我国的司法制度不同于以上两种制度，我国实行的是公安机关和检察机关分别独立行使侦查权的制度。这使得大多数刑事案件是由公安机关独自进行侦查的。这种方式存在一定的弊端，如侦查与公诉脱节，证据质量不高等，不过可喜的是，我国的法律研究者，已经意识到了这一点，并正在努力推动我国的司法制度改革，许多学者已经提出在我国实行侦检一体化，由检察机关来引导公安机关侦查刑事案件，笔者认为这与检察机关、审判机关正在推行的主诉检察官、主审法官的改革应是同步的，否则就会造成司法改革的脱节与不协调。

## （三）公诉引导侦查的价值分析

　　"价值"一词源于哲学范畴，它是客体的属性或功能对主体需要的满足，是一种效益关系。一个科学合理的价值评价，必须符合两项基本要求：一是对客体状况的正确认识；二是对主体需要的正确认识。② 由此，对于引导侦查机制的设立，不妨从其本身的法律价值和现实的社会价值两方面来作以分析：

　　1. 引导侦查机制设立的法律价值

　　1996 年《刑事诉讼法》修改以来，进一步稳固了我国公、检、法三机关分工负责、互相配合、互相制约的刑事诉讼结构，加强了检察监督，同时对诉讼模式及规则进行了相应的局部调整，在审判阶段引入了审判中立、公诉方与辩护方进行平等对抗的审判方式改革。这种变化让我们看到了诉讼结构改造的趋势，即从公、检、法三位一体的结构向控辩双方平等、法官居中裁判的三角形结构转变的希望。但就目前的过渡阶段来说，确实存在着不平衡的问题，控方为保证诉讼质量的侦查引导权、辩方为取得相对对等地位的独立取证权以及法官超脱于控辩双方之上的法律地位的保障等并没有得到相应的建立和完善。立法有规定而司法中又没有相应的制度保障，这就是 1996 年《刑事诉讼法》的一个悖论，同时也是最高人民检察院、公安部 2000 年 8 月联合下发《关于公安机关刑侦部门、检察机关批捕部门、起诉部门加强工作联系的通知》，最高人民检察院 2001 年 6 月《关于侦查监督部门、公诉部门加强工作联系和配合的通知》先后出台的原因。③ 可见，从宏观的刑事诉讼程序法律规定上就缺乏对"大控方"观念的支持，对作为"大控方"的检察机关和具有侦查职能

---

　　①　金明焕：《比较检察制度概论》，中国检察出版社 1991 年版。

　　②　李秀林、王于、李淮春：《辩证唯物主义和历史唯物主义原理》（第五版），中国人民大学出版社 2004 年版。

　　③　岳金矿、许永俊：《现行法律框架下公诉引导侦查机制的思考》，载《海淀检察》。

的公安机关的关系定位更是缺少法律依据，所以，引导侦查机制只能作为一种工作途径成为弥补法律空白的权宜之计，而无法从法律层面体现其真正的价值。

从世界各国的规定来看，检察机关引导侦查模式大致有以下几种：

第一种是领导式。主要是德国。《德国刑事诉讼法典》将警察严格的视为检察院的一个"辅助机构"，规定了检察机关对于司法警察的领导与指挥权。①

第二种是协助式。主要是日本。《日本刑事诉讼法典》规定，检察官对司法警察职员享有一般性的指示权，两者必须相互协作实施侦查。②

第三种是独立式。主要是英国。在英国，检察机构不参与侦查活动，司法警察是侦查行为的独立实施者。对于逮捕等强制性侦查措施的司法审查主要由法院实施许可和授权。③

第四种是指导参与式。主要是美国。在美国，检察官的主要职责是代表国家提起公诉，多数案件，检察官并不亲自进行侦查，而是指导和监督专业侦查人员和大陪审团。但在一些大都市，检察官也往往应公众要求而承担侦查工作，特别是暴力团体案件。④

第五种是分阶段式。主要是法国。在法国，实行两级预审（又称司法侦查）制度，即"初步侦查"和"司法侦查"。在初步侦查模式中，对于现行轻罪案件，司法警察可以直接采取一些紧急性的侦查措施，但对于现行重罪案件，司法警察无权进行侦查活动，而必须向检察官报告，在检察官的直接领导和指挥下进行初步侦查活动。在此阶段，司法警察变成检察官或预审法官的助手，其侦查行为要接受检察官的监督；在司法侦查模式中，预审法官对司法警察的侦查活动进行指挥、领导，检察官被召集参加一些重大案件的侦查活动。故笔者将其归纳为分阶段式模式。⑤

第六种是引导式。主要是中国。在我国，警察在侦查活动中不受检察机关的领导、指挥，属于独立、平行而互不隶属的侦查机关，同时，检察机关对公安机关的侦查活动，有权实施"法律监督"，并在监督的基础上可以对公安机关的侦查活动实施引导。

---

① ［德］约阿希姆·赫尔曼：《德国刑事诉讼法典》，李昌珂译，中国政法大学出版社 1995 年版。

② 江礼华：《日本检察制度》，中国人民公安大学出版社 1996 年版。

③ 陈瑞华：《侦查模式之比较研究》，载《刑事诉讼的前沿问题》，中国人民大学出版社 2000 年版。

④ 陈卫东、郝银钟：《侦检一体化模式研究》，载《法学研究》1999 年第 1 期。

⑤ 《法国刑事诉讼法典》，余叔通、谢朝华译，中国政法大学出版社 1997 年版。

通过对各国引导侦查模式的比较研究，笔者发现引导侦查机制的上位关系应当是侦查机关与检察机关的关系，简言之，即检警关系。而对于检警关系的讨论，理论界有三种不同的观点，第一是明确主张检侦一体化，认为应当从立法上确立检察机关对于侦查机关的职能上的领导与指挥地位，其目标是对刑事犯罪实现充分有效地追诉，同时在一定程度上防止警察权力滥用侵犯公民权利①；第二是坚决主张检警分离，认为中国最大的实际问题是警察权、审判权的滥用问题，检察机关的法律监督地位不仅不应当削弱，反而应当得到加强；第三是强调检警配合与引导侦查，实现侦诉职能的一体化和检警组织关系的紧密化②，其认为互相配合、引导侦查是公、检诉讼目的一致性的要求，是解决侦查监督问题的根本保证③。笔者认为，第一种观点对于检察改革的规划来说确实是一种良好的前瞻性构想，但在目前来说现实意义难以实现；第二种观点对于检察理论的研究又显得过于机械；而第三种观点强调了侦检的配合与制约，模糊了检侦一体化的提法，在我国具有现实可行性。笔者赞同第三种观点，同时也为引导侦查找到了理论定位，为其法律价值的实现奠定了理论基础。

2. 引导侦查机制设立的社会价值

引导侦查的社会价值，主要体现在其迎合了现实的需要，弥补了警察素质普遍不高的现状，并对统一证据规则的确立起到了推动作用，同时也促进了司法公正和效率的提高。

首先，建构检侦关系，确立引导侦查机制，尚须考虑我国警察素质整体较低的现状。一般来说，警察缺乏尊重法律程序的意识，更多地是追求破案率，对于将来法庭上检察官举证成功与否关注不够，警察取证的全面性、有效性乃至合法性尚显不足；更有甚者说，在侦查过程中，警察的违法甚至犯罪行为屡见不鲜，刑讯逼供的行为就屡禁不止；而从目前的现状来说，公安机关侦审合一改革推行以来，在侦查的力度和预审的质量上都出现了不同程度上的问题。为此，加强检察机关对侦查活动的控制和取证活动的指导无疑是必要的和重要的。

其次，引导侦查机制的运行，核心强调了对证据的收集、固定和完善。对于证据规则这个相对实体性的规范来说，引导侦查机制从程序方面对其进一步

---

① 陈卫东、刘计划：《论检侦一体化改革与形式审前程序之重构》，载《刑事法评论》。

② 陈瑞华：《看得见的正义》，中国法制出版社 2000 年版。

③ 张穹：《关于检察改革的若干理论问题》，载《检察论丛》第 3 卷。

的统一和确立提出了要求。检察机关引导侦查取证首先必须要有证据标准，这种证据标准要为公、检、法三机关统一掌握，否则引导就无从谈起。证据立法，尤其是刑事证据法典化，已经成为目前学术界和国家立法机关关注并着手实施的项目，有的学者提出了《中华人民共和国刑事证据法（草稿）》①，北京市高级人民法院作出了《关于办理各类案件有关证据问题的规定（试行）》。这样将有效的避免公、检、法三机关在证据问题上各执一词，互相推托的现象，检察机关也将更有力的发挥引导侦查的职能，建立起以公诉为龙头，以侦查为保证的刑事追诉体系，更好地为法庭审判服务。

第三，引导侦查机制有助于在保证司法公正的前提下，提高诉讼效益和诉讼质量。公正和效率原则是世界各国刑事司法改革所追求的目标，比照建立简易程序和其他速决程序而言，引导侦查机制的设立在降低诉讼成本，提高诉讼效率方面似乎是微不足道的，但它在实践中对于推动审判程序的顺利进行，进而实现诉讼效益原则，确实起着不可忽视的作用。举简单的实例来说，对于贩卖毒品的案件，侦查人员根据吸毒人员的举报布控，但却偏偏在犯罪嫌疑人还没有向吸毒人员进行毒品交易时就将其抓获，有的没有做毒品鉴定，有的甚至连毒品都没有起获。这无论在批捕阶段还是在起诉阶段都是证据不足，这不能不说是因为侦查人员严重缺乏证据意识所造成的。但是，这种现象通过引导侦查是完全可以避免的。对于重大疑难案件，其更能减少来自侦查取证或者因证据不足不捕、退补后补充侦查等带来的无谓消耗，对司法资源（人力、智力、物力、财力）的优化配置，诉讼成本的节约和诉讼效益的提高都将起到积极的作用。

### （四）公诉引导侦查的趋势分析

我国现行检警关系在刑事诉讼中有合理的一面，但也有其不足。如公安、检察机关配合不够主动，有时没有形成合力，侦查、拘留、预审占有主动性，检察、批捕、起诉处于先天被动性，公诉引导侦查往往受限，影响了实际监督效果。为克服以上弊端，必须创新机制，实施公诉引导侦查，以顺应加入WTO后现代司法诉讼关系的发展。

1. 公诉引导侦查因形势发展而产生

1996 年修改后的《刑事诉讼法》实施后，全国公安机关召开会议，进行刑侦体制改革，在立案、侦查等方面制定新的考核指标和评比程序，实行责权利相结合，以人定岗，以岗定责，提高办案质量。此后，公安提请报捕数量大

---

① 樊崇义等：《刑事证据前沿问题研究》，载《证据学论坛》第 1 卷。

幅上升，但由于缺乏审查把关程序，撤销预审机构，不捕案件数量也随之增多，该收集的证据没有收集，即使收集了证据也不全面，对捕诉要求不了解，削弱了打击犯罪的力度。只有在批捕介入侦查的基础上，再行公诉引导侦查，变"单手审查"为"双手把关"，减少不必要的退补侦查，消除证据"夹生饭"现象，保证刑事诉讼的顺利进行。如吉林省通化市人民检察院运用公诉引导侦查机制，成功地办理了公安部、最高人民检察院挂牌督办的田波等人涉黑案件，就是很好一例。自 1996 年以来，以田波为首的恶势力在吉林省梅河口市称霸一方，1995 年后，其在部分国家工作人员的纵容下，杀人伤害、寻衅滋事、非法拘禁、强迫交易，引起社会群众的强烈不满。通化市公安机关在侦破此案过程中，通化市人民检察院公诉部门迅速介入侦查，树立查证"一盘棋"思想，协助侦查人员梳理、甄别证据，共提出补查建议 130 余条，实现了诉侦接轨，合力攻坚。吉林省人民检察院吕英儒副检察长率公诉处胡秋华处长多次就侦查中的关键问题亲临一线指挥，正确认定了田波等人具有黑社会性质组织犯罪的特征。此案公诉后，2002 年 4 月 8 日，通化市中级人民法院一审认定田波、李家永等 3 人犯组织、领导、参加黑社会性质组织罪，数罪并罚被判处死刑，其他 34 名被告判处有期徒刑，收到了较好的社会效果和法律效果。[1]

2. 公诉引导侦查因庭审改革而发展

两法颁布后，由于审判机关进行了审判体制改革，控辩方式被确立，公诉人与辩护人驾驭庭审程度明显加强，双方对证、质证、辩证的浓度增高，加大了公诉人的法庭举证责任力度。因此，必须克服"重破案、轻证据"，"重实体、轻程序"的错误侦查导向，让公诉引导侦查，着眼于以起诉标准而收集证据，打击犯罪。

3. 公诉引导侦查因侦查监督而推进

《刑事诉讼法》规定，人民检察院审查案件时，必须查明犯罪证据是否确实、充分，有无遗漏罪行和其他应当追究刑事责任的人，侦查活动是否合法。检察机关对侦查活动的监督，主要是通过对公安移送的证据材料进行审查，然后决定是否批捕、起诉以及对立案、侦查活动是否合法进行监督等形式实施，这种监督往往是事后被动的监督，缺乏事先主动监督。因此，最高人民检察院在第一次召开的侦查监督会上，首次提出公诉进入侦查，公诉应当取证，检察机关要积极参与、了解侦查活动，及时纠正侦查中的违法行为。

---

① 《"晚上市长"作恶多年终有恶报》，载《广州日报》2003 年 1 月 2 日。

### （五）公诉引导侦查取证的方式和途径

1. 个案引导的方式

公诉引导侦查取证是一项具有很强针对性的活动，实践中的案件千差万别，即使是同类案件，案情也会有很多不同之处。因此，引导侦查的重点是依据具体案件特点所进行的个案引导，主要可以采取以下几种方式：

（1）建立通报制度，重要案件沟通情况，交流信息。这主要是从两方面而言的：一方面是检察机关与公安机关的相互通报。即公安机关在重大案件侦破后或侦破过程中，将案件的进展情况及时通报检察机关具体的工作部门，同时对于案件中存在的问题，组织两机关的部门负责人和具体的工作人员进行讨论，检察机关在了解案件概貌基础上，从庭审的角度对于收集、固定证据和进一步的侦查方向和侦查重点提出建议；另一方面是检察机关内部建立通知制度。即批捕部门与审查起诉部门应随时沟通情况，一些重大案件，在批准逮捕后，批捕部门及时将案件的情况通知公诉部门，使公诉部门提前了解案情，从而为进一步引导公安机关侦查取证提供帮助。

（2）参加公安机关对重大案件的讨论，发出《提供法庭审判所需证据材料意见书》。公诉部门在了解案情的基础上，对于一些重大的案件可以指派专门的人员参加公安机关的案件讨论，对现有的证据情况及犯罪嫌疑人涉嫌罪名的认定提出意见和建议，必要时以发出《提供法庭审判所需证据材料意见书》的方式，从庭审的角度提出法庭所需的证据材料清单，引导公安机关对已有证据进行筛选，对欠缺的证据进行补充。

（3）列出详细的《补充侦查提纲》，为案件的补充侦查工作明确方向。对于一般性案件，公诉部门的承办人在不能提前了解案情的情况下，只有在案件移送审查起诉以后才能对案件有具体地了解。在这种情况下，对于一些事实不清，证据材料尚不充分的案件，通过补充侦查，制定《补充侦查提纲》是引导侦查的最有效手段。以前我们的承办人往往不重视补充侦查提纲的引领作用，只是简单地列明所需调取的证据，对卷宗中存在的问题也没有具体地分析，这样显然不利于公安机关对补充侦查工作的理解，也就很难有针对性地补充证据。因此，公诉部门的承办人在将案件退回公安机关补充侦查时应附一份详细的补充侦查提纲，列明预审卷宗中存在的问题，找出依据，讲明道理；同时对下一步需要补充和完善的证据材料的规格及调取目的具体加以说明，使公安机关及时了解自身工作上的欠缺，明确补充侦查方向。

（4）与公安机关共同补充侦查。对于一些特殊案件的补充侦查活动，补充侦查提纲难以讲清，或由检察机关的承办人参与进行更为有利的，可以由公、检两机关共同进行补充侦查，相互配合，以达到准确、全面收集证据的目的。

2. 宏观引导的方式

除了对重大案件，依据具体案情进行个案引导之外，检察机关的公诉部门依据长期的办案经验，可以通过与公安机关的沟通和协调，联合制定一些对于刑事案件的侦查取证工作普遍适用的合作制度，从宏观上对案件的侦查取证进行引导。

（1）建立健全联席会议制度。定期召开有公安机关和检察院主要部门负责人和具体承办人参加的联席会议，对一定时期内在刑事案件的侦查和审查起诉中遇到的问题进行研讨和协商，提出各自的看法和意见，争取达成共识，指导今后的工作。

（2）制定《公诉案件证据标准》。长期以来公安机关在收集证据过程中存在一定的问题或者盲点，主要是由于其作为侦查机关，与公诉及庭审活动有一定的距离，因而很难了解每一个罪名的认定和起诉究竟需要达到怎样的证据标准。因此，公诉部门可以根据平时的办案经验，制定出具体的《公诉案件证据标准》，使公安机关更准确地把握侦查取证的方向，明确控诉犯罪的证据标准，使侦查活动更接近庭审的要求，取证更具有针对性和指向性，从而达到引导侦查取证的目的。

（3）制定和发行交流刊物，提出书面建议。在定期的会议之外，平时的沟通和交流同样十分重要。无论是公安机关还是检察机关的工作人员，大部分时间都是忙于案件的侦查和审查起诉工作，不可能有很多的机会坐下来进行面对面的交流。在这种情况下，制定一些交流和沟通的刊物就不失为一种简便有效的方法。检察机关对于办理案件过程中发现的问题，制定和发行内部的交流刊物，通过文字的形式，或对侦查、取证活动提出纠正意见，或与公安机关就存在的问题共同查找原因，汲取教训。既达到了沟通的效果，解决了问题，又不会显得过于刻板；既解决了问题，又增进了两机关的相互了解，无疑是一种灵活实用的引导方式。

（4）建立派驻机构。根据实际的需要，检察机关也可以应公安机关的要求，在公安机关建立派驻机构，派专人定期到公安机关解答侦查人员在侦查取证过程中遇到的实际问题，并提出具体的意见和建议。

（5）建立主诉、主办检察官分片引导责任区。基层检察院将其管辖范围内所涉及的侦查机关划分为不同的区域，由不同的主诉、主办检察官分别负责相应警区的引导侦查工作，随时解答责任区内侦查人员的问题，采取多种方式引导案件的侦查取证工作。这种做法在一定时期内对于及时解决引导侦查的问题是十分有效的，但是应当注意的是，这只是一种权宜之计，随着我国主诉、主办检察官制度的不断完善和公诉引导侦查取证的不断发展，必将被更为合理的制度所代替。

### （六）实践中公诉引导侦查存在的问题与要点把握

公诉引导侦查要求检察机关对公安机关侦查案件的引导具有超前性和主动性。但现实中公安、检察机关内部机构的设置及对案件的要求不同，又使公诉引导侦查具有滞后性和被动性，公诉引导侦查不能得到有效的发挥，具体表现在：

1. "铁路警察各管一段"

公安基层办案单位以逮捕犯罪嫌疑人为终极目标。这一现象的出现，主要是公安机关对基层办案单位的目标考核，没有以所办理的案件被法院作有罪判决为考核目标，而以逮捕犯罪嫌疑人的多寡作为考核标准。这样就造成基层办案单位所办理的案件的犯罪嫌疑人被逮捕后就万事大吉，不愿再为下一环节要求补充的证据进行收集，更不关心案件是否能诉、能判，这种"铁路警察各管一段"的诉讼观念，使侦查的合力没有有效发挥，极易使有的案件的诉讼证据毁损、灭失。

2. 预审流于形式，未尽继续和扩大侦查之责

预审工作的主要职责是担负案件提捕后的继续侦查，以补充、完善诉讼证据，使案件的证据由有证据证明的标准达到案件证据确实、充分的标准。但实际工作中，由于预审部门人员少，任务重等诸多原因，预审工作难于实现继续和扩大侦查之责，草草预审后便移送起诉，极有可能使大案办成小案，多罪办成一罪。加之，公诉部门除对重、特大案件提前介入了解情况，把握证据外，对大量的案件均是被动接收，审查后发现证据不足，只能以退查的方式引导侦查取证，完善诉讼证据。退查案件增多，既浪费了有限的司法资源，又延长了办案周期。

3. 批捕部门前面把关，公诉引导侦查的有效性不便充分发挥

如前所述，公安机关基层办案单位追求的是批捕数，注重的是批捕案件的证据标准。要知道有证据证明的批捕标准与证据确实、充分的起诉标准在量上是有区别的。公诉部门介入公安机关疑难、复杂案件的取证引导，办案部门所关心的并不是案件能否提起公诉，而是可否批准逮捕。而对这样的问题，公诉部门实难回答。这样的公诉引导侦查犹如隔靴搔痒，没有实质意义，引导取证的有效性难以真正发挥。

针对上述存在的问题，在实际操作中还应注意把握以下几点：

1. 明确责任，依法进行

公诉引导侦查依赖于《刑事诉讼法》规定的公、检、法三机关分工负责，配合与制约的基础，应当依法进行，具有诉讼性。这种引导不具有强制性、指挥性、主导性特点，即只是从公诉的角度，对侦查机关收集保全证据等活动给予业务上的指导，而不是给予指导，更不是指挥。那种认为引导侦查就是代替侦查的观点是错误的，同时认为引导就是干涉侦查的观点也是不正确的。引导侦查具有一定的诉讼性和场外性，它并不能囊括在整个侦查程序中。

2. 证据引导，专项监督

从检察机关职责可以得知，我国的公诉机关不是一个单纯性的刑事犯罪追诉者，而是具有代表国家追诉犯罪和对诉讼活动进行法律监督的双重职能。公诉引导侦查解决的是证据充分问题和侦查的合法性问题，其引导的重点在于公安机关的调查证据、收集证据，公诉机关按照公诉证据标准引导侦查人员调查取证，而不能依此为借口违反《刑事诉讼法》规定，把引导演变为检察机关自行侦查，否则检察机关的法律监督职权就失去真正的法律价值与意义。

3. 重点参与，积极配合

根据司法实践，公诉引导侦查要重点参与，密切配合，并不是所有的刑事案件一概参与引导，其引导范围是：（1）本地区特别重大的案件。（2）本地区有影响的大案。（3）疑难复杂的案件。（4）公、检双方认为有必要提前介入的案件。其引导的时间为：在重特大案件发案、立案、现场勘查、法医解剖、公安讨论等阶段适时介入，提出建议，要求公安侦查机关提供法庭审前所必需的证据材料。

一忌角色不清，指挥侦查。检察官角色应是协助者、监督者，切忌指手画脚，具体安排侦查活动或者指明侦查方向。更应当明确的是，无论多么重大复杂的案件，即使有关部门要求快审快判，审判机关、审判人员也绝不能提前介入，否则就是违法。

二忌喧宾夺主，代替侦查。对侦查中讯问、询问、取证、鉴定等诉讼活动应由侦查人员进行，绝不可热情过度，大包大揽，包办代替。

三忌分工混乱，权责不清。公诉引导侦查是在各自工作范围内的互相延伸，应严格把握引导侦查的工作范围和职权的行使方法，不可因此混乱了权责关系。如果出现问题时互相扯皮，推卸责任，便违背了机制设置初衷。

四忌主观臆断，擅自决定。检察官提出指导性意见时，应言之依法，言之有据，胸有成竹，不可凭空想象，随意推测，尤其是对于犯罪嫌疑人采取何种强制措施，应否批捕，应否起诉等重大问题，不得擅自做主，随意决定。

# 二、证据展示

## （一）证据展示的含义

证据展示（Discovery）在我国法学论著中，又被译作"证据开示"、"证据告知"、"证据公开"。英国文中 Discovery 的本义，是指"了解原先所不知道的，揭露和展示原先隐藏起来的东西"①，而在审判制度中，"它是一种审判前的程序和机制，用于诉讼一方从另一方获得与案件有关的事实情况和其他信息，从而为审判作准备。"有关刑事诉讼中的证据展示，学者的解释主要有以下几种：

其一，展示是指当事人按照法定程序向执法机关提交或者向对方当事人提供证据的活动②。

其二，证据开示的基本含义是庭审调查前在双方当事人之间相互获取有关案件的信息，而在审判制度中，"它是一种审判前的程序和机制，用于诉讼一方从另一方获得与案件有关的事实情况和其他信息，从而为审判作准备。"③

其三，所谓证据开示（discovery），在刑事诉讼中是指控辩双方在开庭审判前或者审判过程中按照一定的程序和方式相互披露各自掌握或控制的诉讼证据和有关资料的活动。作为一种诉讼制度，证据开示所要解决的主要问题包括：哪些证据必须向对方开示；控辩双方分别享有哪些开示权利、承担何种开示义务；何时开示何种证据；法院对于证据开示具有何种职责。④

其四，证据先悉，是在刑事案件起诉后到法院正式开庭审判之前这段时期内，诉讼当事人用以了解对方所掌握的诉讼中必要的或有价值的材料，特别是辩护方对控诉方进行摸底，控诉方必须将准备传唤出庭作证的证人名单和其他准备在法庭上用作证据的目录提供给法庭和辩护方并作出说明的一种程序。⑤

笔者认为，刑事诉讼中的证据展示，作为一种收集证据的方法，是指审判

---

① 《现代高级英汉双解辞典》（英汉版），牛津大学出版社（香港）1978 年版。

② 龙宗智：《刑事诉讼中的证据展示制度研究》，载《政法论坛》（中国政法大学学报）1998 年第 1 期。

③ 龙宗智：《刑事诉讼中的证据展示制度研究》，载《政法论坛》（中国政法大学学报）1998 年第 1 期。

④ 孙长永：《当事人主义刑事诉讼与证据展示》，载《法律科学》2000 年第 4 期。

⑤ 李麒、王继军：《刑事诉讼证据制度的立法完善》，载《国家检察官学院学报》1999 年第 7 期。

前在控诉方与辩护方之间进行的信息交换活动。作为一种审判制度，是指控辩双方当事人在控方起诉后，法院开庭审理前，就双方各自获得的与案件有关的事实情况和其他信息依法进行交换，为审判做准备的法律规定。它属于审判准备程序的一个重要组成部分。

## （二）英美法系证据展示制度及其评介

证据展示制度最早发端于英美法系国家，现已发展得较为完善。其运作机理是：在辩方提出合理申请的情况下，法庭可以要求控方在审判前允许辩护方查阅或得到其掌握的证据材料；同时，在法律规定的特定情况下，法庭也可以要求辩方将其准备在审判中提出的证据材料向指控方予以公开。

在英美法系各国，注重追求正当、公正的程序，法律禁止控辩双方在审判前向法庭移送证据材料，指控方也不得移送记载其侦查过程和成果的卷宗材料。这对防止法官和陪审团的事先预断，保证审判的公正进行是有利的。由于控辩双方诉讼资源的严重失衡，辩方在收集证据的能力和条件上远远不能同控方相比，为了保证最终裁判结果满足双方当事人特别是被告人的真实愿望，维护程序公正，设置证据展示程序就显得十分必要。

英美法证据展示制度的主要内容是：

1. 证据展示的责任

所谓"展示责任"，是指诉讼双方依法承担的向对方展示证据的义务。在英国，长期以来证据展示责任几乎都是单方面的，即强调控诉一方向辩方展示证据。1996 年制定的《刑事诉讼与侦查法》增加了辩方向控方展示证据的义务，而且还对辩方违反展示义务应承担的不利后果作出了明确的规定。这样，英国刑事诉讼中的证据展示责任就由单方转变为双方，并以立法形式确定下来。

2. 证据展示的范围

在英国，除了法定的例外情况，原则上检控方应向辩方开示其所掌握的全部证据信息。这些证据信息分为两大部分：一部分是将在法庭上用以指控被告人犯罪的证据。另一部分则是检控方不准备在法庭中使用的证据，这些证据通常是一些可能会削弱控方而有利于辩方的证据。

相对于检控方的展示，辩方的展示范围要小得多。他们需要开示的只是关于被告人案件的性质方面的信息。那些关于案件性质的信息通常载明在辩护陈述中（也有译作抗辩声明）。在辩护陈述中记载着辩方与检控方争议的焦点和辩方的辩护要点及理由。辩护陈述的具体内容包括：辩方提出辩护的一般性质；辩护方与检控方发生分歧的事项；辩护方与检控方发生分歧的理由。如果辩护方把不在犯罪现场作为辩护理由，它必须把支持这一辩护的证据细节，如证明被告人不在犯罪现场的证人的姓名和地址以及可用来发现姓名或地址不明的这种证人的信息，载明在辩护陈述之中。

3. 证据展示的程序

在英国，证据展示主要是通过集中展示进行的，集中展示分两个阶段：第一个阶段是初次展示；第二个阶段是二次展示，如前所述，初次展示阶段展示的主要是检控方不准备在庭审中使用的证据材料。英国的警察机构设有专门的证据展示官，其职能就是把可能准备用做控诉证据的材料制成卷宗，连同不准备用做指控证据材料的目录一并移送检察官，在检控方完成证据初次展示以后，辩护方应向检控方展示其证据。即将辩护方的辩护陈述提交给检察官。检察官在对辩护陈述审阅后，将其交给证据展示官，证据展示官在对辩护陈述阅览分析的基础上，对其所保存的证据材料进行检查，以决定提请检察官注意哪些材料应在第二次展示中使用。需要强调的是，检控方的二次展示，是以辩方的展示辩护陈述为前提的。辩方若不履行该展示义务，依法将丧失要求控方二次展示的机会。此外，无论在初次展示还是二次展示中，控方都有可能以某项"公共利益豁免"为由对某份证据材料拒绝展示。而这份证据材料是否关乎"公共利益"，控辩双方看法未必一致，如果辩方不同意控方意见，它有权请求法院发布命令要求控方向辩方展示该争议证据。倘若法院认为辩方请求合理，则会向控方发布展示证据的命令，控方必须遵守该项命令。

4. 违反证据展示义务的法律后果

在英国，对于控方违反证据展示义务的后果，法律并未作出明确的规定，但是法院判例却确立了一些规则，比如对于控方无故拒绝向辩方展示的证据，法院可以采用证据排除手段使该证据失去证明效力。在有的判例中，对于控方以"公共利益豁免"原则为由拒绝展示某份证据的行为，法院有权对其理由进行审查，如果控方拒绝提交审查，该案件将被撤销。就辩方而言，其承担的展示义务虽比控方少得多，但对其违反展示义务的法律制裁并不轻缓。辩方如果在控方履行初次展示义务后，不履行展示辩方陈述的义务，它将丧失要求控方二次展示的权利，从而受到程序性制裁，而且，法院、陪审团还会因此作出对被告人不利的推论。

从上所述不难看出，尽管英美法各国在证据展示的具体运作上有所差异，但也具有如下共同特点：

1. 在证据展示责任（义务）上，立法和判例都坚持控辩双方实质而非形式上的平等

具体体现在控方要负担比辩方大得多的展示义务。这是因为，相对于辩方

而言，控方不仅拥有各种强制侦查的特权，在美国甚至还有动用大陪审团强大的传唤权，而且还拥有一支装备先进、受到过专门侦查训练的队伍——警察。而辩方则没有如此的幸运，他不仅处于受到追诉的诉讼地位，他也没有控方那样的特权和调查手段，更为糟糕的是，在调查取证时常常因证人拒绝配合而一无所获。正是由于控方在获取证据时拥有的这诸多优势以及控辩双方取证能力的制度性失衡，使得在证据展示中，必须通过扩大控方展示责任来达到实质上的平等，唯有如此，当事人主义的对抗制才能在真正公平的起跑线上展开。

2. 从证据展示的时间看

英国和美国都是在起诉前就开始展示证据。为什么要将证据展示安排在起诉前呢？笔者认为，至少有以下原因：（1）提高起诉质量。在展示证据以前，控方意欲提起公诉，依凭的往往只是己方的证据和判断，控方的意见一定程度上就带有片面性。通过对辩方证据或意见的审阅、听取，控方对己方证据将会重新审查判断，并得出更为客观的结论。在具有预审程序的国家，预审中的证据展示还可为法官是否接受提供判断依据。对于不合理的控诉案件，法官有权将其排除到审判程序以外，从而提高起诉质量，并阻止不合理起诉进入审判程序，避免浪费司法资源。（2）有利于辩诉交易的进行。显然，在辩诉交易中，控辩双方要想达成交易，就要了解对方的证据底牌，以调整、确定自己的诉讼方略。如果双方都拒绝展示证据，那么对案件和证据的认识就只能是"盲人摸象"，在此基础上各执一词的讨价还价很难想象会有什么成果。可见，诉前证据展示，是辩诉交易顺利进行的制度前提。

3. 在证据展示中，法官扮演着非常重要的角色

法官在证据展示中的重要性首先集中体现在其对证据展示争议的裁决权上。无论在英美还是在日本，立法和判例都承认，如果控辩双方就某份证据是否应当展示发生争议或者一方拒绝展示某份证据，那么法官有权对争议进行司法审查并独立作出判断。如果法官认为任何一方拒绝展示证据的理由不能成立，那么他有权依法发布要求该方展示证据的命令，接到命令的一方必须遵照执行。其次，在设有预审或审前程序的国家，法官还有权对证据展示的过程进行监督。通常的做法是，在法官的主持下，控辩双方进行证据展示。法官对证据展示中出现的问题和争议，随时作出裁断和指示。最后，法官对于违反证据展示义务的任何一方还保有制裁的权力，包括对违反义务方的证据予以排除，甚至对违法者定罪判刑。①

---

① 陈瑞华：《英美刑事证据展示制度之比较》，载《政法论坛》1998 年第 6 期。

### （三）我国确立刑事诉讼证据展示制度的意义

1. 确立证据展示制度可以最大程度的保证刑事诉讼的公正与效率

目前，我国刑事审判中正在积极推行对抗式诉讼机制，这一机制与以往的纠问式机制相比具有如下特点：其一，由于取证、举证主体扩大，证据的真实性有所降低，证据之间的矛盾对立有所增加；其二，控辩双方在质证中的对抗性明显增大。控辩双方为确保自己的论辩效果，往往将自己单方收集的证据视为制胜的秘密武器，不向对方进行开示。追求公正是刑事诉讼的目标，公正的前提必须是事实情况的真实。而证据展示就是为了让事实本身，而不靠突袭或技巧来决定审判的命运。同时，证据展示还可以大大提高诉讼效率。因为庭审时无论是控辩中的某方还是诉讼当事人如果遭遇突然情况，往往以要求中断开庭来核实真伪，这样就会造成诉讼的拖延，影响诉讼效率。确立证据展示制度可以杜绝这些现象，从而保证诉讼的公正与效率。

2. 确立证据展示制度可以解决司法实践中存在的某些棘手问题

目前在我国的刑事诉讼司法实践中，存在许多棘手问题。有些问题有时甚至需要召开公、检、法、司四长会议予以协调。如根据六机关《规定》第13条的规定："在审判阶段，辩护律师和其他辩护人依照刑事诉讼法第三十六条规定的程序可以到人民法院查阅、摘抄、复制本案所指控的犯罪事实的材料。"但是，司法实践中，由于人民检察院在庭前移送法院的主要证据复印件非常有限，且移送内容往往仅限于支持指控的材料，而有利于被告人的证据材料往往不移送，加之辩护律师直接取证受到法律或实践中的许多限制，这使得辩方常常不能较全面的占有辩护信息，影响辩护效果，大大降低了对抗性，最终影响了诉讼效果。同样，辩护律师如果一旦获取动摇主要指控事实的证据（美国刑事诉讼中叫"积极抗辩证据"），庭审前也往往对控方保密，以期到庭上搞"突然袭击"。这也同样会影响诉讼效果。而确立证据展示制度正是解决此类问题的最佳途径。

3. 确立证据展示制度是控、辩、审三方的共同呼声

目前，控、辩、审三方都已认识到，在刑事诉讼中信息封闭存在极大的弊端，为促使诉讼信息交流，完善对抗式的建立，真正从整体上提高我国刑事审判的效率，维护司法公正，尽快确立证据展示制度，已成为控、辩、审三方的共同呼声。

### （四）现行刑事证据展示制度在司法实践中存在的问题

1. 法院主动介入庭前证据展示，与其在刑事诉讼中的地位不相符

修订后的《刑事诉讼法》奠定了人民法院在整个刑事诉讼中处于"被动

受理，居中裁判"的地位，即没有起诉，法院便不能受理案件和对案件进行审判，同理，在案情的知悉上，也应遵循上述原则，即没有辩护方或控方的申请，人民法院亦不应主动决定展示证据。因为无论是辩护方还是控方，知悉的目的都是相同的，即最大限度地了解案情及证据材料，对于尚未知悉且又与所指控的犯罪事实相关的证据材料，他们定会要求对方展示，法官在此基础上让另一方展示该证据材料，方体现出法院的中立和公正。反之，如果在控辩方没有申请的情况下，人民法院仍主动将证据展示作为每案必经程序，则有越俎代庖之嫌，不但增加了诉讼环节，造成司法资源浪费，而且与法院在刑事诉讼中的地位不相称。此外，由法官主持庭前证据展示，不利于法官业务水平及庭审技巧的提高。法官的业务素质，一方面表现为法学功底深厚，对各种法律法规娴熟运用；另一方面，表现为在法庭上应对各种复杂局面的能力。随着法官学历层次的不断提高，后者成为亟待加强的薄弱环节。因庭审活动精练与否与法官的考核晋级并无必然的关系，使得一些法官不愿在研究庭审技巧上下工夫，主持庭审对他们来说等于报流水账。在这样的背景下，如果再实行庭前证据展示，使法官庭审前便有所准备并在内心作出裁量，那么，对法官的业务素质而言，只会"压低"，难以"提高"。①

2. 庭前证据展示制度在一定程度上造成了重复劳动，浪费了司法资源

由于对庭前证据展示还缺乏相应的法律规定以及完整科学的操作程序，故在该项工作中尚存不足与缺陷。如在庭前展示的证据，如在庭审前一方又提出异议，那控辩双方又会在庭审中进行较量，或一方应展示的证据在庭前证据展示过程中不予展示，则往往使这一过程成了走过场。如此种种做法，并不能使庭审过程简便，相反，由于增加了庭前证据展示这一程序，还会造成办案过程重复与司法资源的浪费。

3. 法官对程序性事务的大包大揽，已成为制约审判效率的主要障碍

根据我国《刑事诉讼法》规定，人民法院办理刑事案件，除法庭审理阶段的控辩对抗体现一定的当事人主义诉讼模式外，在其他各个诉讼阶段，特别是在大量的程序性事务如送达、通知证人、鉴定人、应申请调查取证，谋求当事人接受调解、调查核实证据中，仍带有浓厚的职权主义色彩，"辩护方动嘴，法官跑断腿"的状况并未根本改变。这种大包大揽也是我国的法官队伍庞大、工作负荷重、加班加点多，而人均办案数却远不如英、美等国的主要症结所在。此时，再由法院来主持证据展示，势必又增加法官的工作负担，使法

---

① 覃卫、王会甫：《试行庭前证据展示制度的操作思考》，载《中国刑事法杂志》2001 年第 5 期。

官整日缠身于程序性事务中，为具体事务而耗费大量精力，无暇潜心研究法律及审判技能，不利于提高审判效率。

4. 辩护方作为刑事诉讼中的弱势方，不宜在庭前向控方展示证据

我国《刑事诉讼法》及有关司法解释确实没有规定由辩护方向控方展示证据，这是不是立法上的遗漏呢？笔者认为，这非但不是"败笔"，而恰是"平等武装"的具体体现。刑事诉讼作为一种国家司法活动，由专门的国家司法机关进行，其中的侦查权、检察权和审判权都是国家权力的具体体现，并以国家强制力为保障，其目的是为了揭露犯罪、证实犯罪，追究犯罪嫌疑人的刑事责任，同时保障无辜的人不受追究。因此，公诉案件的举证责任必须且应当由公安、司法机关来承担。而对于刑事诉讼中的辩护方来讲，他们面对的是强大的国家机器而非公诉人个人，面对的是以国家财力、物力、人力、先进技术等手段为保障所获取的几乎是无懈可击的证据材料，加之犯罪嫌疑人"沉默权"的缺失、辩护律师在调查取证对象上所受的限制，更使得辩护方在整个刑事诉讼过程中处于明显的弱势地位，仅仅只能抓住控方证据的少许破绽或未及事项进行"拾遗补阙"。因此，我国现行《刑事诉讼法》规定由控方，实行单向证据展示，正符合"平等武装"的本意，体现刑事诉讼公平、民主的精神。①

5. 改革后的庭前证据展示制度有悖公正司法的理念

司法公正表现为两个方面：一是程序正义，二是实体正义。证据只有在法庭上展示并经质证，才作为定案依据，这是程序正义的要求。而由法官在庭前组织展示证据，并由控辩双方就展示的证据提出意见，该活动虽在庭前进行，似乎仅是一项程序性的工作，但所产生的法律效果却是法官对双方没有争议的证据材料的确认并在今后的庭审中作为定案的证据使用。因此，这种活动表面上看是属于程序性的工作，但从内容来讲，却是一项实质性工作，有违程序正义，不具有法律效力。且由于庭前证据的充分展示及控辩双方意见的充分发表，虽缺少被告人的陈述、辩解，但根据不轻信口供的认证原则，只要其他证据间已形成锁链，被告人的陈述、辩解已显得不那么重要，对被告人有罪（或无罪）的思维此时已在法官头脑中形成定式，这分明又回到了1996年《刑事诉讼法》试图摒弃的"先定后审"的窠臼之中，无罪推定的诉讼法被实质上废弃。

6. 妨碍庭审法制宣传教育功能的发挥

与西方国家不同的是，我国的法庭既是人民民主专政的工具，更是法制宣

---

① 尤宗智：《刑事诉讼中的证据开示制度研究》（上、下），载《政法论坛》2000年第6期。

传教育的阵地。《刑事诉讼法》第 2 条明确地将教育公民自觉遵守法律，积极同犯罪行为作斗争确定为刑事诉讼的一项法定任务，法庭的宣传教育功能，不仅仅体现在对某一案件审判结果的宣告上，更体现在整个法庭审理过程中。通过陈述、讯问、举证、质证、认证、辩论等一系列诉讼活动，用活生生的实例，让旁听群众认清被告人犯罪时的愚昧、狡诈与贪婪以及作案后的心理状态，及在法庭上的种种表现，懂得哪些行为是合法的，哪些行为是违法的，掌握发现犯罪、揭露犯罪的方法，增强与犯罪行为作斗争的信心和勇气。若庭前证据展示制度，庭审过程中控辩审三方如打哑谜，旁听人员听得一头雾水、莫名其妙，庭审的法律宣传效果无疑会大大削弱。

修改的《刑事诉讼法》实施的近五年正是中国司法诉讼模式转型的磨合期，在这期间，还存在着许多有待进一步改善的问题，诸如律师辩护功能的衰弱、司法环境有待改善以及控、辩双方的地位不平等等问题。这些问题的存在，导致许多学者们对现行刑诉模式的困惑，特别是在刑事诉讼制度的问题上，存在着到底是形式上的开放——实行控辩式，还是实质上的收紧——即不设置证据展示制度，仍存在着较大的分歧。司法实践中，主审过刑事案件的法官也通常会觉得刑事案件的开庭显得过于形式化、程序化，许多问题的决断必须有赖于公诉人在庭后将全部的案卷及证据移送后，这就给法官庭后审理提供理由。法官一方面只有可能在庭后才能看到全部案件的事实及证据，另一方面也迫于案件差错责任的压力，使其不得不选择庭后决断的安全程序。这必然使庭审功能弱化，同时也增加了公正司法的负面影响。刑事辩护律师更是感受到了其在庭审中的困窘境地，《刑事诉讼法》加大了对律师阅卷权的限制，甚至会见权、取证权均在一定程度上做了限制，致使其会见难、取证难、维权难。而庭审中，由于不了解公诉人所掌握的充分证据及案件事实，致使其在庭审中的辩护职能必然减弱。庭审中时常有这样的情况：控方握着厚厚一摞卷宗，而辩方只有几张纸；控方指控时，辩方还不时用笔记录，并根据控方的证据替当事人辩护，这从另一方面亦暴露了我国刑诉模式的缺陷——控、辩双方的地位不平等及控辩模式的不合理性。而笔者认为，要改变这种不合理性，走出这种困境的最好出路是建立一套合理的、便于操作的、符合我国国情的刑事审判庭前证据展示程序。不可否认，我国《刑事诉讼法》修改中涉及辩护律师的内容在一定程度上与刑事司法国际标准趋势接轨，且参加并承认了联合国《关于律师作用的基本原则》，从而大大提前了辩护律师和其他辩护人介入刑事诉讼的时间，还相应扩大了辩护权的范围。应该说在一定程度上，重新修改的《刑事诉讼法》注意到了审判前对证据开示的要求，但由于《刑事诉讼法》明确规定了检察机关的侦查诉讼卷不再在庭审前向法庭移交，而只移交起诉书和主要证据的复印件，律师在庭前的审理阶段只能看到一些主要证据，看不到全部证据，从这个意义上讲，与《刑事诉讼法》修改前相比，律师看到的证据范围缩小了，如果要求律师在这个基础上辩护，从辩护的角度上讲，则是个退步。故笔者主张，以庭前证据展示制度弥补这项证据的缺陷。其理由是由于侦检机关在搜集证据上的优势地位，可利用国家强制力和先进检查技术，获得大数量和高质量的证据，导致控辩双方所享有的证据资源的差异，这种差异更使得控、辩双方在审判中的力量失衡，而庭前证据展示的设立，可使双方平等地享有证据资源，从而增强辩护方的辩护力量，有利于控辩平衡的实现。目前，从国际情况来看，在采取起诉状一本主义或控辩式审判方式的国家，辩护律师在法庭开庭审理之前到检察机关查阅案卷是一种普遍做法。笔者认为，当前中国的司法模式正在转型的磨合期，实行庭前证据展示制度是十分必要的，它不仅从一定程度上加固了辩护律师的辩护职能，促进了控辩双方进一步趋于平衡的因素，同时，更是保证了诉讼的有效性和公正性的必要方法。

（五）我国证据展示的制度设计

目前随着我国刑事诉讼制度的改革，特别是对抗式诉讼机制的逐步形成，实践中存在的辩护律师"阅卷难"的问题十分突出。这不仅影响了辩护方的诉讼准备和论辩展开，也直接制约着真正的对抗制的最终建立，而确立刑事诉讼证据展示制度应当是解决这一问题的最佳途径。建立我国的证据展示制度起码要解决好以下几个问题：

第一，从立法理念上进行根本变革，为我国刑事诉讼制度提供证据展示合理运行的基本理论基础。观念的变革是最艰难的变革，也是最重要的变革。证据展示制度的确立，必须从立法观念入手，从宪法原则上重新认识和确认公、检、法三机关的角色定位，彻底解决"制度欠缺"问题。要顺应当代刑事诉讼追求公平与效率之潮流，将现有的"单一推进式"诉讼结构变革为"扇形"结构，即把代表政府行使诉权的检察官作为诉讼当事人，同时承认被告人的诉讼主体地位，双方平等对抗，由独立的法院居中裁判。只有这样，才能为我国证据展示制度提供合理运行的理论基础和立法依据。

第二，从《刑事诉讼法》原则上重新规定检察机关（控方）的义务。包括控方在审判前向辩方直接展示证据的义务及在提起公诉后全面地向辩护人直接展示一切证据义务①；规定控方在证据展示方面的主要责任，以平衡辩诉地位与资源。凡是控辩双方对于是否属于开示范围内的证据发生争议的，或者控方从公共利益的角度考虑认为不宜在审判前向辩方开示的证据，必须申请法院作出有约束力的决定。对于法律明确规定或者法院命令控方在审判前向辩方展示的证据，凡是没有展示的，一律不得在法庭审判中提出；如果控方经过法院批准在法庭上举证后才向辩方开示部分证据的，法庭应当依辩方的申请或者依职权决定延期审理，以保证辩方有充分的时间对刚刚展示的证据进行认真研究，使辩方能够在继续开庭时进行有效的质证。

第三，从制度上保障犯罪嫌疑人、被告人、辩护律师的权利。《刑事诉讼法》第96条应修改为："犯罪嫌疑人在被侦查机关第一次讯问后或采取强制措施之日起，可以聘请律师为其提供法律咨询、代理申诉、控告，在侦查人员讯问时，可以要求其聘请律师在场。受委托的律师有权向侦查机关了解犯罪嫌疑人涉嫌的罪名，可以会见在押的犯罪嫌疑人，向犯罪嫌疑人了解有关案件情况，可以就涉嫌的罪名及犯罪事实进行调查。"取消"律师会见在押犯罪嫌疑人，侦查机关可以派员在场"的规定，如果侦查机关认为案件涉及国家机密，不便律师在场，须经法院裁定。

因此，在我国的证据展示的制度设计中要考虑以下几方面问题：

1. 主体

有权提出证据展示要求的主体应是就个案履行控、辩职能的人员。为与现行的主诉检察官办案责任制相协调，就控方而言，要求辩方向其展示证据和同意向辩方展示证据的人员应是承办案件的主诉检察官；就辩方而言，提出证据展示要求的只限于与当事人建立委托关系的执业律师，正如《刑事诉讼法》只赋予辩护律师有庭前调查取证权一样，庭前证据展示要求的提出，也不能扩充到其他辩护人员。这是根据律师的职业素质、执业纪律和职业道德所作出的限制性规定。因为律师的职业素质、执业纪律和职业道德能够使其在证据展示以后进行串供、串证等妨害诉讼活动顺利进行的行为降低到最低限度。

2. 时间

在证据展示时间问题上，一般认为是在起诉后开庭前。但考察英国和美国

---

① 据悉，烟台市人民检察院已尝试进行证据展示，具体操作程序是：检察机关提起公诉后，控辩双方在规定的时间内到律师事务所或者检察院，就双方承担展示义务的证据进行相互交换。如果一方提交的证据得到对方的认可，那么在庭审中将不再争辩，直接由举证一方交给合议庭作为定案的依据。有关具体情况，可查阅张泽涛：《我国现行〈刑事诉讼法〉第150条亟需完善》，载《法商研究》2001年第1期。

的做法，两国均是在起诉前就开始展示证据。结合我国司法实践，建议将证据展示的时间可以提前到移送起诉后检察机关作出处理结论前；如果案件需要退回补充侦查，则不能进行证据展示，这是为了防止辩护律师与犯罪嫌疑人利用证据展示进行串供、毁灭罪证，保障对犯罪有效追究的需要。笔者认为这样安排可以使控方对是否起诉作出比较准确的评估。在展示证据前，控方是否作出起诉决定，依赖的往往是对己方证据的分析和判断，但诉讼职能决定了控方带有强烈的追诉倾向，容易忽视对犯罪嫌疑人、被告人无罪、罪轻证据的收集和关注，作出的决定也容易带有一定的片面性。而通过庭前证据展示，控方可以审阅到辩方调取到的相关证据，听取到辩方的意见，引起控方对无罪、罪轻证据的足够重视，从而得出更为客观的决定，这对提高起诉质量、阻止不合理起诉进入审判程序、节约司法资源提供了可靠保障。如果在起诉后庭审前方进行证据展示，由于时间有限，辩方的辩护职能往往会受到一定的限制，控方作出的不合理起诉决定也不容易及时被发现和制止。当然，如果在起诉前限于条件制约没有进行证据展示，也可以在庭审前进行；或者已经在诉前进行了证据展示，庭审前控辩一方认为有再次进行证据展示的必要，可以再次进行。

3. 纠纷解决机制

控辩双方对证据展示的有关问题发生争议时，如果这种争议发生在起诉前的证据展示过程中，建议由检察机关与律师管理机构联合组成的协调机构裁决。起诉后庭审前的证据展示，为了防止法官在审判前过多地接触有罪证据，先入为主，形成对被告人不利的预断，影响其在审判中的中立，证据展示应当在控辩双方之间进行，而不需要由法官主持；但对证据展示的有关问题发生争议时，则应提交法院裁决。需要明确的是，这种争议必须限定于程序性的争议，如是否应该进行证据展示、证据展示的证据范围等。如果这种争议是实质性的，如对证据合法性、客观性、关联性的争议，则不应在证据展示阶段提交法院裁决，而应在庭审阶段就此进行质证、辩论。

4. 地点

证据展示的时间、主体解决后，展示的地点问题就迎刃而解了，由于控方拥有大量的证据，特别是一些不便搬运的物证，并且实践中的证据展示主要是控方向辩方展示，因此，考虑到经济因素，展示地点设置在控方的办公地点。

5. 程序

证据展示应由辩方律师向承办案件的主诉检察官提出合理申请方可进行，在有些情况下，主诉检察官也可以主动提出展示要求。司法实践中大部分案件事实清楚，证据确实充分，控辩双方对事实和证据基本没有分歧，进行证据展示对提高诉讼效率反而没有益处。在证据展示的过程中，应当允许对方对展示的证据进行查阅、摘抄和复制。证据展示后，双方应制作《证据展示备忘录》，载明以下内容：（1）证据展示的时间、地点、参加人；（2）控方展示的证据清单；（3）辩方展示的证据清单；（4）双方没有分歧的证据清单；（5）双方存在分歧的证据清单。《备忘录》一式三份经控辩双方签字后各执一份，另一份在控方提起公诉时提交法院备案。在案件起诉后，辩方律师可在会见被告人时，将控辩双方展示过的证据展示给被告人，并征求其有无异议的意见。

6. 法律后果

对经过展示且双方没有争议的证据，在开庭时可以简化质证程序。有人提出，经过展示且无异议的证据，可以不经庭审质证，直接作为定案依据，笔者认为这种做法与我国《刑事诉讼法》规定的证据认证规则不相符合，剥夺了被告人的质证权，不利于对其合法权益的保护。同时，修改后的《刑事诉讼法》为加强对被害人权益的保护，赋予其当事人的诉讼地位，因此在证据展示程序中，可以考虑将被害人的代理律师也列为证据展示的对象，以保障被害人的程序参与权，加强对控辩双方的监督，防止控辩双方恶意串通损害被害人权益现象的发生。

## （六）证据展示应注意的几个问题

为提高诉讼效率，确保司法公正目的的顺利实现，一些地方的司法部门已经试行或正在酝酿证据展示制度。目前，证据展示制度的研究在我国尚处于初始阶段，其性质或地位在已有的刑事法律、司法解释中并没有明确，对于证据展示制度这一新生事物我们切不能在没有深入分析、探讨的基础上而盲目照抄照搬，应根据实际情况，有条件地施行，走循序渐进之路。笔者结合本院及个别兄弟院试行证据展示制度的一些做法，认为在试行证据展示中应注意以下几个问题：

其一，应限制证据展示案件范围。对涉及国家秘密、有碍其他案件侦查或犯罪嫌疑人、被告人不认罪的案件不实行证据展示。对涉及商业秘密、个人隐私以及未成年人犯罪的案件应慎重实行证据展示。

其二，应限制辩护方具有律师身份。由于律师法律职业的专业化，其执业的业务知识、能力和职业道德与其他辩护人相比具有明显优势，由他们参与证据展示工作，更能提高工作效率，更能保守秘密。

其三，对涉及共同犯罪的案件，实行证据展示应征得全部犯罪嫌疑人、被告人及其辩护人的同意，否则全案不得进行证据展示。

# 三、量刑建议权

## （一）量刑建议权的概念

2004 年 8 月 9 日，上海市徐汇区人民法院在一起刑事案件审理中首次尝试了一项新的审判改革——量刑答辩制。该制度将刑事审判的量刑权一分为三，庭审中公诉机关享有量刑建议权，辩护方享有量刑请求权，法官在保障控辩双方权利的基础上行使最终的量刑决定权；在分权的基础上，法院在庭审辩论阶段增设一个新的量刑答辩程序，作为合议庭评议的前置程序，法官需就公诉人与被告人、辩护人在量刑意见上存在的差异，组织双方就具体量刑幅度进行充分的答辩，并在判决书中进行评判，阐明最终量刑的理由。由此拉开了地方检察机关对量刑建议制度试行的序幕①。

量刑建议，指检察机关在法庭公诉活动中，在查明案件事实的基础上，向审判机关提出对被告人科处刑罚的种类、幅度，乃至适用具体刑期的主张。所谓量刑建议权，简称求刑权，是指检察机关在刑事诉讼过程中，不但就被告人的定罪，而且就被告人所应判处的刑罚向人民法院提出请求意见的一种权利。量刑建议权从本质上来说应该是公诉权。从检察机关来看，根据《刑事诉讼法》的规定，检察机关有权对案件发表自己的意见，这是公诉权的基本组成部分。作为案件审理最重要的部分——判决结果，应该是检察机关关注的目标。就此而言，检察机关对案件中的判决部分提出自己的意见是公诉权的必然组成部分。从量刑建议本身来看，量刑建议只是检察机关站在公诉人的位置上，对被告人应判处何种刑罚提出自己的意见。它是一种司法请求权，本身不具备终结性即最终判定性和处罚性，而是国家刑罚权实现的准备和条件，在刑事司法过程中具有承前启后的作用，它包含的实体性要求只有通过审判才能最终实现，并不影响审判权的行使。检察机关指控犯罪，就是请求法院以裁判的方式同意检察机关对案件认定事实、确定案件性质、认定犯罪，并由法院根据检察机关认定的犯罪中法定、酌定量刑情节对被告人量刑处罚并确定执行方式。不难看出，检察机关请求法院认定事实、确定案件性质、认定犯罪，是在行使定罪请求权；请求法院对被告人科以何种刑种、什么刑期、哪种执行方法，是在行使量刑建议权。二者都属于公诉权的具体权能，不能把后者与前者割裂开来，视作不同性质的权力。

---

① 《人民法院报》，2004 年 8 月 10 日。

## （二） 现行量刑制度的主要弊端

我国自从在审判领域中引进英美对抗式诉讼制度等一些要素以来，庭审中控辩双方的对抗程度大大增强。但是，传统的对抗仅限于控辩双方就被告人有罪无罪、罪轻罪重进行辩解，而对于具体的量刑幅度，则完全由法官掌握，由于我国法律赋予法官自由裁量权，使得法官可以在法律规定的量刑幅度内任意决定刑期，这种量刑浮动空间很大，如故意伤害罪、抢劫罪的 3 年以上 10 年以下等。法官既可以在法定的底线刑期量刑，也可以在法定最高刑期量刑，具有很强的任意性。这种制度不仅使被告人的合法权益受到损害，并为司法腐败提供了滋生的空间，暗箱操作下的量刑自由裁量权极易演变为个别法官用来交易的资本，实际上也为检察机关实施审判监督带来相当的难度。

## （三） 量刑建议权的法律依据

我国宪法和法律规定，人民检察院是国家的法律监督机关。根据宪法和法律的这一规定，检察机关享有量刑建议权至少有三个方面的法律依据：一是从宪法和法律的规定来看，既然检察机关是国家的法律监督机关，那么检察机关就有权履行其监督职能，对人民法院的整个审判活动有权实行法律监督。检察机关对被告人所犯之罪提出量刑建议，其目的是防止量刑畸轻畸重，确保量刑公正，防止法官利用自由裁量权来滥用量刑权。因此，从这个意义上讲，检察机关享有量刑建议权，是宪法和法律赋予检察机关的监督职责，是检察机关应当行使的监督权。二是从我国《刑事诉讼法》第 160 条规定，经审判长许可，公诉人、当事人等 "可以对证据和案件情况发表意见并且可以互相辩论"[①]；《人民检察院刑事诉讼规则》第 281 条规定，起诉书应当包括 "起诉的根据和理由，包括被告人触犯的刑法条款、犯罪的性质、法定从轻、减轻或者从重处罚的条件"[②] 等；最高人民法院《关于执行〈中华人民共和国刑事诉讼法〉若干问题的解释》第 160 条规定："合议庭认为本案事实已经调查清楚，应当由审判长宣布法庭调查结束，开始就全案事实、证据、适用法律等问题进行法庭辩论"[③]。从这些规定来看，检察机关代表国家提起公诉的目的不仅仅是为了解决定罪的问题，更主要的是考虑被告人应当受到什么样的刑罚，即是否罪

---

① 《中华人民共和国刑事法律汇编》，法律出版社 1997 年版，第 328 页。

② 《人民检察院刑事诉讼规则》，法律出版社 2002 年版，第 5 页。

③ 最高人民法院《关于执行〈中华人民共和国刑事诉讼法〉若干问题的解释》，法律出版社 2002 年版，第 9 页。

责相当。因此，从这个角度上来讲，公诉人在履行公诉职责时必然会涉及量刑问题，对量刑要发表其看法或建议。如果检察机关不拥有量刑建议权，就会对人民法院的量刑权失去监督。三是从我国《刑事诉讼法》规定的"保证准确、及时地查明犯罪事实，正确运用法律，惩罚犯罪分子"的任务来看，检察机关对量刑也负有不可推卸的监督责任。公诉人在履行公诉职责时提出正确的量刑建议，是检察机关应当履行的职责，属于审判监督的范畴。从司法实践看，检察机关的量刑建议不是量刑裁判，只是一种建议而已。当然，作为监督者，应当树立理性的法律监督观念，正确认识和处理量刑建议权和审判权的关系。

在目前的司法实践中，检察机关实际上正在行使量刑建议权，如公诉机关在起诉书和公诉意见中对被告人的法定和酌定从重和从轻的情节进行了完整的概括，并明确的提出了自己的意见，这实际就是粗线条的量刑建议。随着诉讼制度的改革的深入，在实践中出现了越来越多的规定，又如《人民检察院审查起诉未成年人刑事案件工作的规定》规定，在法庭上，对犯罪情节较轻、认罪态度较好、具有帮教条件的未成年人，公诉人应当建议法院适用缓刑。这实际上就是明确的量刑建议。

## （四）量刑建议权在国外的适用

公诉人提出具体量刑建议为大多数国家的检察制度所接受。在英美法系国家，美国等国家的检察官出庭会提出具体的量刑建议。在大陆法系国家，如德国、日本、俄罗斯等，也有自己的量刑建议权体系，这些我们都可以借鉴和吸收。英美法系国家的量刑建议制度鲜明存在于量刑阶段。在这些国家的刑事诉讼过程中，定罪程序量刑程序不是混为一体的，而是以被告人做有罪答辩或经审判被陪审团认定有罪为分界线截然分开。所以，有关量刑建议的活动只能发生在量刑阶段，在以定罪为核心的庭审过程中不存在量刑建议的问题。英美国家关于量刑建议的通常做法是，在陪审团定罪后，法庭择日就各种酌定因素举行量刑听证。量刑听证中，控辩双方都要参加，都可以就量刑问题充分发表意见，检察官作为控方自然拥有量刑建议权。但在检察官如何行使量刑建议权这一点上，英国和美国在制度上略有不同。在英国，传统上认为，在量刑听证阶段，控辩双方之间已不存在定罪阶段那么强的对抗性，检察官出席听证会的主要任务，是要就犯罪事实及被告人的性格和履历提出证据；目的是协助法官确定量刑的事实基础，因此要尽量保持中立立场，不能以使被告人受到重刑处罚为努力目标。美国则不同，在量刑听证中，美国依然保持了典型的控辩对抗，作为控方的检察官理所当然地拥有对量刑提出建议的权力。但这一权力是否被充分运用在实践中也不完全一样，就全国来看，并不是所有的检察官在所有的案件中都就量刑问题提出建议，是否提出、对什么样的案件提出通常由检察官根据案件的具体情况自己决定。由于我国的司法制度与英美法系存在较大差异，故对于这种量刑建议权我们只能作为一种借鉴。

在大陆法系国家量刑建议制度一直贯穿于审判过程之中。这是因为，这些国家的定罪与量刑在程序法上未作明确的划分，统观大陆法系国家的刑事诉讼法典，一般都规定法庭在评议之后做出判决，判决的内容通常同时包括定罪和量刑，但并没有单独的量刑程序，对如何确定量刑通常也没有具体规定。这是基于"定罪与量刑都是法官的权力，应由法官统一行使"这样的理论前提。但是，在大陆法系国家也有自己的量刑建议制度，而且主要是通过检察官在诉讼活动中提出量刑建议及这一建议对法官的效力等一系列规定或习惯做法体现出来的。在有的国家，这一制度被规定在法典中，如《俄罗斯联邦刑事诉讼法典》第248条就规定："检察官在法庭上支持国家控诉……向法庭提出自己关于对受审人适用刑事法律和刑罚的意见。"《韩国检察厅法》第4条规定，检察官的职权之一就是"向法院请求法律的合理适用"。有的国家，虽然没有在法典中明确规定出来，但从长期的司法实践中可以看出检察官享有并经常行使这一权力。例如，一项关于德国处刑的统计结论表明，检察官建议适用的刑罚与法官最终判处的刑罚大都较为接近，因而法官更倾向于在检察官建议之下处刑。可见，德国检察官在实践中确实享有量刑建议权，而且很为公众所关注。日本也是如此，"一般检察官在论述指控时，对具体的量刑也发表意见，这叫'请求处刑'"，这一内容通常是检察官在审判的综合阶段作总结性发言时提出的。至于检察官提出量刑建议的效力，各国都遵循一个基本原则，就是不对法官产生约束力，但是如果检察官认为法官量刑畸轻畸重的，可以提出上诉。

## （五）推行量刑建议权的实践意义

目前，在基层人民检察院对是否实行量刑建议有两种不同的意见。持反对意见者认为：一是我国《宪法》明确规定法院独立行使审判权，检察机关对被告人的量刑建议，突破了公、检、法三机关"分工负责"的原则，实质是对法院审判权的干预。二是《刑法》规定"任何人未经法院审判，不能定罪"，检察机关量刑建议实际上是对未经法院审判定罪的人进行了量刑，它的建议有可能左右法官的意志，影响公正裁判。三是检察机关提出的量刑建议由于没有具体的法律依据，只能是一种建议性的参考意见，法院没有必然接受的义务，如果法院不采纳检察机关提出的量刑建议，则有损检察机关的形象，既吃力不讨好又增加工作量。四是法院判决与量刑建议有出入时易导致百姓对法律权威的质疑，被告人不服判决而上诉，增加诉讼成本和诉累，与节约诉讼资源的初衷相违背。持赞同意见者认为：检察机关提出量刑建议，法律虽然没有明文规定，但从检察机关的性质及公诉权能看有《宪法》和《刑事诉讼法》的原则确认不能说毫无法律依据。检察机关是我国的法律监督机关，它的量刑建议可以看做是对审判权的一种监督方式。可以在司法实践中摸索完善，但不应否定它存在的合理性及必要性。

我国各地检察机关在实践中大胆试行量刑建议制度取得了明显效果。据广西公诉工作信息反映：广西南宁市兴宁区人民检察院对 2002 年 10 月—2003 年 4 月提起公诉的适用普通程序（包括普通程序简易化）94 件 153 人中的 76 件 115 人试行了量刑建议，占适用普通程序案件数的 81%，量刑建议 100% 被法院采纳，其中 71 件 106 人被当庭宣判，被告人不服判决上诉率仅为 13%。另据 2003 年 4 月 10 日《检察日报》报道：山东省东平县人民检察院对 2002 年至 2003 年 3 月出庭支持公诉的 187 起案件，当庭提出量刑建议 163 件，占公诉案件的 87.2%。量刑建议意见与判决结果差幅少于 2 年的 125 件，占量刑建议案件的 76.5%。差幅大于 2 年的也均在法律规定的范围之内，未出现一起量刑畸轻畸重的现象。量刑建议案件从开庭到宣判时间平均 3 天，比原来缩短 9 天；提出量刑建议的 163 起案件当庭宣判 44 件占 27%，当庭宣判率比原来提高 24%；当事人上诉的比率由原来的 72% 降为 14%；累诉、缠诉案件明显减少。上述两地试行量刑建议取得的效果表明检察机关推行量刑建议权增加了量刑程序的公开性和透明度，在保障被告人的权利、防止司法腐败等方面发挥了积极的作用。

1. 有利于检察机关加强审判监督，防止量刑畸轻畸重现象发生

在刑事诉讼中，如果检察机关就被告人的量刑提出请求意见并阐明其理由，被告方必然会作出相应的反应，并提出自己的意见及理由。法官在听取控辩双方的量刑建议和意见的基础上做出判决时，要么同意控辩双方一方的意见，要么提出自己独立的意见，无论怎样，法官都应在判决书中阐明自己的理由。从履行法律监督职能的角度来说，如果法院判决与检察机关的量刑建议出入较大且在判决中不说明理由，或其理由错误时，检察机关可依此作为抗诉理由，这样可有效地启动二审程序，通过二审予以纠正。

2. 有利于增加量刑透明度，提高当庭宣判率及其准确度，提高审判公信力

检察机关提出量刑建议，实际上增设了一个公开的量刑听证环节。这客观上起到与法院当前审判改革中提高当庭宣判率及其准确度相配套运行的作用。虽然检察机关的量刑建议对法院的判决没有约束力，但由于控辩双方可以就量

刑展开充分辩论，合议庭就有了一个更加充分、全面的兼听兼明的机会，法官在考虑如何客观公正量刑时，应综合考虑控辩双方的量刑意见和理由并在此基础上作出量刑裁判。这不仅可以提高当庭宣判率而且增加了量刑的透明度，防止暗箱操作，防止司法腐败；而且从程序上有力地保障了量刑公正，增强了量刑裁判的说服力，有助于消除对量刑裁判合理性的怀疑，提高判决公信力。

3. 有利于节约诉讼成本，提高诉讼效益

推行量刑建议权使量刑问题成为法庭上充分辩论的一个内容，可以让辩护方更充分地行使辩护权，最大限度保障被告人的合法权益。一方面通过对量刑的辩论，使被告人不但知道自己犯什么罪，而且还知道为什么应承受这样的具体刑罚，从而消除抵触情绪，促使其认罪服法，有效减少其在量刑适当的情况下仍以量刑过重为由提出上诉的可能性。广西公诉工作信息资料显示 2002 年 1—9 月，在试行量刑建议权之前，南宁市兴宁区法院判决 231 件 360 人，提出上诉的被告人有 84 人，上诉率为 23%。而 2002 年 10 月—2003 年 4 月，在兴宁区人民检察院试行量刑建议之后，兴宁区人民法院判决 164 件 225 人，提出上诉的被告人有 30 人，上诉率仅为 13%，上诉率明显下降，从而达到了在充分保护被告人合法权益的同时，节约诉讼资源的目的。另一方面利于法官在充分听取控辩双方量刑意见和理由的基础上迅速作出判决，提高当庭宣判率，提高办案效率。

4. 有利于制约检察机关滥用抗诉权

量刑建议权内在地包含着对检察机关抗诉权的制约机制。当检察机关欲以量刑不当为由提出抗诉时必然要考虑检察官在法庭上已经提出的量刑意见，如果法院判决与之没有较大出入就不能以量刑不当为由提出抗诉，更不能因为个别人对判决结果不满意就随意作出抗诉决定，从而排除检察机关在抗诉标准上的随意性，防止抗诉权的滥用。

5. 有利于提高公诉人的业务素质和办案质量

提出合理的、具体化、明确化的量刑建议，要求公诉人必须全面掌握案件情况，熟悉法律、司法解释和刑事政策，并了解相关案例。在斟酌量刑建议时，既要维护量刑标准的统一性，又要体现量刑的个别化。量刑建议被采纳与否也将影响到检察机关的形象及威信。这就促使公诉人不断加强法律知识的学习，努力提高自身业务素质和办案能力，更为全面、深刻地研究案情及量刑情节，确保办案质量。

（六）量刑建议权的价值意义

1. 实体正义与程序正义：量刑建议权的本体价值

公诉人在刑事诉讼中有效行使量刑建议权，有助于形成公正的刑事裁决，实现刑事诉讼目的追求的实体公正与程序公正，这是对于量刑建议权价值的本体考量。

（1）在刑事审判中，法官经过庭审过程中的指控、向被告人发问、质证、辩论等一系列过程，最终会对案件有一个自己的判断。如果法官认为公诉人指控的被告人的行为确实已构成某种犯罪，那么他就要在公诉人的请求下根据实体法的规定认定罪名成立；在此前提下，法官即可以在规定此罪名的条款中找到关于量刑幅度的规定，在法定的量刑幅度内决定被告人的刑种、刑期、执行方法等。也就是说量刑是法官的自由裁量行为。法律之所以规定法官的自由裁量行为，是建立在对一般公正和个别公正的辩证关系认识的基础上的。法律明确规定的没有裁量余地的事项体现了立法者对法律所裁判的对象的总的评价。而刑事审判的对象是人的行为，人是复杂的，其行为也是多变的，任何法律都不可能完美精确到其规定可以涵盖所有案件中可能出现的一切具体情况的程度。"某个法官在某个具体案件中将判决什么，在实际事实中，要依许多情况而定。对所有这些情况都加以调查实在是办不到的。……具体案件的所有特点——法官的品性、性情、生活哲学以及身体条件，对因果连锁的真正理解来说，确实是重要的。"① 如果诉讼中无须法官根据不同案件、不同参与人的不同情况来斟酌权衡、便宜行事的话，那么我们所需要的就不再是司法人员，而是可以输入案情后自动输出判决的司法机器了。法官在法律规定的裁量范围内针对每个具体案件中的不同情节、被告人个人的具体情况等做出各有差别的裁决，即体现了个案的公正。关于量刑的自由裁量权即是为了实现同种犯罪中不同个案之间的个别公正。

考察我国《刑法》分则中关于各个罪名的犯罪构成和刑罚的规定即可看出，由于《刑法》对刑罚所规定的幅度较大，因而在量刑环节上，我国法官的自由裁量权也较大。翻开现行《刑法》，即可以看到"处三年以上十年以下有期徒刑"、"处十年以上有期徒刑、无期徒刑或者死刑"、"处五万元以上五十万元以下罚金或者没收财产"、"并处或者单处票证价额一倍以上五倍以下罚金"等类似的规定。毫无疑问，法律规定的量刑幅度越大，个别公正实现的可能性也就越大，因为较大的量刑幅度为实际上千差万别的同罪名案件之间实现结果上的区别提供了较为充分的空间。但是法官的量刑裁量权是一种权力，是权力就会有权力所共有的性格。孟德斯鸠的结论已成为对权力的经典评价："有权力的人们使用权力一直到遇有界限的地方才休止。"② 权力导致腐

---

① 凯尔森：《法与国家的一般理论》，中国大百科全书出版社 2003 年版。

② 孟德斯鸠：《论法的精神》（上册），商务印书馆 2005 年版。

败，权力始终存在着被滥用的可能。有人曾对某区法院对四起盗窃案的判决做过比较：

判决一：盗窃财物共计 1600 元，有期徒刑 6 年，某年 6 月 12 日。

判决二：盗窃财物共计 1600 元，有期徒刑 6 个月，与判决一同年的 6 月 16 日。

判决三：盗窃财物共计 9800 元（多次），有期徒刑 2 年，罚金 3000 元。

判决四：盗窃财物共计 980 元（一次），有期徒刑 2 年，罚金 2300 元。

对这四起案件判决的比较结果是相当令人吃惊的：前两起案件中盗窃数量相同，而刑罚却相差十二倍，两个判决做出的时间仅仅相差四天；后两起案件中盗窃数额相差十倍，而判处的刑罚却基本相同。产生这种判决的可能性有两种：第一，判决是公正的，进行比较的案件各有其不同的情况，如此大的判决差异体现了个案公正；第二，判决是不公正的，法官关于量刑的自由裁量权被滥用了，所以才会在相似的案件中产生差异巨大的判决。如果是后一种情况，那么显然已经违背了法律设置自由裁量权的初衷，伤害了法律的实体公正，这样的判决不应当产生法律效力，需要被撤销而重新做出；如果是前一种情况，判决的结果是公正的，案件的判决之间形成这种差别是正当的，但人们从判决中看不出产生这种差别的正当理由，在这种情况下，就会对判决的公正性产生很自然的怀疑。可以说这样的判决虽然实现了实体的公正，但却没有实现程序公正，因为它不符合程序公正的原则——程序理性。在这种情况下，增加法官量刑活动的透明度就显得十分必要了。"正义不仅要实现，而且要以看得见的方式实现。"法官对案件做出的刑罚裁决，应当适当，并且应当让人们知道它为什么是适当的。"如果人们能理解程序及判决理由，他们就更有可能接受解决其争执的判决。……法院就根据理性的规则和原则以及听证或审理时提供的理由以明白晓畅的语言作出判决。"由公诉人在法庭审判中提出量刑建议并阐明理由，法官对公诉人的量刑建议可以接受也可以不接受。如果法官接受了公诉人的量刑建议的话，那么说明他也接受了公诉人产生量刑建议的理由（也可能是法官基于不同的理由而产生了与公诉人一样的量刑结果）；如果法官没有接受公诉人的量刑建议而是做出一个内容不同的刑罚裁决的话，说明他同时认为公诉人的理由也是不成立的，那么法官在这种情况下就有必要向公诉人和公众说明其没有采用公诉人的量刑建议而是做出一个不同的判决的理由。这样，诉讼参与人、社会公众就可以对法官产生这种判决的理由和产生的背景有一个清楚的认识，如果它是公正的，那么它的公正也就让公众更容易理解、更容易接受了。如果它是不公正的，诉讼参与人和公众可以看出它的理由是不能成立的，因而它的结果是非正义的和不可接受的，可以通过相关程序将这个判决结果推翻。所以说，在法庭审判中，公诉人提出较为具体的量刑建议，由法官酌情裁判并说明理由，可以增加法官量刑活动的公开程度，对刑事诉讼的实体公正和程序公正的实现都具有积极的促进作用。

（2）公诉人行使量刑建议权增强了刑事审判的对抗性。在刑事审判中，公诉人和被告人是一种互相对抗的关系。"控辩对抗是社会主体刑事实体利益冲突在诉讼上的延伸。""诉讼中控辩双方的关系始终以实体利益冲突为内核，以程序性对抗为表征；两者互相依存，缺一不可。如亲告罪或法律允许自诉的其他轻微犯罪，受害人若不起诉或撤回起诉或中途接受调解或与对方当事人和解，公诉案件若检察机关做出了不予追诉的处理，就意味着实体利益冲突由于被害人或者国家对危害行为或行为人的谅解而归于消失，程序性对抗由于缺少内核而无以形成或中途被消灭。又如法院的生效裁判，在终止了控辩双方实体利益冲突的同时，程序性对抗也就不复存在。是故，实体利益冲突的存在始终是程序性对抗产生和存在的基础和前提。"公诉案件一经公诉人向法院提起诉讼，即意味着国家对于被告人及其行为的不原谅。作为控方的公诉人，其在庭审中的目标就是通过指控和辩论来说服法官认定被告人是有罪的并判处一定的刑罚，而被告人的目标则恰恰相反，他是要通过辩解使法官认为自己是无罪的，或者即使认罪，也要以各种理由试图说服法官对自己处以尽量轻的刑罚，总之，是要使自己的自由、生命、财产受到尽量少的剥夺和损害。在我国，《刑事诉讼法》修改以后，形成了一种具有当事人主义诉讼模式特点的控辩式诉讼模式。在这种诉讼模式中，控辩双方关系的对抗性特点得到了一定程度的体现。但这种特点目前只是在质证和定罪环节体现得较为充分，控辩双方在量刑问题上并没有形成争论的气氛。"实现结果公正是通过程序公正来体现和保障的，没有程序的公正就很难说会有实体的公正。实现结果公正的程序路径应是：承认控辩双方的不同利益，给予控辩双方充分展示矛盾，阐述观点、意见和要求的机会，裁判者在兼听的基础上作出裁判。也就是说，裁判结果的公正有赖于控辩双方的程序性对抗，且对抗越充分，就越有利于公正的实现。"[①]我国的公诉人在量刑问题上的传统做法是在公诉意见中指出被告人所具有的从重、从轻、减轻等的情节，请求法官酌情裁判，但对于量刑并不提出具体意见。在这种情况下，由于控方没有明确的量刑意见，作为辩方的被告人或辩护人无法有针对性地就公诉人的意见发表看法，只能提出自己对量刑的看法。实际上，控辩双方说的是同一个问题，但形式上像两条平行线，没有交叉，没有形成对话。在这种情况下，即使被告人或者辩护人想对量刑问题提出自己的意见，也

---

① 谢鹏程：《论量刑公正的程序保障》，载《法制时报》2001 年 8 月 5 日。

是无的放矢。如果公诉人能够在法庭上明确地提出自己对量刑的意见，辩方与公诉人意见不同的话，就可以有针对性地反驳公诉人的量刑建议，这样就可以在量刑问题上与公诉人展开辩论，量刑环节即体现出了明显的对抗性，刑事审判的抗辩性得到了加强。在辩论中，辩方能够有机会在法庭上将支持自己量刑意见的理由和证据得以充分展示，这种辩论为辩方拓展出一个新的辩护空间。如果诉讼各方在一个法律适用过程中都能提出证据、阐述并证明自己的主张，真相就更可能产生，法律也可得到正确的适用，从而使程序产生公正的结果。

（3）公诉人在法庭上提出量刑建议后，将有助于法官充分听取控辩双方的意见，做出适当的量刑裁判。在目前的控辩式的刑事诉讼模式中，法官的角色更多地体现为消极和被动，法官更少地主动参与到事实和证据的调查中去，他对证据的了解和对事实的判断将主要依靠从控辩双方对事实的陈述和对证据的列举、质疑中获得。兰兹曼在《对抗性的诉讼程序：特征和优点》一文中对对抗性程序的含义和特征作了阐释，谷口安平将其概括为："双方当事者在一种高度制度化的辩论过程中通过证据和主张的正面对决，能够最大限度地提供关于纠纷事实的信息，从而使处于中立和超然性地位的审判者可能据此作出为社会和当事者都能接受的决定来解决纠纷。"这种程序包括三个特征："首先是中立和尽量不介入辩论内容的审判者，其次是当事者的主张和举证，最后则是高度制度化的对决性辩论程序。"从量刑环节来说，我国的刑事诉讼中，由于控辩双方都仅仅是非常概括地指出一些量刑情节或者干脆不提，法官在这种情况下所能获得的对做出适当的量刑判决有帮助的信息是非常有限的。如果公诉人在法庭上发表较为具体的量刑意见，由于控辩双方天然的、并且被制度设计而成的对抗关系以及辩方的本能和职能所决定，辩方必然会在大多数情况下针对控方的意见进行反驳和辩解，这样控辩双方就会就量刑问题形成争论。这种辩论将控辩双方对量刑问题的意见以及各自所依据的理由都向法官提出，法官对与量刑有关的情节会有一个更为全面的了解，兼听则明，在充分听取了双方对量刑问题的意见后，法官更容易在此基础上做出一个于法、于情、于理都适当的判决。法律的个别公正就会得到更为充分的体现。

2. 诉讼经济与效率：量刑建议权的目的价值解读

公诉人在刑事诉讼中有效行使量刑建议权，可以减少上诉、抗诉的案件的产生，节约司法资源和诉讼成本，这是对于量刑建议权价值的目的考量。

一份有罪的刑事判决的内容包括定罪和量刑两方面的内容，如果控辩双方都对罪名的认定没有疑义的话，那么他们更为关心的就是判处刑罚的问题了，这一点尤其为被告人所关注。在司法实践中，我们经常可以看到犯罪嫌疑人或者被告人向侦查人员、检察官或者辩护律师询问"我的案子可能会判多少年"

之类的问题。在我国的刑事诉讼中，检察机关也有一定数量的刑事抗诉的提出是以量刑畸轻或者畸重为由的，这意味着检察机关认为法官在量刑上是有违公正的。无论是控方还是辩方，如果他们对量刑的结果是不满的，按照法律赋予的权力或权利，都有权向上一级法院提出抗诉或上诉。如果在法庭审判中，公诉人在法庭中就明确地提出量刑建议，从而引起控辩双方就量刑问题的争论，双方在辩论的过程中就会对自己的观点能否被法官支持有一个大致的预测。在这个基础上，法官做出一个判决，并对量刑结果所依据的理由做出说明，控辩双方对这个结果都比较容易接受，即使这个结果与自己的期待有距离甚至距离较大。只有在控方或者辩方对法官的量刑理由和结果都感到不能接受的情况下，才会提起抗诉或上诉。从这个角度上讲，量刑建议、量刑辩论及其所引起的法官说明理由的判决，可以将相当多的控方或者辩方不明理由却不服结果的刑事案件消化在一审结束后，减少了不必要的抗诉或上诉，节约了司法资源和诉讼成本。另外，公诉人在法庭上提出量刑建议并与辩护人产生争论后，法官在充分听取控辩双方对于量刑问题所涉及的意见和证据后，可以获取更为丰富的案件信息，这将有利于法官提高做出正确判决的效率。

此外，检察官量刑建议权的适用，既可促使检察官潜心对刑法分则量刑理论与实务之探究，又可敦促法官、律师强化对量刑技能之解读，进一步提升控、辩、审各方把握刑罚之素养。

## （七）实施量刑建议的基本构想

### 1. 立法确认检察机关享有量刑建议权

检察机关虽然事实上享有量刑建议权，但并没有明确的法律规定，应当通过立法确认检察机关享有量刑建议权，使量刑建议权成为检察机关的一项权能。笔者认为，还应当同时规定行使量刑建议权应遵循的原则：（1）突出重点原则。不是所有提起公诉的案件都要提出量刑建议。公诉机关是代表国家追究犯罪的一方，依法行使法律监督职权，根据职责要求，检察机关应重点对作有罪答辩的被告人和对被告人量刑幅度弹性比较大的案件提出具体的量刑建议。（2）合理、公正性原则。检察机关代表国家追诉刑事犯罪，行使公诉权，在行使量刑建议时应客观、公正、合理地提出被告人罪轻罪重证据，以体现检察机关追求量刑公正、司法公正的价值取向。（3）理由充分原则。检察机关应当充分阐明提出的量刑建议所依据的法律、法规、司法解释、法学理论、社会伦理道德等理由。

### 2. 行使量刑建议权的主体

根据检察机关的领导体制以及议事制度、主诉检察官制度，提出量刑建议的主体有三种：（1）由主诉检察官决定提起公诉的案件，量刑建议权由主诉检察官行使；（2）适用三级审批的案件，量刑建议权由检察长或者检察委员会行使；（3）由检察长办理的案件，量刑建议权由检察长行使。

3. 适用量刑建议的案件范围

（1）适用简易程序审理的案件；（2）适用普通程序简易化审理的案件；（3）量刑标准较易量化的适用普通程序审理的案件；（4）其他可以适用量刑建议的普通程序审理的案件。

4. 量刑建议提出时间

关于量刑建议应在何时提出问题，笔者认为根据案件适用的审判程序不同而有所不同。对于适用简易程序审理的案件和证据开示的案件，可以直接在起诉书中提出较明确的量刑建议。因为适用简易程序的案件公诉人一般不出席法庭，而且被指控的案件事实清楚、证据确实充分，而证据开示的案件，公诉人对证据情况已有充分、全面的了解，对于定罪和量刑已有内心确信。对于普通程序审理的案件，从指控完整性角度考虑，可以先在起诉书中提出概括性的量刑意见。而在法庭调查之后，法庭辩论开始之前，公诉人发表总结性意见时提出具体的量刑建议。因为，一是检察机关提起公诉后，在庭审阶段被指控的犯罪事实及量刑情节普遍存在发生变化的情形，所以，在起诉书中一般不宜提出较为明确具体的量刑建议。二是案件事实经法庭示证、质证之后，被告人的犯罪事实、量刑情节已经基本上能够显现出其本来面目，此时公诉人提出量刑建议是立足于充分的证据证明之上的，具有较强的针对性和客观性，易为法官接受。公诉人发表公诉意见之后接下来就是法庭辩论阶段，辩护方有充足的机会对公诉人提出的量刑建议提出异议，为己方的合法权益进行辩论。

5. 量刑建议提出方式

关于量刑建议的提出方式，笔者认为可以大致分为三类：一是概括性量刑建议。此类建议的幅度跨度最大，即在起诉书中指明量刑时应适用刑法条与款即可。二是相对确定的量刑建议。此类建议是在法定刑幅度内进一步压缩量刑空间，但要有一定的幅度。三是绝对确定的量刑建议。按照一般量刑标准可以确定量刑意见的案件，在可适用的刑罚种类较为单一或者符合免予刑事处罚、缓刑、死缓条件的情况下，可以发表绝对确定的量刑建议。对适用普通程序（包括普通程序简易化）审理的案件，由于提起量刑建议的时间是在法庭辩论开始阶段发表公诉意见时提出，提起量刑建议用口头的方式就比较适宜；适用简易程序审理的案件事实清楚、证据确实充分，被告人认罪且罪行不重公诉人不用出席法庭，而证据开示的案件，庭前公诉方与辩护方就已对某些证据达成一致，公诉人对案件情况了解较为全面，对定罪及量刑情节也较为确定，这些案件可以在提起公诉时以书面的形式单独行文提出量刑建议，与起诉书、案卷材料一并移送法院。

6. 量刑建议的内容

根据被告人实施犯罪的事实、情节、性质，对社会的危害程度，及其认罪态度，确定其是否具有法定、酌定情节，在法律规定的幅度范围内提出量刑建议并简要阐明理由。量刑建议的幅度以及具体刑罚的确定，应遵循以下原则：（1）量刑建议的刑罚幅度不能跨刑种；（2）量刑建议幅度必须小于法定刑范围；（3）对于具有法定、酌定情节的刑事案件，按照"从轻、减轻定上限；从重、加重定下限"的原则提出量刑建议；（4）对于量刑标准较易量化的案件，按比例确定幅度较小或明确的量刑建议；（5）对于社会影响大、群众和新闻媒体普遍关注的案件以及某些特别严重的刑事案件，提出较为明确的量刑建议。由于对同一案件不同的人有不同的认识，而且量刑建议权毕竟不等同于法官的量刑裁量权，因此量刑建议与量刑裁决之间不能要求绝对精确，为体现量刑建议的价值及定位，应允许量刑建议与实际判决存在一定的出入：（1）不跨刑种；（2）判处管制的，幅度不超过6个月；（3）判处拘役的，幅度不超过2个月；（4）判处3年以下有期徒刑的，幅度不超过1年；（5）其他情况下的有期徒刑，幅度不超2年。

7. 量刑建议权的监督制约

加强公诉人量刑建议工作的监督力度，保证量刑建议工作的高质量。对量刑建议实行备案审查制度，量刑建议与量刑裁决出入较大的，公诉人应在《刑事判决、裁定审查表》中写明缘由，由科长、分管领导逐级审查。并把量刑建议被采纳程度作为考核公诉人工作实绩的一项指标。

8. 与刑事诉讼改革配套进行

《刑法》与《刑事诉讼法》处在互动关系之中。量刑制度的改革需要密切关注刑事诉讼的改革。在由庭审模式向对抗式的转型中，量刑建议制度必须把握对抗制的精髓"两造对抗法官中立"，逐渐强化量刑的地位，充分发挥公诉机关的积极作用，调动控辩双方参与量刑裁判意见的形成，共同探索量刑的合理界限。在刑事诉讼制度改革方兴未艾的当代中国，如何设计量刑制度并与诉讼制度调和关系到刑事法治目标能否实现的问题[①]。量刑制度忽略刑事诉讼改革将会导致实体与程序两相脱节，《刑法》失去动态性成为静止的、死的法条，量刑也将成为单一枯燥的机械工作。

---

[①]  陈兴良：《法治的使命》，法律出版社2001年版，第3—52页。

# 四、暂缓起诉

## (一) 暂缓起诉的概念

暂缓起诉,是指对于一些虽然符合起诉条件,但是涉嫌的罪行比较轻微,社会危害性不大,不起诉更有利于体现公共利益和达到刑事诉讼目的的刑事案件,检察机关可以决定对犯罪嫌疑人暂缓起诉,犯罪嫌疑人在考验期内接受矫治,未出现法定情形的,期满即不再起诉,终结诉讼,否则便提起公诉的刑事诉讼制度。

暂缓起诉制度在我国由武汉市江岸区人民检察院于 2000 年 12 月首先适用,并且推行到山东、南京、上海等地。在适用的方式上,各地并不完全相同。它们的一些具体做法大致是:

1. 规定有一定的适用对象

如北京市海淀区人民检察院暂缓起诉的适用对象为所有未成年人。但也有进一步扩大,甚至推而广之到一般主体的趋势。南京市浦口区人民检察院制定的《关于大学生犯罪预防、处理实施意见讨论稿》规定的适用对象为"已构成犯罪的在校大学生"。北京市平谷区人民检察院与当地公安机关制定的《处理家庭侵权案件办案规则》规定,可以对一些情节轻微的家庭侵权案件涉案犯罪嫌疑人,在被害人及其家庭成员不再要求追究刑事责任时,成为暂缓起诉的适用对象。南京市人民检察院 2002 年 10 月 22 日通过的《检察机关暂缓不起诉试行办法》中对暂缓不起诉下的定义是:对特定刑事案件经公诉部门审查,认为犯罪嫌疑人(单位)的行为触犯刑法,符合提起公诉的条件,但为了促其改过自新、服务社会,在设定的期间内暂不提起公诉,期间届满后根据犯罪嫌疑人(单位)的悔改表现等情况作出最终处理决定的一项审查起诉工作制度①。

---

① 南京市检察机关在做这种尝试时,使用的是"暂缓不起诉"一词,北京市海淀区人民检察院用的是"暂缓起诉"一词。考察德国、日本、荷兰、朝鲜等国规定,均使用"暂缓起诉"或"暂时不起诉",落脚点在符合起诉条件,而暂时不予起诉。从汉语言的造词规范看,"暂缓"后边跟的一般应是目的性用语,是针对一件已经具有确定时间的事情而言的,它的宾语应当是有定时的行为。笔者以为这个有定时的行为,或为起诉,或为不起诉,全在于称呼者的立意及着重点不同而定,都可以说得过去。从实际情况看,在我国的用法多是指案件符合起诉条件而暂时不予起诉的情况,再加上国外成例,故笔者使用"暂缓起诉"或"暂时不起诉"的用法。

2. 规定有一定适用条件

南京市人民检察院的《检察机关暂缓不起诉试行办法》规定的适用条件是：无前科劣迹；犯罪情节较轻，不致再危害社会；能如实供述自己罪行，积极退赔或者协助挽回损失；能够提出保证人或足额交纳保证金。北京市海淀区人民检察院规定的条件是：案件事实清楚，证据确实充分；犯罪情节较轻，可能判处 3 年以下有期徒刑；犯罪嫌疑人犯罪后有悔改表现，不致再继续危害社会；嫌疑人系初犯、偶犯或者共同犯罪中的从犯、胁从犯；具备较好的帮教条件等。

3. 对暂缓起诉人附设一定的考验期和义务

南京市人民检察院的《检察机关暂缓不起诉试行办法》规定：暂缓不起诉自决定之日起至作出最终处理决定之日止，最长不得超过 12 个月，最短不得少于 3 个月。浦口区人民检察院的《关于大学生犯罪预防、处理实施意见讨论稿》规定，要对暂缓不起诉对象"成立学校、家庭、检察机关组成的帮教小组，进行跟踪考察，并要求每月在校义务服务 2 天"。南京市玄武区人民检察院对 2002 年涉嫌"307 聚众斗殴案"的 11 名未成年人作出暂缓不起诉决定后，要求 11 名犯罪嫌疑人在 3 个月的考察期限内，必须履行 5 项义务：遵守国家法律法规，不得从事任何违法犯罪行为；遵守取保候审有关规定；遵守校纪、校规，认真完成学业；每人每月至少从事一次公益活动；每人每半个月以书面形式向玄武区人民检察院汇报一次思想。如果如期圆满履行这些义务，就作不起诉处理，否则将追究刑事责任。[①] 北京市海淀区人民检察院在对未成年人暂缓起诉后，要求被暂缓起诉人在监督下参加一定的社区劳动；在学校学好文化课的同时，校方对其专门进行法制教育和心理辅导；其父母通过亲情的独特感召力，促进其健康人格的形成；当地派出所负责监督其日常生活是否存在有不良行为等。

## （二）暂缓起诉制度的法理学分析

目前，人们认为在我国建立暂缓起诉制度存在以下几个方面的意义：一是有利于教育、感化、挽救偶尔失足的被告人，尤其是有利于教育、感化、挽救偶尔失足的未成年人。二是有利于节约有限的刑事司法资源。三是有利于更好地实现社会公共利益。对于有些存在某种特殊情形又比较轻微的犯罪案件，提起公诉可能对公共利益并不十分有利，这就要求进行必要的利益权衡。四是有利于扩大检察机关起诉裁量权。五是有利于弥补现有起诉制度和不起诉制度的

---

① 苏辛辛：《群殴致人肾脏破裂 11 人获暂缓不起诉》的新闻报道。

漏洞。因此，有必要对暂缓起诉制度的法理学基础作进一步的研究，暂缓起诉制度的法理学基础集中体现在以下两个方面：

1. 在程序上，制度体现了起诉便宜主义

公诉制度在理论上可分为起诉法定主义和起诉便宜主义。凡是认为有足够的证据证明确有犯罪事实，且具备起诉条件，公诉机关必须起诉的，称为起诉法定主义。如《德国刑事诉讼法典》第152条第2项规定："除法律另有规定外，在有足够的事实根据时，检察院负有对所有可予追究的犯罪行为进行追究的义务。"反之，凡认为有足够的证据证明确有犯罪事实，且具备起诉条件，但公诉机关斟酌各种情形，认为不需要处罚时，可以裁量决定不起诉的，称为起诉便宜主义①。如《日本刑事诉讼法》第248条规定："检察官根据犯人的性格、年龄及境遇、犯罪的轻重、情节及犯罪后的情况，认为没有必要予以追诉时，可以不提起公诉。"② 一般来说，起诉法定主义有利于防止检察官滥用起诉权随意决定不起诉，也有利于防止检察官受到政治势力的干扰而决定不起诉。但不问犯罪情节之轻重与犯罪人的具体情况，不权衡追诉的实际社会效果，硬性要求一律起诉，则与现代刑事政策及刑事诉讼的根本目的相违背。因此，自20世纪初期，目的刑理论取代报应刑理论以后，起诉便宜主义便随之产生，并逐渐被国际社会所接受。目前，几乎所有国家起诉制度中，都赋予检察官对已构成犯罪的嫌疑人一定的起诉与否裁量权，突出表现为"微罪不检举"和"缓予起诉"。

2. 在实体上，制度体现了刑罚经济思想

根据现代西方国家刑事政策思想，在对付犯罪过程中，刑罚体系的安排要符合刑罚经济的要求。为防止自由刑的适用带来不必要的损害，应尽量采用非剥夺自由的制裁方法。在这样的刑事政策思想指导下，西方各国纷纷采取措施，改变传统自由刑在刑罚体系中的地位。其中，最为引人注目的：一是在审前阶段设下种种关卡，控制自由刑适用之源。如德国在1975年进行的一项改革中排除了违警罪的刑事犯罪性质，把违警罪只视为一般的对法规的违反，处以行政罚款。二是通过刑种与刑制的选择，在刑种的选择方面，出现了限制或替代自由刑适用的现象。如在日本，随着过失犯及行政犯的增加，罚金被广泛使用，并成为刑罚体系中最为常用的一种。根据1995年版的《犯罪白皮书》，1994年度被判决确定有罪的犯罪人约为114万人，其中被判处罚金（包括罚款者）的为107.2万人，占判决确定者总数的95%；在刑制的选择方面，"二

---

① 《德国刑事诉讼法典》，李昌珂译，中国政法大学出版社1995年版。
② 孙长永：《日本刑事诉讼法导论》，重庆大学出版社1994年版。

战"以后，西方各国再次出现扩大适用缓刑的趋势，主要表现在：其一，适用缓刑的比率日益增长。如德国 1969 年全部判处徒刑的案件中，宣告缓刑的占 34%，1979 年就上升为 50%；其二，放宽适用缓刑条件。如日本战后修改刑法时将宣告 2 年以下自由刑才能缓刑的条件放宽到 3 年以下；其三，增加缓刑的形式。出现了一种"混合制"或称"准缓刑"的缓刑形式。即将缓刑与短期自由刑结合起来运用，具体做法是刑罚宣告后，受刑人必须执行一段短期自由刑，然后再缓刑。还有一种"类缓刑"的缓刑形式。即前文提到的将原来由审判阶段确定的缓刑，前移到起诉阶段，具体做法是对犯有罪行的人，附条件不起诉。

### （三）各国缓诉制度的立法考察

目前，在世界上实行缓诉制度比较典型的有四个国家：即美国、德国、日本和荷兰。

在美国，就制度存在这样一种现状，有 37 个州存在这样的程序，有 7 个州通过立法批准在全州范围内实行。检察官对刑事案件有三种决定权，即有起诉、不起诉的权力。因此，在起诉与否的问题上，美国的检察官几乎享有不受限制的自由裁量权。在检察官做出的三种决定中，是一些州检察官的基本做法。检察官在行使这一决定时，必须以被告人接受检察官的条件为前提。这些条件包括被告人是否接受戒毒治疗、是否为社区提供服务、是否参加工作培训或是否对被害人进行经济补偿等；如果被告人较好地完成了这些条件，检察官即可以撤销对其的指控，如果表现不好，检察官就恢复对其进行刑事起诉。检察官行使决定权时所提出的条件，有正式与非正式之分。在正式的条件中，有专门人员进行评估，以确定被告人是否适于作决定，一旦接受正式的条件，被告人就被要求参加专门的复归活动，被监管是否遵守规定。在非正式的条件中，检察官可根据个案的具体情况提出要求，被告人不被定期地监管是否遵守规定，其基本做法是，如果被告人在一定期限内没有其他任何罪行被逮捕，检察官可作出不对本罪提起指控。①

在德国，依据《德国刑事诉讼法典》第 153 条 a 款的规定，检察机关基于公共利益的考虑，对于轻罪案件享有一定的起诉与否的裁量权，即暂缓起诉权。但同时必须符合以下条件：其一，罪质条件。被指控人所犯罪行必须是轻罪。根据被科处的刑罚的严重程度大小，德国将犯罪划分为重罪、轻罪和违警

---

① 周欣：《欧美日本刑事诉讼——特色制度与改革动态》，中国人民公安大学出版社2002 年版。

罪，暂缓起诉只适用于轻微犯罪，对重罪和违警罪不予适用。其二，实质条件。必须是基于公共利益的考虑。所谓"基于公共利益的考虑"就是看对被告人是否有必要追究刑事责任，公众是否有兴趣对被告人起诉。其三，程序条件。必须经负责开始审理程序的法院和被指控人的同意。其四，必须履行一定的要求和责令。检察院在对轻罪作出暂时不予提起公诉，还必须要求被告人行使以下四项义务：（1）作出一定给付，以弥补其行为所造成的损害；（2）向某公益设施或者国库交纳一笔款额；（3）作出其他公益给付；（4）承担一定数额的赡养义务。如果被告人在规定的期限内履行了上述要求，检察院可以作出暂缓起诉；如果被告人在规定的期限内未履行上述要求，不仅不退还已经履行部分，还要作为轻罪予以追究的决定①。

在日本，依据《日本刑事诉讼法》第 248 条规定，检察官根据犯人的性格、年龄及境遇、犯罪的轻重、情节及犯罪后的情况，认为没有必要予以追诉时，可以暂时不提起公诉。为了确保暂缓起诉的质量，日本检察机关依照该法第 248 条的规定，认为以下三类因素，在适用暂缓起诉时必须加以考虑：一是犯罪行为人的因素。包括犯人性格；犯罪行为人的年龄；犯罪行为人的环境。二是犯罪的因素。包括犯罪的轻重；犯罪的情节、情况。三是犯罪后的因素。包括有关行为；对被害人的行为；其他变化，如社会形势变化等等。为防止暂缓起诉范围的扩大，日本刑法规定以下几类被告人可适用暂缓起诉：触犯刑法轻微的少年或老年的被告人；犯罪情节显著轻微的偶犯被告人；对犯罪后果采取了弥补或悔改措施的被告人；适用暂缓起诉更有利于使之改恶从善，复归社会的犯罪被告人。同时还规定暂缓起诉原则上不适用于杀人、强奸、放火、投毒等严重危害社会的恶性犯罪案件。

在荷兰，暂缓起诉的方法使用得很频繁，公共检察官被赋予了很大的权利。具体表现：公共检察官可以根据"公共利益"的需要，采用暂缓起诉的办法来控制起诉的范围。公共检察官行使决定权时，存在附加条件与不附加条件之分。在附加条件的情况下，所附加的条件内容与缓刑的条件相类似。

考察上述国外暂缓起诉制度，大致具有如下特点：一是，作出暂缓起诉的权力从性质上看，属于检察机关及检察官的自由裁量权的行使，体现出这些国家对起诉便宜主义与刑罚经济功能的追求。二是，在立法上，暂缓起诉从属于不起诉制度，是不起诉的一种具体情形，是据以不起诉的自由裁量权的行使方式（这些国家也都同时还有类似我国存疑不诉、法定不诉等不起诉情形存在，只不过适用条件、方式不同而已）。三是，与其他不起诉决定相比，具有暂缓

---

① 《德国刑事诉讼法典》，李昌珂译，中国政法大学出版社 1995 年版。

性，即附加有一定条件。不起诉决定作出后，具有终止诉讼进程的效力，而暂缓起诉则相应延长了这种诉权的行使时间。

通过以上考察，建立暂缓起诉制度至少体现以下四个方面的价值取向：一是体现了非犯罪化与轻刑化的刑事政策。适用该制度，一方面有利于保护被告人免遭起诉受审以至判刑的痛苦，另一方面有利于防止刑罚可能的滥用和不适当的扩张。二是体现了刑罚个别化的刑事政策。检察官"因材施教"、合理裁量，这不是什么"法外施恩"，而是在法律规定的范围内刑罚个别化的刑事政策的必然。三是保护社会公共利益以及社会成员的个人利益是刑事诉讼程序运作的原动力，这也是检察机关在决定是否起诉以及是否暂缓起诉必然考虑的因素。如果罪行不严重，所造成的利益损失也不大，当地公众也无兴趣对被告人起诉，检察官便没有立即提起公诉的必要。四是体现了诉讼经济这一基本原则。通过暂缓起诉那些社会危害性较小的、对公共利益的侵犯程度较低的犯罪行为，在审判前阶段以简易的方式得到消解，可以把有限的司法资源用于严重的影响较大的犯罪案件的追究和审判上，实现诉讼资源的合理配置，提高刑事诉讼的效益。

### （四）关于暂缓起诉制度的争议

在我国，针对该项创新制度，有学者提出质疑，有人认为暂缓起诉制度违背了"法律面前人人平等"的宪法原则和依法治国的法治原则。有人认为暂缓起诉是没有法律依据的"违法试验"。从表面上看似乎有一定的积极意义，但是暂缓起诉做法不值得提倡。[①] 其理由：

一是于法无据。根据《刑事诉讼法》规定，检察机关审查起诉案件只能作出提起公诉和不起诉两种决定，而暂缓起诉既不是起诉，也不是不起诉，《刑法》、《刑事诉讼法》都没有相关规定。暂缓起诉从字面上理解是应该起诉，只是暂缓；从报道上看，暂缓起诉的案件本应该起诉，由于案件具有某种特殊情况，所以"暂缓"，就是说案件不符合法定的不起诉条件，是指向起诉的，暂缓起诉最终追求的或要达到的目的是"不起诉"，那么对暂缓起诉的理解可以是将本应起诉的案件采取变通的方法改为不起诉，这显然缺乏法律依据。

---

① 黄京平、刘中发、张枚：《暂缓起诉的法理基础与制度构建——兼论对犯罪的未成年人适用暂缓起诉的必要性与可行性》，载《国家检察官学院学报》2003 年第 5 期；孙力、刘中发：《暂缓起诉制度研究》，载中国政法大学诉讼法学研究中心编：《刑事审前程序改革国际研讨会》（2004 年 6 月 26 日至 28 日），第 517—524 页。

　　二是有悖于现行法律面前人人平等原则。"暂缓起诉"的案件本应该提起公诉，由于犯罪嫌疑人是处于特殊时期的未成年人，考虑其"前途"，即可能考上大学，故暂缓，将案件停止审查，变更强制措施，让其参加高考，录取后由检察机关和学校、社区等相关单位共同考察，如表现好，考验期内无违法行为即作出不起诉决定。那么，是否可以理解"暂缓起诉"的对象就是受法律保护"有前途"的特殊公民。如果正处于攻坚阶段的科研人员，其参与研究的科研成果一成功对国家和社会就有重大贡献，还有突出贡献的政界官员、企业能人功臣也很特殊……是不是犯了罪也应暂缓起诉?! 那考不上大学的未成年人，对社会没有突出贡献的人是不是就不能暂缓起诉?! 这显然违背了法律面前人人平等的原则。

　　在实践中，"暂缓起诉"案件的被害人的合法权利被无限期地剥夺，而且有的案件被害人也是未成年人，由于"暂缓起诉"考验期限没有法律规定，所以被害人无法及时行使申诉或直接向法院起诉和要求民事赔偿等权利，为了体现对犯罪嫌疑人的特殊保护而侵害被害人的合法权益，这更违背法律规则。

　　三是在立法上缺乏"暂缓起诉"存在的空间。其一，适用对象的特殊选择违背《刑法》、《刑事诉讼法》的立法原则。其二，在具体实施过程中，由于没有法律规定，学校、社区相关单位没有法定义务，导致"暂缓起诉"考察实际无人过问，风险由检察机关独自承担，一旦出现需要继续诉讼的情况，很难得到公安机关、审判机关的配合，致使检察机关陷入被动的局面。其三，起诉或不起诉，都是审查决定，是刑事诉讼在检察机关的终结，而"暂缓起诉"系不确定状态，最终结果很难断定，容易诱发新的不稳定等问题和造成其他负面影响。

　　四是损害了刑罚的普遍教育功能。法的目的是教育人遵守法律规范，是中止人向犯罪边缘冲刺的警示，打击、惩罚犯罪则是教育人守法最有效、最直接的手段。刑罚的普遍教育功能是由法律的本质特征决定的，其强制性、严肃性决定了执法活动只能在法定限度内进行，而不能法外施恩。

　　也有观点认为，"暂缓起诉本质上是对原本符合起诉条件而非符合不起诉条件的人所作的一种处理决定"，但同时又认为《刑事诉讼法》第 142 条第 2 款的规定"赋予检察机关相当程度的自由裁量权，为暂缓起诉制度的施行留下了'法律空间'"，"暂缓起诉作为附条件的不起诉，虽然不能在法定不起诉或者存疑不起诉中寻找立论依据，但却符合酌定（相对——笔者注）不起诉的精神实质"，"从某种意义上说，暂缓起诉是对体现起诉便宜主义精神的酌定不起诉的灵活运用和适度调整"，只是"在法律没有禁止的情况下，对某项制度作适当的调整，使其与时俱进，适合现实需要"，并非对现行法律的违反，不能被认为是违法。① 而更有甚者认为，"暂缓起诉表面上违反了法律形式上的公平，然而却恰恰满足了法律实质上公平的要求"。虽然"现行刑事诉讼法没有规定暂缓起诉制度，但并不意味着检察机关不可以进行暂缓起诉的试验"，"法律具有稳定性，但同时又易于僵化"。"在变革时代，法律与改革的矛盾几乎不可避免，改革往往意味着变法。""制度创新永无止境，法律也应当与时俱进，适时地进行修改、变更。"因此，"借口'违法'而进行抵制并非科学态度"。正当的做法是"在适当时机修改现行刑事诉讼法，对暂缓起诉做出明确、具体的规定，以便于检察机关在实践中操作"。②

### （五）引进暂缓起诉的必要性与可行性

1. 实行暂缓起诉的必要性

（1）从刑罚诉讼经济和效率原则来看，一方面，作为现代刑事司法的一项最基本的准则，司法机关应当以尽可能少的投入诉讼成本，最大限度地实现刑事诉讼目的——客观公正，而且诉讼经济原则的实现，必须依靠诉讼程序运作具有经济合理性和相应措施来实现。因此如何做到诉讼经济，直接关系到法律制度是否科学、合理的问题。尤其在刑事追诉利益不大时，应优先考虑程序的经济性。暂缓起诉可以通过检察机关对其起诉自由裁量权的运用，针对特定案件减少司法资源的投入，符合诉讼经济的要求。另一方面，暂缓起诉制度具有程序分流的功能，通过暂缓起诉制度，那些社会危害性较小、对公共利益的侵犯程度较低的犯罪行为在审判前以简易的方式得到消解，这样一来，就可以把有限的诉讼资源用于严重犯罪行为的追究和审判中，实现诉讼资源的合理配置，提高刑事诉讼的效益。

（2）暂缓起诉制度的设定符合并体现了先进的刑罚理念——刑罚目的的教育性和非惩罚性。刑罚的目的不在于报复和惩罚，而是对受刑人进行教育，对其犯罪人格进行矫正，实现其人格的完全社会化，最终复归社会。对于罪行轻微但又不适用起诉的犯罪嫌疑人而言，由于其反社会人格尚未成型，所以较易实现人格矫正，但是如果交付审判甚至于实际执行刑罚，那么随着社会对其行为或人格的否定评价过程，其反社会人格容易得到强化而自暴自弃；况且还容易被"交叉感染"，强化其反社会人格。打上犯罪的标记后，未成年人的名

---

① 毛建平、段明学：《暂缓起诉制度若干问题研究》，载《人民检察》2004 年第 6期。

② 黄京平、刘中发、张枚：《暂缓起诉的法理基础与制度构建——兼论对犯罪的未成年人适用暂缓起诉的必要性与可行性》，载《国家检察官学院学报》2003 年第 5 期。

誉和前途都会受到负面影响，其回归社会的难度加大。

2. 实行暂缓起诉制度的可行性

（1）我国现行刑事立法为暂缓起诉制度的施行提供了法律依据。检察机关对某一具体案件是否拥有起诉自由裁量权，是由该国刑事诉讼程序采取起诉法定主义还是起诉便宜主义所决定的。现代多数国家在保留起诉法定主义的合理因素的基础上，采取了起诉便宜主义。我国检察机关在起诉自由裁量权方面，实行起诉法定主义与起诉便宜主义相结合的原则。《刑事诉讼法》第142条第2款规定："对于犯罪情节轻微，依照刑法规定不需要判处刑罚或者免除刑罚的，人民检察院可以作出不起诉决定。"这一规定赋予检察机关相当程度的自由裁量权，为暂缓起诉制度的施行留下了"法律空间"。暂缓起诉作为附条件的不起诉，虽然不能在法定不起诉或者存疑不起诉中寻找立论依据，但却符合酌定不起诉的精神实质，从某种意义上说，暂缓起诉是对体现起诉便宜主义精神的酌定不起诉的灵活运用和适度调整。《刑法》第72条第1款规定："对于被判处拘役、三年以下有期徒刑的犯罪分子，根据犯罪分子的犯罪情节和悔罪表现，适用缓刑确实不致再危害社会的，可以宣告缓刑。"此处规定的虽然是缓予执行制度，但其所体现的"将罪行较轻的罪犯放在社会上教育改造"的思想同样可以作为暂缓起诉制度的立论依据。

（2）我国现行宽严相济、轻轻重重的刑事政策为暂缓起诉制度的施行提供了政策依据。我国一贯推行的是宽严相济的刑事政策，这一政策的主要内容是：对待犯罪分子的处理，该严的一定要严，该宽的一定要宽。对于轻微犯罪、偶尔犯罪的，能不判刑的就不要判刑。对于判处3年以下有期徒刑而又具备法律规定判缓刑条件的犯罪分子，在基层工作较强的地方可以适当多一些缓刑，放在社会上监督改造。我国刑事政策的走向是：轻轻重重，以轻为主。"轻轻"就是对轻微犯罪的处理比以往更轻，即轻者更轻；"重重"就是对严重犯罪的处理比以往更重，即重者更重。这种宽严相济、轻轻重重的刑事政策为暂缓起诉制度的施行提供了政策依据。

3. 对未成年犯实行非刑罚化处理是国际社会行刑的趋势，暂缓起诉顺应了国际刑事诉讼的发展趋势

暂缓起诉注重国家公益以及刑罚的具体妥当性，给没有起诉价值或者不需要判处刑罚的人提供改过自新的机会，强调刑罚的特殊预防，避免不必要或不恰当起诉的负面效应，给予检察机关以一定的起诉自由裁量权，使检察机关的起诉朝着更加合理、公正的方向发展。

### （六）对我国建立暂缓起诉制度的立法建议

从检察机关的起诉自由裁量权的发展趋势看，在现阶段暂缓起诉制度是必要的和可行的，但是其与现行法律的冲突也是存在的。没有明确的法律规定，解决这一矛盾的途径就是完善、调整相关立法，使暂缓起诉具有合法性，凸显其合理性。

目前由于全国各地基层人民检察院所采用的暂缓起诉缺乏法律依据，且在具体的司法实践中又各行其是，缺乏统一性和规范性。显然，这种做法破坏了我国法制体系的统一，与建立社会主义法治国家的治国方略格格不入，这也是目前有些学者反对各地检察机关适用暂缓起诉的主要原因。笔者认为，在我国，赋予检察机关的暂缓起诉决定权势在必行，且暂缓起诉制度无疑会在即将出台的《刑事诉讼法》中有所体现。笔者对我国暂缓起诉制度的具体构想如下：

1. 适用对象

从目前各地基层人民检察院适用暂缓起诉的实践来看，主要是针对未成年人犯罪。与此相应，一些学者主张，暂缓起诉应当只适用于未成年犯罪嫌疑人，对其他行为主体不得适用；也有学者主张，暂缓起诉不仅适用于未成年犯罪嫌疑人，还适用于老年犯罪嫌疑人以及偶犯犯罪嫌疑人。笔者认为，将暂缓起诉的适用范围仅仅限于未成年犯罪嫌疑人或者偶犯犯罪嫌疑人的做法，似有过窄之嫌。其理由是：

第一，我国《宪法》以及《刑法》、《刑事诉讼法》都明确规定了法律面前人人平等，因此，如果将适用暂缓起诉的犯罪主体只限定为未成年人犯罪，实质上是在适用刑罚上根据主体身份的差异而采取的区别对待方式，违背了法律面前人人平等的原则。

第二，将暂缓起诉的适用对象限于未成年犯罪嫌疑人和偶犯犯罪嫌疑人背离了设置该制度的初衷。立法上赋予检察机关决定暂缓起诉权力的主要目的之一，就是基于诉讼经济的考虑，如果将暂缓起诉的适用范围仅仅限定为未成年人和偶犯，并且检察机关在决定是否对犯罪嫌疑人适用暂缓起诉时，还必须综合全案的情况进行权衡，那么，实践中检察机关可能适用暂缓起诉的案件还会大大缩小，这样就难以达到通过大量适用暂缓起诉节约诉讼成本的目的。另外，从其他国家特别是美国的缓起诉的实践来看，通常也没有将暂缓起诉的适用对象仅仅限定为未成年犯罪嫌疑人或者偶犯犯罪嫌疑人，因此，可以说，如果我们将暂缓起诉的适用对象仅仅限定为未成年犯罪嫌疑人或者偶犯犯罪嫌疑人，也是与当今其他国家的通行做法背道而驰的。

第三，暂缓起诉适用对象不能仅仅只针对自然人犯罪，对于一些实施了犯罪活动的法人组织，也应该根据情况决定是否对其适用暂缓起诉。在我国目前的社会主义市场经济体制之下，一些法人组织通过实施犯罪活动以获取高额利润的现象并不少见，长期以来，对这些企业的违法经营活动，我们通常是通过"双罚制"的方式进行惩处，即追究相关责任人刑事责任，而对法人组织则是在判决有罪的前提下科处罚金。这种"双罚制"做法的弊端是很明显的：其一，不利于保护无辜的企业员工的利益，因为企业一旦被定罪，必然就会丧失广大客户的信任，企业正常的生产经营活动在日后就难以继续维持下去，这样的话，不但该企业中员工的工资以及各项福利难以得到保障，而且还面临失业的危险，从而增加国家的负担；其二，如果不加区分地对这些实施了犯罪活动的企业进行刑罚处理，显然不利于扶持那些尚有经营前途的企业。但若对这些企业适用暂缓起诉制度，要求其限期整改，并拿出一套可行的整改方案，那么，这些企业通常都会在今后的生产经营过程中遵纪守法，步入良性的运作轨道，从而挽救这些可能因被定罪而濒于破产的企业；其三，对一些法人犯罪适用暂缓起诉可以节省因起诉和审判而花费的诉讼资源。一般而言，对法人犯罪进行追诉所花费的诉讼资源巨大，因为法人犯罪的证据收集工作比自然人犯罪更加复杂，所收集的证据数量也更为庞大，且实践中对这些法人组织的刑罚处理也只能适用罚金刑，因此，如果对法人犯罪适用暂缓起诉，要求其交纳一定数量的罚金，并适当补偿对被害人造成的损失，这样既能达到刑罚处理的效果，节省了因起诉和审判所花费的费用，也符合诉讼经济原则。

2. 适用条件

检察机关对犯罪嫌疑人决定适用暂缓起诉的案件，必须具备一定的实体条件和程序条件。

（1）实体条件包括以下内容：其一，犯罪情节轻微。具体而言，对于自然人犯罪嫌疑人，如果根据案情，可能判处 3 年以下有期徒刑、拘役、管制、单处罚金的，检察机关可以决定对其是否适用暂缓起诉；对于法人犯罪嫌疑人，如果该企业是初次犯罪且存在挽救可能的，原则上都应该对其适用暂缓起诉。其二，犯罪嫌疑人实施犯罪之后有悔改或者立功表现，不致再危害社会。对于犯罪嫌疑人是否具备此条件，检察机关应该综合以下几个方面的情况进行考虑：犯罪嫌疑人实施犯罪之后是否有坦白从宽的情节；是否检举揭发同伙的犯罪行为；有无逃跑或毁灭、隐藏证据的行为；有无帮教或者回归社会的可能；是否征得了被害人的谅解并对其经济损失进行了适当的补偿；等等。其三，犯罪嫌疑人必须是初犯、偶犯或者同伙犯罪中的从犯和胁从犯，对于主观恶性较大以及累犯、犯罪集团中的主犯以及应该数罪并罚的犯罪嫌疑人，一律不得适用暂缓起诉。

（2）程序条件包括以下内容：第一，检察机关对案卷材料进行审查起诉之后，认为犯罪事实清楚、证据确实充分，符合提起公诉的条件。第二，综合全案的情况来看，犯罪嫌疑人不具备三种不起诉的要求。第三，自然人犯罪，由犯罪嫌疑人或者其监护人同检察机关协商后签订暂缓起诉协议；法人犯罪，则必须由检察机关同法定代表人或者其辩护律师签订暂缓起诉协议。

3. 暂缓起诉协议及其内容

暂缓起诉协议的签订是衡量检察机关作出的暂缓起诉是否正确的决定性因素。借鉴美国的缓起诉协议的有关内容，并结合我国的刑事司法实践的现状，笔者认为，在暂缓起诉协议中，犯罪嫌疑人应该承诺履行下述义务：第一，向被害人赔礼道歉，并向其支付一定数额的赔偿金；第二，向国库支付一定数量的罚金；第三，立悔过书，并详细载明预防重新实施犯罪的必要措施；第四，向指定的公益团体或者社区提供一段时间劳务；第五，完成戒毒治疗、精神治疗、心理辅导或其他适当的矫正措施。

在暂缓起诉协议中，犯罪嫌疑人应该履行的义务、支付的赔偿金以及罚金应与犯罪的性质、危害程度以及犯罪嫌疑人的个人情况相适应。协议中所确定的各项义务，除向被害人赔礼道歉和支付赔偿金必须在 3 个月之内完成之外，其余几项义务的履行期限应在暂缓起诉考验期内完成（暂缓起诉期限一般不应该超过两年）。

4. 暂缓起诉决定的效力

由于暂缓起诉本质上是一种附条件的"待诉权"，介于提起公诉和不起诉之间，因此，暂缓起诉决定的效力可从以下两个方面来理解：

（1）检察机关撤销暂缓起诉决定，对犯罪嫌疑人提起公诉。具体而言，可分为三种情形：其一，如果犯罪嫌疑人在暂缓起诉期满之前实施了故意犯罪，检察机关必须撤销暂缓起诉决定，对前罪和新犯下的罪行合并提起公诉，实行数罪并罚；其二，发现犯罪嫌疑人在被适用暂缓起诉之前还实施了其他的犯罪行为，有可能被判处有期徒刑以上刑罚的；其三，如果嫌疑人在暂缓起诉执行过程中没有履行协议中约定的义务，由检察机关视其情节轻重自由裁量，以决定是否应该提起公诉。

如果检察机关决定对犯罪嫌疑人撤销暂缓起诉，向人民法院提起公诉，此时，犯罪嫌疑人已经履行的义务，不得请求返还或者赔偿。

（2）犯罪嫌疑人在暂缓起诉考验期限内，如果完全履行了暂缓起诉协议中约定的义务，且没有实施其他应该提起公诉的犯罪行为，检察机关就应该作出不起诉决定。检察机关对适用暂缓起诉的犯罪嫌疑人在期满后作出的不起诉决定，不仅具有终结诉讼程序的效力，而且也是对案件事实的实体判定，犯罪嫌疑人所实施的该项犯罪行为，无论从实体上还是从程序上，都必须被视作不是犯罪。除非发现新的重大犯罪事实或者犯罪证据，人民检察院在任何时候都不得对该行为再行起诉；如果犯罪嫌疑人在3年内又实施了可能被判处3年以上有期徒刑的故意犯罪，不得视为累犯。

5. 暂缓起诉的监督机制

很显然，如果明确规定暂缓起诉制度，实质上就是赋予了检察机关较大的起诉裁量权，为了防止检察机关出现滥用起诉裁量权的现象，立法上同时应该规定配套的监督机制。笔者认为，这种监督机制按照主体的不同，可分为公安机关的监督和当事人的监督两种。

（1）公安机关的监督。公安机关侦查终结向检察机关移送起诉的刑事案件，检察机关决定对犯罪嫌疑人适用暂缓起诉的，如果公安机关认为检察机关的决定存在错误，可以向检察机关提出复议，复议如果不被接受，同级公安机关还可以向上一级检察机关提请复核，上一级检察机关如果认为下级检察机关的暂缓起诉决定存在错误，应该撤销下级检察机关的暂缓起诉决定，并通知下级检察机关立即提起公诉。

（2）当事人的监督。当事人的监督分为犯罪嫌疑人的监督和被害人的监督。具体而言，犯罪嫌疑人的监督是指如果检察机关在作出暂缓起诉决定之前没有征得犯罪嫌疑人的同意，犯罪嫌疑人有权在法定期限内向检察机关提出申诉，人民检察院应该作出复查决定，并将复查结果通知犯罪嫌疑人，犯罪嫌疑人如果坚持要求提起公诉的，人民检察院必须立即提起公诉；被害人的监督是指在有被害人的刑事案件中，人民检察院在作出暂缓起诉决定时，应该将暂缓起诉决定书送达被害人，被害人如果不服，可以向上一级人民检察院申诉或者向同级人民法院提起自诉。如果上述有权机关认为被害人的要求不能成立，暂缓起诉决定即可产生法律效力。如果被害人死亡的，其近亲属有权行使上述权利。

# 五、辩诉交易

## （一）辩诉交易的概念

辩诉交易是产生并盛行于美国的一种司法制度，它是指检察官与被告人、辩护人就被告人的定罪量刑进行协商和讨价还价，检察官以减少指控、降格指控或量刑减让为条件，换取被告人的认罪答辩而形成的一种刑事诉讼制度。控辩双方通过交易达成协议后，法官不再对案件经过烦琐程序进行实质性审判，只需对协议进行形式上的确认，如果法官认为协议体现了被告人的真实意愿和公平正义原则便径行做出判决，宣告结案。正像其他一切新生事物一样，辩诉交易也同样遭受过责难而褒贬不一，但就其当今能够在美国大行其道茁壮成长，并波及两大法系的许多国家，引起这些国家的学界和实务界的探讨、争鸣、尝试乃至制度层面的建构，足见其具备制度和现实的合理性和正当性，也显示出了其强大的生命力。

在我国，辩诉交易也同样一度成为法学界和司法界探讨的热点问题。特别是牡丹江铁路运输法院对一起故意伤害案件依据辩诉交易的模式作出了判决，引起了广泛的关注，因而也成为中国辩诉交易第一案。① 那么，辩诉交易能否植根于中国这块司法土壤，其有多大的生存和发展空间，可否进行一些制度上的建构，笔者就此作以粗浅探讨。

我们通常所说的美式辩诉交易包括"答辩谈判"和"答辩协议"两部分内容，和任何普通的交易一样，答辩交易也是要经过答辩双方的讨价还价，答辩协议则是双方之间的个别化和明示谈判的结果。当然，对于一些案件来说也可能根本就没有谈判，让步的条件是通过基于过去的实践或地方的标准通过默示协议达成的。

无论是"明示的"还是"默示的"谈判都以被告人作有罪答辩为表征，被告人通过认罪以换取控方减轻或降低犯罪指控以实现一种利益和另一种利益的交换，这就是辩诉交易的实质。当然关于个人利益和社会利益或国家利益（有的国家把犯罪认为是对国家利益的侵犯）的交易是否具有法律上的正当性是存在争议的。

辩诉交易是交易谈判过程和辩诉协议的结合，它具有一定的程序性特征，因此，从形式上来概括，它是指"在刑事案件中，被指控者通过他/她的律师或公诉人进行协商达成双方均可接受的协议的程序"②，而且这种程序作为一项惯例而存在，在严格的意义上不能称之为司法制度，因为从制定法的角度来评价，除了《美国联邦刑事诉讼规则》第 11 条③以外很少见到其他的相关的制定法，遑论作为一项严格的司法制度上升到宪法权利的高度了。

从理论和实践应用两个层面考察，辩诉交易大致包括以下几个方面的要

---

① 《"辩诉交易"首次亮相我国法庭——25 分钟审结一起故意伤害案》，载《中国青年报》2002 年 4 月 22 日。

② ［美］希尔斯曼：《美国是如何治理的》，曹大鹏译，商务印书馆 1988 年版，第 178 页。

③ 李建明：《刑事司法改革研究》，中国检察出版社 2003 年版，第 138 页。

素：其一，交易的主体是检察官和被告人（主要是通过其辩诉律师进行交易）。其二，交易的内容，就控方而言包括减轻指控罪、减少指控罪名数以及提出从轻处罚的量刑建议等，就辩方而言，主要是作出有罪答辩，即承认有罪。其三，通过交易所获利益，就控方而言是通过被告人作出有罪答辩而免去了审判中的证明责任同时减少了败诉风险；就辩方而言，是获得较轻处罚的判决或者被减少了犯罪指控。其四，交易的形式表现为控辩双方在自愿的基础上经过协商达成协议。其五，交易的后果是案件不进入正式庭审，而由法院对辩诉协议予以确认并直接对被告人定罪处刑，诉讼程序终止。

## （二）辩诉交易产生的历史背景和条件

任何一项法律程序和现象的产生与存在都紧紧依存于与之相适应的社会基础和法律制度，这是我们在分析一部法律或一些法律程序是否具有移植的可能性时所面临的首要问题。辩诉交易的产生也不例外，继受于英国法的美国法律和母法有着很深厚的渊源，但这也并不意味着任何法律现象或程序的产生都可以从母法中找到相应的起源，辩诉交易就是一个很好的例证。甚至，当美国辩诉交易已经公开得到了联邦最高法院的认可之后，英国关于辩诉交易的讨论仍旧遮遮掩掩，而且始终是否定或者限制辩诉交易的观点占据理论上的主流。

关于辩诉交易的产生，普遍的看法是它产生于 20 世纪 30 年代，也就是美国经济的复苏时期。但实际上在美国人自己看来这种现象（政府和犯罪的谈判）的最早出现已经是几个世纪以前的事情了。"但是严格意义上辩诉交易产生于 19 世纪，法院的历史记载表明在南北战争之前有几个答辩谈判的例子，战争之后就变得越来越常见，从 19 世纪末开始明示或默示的答辩协议使用率均稳固增长，其他一些研究已经证实在 20 世纪上半叶谈判的有罪答辩迅猛的取代了审判。"[①] 当然，直到 1970 年 Brady Vunited States 一案中，美国联邦最高法院承认了明示答辩谈判中辩护律师的重要性之后，几十年的答辩交易结束了偷偷摸摸的运用，从而具备了合法的地位。1971 年在 SANTOBELLOVNEW-YORK 案中美国联邦最高法院批准了答辩交易的做法（但是没有制定公开的成文化的法定程序），只是在《联邦证据规则》中有一些体现。直到现在辩诉交易的不安全因素仍旧存在，因为它没有成为一项严格的法律制度，得到宪法的保障。

作为一种非正式的程序，我们有必要认真分析辩诉交易产生的背景和条件：

---

① 　孙谦等主编：《司法改革报告》，法律出版社 2002 年版，第 237 页。

首先，源自司法资源的短缺，众所周知，英国的审判以陪审制度为其主要特征。最初作为英国殖民地的美国在法律上自然也不例外，当然，最初的美国在确立以审判为中心的司法制度时，是与当时社会中人口和纠纷的发生率相适应的，陪审团只在美国独立之后的最初一段时间里很好的体现了它解决纠纷的能力，多数刑事案件在理论上都是要经过陪审团的审判。但是随着美国社会的巨大变迁、人口的激增以及城市化的不断扩大，主要是因为刑事案件随着人口的增加和社会的急剧变化而呈现出了上升的趋势。另外，肉刑等一系列身体性惩罚被监禁所取代也使得监狱不堪重负。因此，司法资源的短缺成了摆在司法者面前的一个重要问题，当然作为诉讼活动的参与者的控诉方和辩护方的体会会更加明显，检察官可能会面临越来越多的关于控制犯罪不利导致犯罪率上升等的指责而影响其选举，而被告人也要面临越来越多的超期羁押所带来的伤害。司法资源的短缺可能是辩诉交易产生的一个最客观的理由，因为无论是英美法系国家还是大陆法系国家都对此有深刻的体会。"皇家刑事司法委员会承认隐藏在这种实践（辩诉交易）背后的动机一般都与节约公共开支有关，量刑折扣的主要原因是为了鼓励那些明知自己有罪的被告人作出的有罪答辩，以此节省将在对抗式审判中消耗掉的资源。"①

其次，源自控辩双方的互利性追求作为控方的检察官在刑事司法制度中行使和运用着政府权力，他们是代表联邦政府或州政府的执法人员。同时，在美国的检察官也是律师，只不过承担了有别于辩护律师的职责，检察官需要根据"排除合理怀疑"原则提出起诉，即检察官在法庭上起诉犯罪嫌疑人时，必须有足够的证据并且能够达到无可置疑的程度，因此在证明标准上要求是相当严格的。所以任何草率地或轻易地提起公诉，往往会使公诉人在法庭上陷于被动。而且美国检察官的产生方式更加决定了他们对公诉成功的谨慎。"联邦制度中最高检察官是司法部长，或称检察长，是由总统提名任命国会批准的内阁成员。总统还任命全国九十四个联邦司法区的检察官。每个检察官再在本司法区任命相当数量的助理检察官。州制度中的检察长与检察官，除五个州由州长任命外，其余四十五个州均由选举产生。州检察长和检察官虽然为州长内阁成员，但因其对选民负责，因而具有极强的独立性。"② 由于公诉人要对选民负责，因此他的公诉成绩（主要是控诉成功率）是衡量其政绩的一个重要方面。为了获得高的选举职位，检察官们倾向于使自己在定罪上有良好的纪录，而辩

---

① 《全国公安机关刑侦改革五周年回顾》，2003 年 6 月 10 日。

② 韩杼滨：在第十届全国人民代表大会第一次会议上《最高人民检察院工作报告》，2003 年 3 月 11 日。

诉交易正是对证明标准的降低，正好满足了其轻松定罪没有风险的主观意愿。

与之相对应，如果检察官决意起诉，大量的人力、物力等司法资源可能会耗费在一件不太重大的小案件上，影响对重大案件的司法投入。这种节约资源，减轻证明责任，又能够提高控诉的成功率，完全有利于检察官们社会地位提高的"交易"，检察官们何乐而不为呢？当然这里隐含着一项制度，就是英美法系的检察官享有广泛的自由裁量权。没有这项权力的支持，交易是无法进行的。因为既然是交易，就意味着以一项利益换取另一项利益，被告方之所以愿意做出有罪答辩，只是出于维护自身利益的考虑。在美国，根据法律规定检察官对案件享有是否指控、如何指控以及提出哪些指控的广泛的裁量权。他们所奉行的是典型的起诉便宜主义立场。检察官所享有的不起诉裁量权包括以下三种情况：一是检察官的不起诉裁量权没有案件范围的限制。即检察官对符合起诉条件的所有案件均享有不起诉裁量权。二是检察官的不起诉裁量权还包括起诉裁量权的内容即在决定起诉时，享有选择较轻的罪名或者以降格罪名起诉的裁量权。三是检察官的不起诉裁量权具有很大的独立性，基本上不存在制约（见 1994 年英国《检察官守则》）①作为被控诉的一方，被告人在辩诉交易中是否获利对交易的成败起着决定性作用。被告人的有罪答辩是基于个人利益才作出的行为。这种行为的动机自然是被告人"趋利避害"心理的反映。从惩罚的角度来讲，凡是实施了犯罪行为的人（这里仅指被控诉机关发现的人）在心理上都对自己将会受到何种刑罚惩罚，通过其律师或自己对法律知识的了解而有一定的预知。当然这种预知也可能来自在谈判中控诉方的警告或者威胁，如果案件一旦进入审判程序，被告人这种应受惩罚的可能性就会增加即受惩罚的风险增大。这和检察官把案件推进审判程序将面临严格的举证责任是对等的，多少带有点赌博的性质。当然，对于检察官来说，败诉承担的最大不利后果也许是声名狼藉。但对于被告人来说，败诉则可能意味着财产、自由甚至生命的丧失。这种利益的损失风险是很大的，辩诉协议的达成可以降低被告人遭受严厉惩罚的风险，对自己可能受到的惩罚有了较为明确的预知，而且这种预知的惩罚一定会比先前设想的惩罚要轻得多。无论英美法系还是大陆法系，被告人对诉讼期限始终充满了抱怨，哪怕是在司法机关看来是最短的最便捷的诉讼，对于被告人尤其是对于被羁押的被告人来说其过程也是漫长的。经受了被告人所认为的长期讼累，他们大都是苦不堪言，而辩诉交易的成功则在时间上解决了被告人的讼累问题，对于被告人减轻精神压力至关重要。

另外，许多相对轻微的犯罪，被告人也宁愿选择较为迅速的辩诉交易，以

---

① 《陈光中法学文集》，中国法制出版社 2000 年版，第 575 页。

免影响自己的工作或者寻找工作的机会。基于上述考虑，被告人也积极追求以迅速结案为特征的辩诉交易。被告人的诉讼主体意识也是影响其选择辩诉交易的谈判方式达成协议从而结束案件的重要因素。当然，最为本质的一个原因是被告人通过有罪答辩可以避免重罪所带来的不利后果。实际上，对于法院来说，辩诉交易不仅可以解决堆积如山的案件（试想85%—90%的刑事案件全部通过陪审团审判来进行的话，司法体制可能会面临崩溃，法院的运转可能将会停止），减轻法院的负荷，而且可以避免陪审团对案件的不良操纵，辩诉交易从而有利于法官对于案件的控制，此外，从辩诉交易的迅速结案特征来看，这也是证明法官办案效率高的极好素材，有利于法官威信的树立，同时也是业绩的扩大和提高。就辩护律师而言，其最大的收获就是同一案件不同的结案方式，收费上限是相同的。如果有便捷、迅速、节省时间的结案方式而又不减少律师费，想必他们也找不到什么拒绝辩诉交易的理由。从刑事诉讼的参与人，检察官、被告人、法官、律师的个人利益的角度来分析，相对于烦琐冗长的陪审团审判方式，辩诉交易不啻为一项相对合理的选择。在这里有必要提到一件事，就是关于辩诉谈判的内容。当然，我们所谈的不是具体的交易过程而是说控诉方在谈判时作出的承诺，即行使自由裁量权仍旧存在着虚化的可能性。换句话说，被告人在作出有罪答辩之后，并不一定意味着在经法官审核辩诉协议时法官必然会采纳控诉方做出减轻或免除被告人罪责或刑罚的建议，虽然说法官拒绝认可辩诉协议在美国的司法实践中十分罕见，但至少当事人尤其是被告应该谨慎行事，实际上，只要是交易都会存在风险的，被告及其律师对这一点应该有明确的认知。

任何一个采用或认可辩诉交易的国家，都没有通过法律规定检察官的自由裁量权可以扩展到制约或影响法官的审判。司法独立是一个现代法治国家建立司法制度的基石，法官的独立审判是不可动摇的原则。虽然公众可能强烈的希望法官在控辩双方谈判时就参加进去以增加谈判的透明性和公正性。但是法官很少愿意正式表态参与辩诉谈判。只有英国是个例外。而且这也是法官保持自己中立，公正身份的必需。过早的涉入谈判可能形成先入为主的印象，那么在审查辩诉协议时就往往会变成走过场。中立性难以保证，受到诟病自然不可避免。这就意味着一般情况下，法官在辩诉协议产生之前，并不对案件有多少实质的了解，这样就很难保证检察官所做的定罪或量刑建议与法官的判断一致，也就同时意味着被告人即便是做了有罪答辩，检察官们的"空头承诺"也是有存在空间的。因此，作为被告人或者被告方的律师，认真识别检察官承诺的可采纳程度，对于被告人是否做有罪答辩起着关键性的作用。

既然检察官的定罪量刑建议不一定被法官必然的采纳，那么究竟是什么支持着这种交易能够得以顺利进行呢？这是"辩诉交易"存在的基础条件性，这也是决定其是否可以成功移植到我国的前提。在美国，检察官、法官一般均出自律师，三种主要的法律职业之间形成了一个共同体。法官、检察官、律师的身份可能是变化的，他们受到相似的法律教育（一般具有博士学位），形成了一致的法律价值观念、法律意识、思维模式。今天是律师，明天是检察官，后天可能是法官，相似的经历，长期的法庭工作，他们之间能够形成一种配合默契的非正式工作关系。如果打破这种默契，今天你在这个案子上坚持个人原则，那么大家就坚持原则到底。在每个案子上都拼个鱼死网破，最后谁也无法完成手头积累的案子，同样也都会受到社会的指责。正是基于这种认识，他们之间才有了彼此的妥协让步，也才形成了基于职业道德和工作实践而造就的良好互信。这也是保证"辩诉协议"从达成到法官的认可一般不会出现阻碍的决定性因素。可以说，基于共同的诉讼价值和相同的教育背景，控、辩、审三方一般能对一个案子形成共同或近似的认识。也基于相互之间的信任和尊重，检察官的建议一般也被法官批准。当然，并不排除法官拒绝采纳协议的情况，那时候也只能对簿公堂，由法官和陪审团开始漫长的审判。笔者个人认为，辩诉交易之所以能够以非正式法律制度的形式长期存在，控、辩、审三方之间互相认同、互相尊重、互相配合的这种非正式的工作关系起了关键的作用，而这正是我们国家法治环境中所非常欠缺的。当然，笔者所说的这种"非正式"的认同绝非我们国家刑事诉讼法中"三机关互相分工、互相配合、互相制约"原则的翻版，这两者之间存在着诉讼结构上的质的区别。

还有一个促使"辩诉交易"存在和发展的理由就是美国主流的诉讼理论为之提供了一个宽松的生存条件。英美法系国家对案件事实的追求是基于现实主义的角度来进行的。他们认为发现客观事实在司法实践中并不可能绝对的实现。因此严格意义上的绝对客观、公正也是不现实的空想。他们在证明程度上追求相对的准确，也就是谋求相对的公正。平心而论，所谓的公正只是存在于诉讼当事人双方内心中的一种观念，当事人以外的社会公众由于和案件相隔甚远体会不明显，只要当事人都能够接受案件的结果，是否查清了真正的客观事实并不影响人们对案件公正与否的评价，这种法律意识是英美法系国家公众的一般看法，它有着广泛的社会基础。换句话说，公众或当事人所关注的是整个案件的审理程序是不是公正，法官是不是中立，是不是严格按照法定的程序审理了案件。法官不偏不倚，程序合法也就意味着实现了公正。可以说正是这种对程序价值的认可才使公众在衡量辩诉交易时有了较为宽容的心态，当然，美国社会所流行的"实用主义"社会心理对于辩诉交易的发展也起了很大的推动作用。既然绝对的公正是不现实的而且又有一个非常烦琐的追求过程，那么，以效率见长的辩诉交易自然是人们退而求其次的合理选择。

通过以上的分析，我们可以看到支撑着辩诉交易存在的条件是美国社会公众的法律意识，美国独特的法律职业共同体，对程序价值的追求和认可，以及与此相关的一系列具有英美特色的司法制度（证据开示制度、排除合理怀疑的证明标准等等）。

### （三）辩诉交易在我国的可行性分析

任何一个国家对其他国家的法律借鉴都是产生于一种本土化的自然需求。这种需求的迫切性决定了法律移植的必要性。法律的移植是需要条件的，否则就会出现走样的现象甚至是适得其反，可以说辩诉交易在美国发展了数十年甚至一个世纪，但是它的发展始终伴随着争论和质疑，因此，对于这种带有一定制度色彩的习惯性做法，在移植的时候就需要更加注意其移植的条件。

从这一带有强烈美国色彩的习惯法的产生条件来看，效率是首位的，这也是辩诉交易最值得称道的一个特色。大批犯罪嫌疑人被超期羁押而无法得到及时有效的审判，这种现象在我国非常突出，和美国相比有过之而无不及，在加上我国人口众多、经济相对落后，司法资源始终处在匮乏状态，如果仅从效率的角度来考虑的话，辩诉交易在我国有着迫切的需要。

就法律移植的本身来说，它的要求相当严格，必须遵循一定的规律和一定的条件，各国的法律制度和法律习惯都是和每个国家的政治、经济、文化、意识形态密切联系的。因此对辩诉交易的借鉴一定要慎重。法律的移植包括两种：一是直接移植，指对于一个国家的某一法律制度或法律规范不做任何改变的整体引进，比如日本对我国盛唐时期法律制度全盘吸收建立了贯穿整个日本封建社会的"法令制度"，近代的土耳其 1922 年对法国民法典的全面移植等等；二是间接移植，指对于被移植的法律进行加工选择或者取舍之后再进行移植。间接移植是目前法律移植的主要模式，我们如果要借鉴辩诉交易的话，对美国式的辩诉交易不做任何修改的全面移植是不能想象的。

法律移植的内在条件，即从技术层面来说，我国现有的法律体系和法律制度基本上具备了现代法制国家对法律体系和制度的要求，特别是经过 1996 年《刑事诉讼法》的修改，刑事诉讼制度有了很大的变化，在传统的非典型大陆法系特色的基础上引入了不少英美法系的特色（诸如审判方式的改革）一定程度上顺应了国际潮流，就术语的内涵和外延来说也不存在较大的差异。但是，的确有一些原则性的障碍是我们在考虑移植法律时不能回避的问题。比如，在我国"以事实为依据，以法律为准绳"严格忠于案件的事实真相是所有司法机关在行使职权时所必须遵守的一项基本原则。这项原则禁止对于应该起诉的案件不起诉，也不允许降低和改变案件事实相适应的罪名或罪行的轻重程度，对客观事实的强烈追求是我国主流的诉讼价值观念。可见，对于辩诉交易在基本法律原则上就有很大的排斥性。另外，与此相联系的是检察官的自由裁量权和量刑建议的问题。支持辩诉交易存在的一个技术条件是美国的检察官有着几乎不受限制的自由裁量权，因为严格的当事人主义是把代表国家的公诉人——检察官作为了一方诉讼当事人，他们拥有绝对的裁量权在美国是无可厚非的，但是，在我国检察机关的裁量权是有限制的，仅限于对那些"犯罪事实情节轻微，依照刑法不需要判处刑罚"等很少的案件可以裁定不起诉，自由裁量权的范围与美国检察官不可同日而语。此外，我国检察机关也一般不在起诉书中明确具体的量刑建议，这也和美国的检察官迥然相异。不提出量刑建议也就无法和被告的律师进行对等的谈判和交易。当然，即便是提出了一些量刑建议，对于法官的审判来说不具有任何实质性的约束力，更何况实践中的那些建议又大多是不明确的，作为辩诉交易的另一方，被告人对于这种不确定的量刑建议根本无法进行任何有价值的交易，自然谈判和达成协议也就无从谈起。

从法律移植的外在条件及从政治、经济、文化、社会心理、司法现状来看，对客观事实的追求不仅仅是我国法律在制度层面上设定的一个价值追求目标，它更大程度上是民众社会心理的一个折射。普通的民众对犯罪行为本身十分关注，对案件事实究竟有着不同于英美国家民众的超乎寻常的关注。相对而言，对于诉讼程序和犯罪嫌疑人或者被告人的人身权利或多或少的存在漠视。在这种社会心理之下，任何对犯罪分子的丝毫放纵或者把罪行和刑罚相交易都会遇到一般道德上的批判，人们会认为这是不公正的。客观的说，辩诉交易很大程度上是存在放纵犯罪这种现象的，正因为如此，这种极具美国特色的法律习惯能不能得到一般社会心理的认可是一件很值得考虑的事情。再者，从我国的司法现状来看，检察机关和人民法院在目前的民众心目中的形象与理论上所希望达到的目标有很大差距，或者说对司法机关的普遍不信任感始终游荡在这个社会的各个角落，这是一个必须面对的现实，如果仅仅为了适应辩诉交易而赋予检察机关更多的自由裁量权，一般的民众出于对司法腐败的担心，会对检察官是否会滥用权力放纵犯罪产生更大的疑问，对于律师来说很可能意味着更可怕的事情，本来已经足够强大的国家权力如今又增加了，法院也会对检察官在量刑上的指手画脚而对于自己独享的量刑权遭受侵犯而不满（由于我国没有陪审团制，法官对于审判和量刑是特别在意的），制度使然。

另外，一个对于辩诉交易的存在起着关键作用的条件就是英美法系国家中有"职业共同体"的存在，在上面我们谈到辩诉交易之所以能够以一种习惯性的做法而长时间的服务于美国社会并且发挥着十分重要的作用，与美国社会存在法律职业共同体有着密切关系。我们在最初对辩诉交易进行纯粹理论分析时曾感到十分意外，在美国，法官享有无上权威，检察官和律师一样只是诉讼双方当事人的一方，在法律上没有任何制约法官的权力，当然，对于他们的量刑建议也不应该对法官有任何实质性的制约，为什么在司法实践过程中即辩诉交易的实际操作中，量刑建议几乎很少有被否定的情况，辩诉协议也几乎不加修改的被认可或批准，如果单从理论上看是完全可以被否定的！是什么促成了法官的大方？在笔者看来，那种在美国特有的法律教育体制和法律职业的人才流动的机制下培养出来的法官、检察官、律师们的相互妥协和认同才是促成辩诉交易的关键条件中的关键。就此来说，仅从形式上看似乎和我国《刑事诉讼法》中明确规定的"三机关互相配合互相制约"的原则有着异曲同工之处。（这里抛开律师不谈）但是，两者之间的最大差异是他们配合的出发点或者连接他们关系的纽带有着实质的区别，共同的教育背景、共同的从业经历、共同的价值追求是美国法律职业共同体形成的基础，而在我国，维系公、检、法三机关的生命线是行使国家权力时利益的一致性。只有在运用强大的国家权力对付犯罪分子时他们才有着息息相关的利益体会。

这样看来，是不是可以说，纵然我们从立法上确立了严格的审判前程序、证据开示和交换制度、确立了检察官的不受限制的自由裁量权等等和美式辩诉交易相适应的法律制度，如果没有形成成熟的职业共同体，辩诉交易无疑就是痴人说梦。好在，我国已经确立了司法统一考试制度，但愿这能够成为诸如辩诉交易之类的只能在成熟的法治国家存在的习惯法在我国的生根提供土壤。

## （四）辩诉交易程序在我国的制度建构

### 1. 基本程序的设计

检察官对案件审查后，结合案件事实和证据情况提出交易动议。首先要充分听取被害人意见，把被害人意见及相关部门、人员意见进行归纳作为与辩方的交易条件。其次要向辩护人提出意见，辩护人征得被告人同意后，提出交易申请，进入对定罪和量刑实质协商阶段。检察官和被告人及辩护人达成书面协议，连同侦查形成证据材料，一并移送法院，由法官进行审查并予以确认，确认书具有终局的效力。

### 2. 相关制度的建立

首先，应建立保障制度。为使辩诉交易能体现被告人真实意愿并听取被害人意见，应在协商中建立证据开示制度，使辩方能够了解控方证据情况，以决定是否同意进行协商交易。同时为了能听取被害人意见，有必要让被害人了解证据情况，作为其提出条件的合理依据。其次，设立限制条件。在现有国情、社情下，对适用交易案件类型予以必要限制。有论者认为，辩诉交易范围限制在"对被告人可能判处十年以下有期徒刑、拘役、管制、没收财产或者单处罚金的刑事案件"。笔者认为，除严重危及国家安全、公共安全，侵犯公民人身权利、财产权利的暴力性犯罪可能判处死刑、无期徒刑的刑事案件外都可以适用辩诉交易。只是适用刑种和刑期幅度大小视不同情况予以调整而已。适用范围过窄，与1996年《刑事诉讼法》确定的简易程序适用条件将没有什么差异。第三，建立监督和审查机制。设立两个层面的监督和审查机制：一是检察官形成协议后向法院移送前检察机关内设监督审查机构。二是法官对协议进行确认同时履行监督职能。通过审查，当协议内容违背了被告人的真实意愿，侵犯了被告人、被害人利益以及严重损害了社会公共利益时，辩诉交易无效。第四，建立辩诉交易与审判程序回转机制。在实施辩诉交易过程中，应充分尊重被告人主体地位所享有的自由处分权利，在协商不成或在提交法官确认过程中允许被告人、辩护人撤回，由检察官向法院提起公诉按普通审判程序进行审判。第五，建立信誉保证机制。确保协商书面协议和确认文书稳定的裁判效力，树立司法威信。不得对辩诉交易放弃或被告人自认的事实因其他任何事由再行重新审理。同时辩诉交易回转时，辩方不得就先前检察官开示的不利于控方证据提出相反证据，若提出时法官应确认无效。

通过辩诉交易制度的设立，刑事案件就可以形成两条处理途径：一是提交法院按普通程序进行审判。二是进行辩诉交易，实现了制度优化，资源的合理配置。中国是否可以将此制度引入，在相关制度完善、司法者及社会公众的司法理念更新与确立的过程中，完全可以做改革的尝试。

# 第四章　刑罚和刑罚执行监督问题研究

人类社会自进入阶级社会以后，就出现了统治阶级赖以生存的国家机器（军队、监狱和警察）和法律。法律和道德成为统治阶级实现其统治的两大法宝，法律是这两大法宝中最得力的法宝。进入文明社会后，法的惩治功能逐渐受到严格的限制，法的教育功能、预防功能得到了发挥。追求自由、公正和秩序的社会环境是法的最理想的境界，如何最大限度地压缩法的惩治功能，最大限度地发挥法的教育改造功能和预防犯罪功能，是统治阶级的共同追求。

## 一、刑罚和刑罚执行

刑罚是统治阶级处罚犯罪的一种严厉的强制方法。作为和阶级社会相伴相生的犯罪，是不以人们的意志为转移的一种现象。"犯罪是刑罚的前提，刑罚是犯罪的法律后果。"刑罚是国家对付犯罪的最为有效的工具。国家通过对犯罪分子的惩罚和教育过程，来改造罪犯，抑制犯罪意念，使那些有犯罪意念或有可能进行违法犯罪活动的人取消犯罪的念头，达到预防犯罪的目的。在古代，由于法的主要功能体现在惩罚上，所以刑罚体现了那个时代的特征，死刑、肉刑、徒刑、流刑是最主要的刑种，其中死刑、肉刑又是适用最多的刑种。行刑的方式比较野蛮和残酷，即便是徒刑和流刑，在行刑上也充分地体现着惩罚性。现代社会，虽然不同的国家有不同的刑罚，但总的来说比较文明和人道，有的国家还废除了死刑。没有废除死刑的国家，其死刑的适用也被严格限制。现代社会适用最多的是自由刑（即徒刑）和财产刑，自由刑的行刑更多地体现法的教育改造功能，即便有很少的惩罚色彩也比较文明和人道。我国《刑法》第 32 条、第 33 条规定了刑种。其中主刑主要体现为自由刑和生命刑。在我国，大量常见的还是以自由刑为主，生命刑的使用受到极严格的控制（包括适用范围、对象、犯罪情节、审批的程序等）。附加刑主要有：罚金、剥夺政治权利、没收财产。另外，对犯罪的外国人可以独立适用或者附加适用驱逐出境。

刑罚执行是对侦查、起诉、审判目的的实现，是犯罪分子必然承担的法律后果。由于刑罚的种类不同，刑罚的执行也不同，可分为以下几种：

## （一）财产刑的执行

财产刑主要是指被人民法院单处罚金或没收财产，或者被人民法院并处罚金或没收财产，其执行主要由人民法院执行。

## （二）生命刑的执行

生命刑主要有死刑立即执行和死刑缓期2年执行。对于被判处死刑立即执行的犯罪分子的执行，《刑事诉讼法》第211条、第212条规定由人民法院执行，执行的方法采用枪决或者注射等。实践中，一般由案件管辖的中级人民法院执行，或者由案件管辖的中级人民法院委托公安机关或武装警察执行。对于被判处死刑缓期2年执行的犯罪分子，《刑事诉讼法》第213条规定，由公安机关依法送交监狱执行。《刑法》第50条规定，被判处死刑缓期执行的，在死刑缓期执行期间，如果没有故意犯罪，2年期满以后，减为无期徒刑；如果确有重大立功表现，2年期满以后，减为15年以上20年以下有期徒刑；如果故意犯罪，查证属实的，由最高人民法院核准，执行死刑。实践中，被判处死刑缓期2年执行的犯罪分子，缓刑期满后，根据罪犯在缓刑期间的表现，由执行机关报请监狱所在地高级人民法院裁定减为无期徒刑或15年以上20年以下有期徒刑；如果罪犯在2年缓刑期间又故意犯罪的，由执行机关侦查并报检察机关提起公诉，人民法院依法判处后，由执行机关报请所在地高级人民法院裁定后报最高人民法院核准执行死刑。

## （三）自由刑的执行

自由刑包括：管制、拘役、有期徒刑、无期徒刑。

1. 被判处管制的犯罪分子的执行

《刑法》第38条第2款规定，被判处管制的犯罪分子，由公安机关执行。执行地点主要是在被管制的犯罪分子所在单位或住所地。

2. 被判处拘役的犯罪分子的执行

《刑法》第43条第1款、《刑事诉讼法》第213条第2款都规定，被判处拘役的犯罪分子，由公安机关就近执行。执行地点在拘役所。实践中，大多由看守所代为执行。

3. 被判处有期徒刑、无期徒刑犯罪分子的执行

《刑法》第46条规定，被判处有期徒刑、无期徒刑的犯罪分子，在监狱或者其他执行场所执行；凡有劳动能力的，都应当参加劳动，接受教育和改

造。《刑事诉讼法》第 213 条第 2 款规定，对于被判处死刑缓期 2 年执行、无期徒刑、有期徒刑的罪犯，由公安机关依法将该罪犯送交监狱执行刑罚。对于被判有期徒刑的罪犯，在被交付执行刑罚前，剩余刑期在 1 年以下的，由看守所代为执行。

4. 被宣告缓刑的犯罪分子的执行

《刑法》第 76 条规定，被宣告缓刑的犯罪分子，在缓刑考验期限内，由公安机关考察，所在单位或者基层组织予以配合，如果没有本法第 77 条规定的情形，缓刑考验期满，原判的刑罚就不再执行，并公开予以宣告。《刑法》第 77 条第 1 款规定，被宣告缓刑的犯罪分子，在缓刑考验期限内犯新罪或者发现判决宣告以前还有其他罪没有判决的，应当撤销缓刑，对新犯的罪或者新发现的罪作出判决，实行数罪并罚，或判处一罪从重处罚。其第 2 款规定，被宣告缓刑的犯罪分子，在缓刑考验期限内，违反法律、行政法规或者国务院公安部门有关缓刑的监督管理规定，情节严重的，应当撤销缓刑，执行原判刑罚。这一条实际上是有条件的不执行，即只要罪犯满足了上述条件，其刑罚就不予执行，否则，将撤销缓刑，执行原判刑罚。

5. 对于监外执行

《刑事诉讼法》第 214 条规定，对于被判处有期徒刑或者拘役的罪犯，有下列情形之一的，可以暂予监外执行：（1）有严重疾病需要保外就医的；（2）怀孕或者正在哺乳自己婴儿的妇女；（3）生活不能自理，适用暂予监外执行不致危害社会的。同时也规定了不得保外就医的情形。对于暂予监外执行的罪犯，由居住地公安机关执行，执行机关应当对其严格管理监督，基层组织或者罪犯的原所在单位协助进行监督。

6. 被判处附加剥夺政治权利的犯罪分子

在主刑执行期间由主刑执行单位执行，主刑执行完毕或单处剥夺政治权利的执行，由犯罪分子所在地公安机关执行，执行地点在犯罪分子的所在单位或住所地。

7. 被裁定假释的罪犯的执行

《刑法》第 85 条规定，被假释的犯罪分子，在假释考验期限内，由公安机关予以监督，如果没有本法第 86 条规定的情形，假释考验期满，就认为原判刑罚已经执行完毕，并公开予以宣告。《刑法》第 86 条规定，被假释的犯罪分子，在假释考验期限内犯新罪，应当撤销假释，依照本法第 71 条的规定实行数罪并罚。在假释考验期限内，发现有漏罪的，应当撤销假释，依本法第 70 条规定实行数罪并罚。被假释的犯罪分子，在假释考验期限内，有违反法律、行政法规或者有关假释监督管理规定的行为，尚不构成新的犯罪的，应当依法撤销假释，收监执行未执行完毕的刑罚。假释实质上是有条件的提前释放，满足了假释条件，余刑视为执行完毕不再执行。否则，将依法撤销假释收监执行。

8. 被判处驱逐出境的犯罪分子的执行

对被判处驱逐出境的犯罪分子，由公安机关执行。

# 二、刑罚执行中的主要问题

在刑罚执行中，主要存在法律衔接和实际执行中两个方面的问题。

## （一）法律衔接上存在的问题

1. 《刑事诉讼法》与《监狱法》之间衔接上的不足

主要表现在：

（1）关于收监。《刑事诉讼法》和《监狱法》对收监的规定存在不尽一致的地方。第一，收监时必须交付的法律文书。依照《刑法》和《刑事诉讼法》的规定，被判处死刑缓期 2 年执行、无期徒刑和有期徒刑的罪犯在监狱内执行刑罚。《监狱法》第 16 条规定，交付监狱执行的法律文书是"三书一表"，即起诉书副本、判决书、执行通知书和结案登记表，四者缺一不可。《刑事诉讼法》第 213 条也规定了"罪犯被交付执行刑罚的时候，应当由交付执行的人民法院将有关的法律文书送达监狱"，但较为原则、较为概括，到底指哪些法律文书？不明确。第二，收监时间及制约关系。《监狱法》第 15 条规定公安机关交付执行的期限为 1 个月，为解决司法实践中对已决犯久拖不送的问题奠定了法律依据，明确了监狱、人民法院和公安机关之间在收监问题上职权范围和相互间的责任要求，体现了三者之间分工负责、相互配合、相互制约的关系。《刑事诉讼法》第 213 条第 4 款对此问题也有所涉及："执行机关应当将罪犯及时收押，"条文十分简洁，但简而不明，没有明确交付时间的限制性规定及延期交付的制约。

（2）关于监外执行。《监狱法》和《刑事诉讼法》在监外执行的适用对象、法律后果上的规定有不同之处。第一，适用对象的条件不同。《监狱法》第 25 条规定，监外执行适用对象是被判处无期徒刑或有期徒刑的罪犯。《刑事诉讼法》第 214 条规定的适用对象为被判处有期徒刑或拘役的罪犯，将无期徒刑的罪犯排除在外。第二，法律后果不同。《监狱法》第 28 条将罪犯在监外执行期间可能出现的三种情况作了列举式规定：①暂予监外执行的情形消失后，刑期未满的，负责执行的公安机关应当及时通知监狱收监；②罪犯在暂予监外执行期间刑期届满的，由原关押监狱办理释放手续；③罪犯在暂予监外执行期间死亡的，公安机关应当及时通知原关押监狱。《刑事诉讼法》第216条对于监外执行的情况规定为，暂予监外执行的情形消失以后，罪犯刑期未满的，应当及时收监。罪犯在暂予监外执行期间死亡的，应当及时通知监狱。而对于暂予监外执行中可能出现的另一种情形，即罪犯刑期届满如何处理？却没有明示。

（3）关于死刑缓期2年执行。《刑事诉讼法》和《监狱法》都作了规定，却不相对应。《刑事诉讼法》第210条规定，被判处死刑缓期2年执行的罪犯，在死刑缓期执行期间，如果没有故意犯罪，死刑缓期执行期满，应当予以减刑；如果故意犯罪，查证属实，应当执行死刑。可见，死刑缓期执行期间有无"故意犯罪"是执行死刑或减刑的分水岭，是法定的唯一界限。而《监狱法》第31条对于死刑缓期执行的罪犯仅就2年期满以后予以减刑作了规定，对于执行死刑的情形没有规定。

（4）关于申诉。申诉是《宪法》赋予公民的一项权利，《刑事诉讼法》第223条和《监狱法》第7条、第21条都肯定了罪犯享有申诉的权利。然而，《刑事诉讼法》的规定脱节于《监狱法》的规定。《监狱法》第24条规定，监狱提请人民检察院或人民法院处理申诉的时限为6个月，这对提高罪犯的改造积极性、促进法院工作效率是十分必要的。而《刑事诉讼法》第223条关于罪犯申诉处理的规定，不仅原则概括，更没有规定人民检察院或人民法院审理申诉案件的时限。

（5）关于减刑和假释的裁定时限。《监狱法》第30条、第32条分别就减刑和假释的裁定时限规定为1个月，案情复杂或者情况特殊的为2个月。而《刑事诉讼法》第221条在规定减刑和假释制度时，却没有规定审核裁定的时限。①

2.《刑法》与《监狱法》之间衔接上的不足

《刑法》和《监狱法》是实体与执行的关系，《刑法》规定的内容，必须以《监狱法》规定的执行方式付诸实践，否则《刑法》规定的内容就毫无意义。所以，《刑法》与《监狱法》之间存在着衔接关系，但它们之间的衔接也存在一些不足，主要表现在：

（1）关于假释的规定。《刑法》和《监狱法》对假释都作了规定，但在有关方面却不尽一致。第一，特殊情况的假释。《刑法》第81条规定了特殊情况的假释，而《监狱法》假释的规定中根本就没有对应的条款。第二，假

---

① 蒋晓鸣：《刑罚执行监督中的问题及完善》，来源：www.whhy.jcy.gov.cn。

释的排除对象。《刑法》第 81 条第 2 款规定对累犯以及因杀人、爆炸、抢劫、强奸、绑架等暴力性犯罪被判处 10 年以上有期徒刑、无期徒刑的犯罪分子，不得假释。而《监狱法》关于假释的规定中根本就没有对应的条款。

（2）关于减刑。《刑法》和《监狱法》对减刑都作了规定，但有些地方也不一致。第一，减刑的条件。《刑法》第 78 条规定，可以减刑的条件为：在执行期间，认真遵守监规，接受教育改造，确有悔改表现，或者有立功表现。《监狱法》第 27 条规定，罪犯在服刑期间确有悔改或者立功表现的，根据监狱考核的结果，可以减刑。两者规定明显不一致。第二，减刑的限度。《刑法》第 78 条第 2 款规定了减刑的最高限度，即减刑后实际执行的刑期，判处管制、拘役、有期徒刑的应不少于原判刑期的 1/2；判处无期徒刑的应不少于 10 年。而《监狱法》对此未作规定。二者明显脱节。

## （二）　实际执行中存在的问题

1. 财产刑执行中存在的主要问题是执行不到位

有些案件无法执行，或者说犯罪分子无财产可供执行。《刑法》第 53 条规定："对于不能全部缴纳罚金的，人民法院在任何时候发现被执行人有可以执行的财产，应当随时追缴。"在人民法院所判处的财产刑案件中，单处罚金或没收财产的比较少，大多是并处罚金或没收财产。在被判处罚金或没收财产的案件中，犯罪分子所犯的罪行大多和财产有联系，如破坏社会主义市场经济秩序罪、侵犯财产罪、贪污贿赂罪等，这些犯罪分子有的有财产可供执行，有的根本就没有任何财产可供执行，还有的为了规避法律而秘密转移财产。对没有财产可供执行或财产被转移的犯罪分子，财产刑的判决被悬空。虽然法律规定"发现被执行人有可以执行的财产，应当随时追缴"，但实践中常常不了了之。

2. 公安机关执行的自由刑

公安机关执行的自由刑主要有：管制、拘役、缓刑、假释、监外执行、剥夺政治权利和余刑在 1 年以下的。在这些刑罚执行中，可分为在押的和不在押的。在押的主要有拘役和余刑在 1 年以下有期徒刑的，他们都由看守所代为执行。由于看守所的主要任务是看押，并不具有改造罪犯的条件，实际执行中，看守所对这些犯罪分子主要是安排其劳动，对其思想改造情况，法制教育、认罪服法教育、思想汇报、谈话教育等等过问不多。对于不在押的犯罪分子如何执行刑罚，《刑法》只是笼统地规定由公安机关对其进行考察，具体如何进行考察，法律没有明确规定，各地具体做法也不相同。

3. 监狱的刑罚执行

监狱是国家机器的重要组成部分，是惩治罪犯、改造罪犯的地方，是一所特殊的学校。由于社会发展的阶段不同，掌握国家政权的阶级不同，监狱的功能和地位也不同。在野蛮社会，监狱是掌握政权的统治阶级镇压、惩罚被统治阶级反抗的工具。进入文明社会以后，监狱的功能和地位发生了变化，由残酷惩罚的工具变为改造人的学校。这种变化是经历漫长的历史过程，是随着社会的进步、文明的发展逐步变化而来的。在这所学校里接受改造的内容、方法和手段是随着国家所处的历史时期的不同而不同的，就是处在同一历史时期，由于国家在政治、经济、文化和法律上的不同，改造罪犯的内容、方法和手段也不同。一是，当前国家投入监管改造的资金和监狱所承担的改造任务及完成改造任务所必需的资金相比明显不足，所以导致监狱在刑罚执行中出现了重生产、重劳动、重经济效益，轻教育、轻改造、轻改造质量的现象。二是，在执法活动中，严格执法、公正执法、文明执法还有差距，执法活动的公开、公正、公平和透明还有待进一步规范和提高。执法过程中，仍存在执法犯法、徇私枉法、在罪犯减刑、假释、保外就医问题上弄虚作假的现象，有的干警甚至走上违法犯罪的道路，成为罪犯。三是警员少，技术装备落后，干警超负荷工作，疲于应付，没有时间学业务、学法律、学管理，干警素质有待提高，执法水平有待提高。四是改造罪犯的方法和手段落后、单一，缺乏针对性、新颖性和实效性，改造质量和效果不理想，"二进宫"或"多进宫"犯人有增多的趋势。五是执法理念有待转变。《刑法》第81条第1款规定，被判处有期徒刑的犯罪分子，执行原判刑期1/2以上，被判处无期徒刑的犯罪分子，实际执行10年以上，如果认真遵守监规，接受教育改造，确有悔改表现，假释后不致再危害社会的，可以假释。但在实际执行中，由于种种原因，假释的执行被控制得非常严格。

4. 在刑罚具体执行中，以下几个问题比较突出

一是一些已判处有期徒刑的罪犯长期关押在看守所，人民法院不及时下达执行通知书，致使已判决的罪犯不能及时送达监狱等执行场所。《刑事诉讼法》第213条第1款规定，罪犯被交付执行刑罚的时候，应当由交付执行的人民法院将有关的法律文书送达监狱或其他执行机关，但对执行通知书送达期限未作具体规定，因而法院不及时下达执行通知书，作为监督机关的人民检察院无法依法对执行活动进行正常监督，同时也不利于维护监狱及其他执行机关正常的秩序和安全。二是审判时没有羁押的罪犯不能按期交付执行，形成执行盲区。审判前取保候审、监视居住以及自诉案件的罪犯由于审判时罪犯不在羁押场所，因而判决后的交付执行就成了问题，有的甚至根本就没执行，使判决成为一纸空文。三是法院判决的暂予监外执行罪犯的监管问题不能落实到位，造成漏管、脱管。主要表现在批准暂予监外执行的机关未将批准决定抄送有监督

权的人民检察院，致使人民检察院不能及时掌握案犯底数，监督就更无从谈起。被判处暂予监外执行的罪犯大多是有严重疾病或怀孕、哺乳期的妇女或生活不能自理者，因此执行单位往往放松了对这些人的监控，长期对这些人不管不问。四是保外就医问题突出。主要表现为：其一，保外就医期限有随意性。根据《罪犯保外就医执行办法》第 12 条规定，一次批准保外就医时间为半年至 1 年，但从实际情况看，对一些保外就医的罪犯，往往存在着"一保了之"的现象。其二，期满后不及时办理复查、续保或收监手续。其三，有的即使办了复查或续保手续，也只是走走过场，不到实地考察，不与罪犯见面，仅凭罪犯亲属的一纸医院证明就搞定一切手续。其四，有的甚至对保外出去的罪犯根本不管不问。五是监外服刑罪犯脱管失控，检察机关无从监督。

# 三、刑罚执行监督

监狱是国家刑罚执行机关，也是相对封闭独立于社会的地方，罪犯一旦进入监狱就被隔绝于社会。由于监狱的特殊性，监狱以外的人很难了解监狱内的情况。在监狱，警察对于罪犯具有绝对权力，这种权力具有强制性的特点，对于罪犯教育改造也是必需的，但这种权力一旦失去制约和监督就会产生可怕的后果，所以对这种权力必须依法进行严格监督，使之得到正确的行使和运用。实行刑罚执行监督对于维护国家法制、依法改造罪犯、公正执法、文明管理、保护罪犯正当的合法的权益、调动罪犯认罪服法和改造的积极性都将产生重大意义。

我国《宪法》第 129 条和《人民检察院组织法》第 1 条明确规定"人民检察院是国家的法律监督机关"。检察机关的法律监督具有国家性、专门性、强制性、规范性和普遍性的特征，其监督范围包括刑事法律监督、民事法律监督和行政法律监督。在刑事法律监督中，包括立案监督、侦查监督、审判监督和刑罚执行监督，刑罚执行监督是检察机关法律监督的重要组成部分。

## （一）刑罚执行监督的范围

我国修改前的《刑事诉讼法》关于"人民检察院对刑事案件的判决、裁定的执行和监狱、看守所、劳动改造机关的活动是否合法，实行监督"的规定，被现行《刑事诉讼法》修改为"人民检察院对执行机关执行刑罚的活动是否合法，实行监督"后，其内涵已经发生了重大变化：一是把被监管对象的主体，扩展为"执行机关"；二是把被监督执行机关的"活动"限定为"执行刑罚的活动"。因此，现行刑罚执行监督的范围应该是：

1. 从被监督对象的主体上看

人民检察院对执行机关执行刑罚的活动实行监督。一是看守所对于判处 1 年以下有期徒刑或者余刑不足 1 年的留所服刑罪犯的刑罚代为执行的活动；二是拘役所对于被判处拘役的罪犯执行刑罚的活动；三是监狱对于被判处 1 年以上有期徒刑、无期徒刑和死缓罪犯执行刑罚的活动；四是未成年犯管教所对于被判处有期徒刑、无期徒刑的未成年罪犯执行刑罚的活动；五是公安机关对于被判处管制、剥夺政治权利、宣告缓刑、裁定假释和决定批准暂予监外执行罪犯执行刑罚的活动；六是服刑罪犯因又犯罪被判处死刑立即执行的刑罚活动。对上述执行机关执行刑罚的活动，最高人民检察院规定由监所检察部门行使监督权。对于刑事被告人被判处死刑立即执行的，最高人民检察院也作了明确规定，由刑事检察部门负责监督。至于人民法院判处罚金、没收财产的刑罚，因其执行标的均属财产并非涉及剥夺或者限制人身自由，最高人民检察院《人民检察院刑事诉讼规则》虽有原则规定，但没有明确规定由哪个部门对此进行监督，以及如何监督。除此之外，还有劳动教养制度、戒毒制度未归于刑事执行的范围。

2. 从刑罚的执行程序上看

人民检察院对人民法院发生法律效力的判决、裁定执行的交付、收押、监管、变更、释放等各程序的活动实行监督。其中：每一程序都有其被监督的具体内容。特别是"监管"程序的内容最多，是执行机关自收押执行起至终止执行前，对罪犯实施分押分管、安全防范等一系列狱政管理措施的完整阶段，也是监管人员容易发生体罚虐待、私放罪犯、失职致使罪犯脱逃等违法现象甚至触犯刑律的阶段。而在刑罚"变更"执行中又直接关系到罪犯的减刑、假释、暂予监外执行等切身利益，故该程序若运作不当，也容易诱发徇私舞弊减刑、假释、暂予监外执行等违法犯罪问题。所以，监所检察部门在对各类刑罚执行活动依法实行监督的过程中，尤其应重视"监管"阶段和"变更"程序，加大监督力度，强化执法监督，尽力弥补刑罚执行程序上的缺陷。

（二）刑罚执行监督的方式

1. 对生命刑执行监督的方式

《刑事诉讼法》第 212 条第 1 款规定，人民法院在交付执行死刑前，应当通知人民检察院派员临场监督。

2. 对自由刑执行监督的方式

《刑事诉讼法》第 215 条、第 221 条至第 224 条规定，人民检察院认为暂予监外执行不当和人民法院减刑、假释的裁定不当的，向批准暂予监外执行的机关提出书面意见和向人民法院提出书面纠正意见。对罪犯在服刑期间又犯罪的或提出申诉的，由人民检察院处理。

# 四、当前刑罚执行监督中存在的问题

刑罚执行法律监督不仅贯穿于整个诉讼活动，还贯穿于整个劳动改造过程。从收监执行开始到刑罚执行完毕，不仅要监督刑罚的被执行者，还要监督管理被执行者的民警的执法守纪情况。无论是从时间跨度上，还是从工作范围上说，监督的工作量都是非常之大的。在实践中，刑罚执行监督的问题不仅表现在立法上，也反映在执法过程中。

（一）有关刑罚执行监督的法律规定过于零散和原则，不便于人民检察院开展法律监督工作

首先，有关刑罚执行监督的法律规定较为零散，缺乏系统性。由于我国没有统一的刑事执行法，人民检察院开展刑罚执行监督的法律依据主要分散在 4 部法律法规的 5 个条文之中。如《刑事诉讼法》第 8 条 "人民检察院依法对刑事诉讼实行监督"、第 224 条 "人民检察院对执行机关执行刑罚的活动是否合法实行监督。如果发现有违法的情况，应当通知执行机关纠正"；《监狱法》第 6 条 "人民检察院对监狱执行刑罚的活动是否合法，依法实行监督"；《看守所条例》第 8 条 "看守所的监管活动受人民检察院的法律监督"；《国务院关于劳动教养的补充规定》第 5 条 "人民检察院对劳动教养机关的活动实行监督" 等。这些条文的内容在体系上显得比较凌乱和松散。

其次，有关刑罚执行监督的法律规定过于原则，缺乏严密性。《刑事诉讼法》第 224 条和《监狱法》第 6 条均规定人民检察院对执行机关执行刑罚的活动实行监督，但是对执行机关的哪些行为属于执行刑罚的活动、人民检察院应如何开展监督等都未作出明确规定。如实践中各监狱制定的罪犯记分考核规定和奖惩制度将直接影响到罪犯的减刑、假释、暂予监外执行，但制定规章制度是监狱的内部行为，其是否属于执行刑罚的活动，人民检察院对此应否开展监督，如何监督等均不明确，致使人民检察院在刑罚执行监督工作中难以把握。此外，《国务院关于劳动教养的补充规定》第 5 条规定 "人民检察院对劳动教养机关的活动实行监督"。这里的 "劳动教养机关" 应如何理解，是否包括负责劳动教养审批、执行和复议的所有机关。如果仅将其理解为劳动教养执行机关，那么对劳动教养的审批机关和复议机关的活动人民检察院就不能予以监督。但实践中，劳动教养的审批和复议环节上存在的问题较为突出，如以教

代刑、任意降低条件批准决定劳教、复议程序走过场等现象时有发生，因此对这两个环节的检察监督也显得非常重要。但由于规定的不明确，造成检察监督工作的被动。

### （二）在实刑和监外执行方面

#### 1. 收监和释放执行中的问题

《刑事诉讼法》第 208 条第 1 款规定，判决和裁定在发生法律效力后执行。但对如何执行没有作出具体规定。判决书虽然对罪犯根据其所犯罪行，载明了刑种和刑期，但同样由于没有明确执行的方式，结果容易造成执行方式的不确定性。因而实际执行中就可能出现这样的情形：同一种刑罚，既可以这样执行，也可以那样执行；可以立即执行，也可以延缓一段时间后执行，不同的罪犯还可能有不同的执行方式，容易给人一种执法不严肃的感觉。对未羁押的罪犯判决后的执行，这种差异比较明显。如对怀孕、哺乳期的女性罪犯的执行，因在判决时有法律规定不宜收监的情形存在，而在当时未予收监。但实际上存在着这样的情形，即有的可以暂予监外执行来折算刑期，有的则待其不宜收监的情形消失后再予收监。对被羁押的被告人在判处管制、缓刑后的释放也存在问题，即有的在判决的当天就予释放，有的是在判决后的 10 日之内释放，有的则是在判决生效后才予释放。由于对应在什么时候释放，法律没有明确规定，客观上表现出一种释放的任意性。因此，就会出现同样的刑期，实际上在监内执行时间的长短不一致，也使人们对刑罚执行的严肃性产生怀疑。更令人疑惑的是，检察机关的监督失去依据，无法对其进行有效的监督。

#### 2. 投劳中的问题

看守所将罪犯投送监狱时，监狱认为该罪犯有不宜收监的情形而相互推诿。《刑事诉讼法》第 213 条第 2 款规定，对于被判处死刑缓期 2 年执行、无期徒刑、有期徒刑的罪犯，由公安机关依法将该罪犯送交监狱执行刑罚。《监狱法》第 15 条规定，人民法院对被判处死刑缓期 2 年执行、无期徒刑、有期徒刑的罪犯，应当将执行通知书、判决书送达羁押该罪犯的公安机关，公安机关应当自收到执行通知书、判决书之日起 1 个月内将该罪犯送交监狱执行刑罚。但现实情况中存在着多次投劳后不收等情况，看守所与监狱发生"扯皮"。对于看守所再次投劳，监狱再次拒收的情况，检察机关理应监督。但由于规定不明确，这种监督又于法无据。尤其是老弱病残罪犯投劳时，更容易发生这类"扯皮"情况。有时即使在法院裁定不予监外执行的情况下，监狱方仍以种种理由拒收，监督的措施就显得无力。此外，还有暂予监外执行的罪犯重新犯罪被判处刑罚后投劳时，有时也会因有病而被拒收。这些都是造成看守所内较长刑期罪犯羁押增多和不能按期投监问题发生的重要原因。应当看到，投牢中的一些问题已经引起国家有关部门的重视，并陆续出台一些规范性文件，这些问题已经正在逐步得到解决。

3. 减刑、假释中的问题

关于变更执行中的减刑、假释，最高人民法院的司法解释提到了人民检察院对人民法院作出的减刑、假释裁定实施监督。最高人民检察院所规定的两种监督方式，即"事前监督"和"事后监督"，在理论上是符合法律规定的，但实际操作起来仍有难度。"事前监督"搞不好就会使"事后监督"流于形式，如果"事前监督"工作没有做好，当法院作出生效执行的裁定后，检察机关再提出纠正意见，往往是由于执行已经完毕，而在客观上给"事后监督"造成一定的难度。有效的监督应该是贯穿始终的，但检察机关限于人力物力，对这种监督往往是心有余而力不足。

4. 对执行机关的理解问题

《刑事诉讼法》第214条规定，对于暂予监外执行的罪犯，由居住地公安机关执行。这里的"居住地"一般理解为户口所在地。当前，人口流动性极大，特别是一些打工或经营者，居无定所，人户分离的现象极为普遍，片面地拘泥"户口所在地"，显然已经不合形势的发展。而那些临时"居住地"的执行机关，对异地暂予监外执行罪犯管理问题更为突出，常常还会因对执行机关理解的不同，出现互相推诿的现象。由于法律规定与现实情况有了很大的差异，实际操作起来就会产生很大的认识分歧。

正是由于我国《刑法》和《刑事诉讼法》只规定了刑事诉讼的执行，而对刑事诉讼结束后的刑罚执行规定得较笼统，缺乏可操作性，导致了检察机关刑罚执行监督难度的增加。

（三）人民检察院刑罚执行监督工作的不全面，影响了刑罚执行监督效果

一是人民检察院对刑罚执行内容的监督不全面。刑罚包括生命刑、自由刑、财产刑和资格刑，刑法中的执行包括监禁刑执行、非监禁刑执行、财产刑执行和资格刑执行。由于刑罚执行是刑事诉讼活动中的一个环节，根据《刑事诉讼法》第8条"人民检察院依法对刑事诉讼活动实行监督"之规定，人民检察院的刑罚执行监督应该包括对人民法院、公安机关、监狱、未成年犯管教所等所有刑罚执行机关的执行刑罚活动开展监督。但是，由于受传统执法思想的影响，当前人民检察院仅侧重于对生命刑和监禁刑的监督，对于非监禁刑和资格刑的执行监督尚不够，罚金和没收财产刑的执行几乎未能纳入人民检察

院的刑罚执行监督领域。由于人民法院和公安机关对被判处财产刑、非监禁刑和资格刑的罪犯往往执行不力，同时这些执行又缺少人民检察院的监督，致使这部分罪犯形同"自由人"，影响了刑事判决的严肃性。

二是人民检察院对刑罚执行过程的监督不全面。人民检察院的刑罚执行监督应该是对刑罚执行的全过程开展全方位的监督，不应仅是对刑罚执行某个阶段的监督。如对于罪犯的减刑、假释、暂予监外执行，人民检察院不仅要加强对人民法院或监管机关已经作出的裁定或决定的事后监督，也应加强对监狱的记分考核、材料申报过程及人民法院或监管机关的裁决过程等事前、事中监督。对于劳教人员的所外执行、所外就医等，人民检察院不仅要加强对劳教机关作出的决定的事后监督，对于劳动教养场所上报材料的内容、过程等也应同时予以监督。但由于法律规定的不明确及执法观念问题，当前存在淡化甚至否定人民检察院对刑罚执行实行事前、事中监督的倾向。

## （四）人民检察院开展刑罚执行监督的手段不多，影响了刑罚执行监督力度

人民检察院监所检察部门履行刑罚执行监督的主要手段有办案、抗诉、发纠正违法通知书和提出纠正意见、检察建议等。但这些手段运用有反复，有的还被削弱。首先，人民检察院监所检察部门的办案职能一度萎缩。根据有关规定，2001年9月至2004年8月，原由监所检察部门（派出检察院除外）办理的刑罚执行和监管改造过程中发生的司法人员贪污贿赂、渎职侵权案件被划归其他部门管辖，监所检察部门只能受理"虐待被监管人案，私放在押人员案，失职致使在押人员脱逃案和徇私舞弊减刑、假释、暂予监外执行案"四种案件，使监所检察部门管辖案件范围一度缩小，办案数量少，办案骨干力量相对也较弱，影响了刑罚监督职能作用的发挥。其次，人民检察院对相关问题提起抗诉的职权被剥夺。在《刑事诉讼法》修改之前，人民检察院认为人民法院的减刑、假释裁定不当的可以向人民法院提起抗诉，但现行《刑事诉讼法》第222条将其改为向人民法院提出书面纠正意见。虽然最高人民检察院对此曾批复：人民检察院认为人民法院收到书面纠正意见后重新作出的最终裁定仍有不当的，还可提出书面纠正意见。但此仅为最高人民检察院的规定，人民法院是否接受尚不可知，并且在人民检察院再次提出书面纠正意见后，人民法院拒不纠正的，人民检察院也没有进一步强有力的监督措施。因此，该批复在实际操作中仍存在困难。此外，《刑事诉讼法》第224条也仅规定，人民检察院如果发现执行机关执行刑罚的活动有违法情况的，应当通知执行机关纠正。但对于执行机关拒不纠正的，人民检察院也缺乏进一步的监督措施。第三，人民检

察院监所检察部门履行刑罚执行监督职责时，使用《检察建议书》这一法律文书的形式也受到质疑。根据 1987 年 10 月 30 日最高人民检察院办公厅《关于印发监所检察法律文书格式的通知》规定，人民检察院监所检察部门在监所检察活动中，向监管改造场所及其他有关单位提供建议时可使用监所《检察建议书》。实践中，向刑罚执行机关发《检察建议书》，是人民检察院监所检察部门履行刑罚执行监督的一种有效形式。但有教材认为，《检察建议书》是人民检察院参加社会治安综合治理的手段和形式之一，一般只能发往非政法单位。由于刑罚执行机关都属政法机关，根据有关教材的规定，人民检察院监所检察部门向刑罚执行机关使用《检察建议书》的依据就受到了质疑。由此可见，当前人民检察院在刑罚执行监督中最主要的手段仅剩下提出书面纠正意见，这些情况严重影响了刑罚执行监督的力度和效果。

（五）人民检察院内部履行刑罚执行监督职能的部门不统一，不利于刑罚执行监督职权的集中统一行使

根据人民检察院内设部门的职权划分，监所检察部门最主要的职责是履行刑罚执行监督。当前，虽然自由刑和资格刑的执行监督已由人民检察院监所检察部门统一履行，但生命刑的执行监督却由人民检察院内部的两个不同部门履行。如死刑，除被判处死刑缓期 2 年执行的罪犯在死缓执行期间因故意犯罪被判处死刑立即执行，其死刑执行的临场监督由人民检察院监所检察部门履行外，对于被判处死刑立即执行的临场监督均由人民检察院公诉部门履行。同样是对执行死刑的临场监督，却规定由人民检察院内部两个不同的部门履行。这种规定虽有一定的合理性，但不利于人民检察院对刑罚执行监督职权的集中统一行使。

（六）人民检察院的刑罚执行监督观念需要更新，被监管人合法权益的维护有待进一步加强

维护被监管人的合法权益是人民检察院在刑罚执行监督工作中的一项重要职责和任务，但由于多种原因，被监管人合法权益的维护不容乐观。首先，人民检察院的刑罚执行监督观念需进一步更新。由于受传统刑罚执行思想的影响，人民检察院在刑罚执行监督工作中维护被监管人合法权益的观念还较为落后。如监狱一般不允许罪犯抽烟、罪犯要被剃成光头、看守所未决犯只能睡地铺等，对于刑罚执行机关长期以来形成的这些习惯做法，人民检察院监所检察部门一般都予以默认。此外，罪犯、劳动教养人员参加劳动难以得到报酬、劳动教养人员的信件受到检查等情况，人民检察院也未能从维护人权的角度提出

纠正意见，维护被监管人依法应享有的权益。其次，被监管人的处遇需要进一步维护。对超期羁押、超时劳动、以教代刑、劳教人员留所执行等损害被监管人合法权益的情况，一些检察院虽多次提出纠正意见，但有关机关及办案部门仍屡纠屡犯。对这些问题，承担刑罚执行监督职责的一些人民检察院监所检察部门曾进行过深入的研究和思考，努力寻求解决问题的办法。如杜绝超期羁押应减少案件请示和建立办案超期责任制，解决超时劳动应确保监管干警的"皇粮"到位，避免以教代刑应完善劳动教养审批程序的监督等。但由于诸多问题的解决远远超出了人民检察院的职权范围，以致上述问题成了刑罚执行监督工作中"老大难"的顽症。

# 五、影响刑罚执行监督的原因

## （一）对刑罚执行监督的地位和作用认识不足

一是刑罚执行监督在我国刑事诉讼中是一个薄弱环节。在我国，传统上存在"重审判轻执行"、"重打击轻改造"的思想，一些罪犯审判后，被送进监狱是大事，至于什么时候进监狱，改造得如何，执行是否正确，不太重视。二是没有形成刑事法律监督体系。包括刑事实体法、刑事程序法、刑事执行法，前两者我国法律都有明确详尽的规定，但统一的刑事执行法目前仍没有，它的主要内容包含在《刑法》和《刑事诉讼法》中，而《刑法》和《刑事诉讼法》又没有对检察机关刑罚执行监督作出具体的规定，由此也给刑罚执行监督带来了困难。三是刑事执行主体多元化给监督工作造成了不便。目前，刑事执行主体处于多元状态，相互之间不够协调。比如执行死刑，法律上没有明确规定，实践中的执行主体也不一致。刑事执行的操作性不强，法律规定的比较粗糙，使具体操作缺乏规范性。

## （二）暂予监外执行制度存在漏洞

暂予监外执行（含保外就医，下同）是指被判处无期徒刑、有期徒刑、拘役的罪犯，本应在监狱或其他场所服刑，由于出现了法律规定的某种特殊情况，不适宜在监狱或其他执行场所执行刑罚时，暂时采取的一种变通执行方法。根据我国《刑事诉讼法》的规定，可以适用暂予监外执行的有如下三种情况：其一，有严重疾病需要保外就医的；其二，怀孕或者正在哺乳自己婴儿的妇女；其三，生活不能自理的。由于现行《刑事诉讼法》将"暂予监外执行"作为刑罚的一种变通执行方式，将暂予监外执行的期间计入刑罚执行刑期，这就为判刑的罪犯逃避服刑打开了一道口子。在这一制度的设计下，就有了不用在监内服刑就可以将刑罚"执行"完毕的捷径，服刑罪犯必然会想方设法获得"暂予监外执行"的资格和机会。结果，在实践中诱发了一些"执行腐败"的问题，成为刑罚执行中滋生权钱交易等腐败犯罪的又一"温床"，并在社会大众观念中形成了"保外就医＝玩猫腻放人"、"暂予监外执行＝自由"等的奇怪等式，以致有人将"暂予监外执行"称为司法腐败的"黑洞"。

### （三）减刑、假释案件司法程序中存在的不足之处

减刑、假释是对人民法院原生效刑事判决或裁定的变更执行。减刑、假释制度的设立，立法的本意是使那些被服刑的犯罪分子，在刑罚执行期间，如果认真遵守监规，接受教育改造，确有悔改表现或者立功表现，符合法定条件的可以将其原判刑罚予以减免、提前释放，体现了惩罚与宽大相结合的刑事政策。对减刑、假释案件的检察工作是检察院对监管场所执行刑罚监督的主要内容之一。现在，减刑、假释的检察监督在司法实践中存在以下几个问题：一是，虽然检察院对公安机关和人民法院裁定减刑、假释活动可以予以监督和制约，但在程序操作中有些相互脱节，在公安、检察、法院三个诉讼环节司法的透明度不高，存在暗箱操作现象，影响了司法公正；二是，检察机关对减刑、假释活动的监督工作比较被动和滞后，特别是对法院的监督，等检察机关收到法院的减刑、假释裁定书时，案件往往已成既成事实，很难依法予以纠正，存在事后监督不力的现象；三是，受社会执法环境的影响，不可否认的存在有服刑罪犯利用减刑、假释制度逃避法律制裁的现象，由于现行司法程序的不完善，在减刑、假释活动中容易产生执法不公的问题；四是，由于减刑、假释司法程序不够公开，对其他服刑人员难以起到良好的教育和导向作用，不利于对其他罪犯的教育和改造工作。

## 六、改革和完善刑罚执行监督的对策

形成监督难的原因是多方面的。《宪法》虽然明确规定了检察机关是国家的法律监督机关，但法律没有明确规定不接受检察机关的监督要受到何种处罚。没有相应的配套措施，缺乏约束被监督者的机制，检察的监督就谈不上有力。如果被监督者接受建议或意见，及时改进，这个监督就显得有力。反之，如果被监督者不予理睬，这种监督的力度就会大打折扣。另外，法律对监管活动监督方面的规定很少，目前主要取决于检察机关的内部规定，这在无形中降低了监督的法律地位和权威性。由于监管活动是刑罚执行的实际过程，其中的

监管改造工作是刑罚变更执行的依据，对监管活动的监督也应当是监督工作的一项重要内容，但由于目前法律对此没有具体规定，给检察机关监督工作的开展带来一定的困难。如何改革和完善刑罚执行监督问题，笔者提出以下几点建议：

### （一）建议确立先进的刑罚执行监督理念

开展刑罚执行监督工作，必须首先树立人权保护意识。《世界人权宣言》、《经济、社会和文化权利国际公约》和《公民权利和政治权利国际公约》被国际社会称为"国际人权宪章"，各大洲和许多国家据此制定了人权公约和宪法性法律文件，足见其影响之巨大。我国一贯支持和尊重联合国促进人权的宗旨和原则，已经批准了《经济、社会和文化权利国际公约》，并于 1998 年签署了《公民权利和政治权利国际公约》。应当看到，广大民众的人权意识逐渐增强，我国的人权状况不断改善，特别是司法机关正在经历着由"重打击轻保护"、"重实体轻程序"等传统观念向打击与保护并重、实体与程序并重观念的转变。刑罚执行监督工作必须置身于人权保护这个大趋势之下，切实引导和强化监管改造的原则从过去以"惩罚和改造、教育和改造"为主向"突出教育改造"为主转变，使监管改造的手段从过去重行政手段、轻法律手段向以法律手段为主、行政手段为辅的方面转变。为了使刑罚执行监督适应经济、政治的全球化、国际化的发展要求，还必须科学理解、全面确立辩证统一的司法公正理念。公正是司法追求的永恒主题，涵括立法、执法、司法的各个方面，虽然在立法中无法完全实现实质意义上的公平，但在司法的层面上却能够从维护国家法制统一性的高度出发，从实体到程序，对不同主体平等地适用法律，从而达到法治意义上的严格公正。同时，现代社会的法治品格和对公正的不懈追求使得对效率的要求越来越凸显出来。如果对错误的刑罚执行缺乏及时监督，就可能直接导致对公民的错误关押，由此造成的法治信誉缺失往往需要我们付出无法估量的代价。"迟来的正义为非正义"，这句古老的法谚用简单而明确的语言点明了效率的本质。毋庸讳言，树立效率意识是解决当前一些司法痼疾的重要途径。刑罚执行监督只有坚持以效率作为指导意识和衡量标准，才能为整个社会法治能力的增强起到促进作用，真正体现出司法作为解决争端的最后途径的功能。①

---

① 曲虹、邹时楠：《当前刑罚执行监督工作中的问题及解决之道》，来源：正义网。

### （二）建议完善刑事执行监督立法

一是制定一部统一的刑事执行法。将执行的有关规定集中化和具体化，以增强可操作性。克服刑事执行规定过于简单、原则、操作性不强等问题，明确公安机关和人民法院对执行的责任，确保罪犯及时交付执行。首先，借鉴国外的立法经验，制定我国统一的刑事执行法。前苏联曾否定了用刑事执行法取代劳动改造法的建议，并颁布了《苏维埃劳动改造法典》，但由于该法典在司法实践中存在许多问题，苏联解体不久，俄罗斯就制定了统一的《刑事执行法》，解决了刑事执行的诸多问题。我国现行刑事执行法律体系在较大程度上曾受到前苏联的影响，鉴于目前有关刑事执行法律内容较为分散、凌乱的状况和刑罚执行监督中存在的诸多问题，可借鉴相关国家的立法经验，制定一部统一的刑事执行法。其次，实行劳动教养刑罚化，将劳动教养制度纳入刑事执行法律体系。目前，我国劳动教养处罚的对象主要是《刑法》第 13 条规定的"情节显著轻微危害不大的，不认为是犯罪"的人。虽然这部分人是被排除在我国刑法法定犯罪之外的"轻微犯罪"人员，但从劳动教养制度剥夺劳教人员人身自由的实际，以及当前劳动教养制度的性质定位下其存在的诸多难以克服的弊端来看，宜借鉴刑罚处罚的方式，实行劳动教养刑罚化，抑或借鉴国外的保安处分形式。并以劳动教养立法为契机，完善我国的刑事执行法律体系，以免我国的劳动教养制度成为社会主义法治建设的法治"荒地"和国际上别有用心的人攻击我国人权状况的口舌。第三，统一刑罚执行机构。我国刑罚执行主体的多元性，导致了司法机关之间职能的混淆和司法资源配置的不合理，不利于法律的统一正确执行，影响了执法的严肃性。建议将当前由公安机关、人民法院、监狱等机构负责刑事执行工作的局面改为统一由一个机构行使，取消公安机关、人民法院的刑罚执行权，即在司法部内部设置一个专门机构，如刑罚执行总局，由其统一负责我国所有的刑罚执行工作，避免多机构执行引起的混乱。

二是统一执行的主体。从我国现行法律对刑事执行主体的规定来看，人民法院、公安机关、司法行政机关都是刑事执行的主体。执行主体的过于分散，而且相互之间没有隶属关系，容易形成各自为政的情况，遇到具体的案件，往往会从有利于本部门的方面去执行，从而给公正执行带来一定的负面影响。实行执行主体的一体化，将执行的主体统一划归司法行政机关，可能是比较能够解决这一问题的有效途径。[①]

---

① 　应沪晨：《刑罚执行监督中的难点和相应对策》，来源：正义网。

三是增加执行时效的规定。由于刑罚执行中存在影响刑罚继续执行的各种事由，增加执行时效制度更为必要。这对敦促执行机关依法及时执行已经生效的判决裁定，防止执行机关不依法及时执行能够起着预防作用。①

四是规定执行争议的解决办法。由于交付执行与具体执行分属于不同的机关，即公安机关和监狱。公安机关负责审判前羁押和判决后的交付执行，同时又有留所服刑罪犯的执行任务，监狱负责刑罚的具体执行。这就有一个交付和接收罪犯的问题。出于各种因素，在监狱与看守所之间，容易发生"截留"或拒收被执行对象等问题。规定了执行争议的解决办法，可以大大减少"扯皮"现象。同时，规定执行违法的后果。明确违法执行的范围，违法执行的纠正方式，以及应承担的责任等，有一个明确的标准，有利于检察机关的监督。

## （三）建议设立刑罚暂停执行制度

当前暂予监外执行制度中存在的腐败问题，与立法上将暂予监外执行作为刑罚的一种变通执行方式直接相关。笔者主张废除暂予监外执行制度，代之以刑罚暂停执行制度。设立这一制度的根本目的，就在于改变目前暂予监外执行制度中将监外执行期间也计入刑罚执行期间的做法，而实行执行期间中断的原则。在刑罚暂停执行制度中，罪犯保外就医、哺乳等期间，不计入刑罚执行期间，而保外就医、哺乳等也不再是刑罚的一种变通执行方式，而只是刑罚执行的暂时中止，一旦中止的事由消失，就应将罪犯收监继续执行中断的余刑。这就在根本上切断了当前暂予监外执行中出现腐败的利益动因，因为刑罚暂停执行并不能产生折抵刑罚的效力，即便罪犯获准暂时出狱，最终仍然要回到监狱继续服刑。这样，服刑罪犯试图通过暂予监外执行的方式，逃避在监狱服刑的"愿望"难以实现，也能有效遏制暂予监外执行中的一些腐败行为。同时，针对暂予监外执行制度在审批程序上存在的监督不力问题，在审批主体和程序方面也应作出相应调整。根据法律规定，对于罪犯在服刑过程中发现需要暂予监外执行的，由执行机关提出书面意见，报省、自治区、直辖市的监狱管理机关审批，这样，申请和批准实际上都是由监狱系统内部作出。实践证明：这种体内监督机制，在程序监督和制约的功能方面，是相当有限的。因此，仅仅规定由批准机关将批准的决定通知公安机关、原审人民法院，并抄送人民检察院，在实践中根本无法防止腐败问题的发生。作为配套改革措施，笔者认为，刑罚的暂停执行，应当由监狱向人民检察院提出书面建议，人民检察院审查后决

---

① 应沪晨：《刑罚执行监督中的难点和相应对策》，来源：正义网。

定，这样就有利于将检察机关对其监督由事后监督，变为事前监督。

### （四）建议对减刑、假释案件实行公开听证制度

对减刑、假释案件实行公开听证制度，既体现改革创新精神，又符合刑事诉讼制度发展趋势的要求，对规范减刑、假释办案程序有积极的作用。

1. 对适用公开听证案件范围的限定

对所有的减刑、假释案件都适用公开听证，从目前监所检察部门的实际情况看不太现实。应该围绕监所检察工作的重点，针对那些比较容易出问题的案件来限定适用案件的范围。从司法实践来看，比较容易出问题的案件主要有以下几类：一是从服刑罪犯的主体身份上分析，国家工作人员，特别是担任一定领导职务的国家工作人员犯罪的案件；有一定经济实力和社会地位的人员（如私营企业主）犯罪的案件。这些服刑罪犯往往以其权力、地位、经济实力为基础形成了错综复杂的社会关系网，有可能影响到司法公正，可能会利用减刑、假释制度为服刑罪犯减轻刑事处罚，逃避法律制裁，对这些报请减刑、假释的案件应列为公开听证的监督重点。二是从犯罪类别上分析，职务犯罪案件，经济犯罪案件，还有近几年比较突出的涉及黑社会性质的犯罪案件。这几类案件因其犯罪主体的特殊性，也应列为公开听证的监督重点。三是从减刑、假释的量刑幅度上分析，重点监督减刑、假释幅度比较大的案件。例如，报请减刑幅度 6 个月以上的案件，假释 1 年以上的案件，应列入公开听证的范围重点监督。四是人民检察院建议公开听证的案件。

2. 实行公开听证制度可以达到的目的

一是可以使减刑、假释工作更加公平、公正、公开，真正使那些认真遵守监规，接受教育改造的服刑罪犯得到宽大处理，同时尽可能完善司法程序、防止个别犯罪分子以此逃避法律制裁。二是可以通过集中听证、概括举证、当庭宣判这些措施来提高诉讼效率，在较短时间内审结一批减刑、假释案件。三是可以加强检察监督力度，使检察院对减刑、假释案件的监督，从被动的事后监督向主动的事前监督延伸，在合议庭作出减刑、假释的裁定前充分履行法律监督的职能，掌握工作的主动性。四是可以主动接受社会各界的监督，使减刑、假释工作增加司法透明度，使参加旁听的服刑罪犯受到深刻的法制教育，这对于维护监管秩序和营造良好的教育改造氛围可以起到积极的作用。

### （五）建议强化检察机关的监督功能

检察机关是国家的法律监督机关，刑罚执行监督应从属于这个定位。通过对刑罚的执行，对监管场所执法活动和劳教活动的执行进行监督，切实履行检

察机关法律监督职能。强化检察机关对刑罚执行的监督功能，可从以下几个方面着手：

一是清理规范刑罚执行监督规定，明确刑罚执行监督内容。首先，清理规范现行刑罚执行监督的法律规定。当前有关我国人民检察院开展刑罚执行监督的规定不够集中，只是零星地散见在有关的法律法规之中，没有形成体系，这种刑罚执行监督规定的凌乱状况影响了人民检察院的法律监督工作。为了提高人民检察院开展刑罚执行监督法律依据的科学化、系统化程度，应将分散在相关法律法规之中的有关刑罚执行监督的内容予以清理和规范，集中在一部法律之中。其次，明确刑罚执行监督的内容。由于现行有关刑罚执行监督的内容过于原则，人民检察院在刑罚执行工作中开展法律监督时显得依据不足、底气不够。因此，建议在制定统一的刑事执行法时，对人民检察院开展刑罚执行监督的内容予以进一步的明确和具体，以便于实践部门操作。

二是拓宽人民检察院刑罚执行监督领域，对刑罚执行实行全面监督和全过程监督。首先，人民检察院应对刑罚执行机关的执行实行全面监督。目前，人民法院对罚金、没收财产刑的刑罚执行尚未纳入人民检察院的监督范围，这种缺乏监督的刑罚执行显然违背了人民检察院对刑事诉讼活动实行监督的法律规定。因此，应拓宽人民检察院刑罚执行监督的领域，将人民法院的刑罚执行归入人民检察院的监督范围，不让任何刑罚执行活动脱离法律的监督。其次，人民检察院对刑罚执行机关执行刑罚活动的全过程实行监督。虽然，《刑事诉讼法》第215条和第222条分别规定了人民检察院在收到暂予监外执行决定书、减刑、假释裁定书后，认为不当的，可向批准暂予监外执行的机关和人民法院提出书面纠正意见。根据这两条规定，似乎人民检察院对减刑、假释、暂予监外执行只能实行事后监督，实践中大多数人也是这样认为的。其实不然，该两个条文仅是人民检察院对人民法院或监狱管理局作出减刑、假释、暂予监外执行决定或裁定后实行检察监督的特别规定，它并未否定人民检察院对监狱等刑罚执行机关呈报减刑、假释、暂予监外执行实行事前、事中监督的权力。相反，《刑事诉讼法》第224条和《监狱法》第6条都规定"人民检察院对执行机关执行刑罚的活动实行监督"，这充分肯定了只要是执行机关执行刑罚的活动，不论其属于执行刑罚的哪个阶段，人民检察院均可以实行监督。因此，人民检察院对监狱等执行机关呈报减刑、假释、暂予监外执行等活动过程仍拥有实际监督权。应摒弃传统的对减刑、假释、暂予监外执行实行事后监督的观念，在开展刑罚执行监督时，对刑罚执行机关执行刑罚活动中的各个环节实行监督，避免有关事前、事中或事后监督的争议，进而束缚自己的手脚，影响刑罚执行监督的质量和效果。

三是增强人民检察院履行刑罚执行监督权的手段，提高刑罚执行监督的力度。监督手段如何将直接影响到监督的力度和效果。对刑罚执行机关在刑罚执行过程中发生的犯罪行为，人民检察院通过办案予以监督，这是人民检察院监所检察部门履行刑罚执行监督职能极为有效的手段。针对监所检察部门办案职能削弱不利于刑罚执行监督工作的实际，最高人民检察院于 2004 年 9 月下发了《关于调整人民检察院直接受理案件侦查分工的通知》（以下简称《通知》），规定由监所检察部门统一负责刑罚执行和监管活动中职务犯罪案件的立案侦查工作，全国各级检察机关监所检察部门也自觉把办案作为加强刑罚执行和监管活动监督的重点工作。经过两年时间的探索和实践，实现了办案工作的整体稳步推进。2006 年 1 至 7 月，全国检察机关监所检察部门共查办职务犯罪案件 344 件 389 人，同比分别增长 25.1% 和 21.2%。但不可否认的是，目前监所检察部门在开辟案源和办案的科技、经费、人才保障等方面还存在一定的困难，监所检察部门办案仍需进一步加大。至于人民检察院监所检察部门在履行刑罚执行监督权时能否向监狱等执行机关使用《检察建议书》的问题，笔者认为，虽然最高人民检察院编写的教材对此持否定意见，但其仅属学理解释，且最高人民检察院至今也未制定与《通知》内容相左的新规定。因此，监所检察部门在刑罚执行监督中仍可使用《检察建议书》。对于《纠正违法通知书》，人民检察院监所检察部门在刑罚执行监督中要敢于使用和善于使用这一手段，充分发挥其在刑罚执行监督中的作用，不能因考虑与执行机关的关系而不使用《纠正违法通知书》。此外，人民检察院还可通过与刑罚执行机关开展联席会议制度等手段解决刑罚执行监督中碰到的问题，加强刑罚执行监督的力度。

四是统一人民检察院内部履行刑罚执行监督职责的部门，由监所检察部门独立行使人民检察院的刑罚执行监督权。监所检察部门的主要职责是对刑罚执行活动实行监督，公诉部门的主要职责是代表国家对被告人提起控诉。对被判处死刑立即执行的罪犯执行死刑的临场监督，显然属于对刑罚执行的监督职责。因此，其不应划归公诉部门的职责范围，而应纳入监所检察部门的职责范围；应将公诉部门履行死刑立即执行临场监督的职责划归监所检察部门统一行使。

五是规范派驻监所检察机构的建设。派出检察院担负着刑罚执行监督和监管活动监督的重要职责。主要通过刑罚执行监督，纠正违法监管行为，查办职务犯罪案件，促进监管机关依法文明管理，保护被监管人员的合法权益。其主要职责是：对监狱、看守所刑罚执行活动是否合法实行监督；对监狱、看守所、劳动教养机关管理教育罪犯、劳教人员的活动是否合法实行监督；对刑罚执行和监管活动中发生的司法人员职务犯罪案件进行立案侦查；对服刑罪犯又犯罪案件、劳教人员的犯罪案件的侦查活动实行监督；对服刑罪犯又犯罪案件、劳教人员的犯罪案件审查逮捕、审查起诉，对诉讼活动实行监督；受理被监管人员及其近亲属提出的举报、控告和申诉；结合监所检察职责，开展职务犯罪预防工作和法制宣传教育工作；认真开展安全防范检察工作，协助监管单位维护好监管场所的安全稳定。

安徽省检察机关从刑罚执行和监管活动中职务犯罪易发多发的"八个环节"入手，通过"六条渠道"发现案件线索，促进派出检察院全面履行检察职责，进一步加大查办职务犯罪案件工作力度，建立和完善刑罚执行监督长效机制，取得了明显成效。"八个环节"是：罪犯留所服刑、分配监区的环节；日常考核奖惩环节；安排劳动工种环节；违反监规所纪处理环节；呈报减刑、假释、保外就医和劳教人员减期、所外执行、所外就医环节；调犯环节；监外罪犯脱管失控环节；生产经营环节。"六条渠道"是：从日常检察监督中发现案件线索；从事故、事件的调查中发现案件线索；从专项检察活动中发现案件线索；从举报和控告中获取案件线索；从与监管机关纪检监察部门的工作联系中获取案件线索；从查办案件深挖案件线索。

派驻检察室是检察机关派驻到刑罚执行单位的最基本的监督机构，是代表检察机关行使监督权的基层单位。对于派驻检察室的性质和地位一直缺乏具体明确的规定。目前权威性的规定是最高人民检察院《关于监所检察工作若干问题的规定》，该规定第7条规定："派驻检察室由派出检察院、监管场所所在地的市、州检察院或基层检察院派驻，派驻检察室的人员中检察员的比例应当占三分之一以上。派驻检察室的主任应当由派出他的检察院的监所检察处、科的领导或者相当级别的检察官担任。"

规范化检察室的建设应当从以下几方面入手：第一，配好工作人员。除了要有懂业务的检察员之外，还应当配备懂电脑操作的技术人员，以便检察室与监管单位联网开展动态监督。第二，配齐物质装备。如办公用房、电话、手机、汽车或者摩托车、电脑、打印机、传真机、侦查工作包等装备。第三，落实有关待遇。派驻检察室人员必要的生活补贴、特殊岗位津贴应得到落实。第四，完善工作制度。对派驻检察室的工作实行量化管理，确定考核指标，便于考核评比。第五，实行等级评定。定期对派驻检察室按一、二、三级进行等级评定，表彰先进，激励后进，推动工作创新发展。

六是更新观念，提高素质，进一步加强对被监管人合法权益的保护。刑罚执行监督工作的推进，被监管人合法权益的进一步维护，都有赖于履行刑罚执行监督职能的人民检察院监所检察部门人员观念的更新和素质的提高。"打铁必先自身硬",各级人民检察院应当突破传统的思想桎梏,不断选送优秀人才到监所检察部门,充实刑罚执行监督队伍。并按照最高人民检察院的要求,加强对监所检察部门人员的培训工作,逐步提高人员素质,不断转变执法观念,研究探索刑罚执行监督工作中的新问题,切实维护被监管人的合法权益,确保我国刑罚的正确执行。

# 第五章　民行检察工作问题研究

## 一、调卷问题

（一）调阅和审查原审法院的卷宗材料，对于检察机关正确行使抗诉监督权，保障检察监督职能的发挥，具有重要的基础性作用

人民检察院受理民事行政申诉案件，经过初步审查往往仅仅了解申诉人单方面提供的申诉文书及有关的证据材料，而对全案审判卷宗缺乏充分的掌握。民事行政检察部门只有在立案以后及时调取人民法院的审判卷宗，并认真负责地开展书面审查，才能比较准确地审查判断原审生效裁判是否具有法定的抗诉情形。从开展民行检察工作的实际来看，人民检察院站在国家法律监督者的立场，对人民法院的审判活动进行诉讼监督时，调取法院的审判卷宗材料，不仅是履行法定职责的需要，而且也是保证抗诉质量和监督效果的需要。因此，检察机关启动抗诉程序之前，不仅应当充分听取双方当事人尤其是申诉人的意见，还需要调取阅读法院的审判卷宗，斟酌核实案件事实和证据，这样才能切实有效地履行民事、行政诉讼法赋予的诉讼监督职能。

（二）从历史角度考察可资借鉴的立法例

早在清末制定的《高等以下各级审判厅试办章程》即规定，"检察官得随时调阅审判厅一切案卷，但须于 24 小时内交还（113 条）"从而明确赋予检察官有行使调阅案卷之权。[①]

新中国人民政府成立以后，基于审判权与检察权并列行使的政治法律制度设计，党和政府在早期的立法起草活动中，检察机关的调卷审查问题曾经得到了高度的重视。例如，1950 年《中华人民共和国诉讼程序试行通则（草案）》对检察机关调卷审查问题作了详细完备的规定。第 77 条规定："……人民检察署执行检察职务时，对于所辖区域内下级人民法院审理中或判决确定的案件，认为有必要时，亦得向下级法院调卷审查。下级法院接到前项的调卷命令

---

① 李忠芳、王开洞主编：《民事检察学》，中国检察出版社 1996 年版，第 49 页。

或函件后，应速将案卷送交调卷的法院或检察署"；第 78 条规定："上级人民法院或人民检察署调到卷宗后，应速予审查处理。调卷的人民检察署审查结果，对于下级人民法院审理中或判决确定的案件，认为审理显有违法或不当，或者判决确有重大错误时，亦得向上级法院提起抗诉，请予处理。"① 但遗憾的是，在 1957 年以后，这样对于检察权行使给予充分的职务保障的认识，随着近 20 年的一系列"左"倾错误思潮的盛行而湮灭于历史长河之中，再也未能坚持体现于改革开放初期及其以后制定的法律规范中。

## （三）检法两院在调卷问题上的认识分歧、实践困境及探索尝试

根据现行《民事诉讼法》和《行政诉讼法》的有关规定来看，人民检察院开展法律监督职能的主要手段是对已经生效的裁判依法提出抗诉，作为启动审判监督程序的法定途径之一，检察机关抗诉以后，法院应当再审，而抗诉的准确与否、质量的好坏，很大程度上取决于人民检察院是否能够在启动再审程序之前全面彻底地审阅原审法院的案卷材料。但是，由于现今两个诉讼法本身的规定不够完善，加上法院系统出于自身门户之见，自觉或者不自觉地抵制检察机关的监督，调卷难的问题长期以来一直成为困扰民行检察工作的问题之一。

检察机关关于调阅审查审判卷宗材料的主张，例如认为由于采取事后监督的方式，人民检察院按法律规定应当有权调取案件的全部材料进行审查，这既是履行监督职责的要求，也是司法实践的需要。那种不允许人民检察院调卷只允许看卷，或者只允许调取审判外卷而不允许调取人民法院内卷的观点和做法，都是不正确的，也是与法律规定精神相悖的。② 甚至还有人主张，人民检察院应当有权调阅与民事诉讼相关的案卷材料，包括案件讨论笔录、审判委员会讨论笔录等等③。

司法实践中，有少数地方的法院和法官接受监督的观念意识淡薄，对民行检察工作不理解，不配合，存在"没事找事"、"有它也可，无它也罢"的错误思想认识。对于检察机关的调卷审查工作采取了"一推、二拖、三限制"的不合适做法，给处在一线办案的民行检察人员设置了种种障碍，严重制约了

① 杨立新：《民法判解研究与适用》（第四辑），人民法院出版社 1999 年版，第 439 页。

② 柯汉民主编：《民事行政检察概论》，中国检察出版社 1993 年版，第 112 页。

③ 盛瑾、刘顺龙、龚泽训：《论民事检察制度的改革与完善》，载最高人民检察院研究室编：《法律应用与检察业务研究》（第二辑），第 141 页。

检察监督职能的发挥。例如，不让检察机关调走案卷仔细审查全部材料，仅仅同意检察人员摘抄部分证据材料，或者在同意复制材料的同时坚持按照每页1元的标准收取复印费用，此类做法严重增加了检察机关及申诉人不必要的诉讼成本支出，体现了部分法院及审判人员喜欢自己一言堂说了算、抵制外在监督并且设置限制性条件的倾向。甚者，审判人员接受一方当事人及其代理人吃请送礼、娱乐服务等不当收益以后所作出的不公正裁判，他们更是担心错案追究制度的影响，不仅生怕自己承办的案件被再审程序纠正，而且自己的职务违法犯罪行为随着错案的纠正被连带揭发出来、受到查处，而直接影响到其切身的利益，这样他们会对审判监督制度尤其是调卷抗诉产生强烈的抵制态度，不愿意把案卷尤其是那些尚未归档的案卷交给检察人员调阅审查。另外，有的法院从部门本位主义出发，对检察机关调（借）阅案卷审查问题的认识本末倒置，例如，某省高级人民法院1999年8月《关于全省各级人民法院审理民事经济再审抗诉案件若干问题的规定（试行）》第14条规定："人民法院审理抗诉案件，抗诉人要求阅卷的，可以到人民法院查阅本案庭审材料、证据材料和诉讼文书，人民法院应当提供查阅处所和其他必要的方便条件，抗诉人要求复印上述材料的应予准许，但要求将卷宗借走或者调出人民法院的，不予准许。"这种规定人民检察院在抗诉以后才能作为所谓"抗诉人"到法院阅卷，而无视抗诉后才能阅卷的做法，可能招致草率抗诉、不当抗诉的后果，不仅不利于保证检察机关抗诉案件和再审裁判质量，而且也是与我国一府两院的宪政体制和现行诉讼法的精神背道而驰的。调（借）阅案卷问题的僵局及其折射出的两院工作关系不顺畅的现状，严重损害检察机关法律监督的效果和立法机关制度设计的预期效果，也很可能将危害司法权威和司法公正共同目标的实现，难以满足群众对司法公正的热切渴望。

在民事诉讼法和行政诉讼法法律条文自身不够明确、操作性不能够满足司法实践需要，而全国人大常委会对民行检察相关的立法解释长期保持沉默，导致缺位、匮乏的情况下，最高人民检察院先后作出的一些司法解释性文件，对于检察机关在审查民行案件过程中的调阅案件问题上做了相应的规定。例如，2001年9月高检院《人民检察院民事行政申诉案件办案规则》第14条规定，"人民检察院应当在立案以后调（借）阅人民法院审判案卷，并在调（借）阅法院审判案卷以后三个月内审查终结"，在司法实践中起到了拾遗补阙的重要作用。但是，有些地方法院借口该规则系最高人民检察院未与最高人民法院共同会签的单方面解释而不予认可，致使有关检察人员只好在据理力争后采取双方妥协的方式，变通执行上述规定。因此，最高人民检察院的司法解释虽然为检察机关应对调卷难的问题提供了有拘束力的规范性文件依据，但是在民行检察实践中由于许多法院的不予合作，致使上述解释的执行效果打了折扣，仍然未能彻底解决长期困扰民行检察人员的调卷难问题。2001 年 11 月 1 日，最高人民法院《全国审判监督工作座谈会关于当前审判监督工作若干问题的纪要》就检察机关调借阅案卷问题也没有予以明确规定，致使许多地方的检察机关在向法院调借阅案卷的问题上仍然存在重重困难。

但是，值得肯定的是，全国许多地方的检、法两院已经开展了各种各样的工作协商，理顺和密切了两院有关部门的工作关系。根据高检院通报的数据，截至 2005 年，全国已有 22 个省级人民检察院与高级人民法院就民事行政检察工作中的各种问题联合会签了文件，对理顺检、法两院的工作关系，保证法律的统一正确实施，巩固和发展民行检察工作起到了非常重要的作用。例如，2005 年 9 月陕西省人民检察院和陕西省高级人民法院联合举行的办理民事行政抗诉案件工作座谈会，讨论通过的《陕西省高级人民法院、陕西省人民检察院关于办理民事、行政抗诉案件有关问题的意见》规定："人民检察院对其立案审查的案件，凭《调（借）阅案卷函》，借阅人民法院的案件档案，人民法院应当予以办理；人民检察院借调人民法院案卷限于正卷；人民检察院自借卷之日起六个月内应将案卷归还人民法院；特殊情况不能归还的，应当在期满前办理续借手续，续借时间不得超过一个月。人民检察院对借阅的案卷应当妥为保管，防止丢失和毁损。"此规定建立在两院充分调查研究论证的基础上，综合考虑了必要性、可行性及可操作性等多种因素，颇有见地。新疆维吾尔自治区高级人民法院、区检察院联合下发的《关于办理民事行政抗诉案件若干问题的暂行规定》第 4—8 条就民行检察调借阅案卷问题作出了详细的规定。此外，2001 年 6 月 5 日，河北省人大常委会办公厅《关于司法机关进一步做好民事行政抗诉工作的意见和建议》就调阅卷问题提出的倾向性意见为："各级检察机关提出抗诉的民行案件，原则上法院应当同意调阅除副卷以外的案卷正卷，其中案情比较简单，或适用简易程序审理的案件，有关民行检察人员可以到法院阅卷，证据材料可以摘抄、复印；案情比较复杂或短时间内不易搞清案情的，检察院可以调取审阅全部案卷材料。"这些规定对于指导各地检法两院办理民事、行政抗诉案件和开展抗诉审判监督工作，有着重要的借鉴意义。

需要说明的是，根据（2005）高检民发第 13 号文件（《征求〈人民检察院民事行政申诉案件办案规则〉（征求意见稿）修改意见的通知》），吸收、借鉴了实践中的一些行之有效的经验，将现行《人民检察院民事行政申诉案件办案规则》（以下简称《办案规则》）第 14 条修改为第 15 条，规定为"人民检察院认为需要调（借）阅人民法院审判卷宗的，应当在立案之日起三日内办理相关手续。调（借）阅的人民法院审判卷宗，由办理调（借）阅手续的人民检察院退还"，体现了最高检察机关在解决调（借）阅案卷问题上，检察机关自身需要显示相应姿态、强调履行相应义务的新近认识。由此可见，解决调卷难的问题，不仅需要通过沟通、协商全面争取法院的理解、支持、配合，也需要强调检察机关自身在调（借）阅案卷时应当履行的办理相关手续的义务及借阅以后及时归还的义务。

笔者认为，基于"好借好还，再借不难"的习惯认识，《办案规则》还需要强调检察人员妥善保管有关案卷、防止证据材料丢失和毁损的义务，这样才能促进再审法院与检察机关形成良性循环的工作关系。由此看来，在目前司法形势下，要想圆满解决调卷审查难的问题，确实需要检、法两院相关部门共同协商、互相理解、互相支持、互相配合，开展各种层面、多种形式的沟通，争取在法律规定框架下共同研究制定有关规定性文件，找出切实可行的具有可操作性的对策、出路，才能顺利完成法律赋予各自的职能作用，实现立法机关的预期目的。这样才能为民事行政抗诉工作的顺利发展，提供适宜的制度保障。

## 二、民行检察行使调查取证权的必要性

### （一）理论上的不同见解

司法实践中，对于检察机关有无调查权以及对检察机关调取证据效力的认定等问题，不仅在检法两院之间存在很大的争论，而且在检察机关内部人员之间也存在着截然不同的意见。

肯定说认为，检察机关办理民事行政申诉案件，为了贯彻实事求是、有错必纠的原则，可以主动出击，广泛运用一切可以运用的调查取证权力，积极发现实体真实，查清案件事实真相，这样才能最大限度地发挥民行检察职能。

否定说认为，立法没有赋予检察机关调查取证的权力，在办理民事行政申诉案件过程中应当坚持当事人尤其是申诉人负担举证责任的原则，检察机关不能够越俎代庖，不能试图像办理刑事案件那样包办调查一切事实；检察机关依照职权调查取证，是公权力干预私权利，其结果必然造成一方当事人的证据强势，违反民事诉讼当事人主体地位平等原则。[①] 基于此种认识，再审法院对于检察机关调查取证的效力采取了不予采纳的态度，在一定程度上制约了民事行政抗诉案件改判率和建议采纳率的提高。

---

① 张卫平：《民事行政抗诉再审制度若干问题研究》，载《政治与法律》2004 年第 6 期。

折中说认为，检察机关不能如办理自侦案件一样，广泛行使调查权，不能以自己的取证代替当事人的举证，但可以在符合特定情形的条件下，遵循适度、必需原则，谨慎地行使调查取证权力，包括委托鉴定、调取档案材料，查询存款、初查职务犯罪等，而限制取证范围本身就是诉讼规则本身的要求。①即民行检察要掌握调查取证的适度性和必要性，应当发挥当事人举证的积极性，不轻易调查；实践中有些办案人员接到申诉就大包大揽搞调查，不考虑对方当事人的程序权利，把监督变成为一方当事人包打官司，这就背离了民行检察的定位和目的。②

根据这种观点，检察机关仅仅负有有限的调查取证责任。民事、行政诉讼法均规定了当事人的举证责任，并对当事人未尽举证责任而应当承担的法律后果作出明示，而检察官原则上只能根据法官审查案件时面对的证据的基础上，用法律法规和司法解释规定的证据采信规则来评判认定事实错误的根据，即应当将检察官办理抗诉案件时的取证范围原则上限制在人民法院的查证范围之内，避免对当事人诉讼权利义务构成不当干预。因此，检察官的调查取证只是为了印证原判认定事实方面存在的错误，说明因原审法官未履行法定查证义务而导致错误的存在，从而提高抗诉改判率，保证抗诉的社会效果。③

## （二）民行检察行使调查取证权的必要性

笔者认为，绝对的肯定说和完全的否定说都是脱离司法实践情况的不适当的看法，比较可行、科学的态度应当是采纳折中说。从民行检察工作开展的实际情况来看，在民事申诉案件的受理审查阶段，当检察机关怀疑原审生效裁判所依据的主要证据为虚假或者伪造的材料时，在作出抗诉决定前，通过调查取证来审查确定自己的怀疑是否具有合理根据，从而避免滥用抗诉程序的启动权力显然是非常必要的。检察机关抗诉案件的改判率和建议的采纳率能否得到提高的决定性因素是证据。如果检察机关以确实充分的证据为依据，那么抗诉意见被采纳的几率会明显提高。对法院的查证缺漏行为进行补救，侧重于消除那些造成当事人客观上举证不能的原因而使其能够获得依法应该得到的证据。基于法律监督职责，检察机关在办理民事抗诉案件过程中应当享有适当范围的调查取证权力，这种权力从另一个意义来说，也是一种具有补充性质的证据收集

---

① 张步洪：《民行抗诉程序中检察机关的调查取证权》，载《人民检察》1999 年第 8 期。

② 马滔：《民行检察：十年苦探索，期待天地宽》，载《人民检察》1998 年第 11 期。

③ 潘君：《对民行抗诉办案规则的理解与适用》，载《人民检察》2002 年第 1 期。

责任。《民事诉讼法》第 64 条第 2 款规定了法院调查收集案件有关证据的职责，在实践中存在着法院应当收集而未依照职权主动收集那些当事人无法取得的证据的情况，由于当事人尤其是申诉人依靠自身能力往往无法提供相应证据已经成为既定事实，而这类重要证据的缺少一般又会影响到案件进入再审以后能否得到有效救济，这时检察机关受理民事申诉案件就应当暂时替代性地担负起调查收集有关证据的职能。可以说，民行检察部门的调查取证权力，如同调（借）阅原审法院审判卷宗一样，也是开展民行检察工作必要的保障性措施；离开了适度的取证权力，民行检察工作就如同缺少了必需的开展工具。

如同调（借）阅案卷一样，有的地方法院系统也存在着不当限制检察机关调查取证权限的问题。例如，浙江省高级人民法院 2002 年 3 月发布的《全省审判监督工作会议研讨审理民事抗诉案件若干问题》第 7 条指出，有新的证据，足以推翻原判决裁定的，不属于民事诉讼法规定的抗诉理由，坚持抗诉的可通知不予受理；已经受理的，可裁定予以驳回。基于这样的认识，在该地的司法实践中，检察机关调查核实的证据经常不被作为证据使用，这一点大大削弱了民行检察工作抗诉的效力。① 笔者认为，某些地方法院存在的这种对于检察机关调查取得的证据不分青红皂白而一概排斥的做法，是严重违背诉讼法理和检察监督原则的，值得引起有关立法机构的重视。虽然《民事诉讼法》、《行政诉讼法》对检察机关在审查民事、行政申诉案件中的调查取证权没有明确作出规定，但是检察机关民行检察的调查取证权可以被认为已经被隐含在监督权之中，是法律监督权中应有的具体权力。根据《民事诉讼法》规定，当检察机关"发现"判决裁定符合法定情形的，应当抗诉，而"发现"的途径除了当事人申诉，还可以有检察机关调查取证，因此完全否定民行检察的调查取证权的说法是根本不可取的，在理论上是有害的，在实践中也是行不通的。2001 年 9 月 30 日最高人民检察院发布的《人民检察院民事行政申诉案件办案规则》第 17 条规定："人民检察院审查民事行政案件，应当就原审案卷进行调查，非确有必要时，不应进行调查"；第 18 条规定："有下列情形之一的，人民检察院可以进行调查：（一）当事人及其诉讼代理人由于客观原因不能自行收集的主要证据，向人民法院提供了证据线索，法院应予调查而未予调查取证的；（二）当事人提供的证据互相矛盾，人民法院应予调查取证而未进行调查取证的；（三）审判人员在审理该案时可能有贪污受贿、徇私舞弊、枉法裁判等违法行为的；（四）人民法院据以认定事实的主要证据可能是伪造的。"可见，最高检察机关对检察机关可否调查取证的问题采纳了折中说，并确立了

---

① 傅国云、宋小海：《民行抗诉效力研究》，载《检察业务指导》2003 年第 2 期。

原则上以对原审案卷进行阅卷审查为主，调查取证为辅的办案规则，并就检察机关调查取证的范围作了限制性规定。但是该规则对检察机关取证措施手段、妨害正当的调查取证活动等可以采取的，排除妨害的措施等都没有明确规定，以致影响了调查银行存款等特殊证据的调取，暴露出检察机关调查取证手段保障力度不足的实际问题。

为便于查明案情，法律应赋予检察机关在抗诉审查程序中享有一定范围的调查取证权。首先，在民事申诉案件的受理审查阶段，当检察机关怀疑原裁判所依据的主要证据为虚假或伪造时，作出抗诉决定前通过调查取证以确定自己的怀疑是否有根据，显然是非常必要①。其次，对于不涉及法院自由裁量权的非裁判性行为，例如合议庭成员应当回避、贪赃枉法、徇私舞弊等违法行为，非借助调查就无从查明情况存在与否，民行检察部门取得的证据对案件事实具有关键作用，这时检察机关就应当进行调查②。

再者，虽然民事案件举证责任在当事人，但有些证据并不是当事人所能获取的，当原审法院没有按照《关于民事诉讼证据的若干规定》要求履行自己的告知或者收集职责时，检察机关就很有必要针对这类证据进行调查，依照法定职权收集证据，然后再决定是否启动抗诉监督程序。可见，立法明确赋予检察机关在民事检察活动中享有一定的调查取证权，对查明民事纠纷的事实真相，保障当事人合法权益具有积极的现实意义。此外，赋予检察机关对特定事项的调查取证权力，尤其应当明确那些与公共利益有关的事项，使之成为检察机关需要加以关注的必要时，可以采取调查取证手段，查明事实真相的范围。

在民事诉讼中，尤其是检察机关参与抗诉的案件，检察机关在尊重法院审判权和当事人意思自治的前提下，充分履行保护公共利益不受侵害是检察机关的分内之事，此时检察机关作为国家和公共利益的代表者，应当对涉及公共利益的事实负积极的证据收集责任；对于损害公共利益的违法行为，检察机关不能采取放任不问或者袖手旁观的消极应付态度。考虑行政诉讼案件的特殊性，《行政诉讼法》在修改时，应当明确赋予检察机关在办理行政申诉案件中享有的调查取证权，具体包括有权要求当事人尤其是申诉人提供或者补充证据，有权向行政机关以及其他行政主体、个人调取证据，有权指定或者聘请享有鉴定权的机构及其人员进行鉴定，有权依照法定程序采取证据保全措施，人民检察

---

① 田安平、李浩等：《中国民事检察监督制度的改革与完善》，载《诉讼法学、司法制度》2004 年第 4 期。

② 郑云瑞、洪丽霞：《民事申诉案件调查问题探析——以〈人民检察院民事行政抗诉案件办案规则〉的规定为视角》，载《中国检察论坛》2006 年第 1 期。

院只有依据法定职权进行调查取证，才能有效地履行自己肩负的法律监督职责。

### （三）民行检察行使调查取证权的限度及其范围

检察机关受理民事行政申诉案件开展调查取证，应当采取谨慎的态度，在遵循法定的诉讼证据规则前提下，牢牢把握好调查取证的必要性和适度性，不可过度使用此项权力。首先，对于纯粹属于当事人之间人身财产关系的争议且与国家和公共利益无关的民事申诉案件，检察机关受理以后需要调查取证的，一般应当根据当事人尤其是申诉人的书面申请才能进行，以免检察机关滥用公权力，导致自觉或者不自觉地打破了双方当事人之间在证据等方面的攻击和防御平衡，造成新的司法不公①。其次，对于行政主体或者行政相对人不服人民法院已生效的行政裁判而引起的行政申诉案件，应当注意到原审被告即被诉的行政主体应当对被诉具体行政行为承担举证责任，检察机关不应过分地行使调查取证权，尤其是不能代替行政机关承担其在实施具体行政行为时就应当履行的先调查取证，后作出处理决定的法定义务，以免出现检察机关在行政抗诉程序中，帮助已被裁判败诉的被告行政主体利用事后申诉阶段的取证材料，证明其原先缺乏足够事实根据的行政行为，致使有关被诉的行政主体钻了法律的空子。可见，盲目地、不加区分地要求检察机关为查明案件事实真相而广泛开展调查取证活动，这种办案思维模式是不适当、不可行的，因此笔者主张，在检察机关调查取证权的问题上，不能采纳绝对的肯定说，而应当吸收折中说的合理成分，在遵循必要性的前提下，严格地限定民行检察有权调查取证的范围。

笔者认为，根据有关理论和实践经验，民事行政申诉案件中，需要由检察机关调查收集证据的情形，大体上可以分为如下四类：一是涉及国家、社会公益或者他人合法权益，法院未依法履行证据收集责任的；二是涉及按照职权追加当事人、中止诉讼、回避等与实体权益无关的程序事项，法院未依法履行证据收集责任的；三是当事人申请法院调查收集的属于国家有关部门保管的档案材料，法院未依法履行证据收集责任的；四是当事人及其诉讼代理人客观上无法自行收集的其他证据材料而向法院申请，法院未依法履行证据收集责任或者收集证据不全面不客观的②。其中第四种情况是需要检察机关调查取证的比较典型的类型，这是由于在具体诉讼中，有些证据不是当事人仅凭自己的能力就

---

① 陈桂明：《程序理念与程序规则》，中国法制出版社1999年版，第155页。

② 石萍、刘津慧：《民事抗诉案件证据收集责任探讨》，载《人民检察》2005年第2期。

可以获取的，这种情况下当事人享有请求法院调查取证的权利，检察机关在审查决定是否抗诉时，可以就拒绝取证的范围进行调查取证，并根据调查得到的证据所证明的事实提起抗诉。也就是说，在当事人仅凭自己的能力无法获取而向法院申请调取，但法院没有合法理由却不当拒绝时，检察机关应当拥有在一定范围内调查取证的权力①。

### （四）刑侦视野下的特殊取证权——民行检察部门对审判人员职务犯罪问题适度行使初查权问题

此外，还有必要吸收民事检察 17 年实践中的经验和教训，赋予民事检察部门享有对在审理案件时涉嫌贪污受贿、徇私舞弊而枉法裁判的审判人员的初查权，由民行检察部门在履行诉讼监督职责过程中，充分有效地发挥自身积极性、主动性和优势，正确行使好、用足用活初查权和立案侦查权，对抗诉职能的发挥起到有力的保障作用。对于审判人员涉嫌枉法裁判犯罪的，有权在经检察长批准后自行或者移交侦查部门立案侦查；对于那些尚未达到涉嫌犯罪程度，但已构成一般违法行为的，则可促使有关部门对责任人员进行惩戒，直至建议提请相关人大常委会依法免除其职务，而不能听之任之。这些权力制约性手段的行使，不仅能够行之有效地实现现行《民事诉讼法》第 185 条第 1 款第（三）项的预期效果，最大限度地强化抗诉的功能，而且还能够对审判人员形成潜在的威慑效应，促使其谨慎地行使审判权力，自觉配合和接受检察监督，防止权力的异化和滥用，从而顺利地达到以权力制约权力的立法目的。

1. 检察机关行使初查权的可行性

一是此项决策的理论根据为检察一体原则，有利于全面调动检察各部门的力量协同作战，充分发挥检察职能；有利于发挥各部门的工作主动性、取得最佳监督效果，进而扭转教育整顿以后对审判人员职务犯罪查处力度的滑坡势头。二是决策的法律依据，包括《民事诉讼法》第 185 条第 1 款第（四）项，1997年《刑法》第 399 条第 2 款规定，在民事审判活动中，故意违背事实和法律作枉法裁判，情节严重的，处 5 年以下有期徒刑或者拘役；情节特别严重的，处 5 年以上 10 年以下有期徒刑。这些规定均充分体现了我国立法对民事行政审判活动中枉法裁判犯罪问题的重视。基于检察机关内部分工不分家的原则，民行检察部门在检察长统一领导下，开展此项工作均可将其作为法律依据。三

---

① 江伟、张慧敏、段厚省：《民事行政检察监督改革论纲》，载中国法学会民诉法学专业委员会、最高人民检察院民事行政检察厅编：《民事检察制度热点问题探索》，第 93 页。

是民行检察作为检察机关的窗口和触角，通过受理申诉、接受举报，经常可以广泛接触社会的方方面面，拓宽线索案源，增强监督效果，而且民行检察部门工作人员熟悉民事行政法律规范，具有一定的人力资源优势，容易最先发现不公正裁判及其背后可能存在的审判人员职务犯罪线索。四是高检院及省级院有关部门对此项工作的高度重视和有力指导，为民行检察部门做好此项工作提供了坚强的组织保证。在 2004 年 9 月高检院作出侦查调整决定以后，高检院办公厅于 2005 年 1 月转发了《民事行政检察厅关于贯彻〈关于调整人民检察院直接受理案件侦查分工的通知〉认真做好查办审判人员职务犯罪案件工作的意见》，对民行检察部门行使侦查权提出了具体的规范性意见，有力地指导了各地民行检察部门的侦查工作。在此形势下，全国许多民行检察部门已经正式开展了该项工作职能，并且取得了显著成果，不仅为以后此项工作的进一步开展奠定了基础，也为尚在准备阶段的其他检察机关民行部门着手此项工作树立了榜样，起到了模范带头作用。根据掌握的资料来看，2005 年全国各地检察机关民行部门初查的最为典型的审判人员职务犯罪案件，要数河南省院民行处侦查的新乡市中级人民法院审判员张某某索贿案，其利用办案之机向当事人索取贿赂未果，要求当事人出具欠条，后竟持欠条向法院起诉，判决胜诉后又申请强制执行；其后，张某某持虚假借条起诉并胜诉的民事案件已经由新乡市人民检察院提出抗诉，张某某索贿案也已移送鹤壁市人民检察院审查起诉。该案的成功侦破不仅在当地产生了较大的社会反响，引起了多家新闻媒体的关注，而且也充分展示了民行检察部门有条件、有能力承担审判人员职务犯罪问题的初查及侦查工作，从实务操作的角度证明了由办案力量充足的民行检察部门，对审判人员职务犯罪问题在适度范围内行使初查及侦查权的可行性。

2. 检察机关行使初查权的必要性

司法是社会正义的最后一道防线，人民群众对司法公正寄予了厚望，司法人员担负着维护公平正义的神圣职责，应该是社会公平和正义的化身，然而司法实践中司法腐败现象时有发生，枉法裁判情况客观存在，有些法官不仅业务水平差，而且职业道德低下，利欲熏心、胆大妄为，除接受当事人吃请之外，还采取指点暗示或者明确告知方式，向当事人索取钱物。这种为谋求自身私益、贪图钱财享乐而滥用公权力的腐败行为，严重损害了党风政风，败坏了司法机关在人民群众中的形象。但是，有些地方检察机关相应的职能部门出于既想抢功劳，又怕办错案担责任的心态，没有很好地与其他业务部门开展协作，形成针对此类职务犯罪问题的打击合力，致使总体上的查处力度不够，在一定程度上纵容了审判人员寻租腐败，致使职务犯罪问题滋生蔓延。

在民行检察应否行使初查及侦查权这个问题上，最高检察机关的态度在近

13 年中，出现过反复，此问题经历了一个否定之否定的曲折发展过程。自
1993 年高检院在全国民行检察工作会议上明确民行检察部门行使初查及侦查
权，到 1998 年教育整顿开始强调"侦查归口"，并严厉批判、明令取消民行
部门的初查权，致使其后多年间，原先一度红红火火开展起来的民行检察部门
初查及侦查审判人员职务犯罪的案件偃旗息鼓，并且导致单纯抗诉办案思路的
工作模式在与法院系统的较量中陷入连抗诉也被轻视的不利、被动局面。在新
形势下，为加大工作力度，扭转不利的办案势头，高检院于 2004 年 9 月重新
调整了检察机关直接受理案件的侦查分工，明确规定"民行部门对在办理民
行抗诉案件中发现的审判人员职务犯罪案件线索，经检察长批准可以直接立案
侦查"，从而再度赋予民行检察部门查处司法人员职务犯罪的职责。笔者认
为，通过此次调整，将抗诉监督与惩治司法腐败相结合，注意发现隐藏在司法
不公背后的司法人员枉法裁判等职务犯罪线索，积极稳妥地开展职务犯罪初查
和侦查工作，逐步加大查处工作力度，是当前及今后强化民事行政检察监督职
能的必要手段，有利于强化抗诉的作用，并且形成工作合力，有效地惩治司法
腐败，推动法律监督工作全面开展。

　　3. 谨慎行使初查及侦查权力，防止权力的滥用导致授人以柄

　　考虑到许多检察机关民行检察部门人手有限，难以在搞好日常抗诉工作的
同时做好初查及侦查工作，或者缺乏办理自侦案件工作的实际经验，因此在现
阶段需要谨慎地行使此项权力，应当避免急于求成或者急功近利，可以考虑努
力尝试，然后再逐渐、稳步地开展初查及侦查工作。笔者认为，准确查处和认
定审判人员枉法裁判案件，需要严格遵循刑事案件侦查、追诉的标准，通过扎
扎实实的调查取证，努力获得准确可靠的证据材料，并且认真解决对案件的准
确定性问题，才能有利于减少乃至避免煮成夹生饭。在实体上首先应当解决好
如何调查取证证明审判人员"故意违背事实"的问题。它在司法实践中常见
的表现形式主要有：其一，不审查认定或者采用当事人提供的证据，以回避证
据所证明的事实，造成案情有利于一方当事人的假象，导致该证据所证明的事
实，在案件审理中得不到体现，造成错判，甚至故意隐匿、毁灭证据，给当事
人造成重大的无形损失；其二，滥用证据，歪曲事实，以偏赅全，故意混淆不
同的法律关系，明显违背情理，致使当事人承担了与其行为性质不相适应的法
律责任。这类情况的出现与抗诉案件中常见的认定事实不清，适用法律不当具
有一定的相似性，实践中比较难以区别，往往需要具体根据审判人员的认识情
况和对待错误的主观态度等情况加以审查判断；其三，伪造证据，捏造事实，
严重滥用职权。这类行为尤其多发于违法调解、违法执行、违法保全的案件。
其次，在实体上还应当解决好如何调查取证证明审判人员"故意违背事实"

的问题，司法实践常表现为，审判人员在适用法律作出裁判时故意滥用法律规定，违背立法本意或者在审判过程中违反法律规定滥用职权、有法不依、执法犯法，亵渎法律尊严，侵害当事人的合法权益。

# 三、民事行政抗诉权的范围

在民事行政抗诉权适用范围问题上，存在着两种争论比较激烈的甚至完全对立的观点。来自检察系统的部分人员曾经提出全面监督、全面抗诉的主张，认为对人民法院作出的所有裁判，不论是否已经生效，也无论是在审理程序还是在执行程序中作出的裁定，一概都属于抗诉监督的范围。而法院系统的人士则一口否定检察机关对民事行政裁判进行抗诉的职能作用。这种观点认为，检察机关依靠职权强行提起再审，侵犯当事人的处分权，既然已经规定当事人申请再审的途径，抗诉监督就没有必要了，① 认为抗诉权是对法院审判权的干预，侵犯了法院的实体裁判权。② 这类意见一概排斥检察机关的抗诉监督活动，并在实务上对检察机关的抗诉职能进行限制。对此问题，在立法解释缺位的情况下，最高人民法院相继单方面就可适用抗诉监督的事项范围作出多次解释或批复，不适当地限制检察机关的抗诉范围，确实有部门本位主义和越权解释之嫌。诚如有的学者所言，从法院系统整体层面上来讲，普遍尚未理顺与法律监督机关的相互关系，不习惯于接受抗诉，甚至对抗诉怀有强烈的抵触情绪，就连最高人民法院也是通过一系列解释、批复对可抗诉裁判的范围不断加以蚕食，而且大有愈演愈烈之势，可见人民法院无疑是乐于扩大自己的职权，只希望自己监督自己和监督当事人，不希望人民检察院束缚自己的手脚③。而且，比较尴尬的情况是，从实践中的情况看，检、法两家的意见不一致，最终总是以法院的意见为准，以法律为准绳实际异化为"以法院为准绳"，对此检察机关只能无奈地"偃旗息抗"④。

本文认为，最高人民法院就抗诉及检察监督等问题作出的一系列解释，有

---

① 景汉朝、卢子娟：《论民事审判监督程序之重构》，载《法学研究》1999 年第 1 期。

② 黄松有：《对现行民事检察监督制度的法理思考》，载《人民法院报》2000 年 5 月 9 日。

③ 赵钢：《正确处理民事经济审判工作中的十大关系》，载《法学研究》1999 年第 1 期。

④ 郑显华：《民事检察制度立法的结构性缺陷探析》，载《法学杂志》2005 年第 1 期。

些确实属于僭越司法解释权限，不当地限制了检察监督的范围，应当引起最高立法机关的重视。但是，对于检察系统内部部分人士关于全面监督、全面抗诉的主张，也值得商榷，这是由于民事行政抗诉的范围过大，不仅不便于再审程序的运作，而且也不利于抗诉工作的良性发展，因此我们对全面抗诉、全面监督的主张也不能赞同。明确地讲，笔者赞同"有限监督、有限救济"和"有限再审"的现代民行检察司法理念，主张实行有限抗诉的政策立场。高检院检察理论研究专家谢鹏程研究员指出，"检察人员或检察理论工作者对有关检察权调整的主张要采取科学的态度，而不应采取本位主义的立场：即不论是增权主张，还是减权主张，对于合理可行的，我们就要积极支持；对于不尽合理的或不具有现实可行性的，我们可以参与讨论，进行交流和沟通。追求真理，是我们进行检察理论研究的基点……"。①

民行检察理论研究同样不应采取部门本位主义的态度、立场，而应当从科学研究、客观公正的角度看待有关问题。民行检察中，并非对于任何判决裁定行使抗诉权都具有合理性，应承认抗诉权力并不是万能的，抗诉的行使应当有所选择，保持适度的谦抑性，坚持有所为、有所不为。民行检察制度下的抗诉职能，主要在于对于存在误判的裁判提起审判监督程序，因此抗诉权力的行使具有程序性、阶段性，而不具有终局性，且民事行政抗诉只是启动再审的三种法定途径之一。鉴于抗诉的程序性主要在于提起再审，虽然法院必须对抗诉的案件进行再审，但是抗诉本身也只能在启动再审程序上有所作为，其并不能直接左右法院的再审活动，也不能对再审法院的裁判活动产生实质性的决定作用。同时检察机关应当尊重审判独立，摆好自己的位置，不应该越俎代庖而试图将自己的意见强加于法院。再审法院最终作出裁决，是维持原判还是改判，都应当由其自主决定。民事行政抗诉权，本来是立法机关为实现裁判公正而设置的，检察机关在执行中不能背离设置此项制度的初衷，应当防止异化为检察权与审判权的权力之争，并由此可能引发冲突和摩擦。基于上述权责划分的区别和最高人民法院一些司法解释的双重考虑，笔者认为，民行检察对裁判可以抗诉的范围，不应当是无限制的，而应当有所节制。

## （一）不可抗诉的判决、裁定的范围

1. 未生效的裁判。一概不属于抗诉监督的范围

2. 法院已经裁定进入再审的案件。不属于抗诉监督的范围

---

① 张智辉、谢鹏程：《现代检察制度的法理基础——关于当前检察理论研究学术动态的对话》，载人大书报资料中心：《诉讼法学·司法制度》2003 年第 2 期。

3. 依照特别程序作出的判决、裁定，解除、不准解除婚姻关系、收养关系的判决。不属于抗诉监督的范围

《民事诉讼法》规定的特别程序包括法院就选民资格案件、宣告公民失踪案件、宣告公民死亡案件、认定公民无民事行为能力、限制行为能力案件、认定财产无主案件等作出的判决，根据司法解释和诉讼法理，只是确认某种法律事实是否存在，不是解决民事权利义务争议；此类特别程序均实行一审终审，不适用审判监督程序，因此也不属于抗诉监督的范围。

4. 法院在督促程序中发布的支付令、公示催告程序中做出的除权判决，企业法人破产还债程序作出的除驳回破产申请以外的裁定。根据司法解释和诉讼法理，不属于抗诉监督的范围

由于督促程序是一种诉前进行的具有非诉性质的略式程序，公示催告程序中的除权判决，实行一审终审，当事人不能提起上诉①；此外，支付令和除权判决不适用审判监督程序，当事人不能对它们申请再审或者提起再审之诉，所以它们均不属于抗诉监督的范围。企业法人破产还债程序的破产裁定，除当事人对于驳回破产申请的裁定不服可以上诉以外，其他裁定均实行一审终审，当事人不得上诉，也不得申请再审。破产程序中这些不得上诉和申请再审的裁定，自然也不能列为检察机关抗诉监督的范围。此外，法院在破产程序中作出的债权人优先受偿的裁定，也不属于抗诉的范围。根据最高人民法院法复〔1996〕14号批复，"在破产程序中债权人根据法院已经生效的用抵押物偿还债权人本金及利息的判决书或调解书行使优先权时，如据以执行的生效文书确有错误，应当由原作出的法院或其上级法院按照审判监督程序再审；破产案件的受理法院不得以任何方式改变生效的判决书或调解书内容，也无须用裁定书加以认可。如果破产案件的受理法院用裁定方式变更了生效文书的内容，法院应依法纠正，但是当事人不能对此裁定申请再审，也不涉及检察机关抗诉的问题，如检察机关坚持抗诉的，应通知不予受理"。该批复体现出最高人民法院有利用自己掌握实体裁判权力而限制检察监督抗诉范围的倾向，这种由被监督者限制监督者监督范围的做法当然值得商榷。因为它将会导致检察机关民事行政抗诉权的弱化，其最终结果可能会是检察机关法律监督地位的丧失，关于法律监督机关宪法定位的规定将逐步减少其存在的实践基础。② 目前从实务运作情况看，鉴于全国人大常委会相关立法解释的缺位，如果检察机关坚持对被最

---

① 常怡主编：《民事诉讼法学》，中国政法大学出版社1999年版，第343、360页。

② 张积森、吕瑞云：《民事行政检察立法与实践问题探讨》，载《中国检察论坛》2004年第3期。

高人民法院限制于抗诉范围之外的此类裁定提出抗诉，审判机关再坚持不予受理，将会很容易导致在两大司法机关之间发生无意义的权力内耗或者争斗，不仅不会有利于社会纠纷的顺利解决，而且有害于依法治国方略的实施。因此，本文认为，在目前情况下，检察机关行使抗诉权，应当审慎而行。从应然角度，这个问题值得探讨，但从实然角度，检察机关不宜对此类及其他被限制的裁定提出抗诉，可按照法院坚持自己一家独揽的精神，由当事人自行向其申请解决。

5. 诉前保全裁定、中止诉讼的裁定，诉讼费负担的裁定、撤销仲裁裁决的民事裁定等裁定不属于抗诉监督的范围

对于先予执行的裁定，中止诉讼的裁定、诉前、诉中财产保全的裁定，由于一经送达，立即生效，当事人不得上诉，也不能引起再审，笔者认为，检察机关也不宜抗诉。最高人民法院法复〔1996〕13号解释认为，"抗诉监督是案件终结后的事后监督，而法院在审理过程中作出的先予执行的裁定，因案件尚未审结，不涉及再审，检察机关提出抗诉于法无据，如坚持抗诉的，法院应以书面通知形式退回检察机关"。最高人民法院法释〔1998〕17号批复规定，"人民法院院长对本院已经发生法律效力的诉前保全裁定和在执行程序中作出的裁定，发现确有错误，认为需要撤销的，应当提交审判委员会讨论决定后，裁定撤销原裁定；人民检察院对人民法院作出的诉前保全裁定提出抗诉，没有法律依据，人民法院应当通知其不予受理。"法释〔1998〕22号批复规定，"人民检察院对人民法院就诉讼费负担的裁定提出抗诉的，没有法律依据，人民法院不予受理。"法释〔2000〕17号批复规定，"检察机关对发生法律效力的撤销仲裁裁决的民事裁定提出抗诉，没有法律根据，人民法院不予受理"。此外，中止诉讼的裁定、补正判决书笔误的裁定，由于当事人对其不能上诉，且均为不解决实体争议的程序性裁定，存在的问题可以恢复诉讼、重新起诉等方式救济，不能经再审程序解决，因此也不适用于检察机关的抗诉监督。

6. 对法院就执行事宜所作出的执行性裁定，是否一概不能通过再审救济、检察机关是否可以抗诉的问题，值得商榷

对于执行性裁定是否可以抗诉的问题，检、法两院长期存在不同认识，表现在法院系统排斥检察机关就执行性裁定进行的监督。由于检察机关自新中国成立后把主要精力放在侦查监督和审判监督方面，长期未涉及民事行政监督，惯性的结果使法院对民事审判问题形成固有观念，将其为法院独自行使权力的领域，从主观上有意或无意地排斥检察监督①。基于上述偏执认识，最高人民

---

① 郭世忠、郭剑：《民事执行的检察监督》，载《现代法学》2003年第5期。

法院法复〔1995〕5 号解释规定，法院为执行生效法律文书而在执行程序中作出的裁定，不属于抗诉范围；检察机关对执行裁定提出抗诉，于法无据，坚持抗诉的，法院应通知不予受理。理由为：执行裁定一经送达立即生效，当事人不能上诉或提起再审之诉，不适用于审判监督救济程序；即使执行裁定存在违法情况，如同排除前述一系列裁定对抗诉监督的适用一样，这类问题不便启动抗诉审判监督程序，检察机关不宜抗诉。

但如从应然的理论角度看待对于执行性裁定是否可以抗诉的问题，笔者认为，最高人民法院这种解释将法院在执行程序中作出的所有裁定都看做是程序性的，并且一概否定检察机关对民行执行裁定的抗诉监督权力，是值得商榷的。

首先，从法理基础的角度讲，检察机关对具有实体意义的民事行政执行裁定进行检察监督，具有充分的有说服力的理论根据。具体包括三个层面的含义：一是只有实行以检察机关的监督权力制约审判机关的执行权力，才有可能改变执行乱的现实状况，才能确保民事执行权的合法行使；二是只有实行检察监督权补强执行当事人及案外人的权利，才能够维持正常的执行架构，确保当事人之间地位的平衡，进而确保执行程序的公正性；三是实行以检察机关的法律监督权力补充人民法院的民事执行权力，也是完善民行检察权的需要，而最高人民法院以司法解释的形式缩小检察机关法律监督的范围，是违反宪法的。[①] 基于以上原理，笔者认为，检察机关对法院的执行裁定行使法律监督权，作为一种分权与监督并重的权力制衡机制，该模式具有其他任何机关职能都无法替代的优越性。最高人民法院上述解释是违背法律精神的，是重视纠正实体错误、轻视程序法对实体公正保障作用的立法价值趋向的反映，而且没有摆脱审判职权主义的架构，过高估计了审判机关内部监督的有效性[②]。那种主张审判权的独立行使排斥任何外在监督和干预的结论，违背了权力的基本属性，回避了我国司法现实，也忽略了我国宪法和法律的有关规定，这样的观点在理论上是片面的，在实践中也是有害的[③]。

其次，从执行裁定的分类角度来看，其中部分裁定涉及实体争议的解决、处分，并非全部都是程序性的内容。人民法院在执行程序中作出的执行裁定，

---

① 谭秋桂：《民事执行检察监督问题探析》，载最高人民检察院民事行政检察厅编：《民事行政检察指导与研究》总第 1 集，法律出版社，第 141—142 页。

② 李元春：《民事执行检察监督的制度完善》，载《人民检察》2003 年第 3 期。

③ 李少波：《如何认识民事检察监督制度——与黄松有同志商榷》，载《人民检察》2000 年第 9 期。

有部分属于具有实体意义,而并非都是程序性的。执行裁定可以大体上分为两类:一是仅涉及程序上问题而且为非终局性的裁定,如中止执行裁定、提取被执行人收入的裁定,等等;二是具有实体意义的起决定性作用的裁定,如变更、追加被执行主体等裁定的效果与审判程序中的裁决在效力上是类似的,具有直接可比性,同样可能存在错误,因而照样需要监督。① 因此,笔者主张,检察机关应当有权对特定的民行执行裁定运用抗诉手段,即检察机关可以对具有实体意义而又存在错误的民事行政执行裁定,采取提出抗诉的监督方式,以减少和避免民行、行政执行裁定权力的滥用,且检察机关也只能针对此类裁定行使此项权力,而不能对所有执行程序中的裁定都可抗诉,尤其是那些仅涉及程序问题的非终局性裁定,不能行使抗诉权力。

再者,从实务角度看,法院系统一家独揽执行其民事、行政裁判的权力,而又缺乏行之有效的制约和监督,是导致执行实践中出现"执行难"和"执行乱"两大顽症的重要根源之一。一是法院系统自身时常抱怨执行难,不仅有最高人民法院党组向党中央提出关于执行难及其解决方案的专题报告,而且某些地方法院还常借口"执行难"作为自己执行不力、懈怠执行的托词。二是现今社会出现广为各界群众诟病的法院"执行难"问题,其主要的成因即在于有些法院的执行部门在缺乏健全的制度制约情况下,随意滥用民事行政裁判的执行权力,如滥用罚款拘留等强制措施、任意变更或者追加被执行主体、执行过程乱收费、侵吞应当给付当事人的执行款等,造成某些无辜公民、法人的合法权益受到损害。随着民事执行案件的增多,执行管理无序、执行行为不规范成为带有普遍性的问题:个别执行人员不公正对待当事人的现象在群众中造成了恶劣影响,来自社会各界对法院的不良反映中就有相当一部分是涉及民事执行的问题。② 实际上,由检察机关对执行裁定进行抗诉监督,及时介入某些执行程序,不仅可以行之有效地监督制约法院的执行活动,抑制执行腐败行为,切实保障执行当事人的合法权益,而且能够减少乃至避免那些执行人员怠于执行、消极执行的反常现象,增强法院自身对于造成"执行难"问题的地方保护主义进行抵御的能力,从而有利于促进执行活动的顺利进行。从这些意义上看,法院系统试图既要自家独揽执行权力,而又否认自身执行能力不足,通过借口检察机关对执行裁定的抗诉"于法无据",不加区别地一味排斥检察机关法律监督职能在执行领域的开展,是从狭隘的部门本位主义出发考虑问题

① 何小敏、吴世冬:《检察机关民事执行监督职能管见》,载最高人民检察院民事行政检察厅编:《民事行政检察指导与研究》总第 1 集,法律出版社,第 153 页。

② 于庆国、曲涣之:《浅谈民行抗诉制度的完善》,载《检察之声》2005 年第 5 期。

的不明智做法。

最后，从历史比较法等角度看，我国历史上和域外大陆法系国家均有检察机关对法院执行裁定进行检察监督的成熟立法例。例如，1939 年陕甘宁边区参议会颁布的《陕甘宁边区高等法院组织条例》规定边区高等法院检察处检察员的职权包括：……7. 监督判决之执行……①先从俄罗斯联邦来看，俄国家杜马确立的司法体制基本沿袭了前苏联的民事检察制度，根据其 1995 年检察机关法的规定，监督俄罗斯联邦领域上现行法律的执行是检察机关的任务，而检察长参加民事行政诉讼案件的审理便是保障检察机关履行这一使命的途径之一。②俄联邦民事诉讼法执行程序编规定检察长对法院以下裁定可以提出抗诉：法院中止执行程序、终结执行程序、将执行文件退还追索人问题所作的裁定；执行判决费用的裁定；债务人在共有财产中所占份额的裁定；认定拍卖无效的裁定；责成债务人实施一定行为的裁定。此外，检察长对法院执行员执行判决的行为或拒绝实施判决的行为可提出抗诉，对法院就执行员行为问题所作的裁定可单独提起上诉和抗诉，对法院就执行回转问题所作的裁定可单独提起上诉和抗诉。从法国检察监督制度来看，其法律以前虽曾规定债权人可委托执行法官全面收集执行情报，但是由于行政机关或金融机构借口遵守保密义务，不予充分回答导致判决无法执行，又因对审原则下，执行法官作为司法官员应保持中立地位，法国现行司法院组织法规定在民事方面法律特别规定的情况下，检察官依照职权监视法律、裁判的执行，如果上述执行和公共秩序有关，他可以依照职权从事执行工作。另外，《法国民事执行程序改革法》明确了检察官有保障判决与其他执行根据得到执行使命，有命令其管辖区内所有司法执达员给予协助的权利。在持有具有执行力的执行根据的司法执达员进行各种尝试均无结果的情况下，共和国检察官可以收集有关债务人的情况。③

综上所述，笔者认为，虽然法无明文即禁止是一条规范国家权力的重要定律，但它是在法律没有授权情况下不得行使某项权力，但在法律已经有原则性授权只是具体性授权不足的情况下，却不能一概否定。④因此，民行检察在遵循立法本意精神和民行诉讼规律的前提下，对某些裁定谨慎行使抗诉权力，并不构成对法无明文即禁止原则的违背；相反，借口于法无据将检察机关的抗诉

① 李忠芳、王开洞主编：《民事检察学》，中国检察出版社 1996 年版，第 53 页。

② 张家慧：《俄罗斯民事诉讼法研究》，法律出版社 2004 年版，第 144、150 页。

③ 常怡、重庆市和海南省人民检察院联合课题组：《民事行政裁判执行的检察监督》，载《民事行政检察指导与研究》总第 3 集，法律出版社，第 156 页。

④ 王华：《民行检察范围、方式、途径之我见》，载《江西检察》2006 年第 2 期。

监督排斥于执行裁定之外，这才真正是滥用司法解释权力而对法律的曲解和误读。当然，目前从实然角度看待这个问题，对于法院为执行生效裁判所作的纯粹程序性裁定，检察机关不能抗诉，也并不意味着此类程序性裁定就可脱离检察监督的制约，检察机关仍然有权采取提出检察建议或检察意见、纠正违法通知书履行监督职责，相应法院应及时书面答复。

### （二）目前关于检察机关可以抗诉的具体裁定范围

民事、行政诉讼中裁定共有几十种之多，从学理解释角度看哪些属于检察机关可抗诉的范围，这在整个诉讼法学术领域是个研究深度不够的微观问题，但在民行检察实务工作中却是个仁者见仁、智者见智的常见问题。这一问题具有宝贵的理论研究价值。

有论者指出，根据法律对抗诉制定设计的本义来看，抗诉属于事后监督，可抗诉的裁定应是那些解决诉讼事项的终局性裁定，如不予受理、驳回起诉、管辖权异议、准许撤诉、终结诉讼等裁定，因有既判力，属于终局性裁定，于检察机关可以抗诉，而对于其他如财产保全、先予执行、不准撤诉、补正笔误、不予执行债权文书等裁定，因无既判力，检察机关不宜抗诉。[①] 还有论者认为，依照通常诉讼程序在审理过程中作出的裁定，如管辖权异议的裁定、财产保全裁定、先予执行裁定、中止诉讼裁定等和依照特别程序、公示催告程序作出的裁定等不宜列入抗诉范围。[②] 还有论者指出，检察机关对补正判决书笔误的裁应该能够抗诉，理由是补正裁定涉及判决内容，是对已作出且未生效的判决中有误写、漏算等内容的补正，具有补正判决的特性，与解决程序问题的裁定有着本质区别，补正裁定如果错了，就等于判决错了，会损害一方当事人的合法权益，符合法定抗诉条件。[③] 还有人提出，经复议的先予执行裁定、财产保全裁定和执行程序中的不予执行裁定、对执行异议的裁定，由于均已涉及当事人实体利益，也有必要纳入抗诉范围等。[④]

笔者认为，在展开说明这个重要问题之前，需要指出一下民行监督法律根

① 吴润松：《民事抗诉与裁判的既判力——兼谈完善民事抗诉制度的几点思考》，载《安徽检察》2003 年第 6 期。

② 廖永安、何文燕：《民事抗诉程序若干问题研究》，载《法学评论》2000 年第 2 期。

③ 王峰：《对不予受理、驳回起诉和补正判决书笔误的裁定应能抗诉》，载《安徽检察》总第 88 期（2002 年民事行政检察增刊）。

④ 孙继孝、王宁海：《现行民行诉讼检察监督存在的主要问题及完善》，载《中国检察论坛》2005 年第 5 期。

据和高检院司法解释的立场，正如有论者深刻阐述的，多年来检察机关对民事行政诉讼进行监督实际上是在执行并不完善而且难以执行的法律，但是最高人民检察院在根据全国人大授权行使解释法律的权力时，从不假借解释法律的权力去"造法"。① 具体表现有，最高人民检察院2001年9月《人民检察院民事行政抗诉案件办案规则》关于检察建议的规定内容；还有同年10月最高人民检察院《关于加强民事行政检察工作若干问题的意见》中明确提出：抗诉作为启动再审程序的审判监督方式，具有法定范围，适用于生效行政裁定……，及不予受理、驳回起诉和管辖权异议的民事裁定，均体现出高检院在对待检察机关可抗诉裁定范围上采取了十分慎重的保守态度。

对于可以抗诉的具体裁定范围问题，凡是《民事诉讼法》及司法解释明确授权当事人可以上诉的裁定，如不予受理的裁定，驳回起诉的裁定，管辖权异议的裁定，准许撤诉的行政裁定，理所当然属于检察机关在发现错误时可以启动抗诉进行监督的裁定的范围。

不予受理、驳回起诉的错误裁定。这当然属于检察机关可以抗诉的裁定，对此不仅学界认识上普遍一致，而且最高人民检察院和最高人民法院也均有共识，而不存在异议。这类的错误裁定主要包括对依法应当受理的案件，错误裁定不予受理、驳回起诉的情况，也包括对于依法应当不予受理、驳回起诉而错误予以受理、立案的裁定。

管辖权异议的裁定。虽然最高人民法院尚未对其是否可以抗诉的问题以司法解释的形式进行明确表态，但是，根据该裁定具有的特殊性，也应当属于检察机关可以抗诉的裁定。主要理由如下：一是该裁定与不予受理、驳回起诉的裁定一样，属于能够对当事人实体问题产生重大影响的比较特殊的裁定，它既可涉及审判主体是否适当，也可能涉及群众反映强烈的地方保护主义问题，直接关系当事人的合法权利能否得到公正保护。二是对这类裁定提出抗诉，能够进入再审程序，不存在操作困难方面的问题。三是司法实践中已经有一些抗诉成功的类似案例，作为检察机关可对管辖权异议的错误裁定提出抗诉的例证，表明检察机关就管辖权异议的裁定可以抗诉的意见，已经成为实务界的主流观点。② 比如，上海市高级人民法院就上海市人民检察院抗诉的一起管辖异议裁定案，向最高人民法院请示是否受理，虽然该院立案庭内部答复认为"检

---

① 张步洪：《民行抗诉程序中检察机关的调查取证权》，载《人民检察》1999年第8期。

② 肖正磊：《检察机关对管辖权异议的行政裁定可以提出抗诉》，载最高人民检察院民事行政检察厅编：《民事行政检察指导与研究》总第3集，法律出版社，第236页。

察机关的抗诉于法无据，法院不应受理"。但是，随后不久，高检院就四川省高院作出的一起管辖权异议民事裁定提出抗诉，最高人民法院以院的名义明确表态指出，"最高人民检察院的抗诉意见和理由是正确的"，并且将该案指令四川省高院进行再审。①

根据高检院的司法解释，准许撤诉的行政裁定也应当属于检察机关可以抗诉的裁定。根据是，最高人民检察院 2001 年 9 月 30 日发布的《人民检察院民事行政抗诉案件办案规则》第 37 条规定，"有下列情形之一的，人民检察院应当按照《中华人民共和国行政诉讼法》第 64 条的规定提出抗诉：……（2）人民法院裁定准许当事人撤诉违反法律规定的……"这是高检院在就行政抗诉条件所作的司法解释中首次明确错误准许当事人撤诉的行政裁定属于检察机关抗诉监督的范围。基于上述规定的精神，笔者认为，检察机关民行检察部门应当执行此条规定，在发现生效的准许当事人撤诉的行政裁定，确实存在着违反法律规定的情形时，依法应当作为抗诉案件处理。

对法院按自动撤回上诉处理的民事裁定，是否可以由检察机关抗诉的问题，最高人民法院 2002 年 7 月 15 日《关于当事人对法院按自动撤回上诉处理的裁定不服申请再审人民法院应当如何处理问题的批复》规定，"当事人对按自动撤回上诉处理的裁定不服申请再审，人民法院认为符合《中华人民共和国民事诉讼法》第 179 条规定的情形之一的，应当再审。经再审，裁定确有错误的，应当予以撤销，恢复第二审程序。"这条规定对于检察机关可否就此类裁定进行抗诉的问题作出明示。笔者认为，根据该项批复规定的精神，既然人民法院可以在审查认为符合申请再审情形时依照职权进行再审，鉴于这种情况与检察机关的抗诉和上级法院指令再审同样属于审判监督程序启动的三种法定途径之一，没有正当理由对检察机关的抗诉监督单独加以排斥，应当认为对法院按自动撤回上诉处理的裁定，也可作为适用抗诉的裁定范围。

驳回破产申请的裁定。鉴于其对当事人具有可上诉性，笔者认为，也应当纳入检察机关可以抗诉的范围。这种观点还有地方法院审判政策方面的文件依据，例如，安徽省高级人民法院 1999 年 8 月《关于全省各级人民法院审理民事经济再审抗诉案件若干问题的规定（试行）》第 10 条关于不予受理的抗诉案件范围包括第（六）项即"对民诉法规定的不予受理、驳回起诉和驳回破产申请的裁定之外的其他裁定提出抗诉的"。该条规定可以作为一个对检察机关抗诉进行较多限制的省级法院明确认可属于检察机关可以抗诉监督的裁定范

---

① 张步洪：《民行抗诉程序中检察机关的调查取证权》，载《人民检察》1999 年第 8 期。

围的证据。

比较特殊的不予受理的裁定在此需要说明一下。2001 年 11 月最高人民法院《关于印发〈全国审判监督工作座谈会关于当前审判监督工作若干问题的纪要〉的通知》第 14 条第 2 款规定，对前款规定的不适用抗诉的案件，人民检察院提出抗诉的，"人民法院应先同人民检察院协商，请人民检察院收回抗诉书销案；检察院坚持抗诉的，裁定不予受理"。以前于这类不予受理的抗诉案件，最高人民法院有时是规定采取不予受理通知书的书面形式，如前引最高人民法院法复［1996］14 号批复所言"如检察机关坚持抗诉的，应通知不予受理"等等，而这种不予受理通知书显然不属于可以抗诉的判决、裁定事项范围。但是，就最高人民法院该纪要规定的对检察机关抗诉案件的不予受理的裁定而言，笔者认为，鉴于其具有的案件实体终结性的特性，也应当属于检察机关可以根据具体的案情类型，而进行抗诉监督的裁定范围。

根据有关诉讼法理及司法解释，对于经过普通或者简易程序作出的已经生效的民事（特别程序的裁决除外）、经济以及行政判决，检察机关可以抗诉；而可以抗诉的裁定范围只有不予受理的裁定，驳回起诉的裁定，管辖权异议的裁定，终结诉讼的裁定，终止执行的裁定，准许撤诉的错误行政裁定，驳回破产申请的裁定，对法院按自动撤回上诉处理的裁定等八类。

（三）人民法院生效的民事调解书、行政赔偿调解书是否可抗诉的问题

对于法院作出的已经发生法律效力但是违反自愿、合法原则的民事调解书、行政赔偿调解书，由当事人直接向法院申请再审，法院可以在发现错误时依照职权自行决定通过启动审判监督程序进行再审，但是检察机关对生效的调解书的抗诉则不可以启动再审。

最高人民法院《关于适用〈民事诉讼法〉若干问题的意见》第 204 条规定，"当事人对已经发生法律效力的调解书申请再审，适用民事诉讼法第一百八十二条的规定，应当在调解书发生效力后二年内提出。"可见，该司法解释也已认可当事人可在调解书发生效力后 2 年内的时间中，就违反自愿、合法原则的调解直接向原审或者其上一级法院申请再审，即发生法律效力的调解书可在 2 年内进入审判监督程序。

但是，最高人民法院却对同样属于审判监督程序启动途径之一的检察机关抗诉手段持否定态度，这是耐人寻味和不可思议的。1999 年 1 月 26 日最高人民法院作出法释［1999］4 号批复，认为"民事诉讼法第 185 条只规定人民检察院可以对人民法院已经发生法律效力的判决裁定提出抗诉，没有规定人民检

察院可以对调解书提出抗诉；人民检察院对调解书提出抗诉的，人民法院不予受理。"此司法解释对于检察机关就生效调解书提出的抗诉问题仍持否定态度，认为人民检察院就生效调解书提出的抗诉于法无据，而不予受理。因此，对于法院作出的已经发生法律效力但是违反自愿、合法原则的民事调解书、行政赔偿调解书，检察机关在目前情况下一般不宜采取抗诉监督的方式，但是并不排除检察机关可以发出检察建议或者检察意见的形式履行职责。

### (四) 申诉人可以申请检察机关提起抗诉的判决的时限

一种观点认为，《民事诉讼法》生效后法院作出的任何生效判决，无论业已经过多长时间，检察机关均可以基于检察监督原则，依照法定职权提起审判监督程序，申诉人在裁判生效以后任何时间均可以向检察机关申请抗诉。还有观点认为，参照《民法通则》第 137 条关于当事人维护自身权益的最长时效为 20 年的规定，检察机关对生效的民行案件提起抗诉的期限，可限制为 20 年内；如在 20 年以后再审，无论当事人还是证据都可能发生重大变化，即使抗诉改判，也无法弥补申诉人的损失。

笔者认为，第一种观点对于请求抗诉的申诉期限不加任何限制，不利于维护生效法律关系的稳定性，也不利于维护人民法院的审判权威，是不足取的，主张此观点的人目前也不在多数。第二种观点关于抗诉期限不应当是无限制的，这一点认识是可取的，但是 20 年仍然显得过长，原审裁判生效后经过多年，导致事过境迁，再向法院抗诉，难以收到良好的法律效果和社会效果，因此司法实践中不宜采用此说主张的 20 年期限。但是，另一方面，为减免因对历时久远的陈年旧案进行无限期抗诉所造成的弊端，法律也应当限定抗诉提起的时间，即明确规定检察机关提起民事抗诉的起点时间和终点时间。起点时间是裁判生效后经过多长时间后，检察机关即可提起抗诉；终点时间指裁判生效后经过多长时间后，便不得再提起抗诉。裁判生效后，抗诉起点时间的确定应遵从当事人申请再审优先原则和申请抗诉原则。确定终点时间的具体期限时应考虑对裁判权威、程序安定的维护、诉讼效率的保障和社会关系的稳定。① 考虑检察机关受理当事人在法定期限内提出的申请后，还必须做相当的审查及必要的调查活动，抗诉的期限应长于申请再审的期限，但也不宜过长。基于上述因素的考虑，笔者主张，参照《民事诉讼法》关于当事人应当在判决裁定生效之日起 2 年内向原审或者上一级法院申请再审的规定，判决生效之日起 2 年

---

① 杨荣新主编：《民事诉讼法修改的若干基本问题》，中国法制出版社 2002 年版，第 354 页。

为当事人可以向人民检察院申请抗诉的时限；逾期申诉的，检察机关应当不予受理。否则，就可能导致当事人在超过可以向法院申诉的正当期限，转而向检察机关申请抗诉，导致立法者当初制定此条规定限制申请再审的目的落空。

最高人民法院审判监督工作会议纪要和最高人民检察院司法解释均已明确，对于在判决裁定生效 2 年以后才向检察机关申诉的，不予受理，从而采纳了 2 年申诉期限的限制态度。本文认为，从维护生效法律文书的确定性和拘束力，保障社会法律关系的稳定角度出发，这是适当的做法。

### （五）最高人民检察院可否对最高人民法院判决抗诉的问题

#### 1. 可抗诉的正当性——立法和理论根据

对最高人民法院终审的案件能否通过再审程序纠正的问题，有论者主张否定的观点，即最高人民法院终审的案件不得适用再审，因为理论上最高审判机关对任何案件都有最高裁判权，它作出的判决应当是最具权威性的终局裁判，应当假定为不可能错误、无可怀疑的，也是不能推翻的；如果最高人民法院的判决也能够通过再审程序予以纠正，不仅与其最高审判机关的地位相悖，而且会在公众心目中破坏其最高神圣的形象，这在强化公民法制意识的今天是不适宜的；从审判实践来看，新中国成立以来，最高人民法院终审的民事、经济纠纷案件提起再审程序予以纠正的极为少见。[①] 还有学者从审判监督制度改革的角度提出，应当以立法明确最高人民法院终审的案件不得再审。[②]

笔者对这种认为最高人民法院终审的案件不能适用再审程序的观点表示不敢苟同，本文主张，对于最高人民法院终审但未经再审判决的某些民事、经济、行政案件，最高人民检察院应当享有根据情况决定是否进行抗诉启动再审的权力。主要理由是：

首先，从法律条文的文义解释来看，1991 年《民事诉讼法》第 185 条规定，最高人民检察院有权对"各级人民法院"的生效判决提出抗诉，从文义解释的角度看，立法条文并未将最高人民检察院可以抗诉的法院判决限定于地方各级（省、市、区三级）法院，而应当包括最高人民法院。根据 1989 年《行政诉讼法》第 64 条的规定，人民检察院对人民法院生效的裁判，发现违反法律法规规定的，有权按照审判监督程序提出抗诉。最高人民检察院 1990

---

[①] 景汉朝、卢子娟：《论民事审判监督程序之重构》，载《法学研究》1999 年第 1 期。

[②] 江伟、徐继军：《论我国民事审判监督制度的改革》，载《现代法学》2004 年第 4 期。

年 10 月制定的《关于执行行政诉讼法第六十四条的暂行规定》第 2 条同样明确，最高人民检察院有权对各级人民法院的生效行政判决、裁定提出抗诉。笔者认为，这样的解释规定不仅完全符合文义解释的原则要求，而且并未逾越 1981 年五届全国人大常委会第 19 次会议讨论通过的《关于加强法律解释工作的决议》所规定的司法解释权限范围，因此，应当承认该类规定的正当合理性。

其次，从新中国成立初期的立法例来看，曾有 1950 年《中华人民共和国诉讼程序试行通则（草案）》第 80 条规定，"最高人民检察署认为最高人民法院的确定判决确有重大错误时，亦得向其提起抗诉，请予再审。"[①] 这样的立法例即使是在今天，笔者仍然认为，它完全符合当今宪法确立的一府两院的宪政体制，对于最高人民法律监督机关的职权行使划定了界线，无疑具有一定的借鉴、参考等积极意义。

再次，我们还应该看到，效率优先、兼顾公平的社会发展模式逐渐已经被公平优先、兼顾效率的模式所取代，维护司法权威与最大限度地追求在全社会实现公平和正义的终极价值目标相比，只是实现目的的方式和手段。而且鉴于目前最高人民法院自己审理的民事案件日益增多，许多情况下还属于对事实的审查判断，而不是单纯的法律审查，因此最高人民法院的终审裁判仍然应当纳入到最高检察院的监督范围之内。这样的制度设计并非要与最高人民法院争权夺利，而是维护和实现司法公正价值目标的客观需求。就连前述主张最高人民法院终审案件不适用再审的否定论者也承认，虽然新中国成立以来，最高人民法院终审的民事、经济案件提起再审纠正的极为少见，但由于法律上没有明确规定最高人民法院终审案件不适用再审，在司法实践中当事人对最高人民法院终审判决不服申请再审、申诉的却不计其数。[②] 另一方面，最高人民检察院针对最高人民法院作出的二审判决提出抗诉启动再审的案例虽然并不多见，但也确实出现和存在着。如 1999 年 1 月 13 日最高人民检察院对最高人民法院就黑龙江省海外旅游总公司与哈尔滨深业房地产开发公司商品房买卖合同纠纷案所作（1997）民终字第 48 号判决提出的抗诉（高检发民行抗字 1999 第 1 号），最高人民法院对该抗诉提审并作出了再审判决。[③] 实践中，该法律手段通常很少

---

① 转引自杨立新：《民法判解研究与适用》（第四辑），人民法院出版社 1999 年版，第 439 页。

② 景汉朝、卢子娟：《论民事审判监督程序之重构》，载《法学研究》1999 年第 1 期。

③ 参见最高人民法院编：《民事审判指导与参考》2000 年第 3 卷，第 265—279 页。

会被采用，但将针对最高人民法院不当判决提出抗诉的权力保留给最高人民检察院谨慎行使，并由其在通常情况下备而不用，总比沦为监督盲区更为科学、更为有效。①

2. 抗诉的例外性、对最高人民法院再审判决的不适用性

由于最高人民法院本身所作裁判具有的权威性，也受到检察机关抗诉监督的制约，实务上引起了一些人的质疑。笔者认为，这个问题的探讨也应当采取辩证的认识态度，既应当肯定最高人民检察院可抗诉的正当性，也应当严格限制此类抗诉行使的范围、次数。虽然最高人民检察院对最高人民法院的二审判决可以在例外情况下提出抗诉，但是最高人民法院审判权威的形成和强化很大程度上来自于其所作裁决的终局性和拘束性，如果最高人民检察院可以对最高人民法院的裁决不受限制地反复抗诉，则容易对司法权威的维护和法治信仰的树立造成不可估量的损害。因此，最高人民检察院对最高人民法院作出的二审生效判决进行抗诉监督时，应当采取十分谨慎的认真态度，尽可能地减少乃至避免对最高人民法院判决的抗诉，努力做好申诉人的息诉服判工作，最大限度地维护最高人民法院裁判的终局性，尤其是对最高人民法院的再审判决，原则上不宜再提出抗诉，以免陷入无止境的循环往复，以至于损害最高人民法院裁判的终局性和司法的权威性。

# 四、出庭检察人员的职责

## （一）对于出席再审法庭检察人员的称谓问题的分歧

一种观点认为，出庭再审法庭的检察人员应当为抗诉人，其出庭活动的重点在于"一头一尾"，即在法庭调查之前发表抗诉书，法庭辩论之后、闭庭之前发表出庭意见。并认为，检察人员在庭审中应当多听、少说，不应向当事人那样举证、质证和辩论，不应指挥庭审活动，对庭审活动不该当庭进行评论和批评。此即"抗诉人说"。②

另一种观点认为，检察机关在再审过程中应当积极地参与诉讼，这不仅因为检察机关为支持抗诉，必须在庭审中积极地实施一系列诉讼行为，而且也在于一旦以消极监诉人身份出现，检察机关派员出庭就会失去大部分意义，对再审的监督作用就会大幅削弱。当然检察机关也要处理好与法院独立审判的关

---

① 王鸿翼、杨明刚：《民事行政检察的执法理念》，载《人民检察》2004 年第 8 期。

② 陈桂明：《程序理念与程序规则》，中国法制出版社 1999 年版，第 157 页。

系，在如何裁判问题上，检察机关只能提出意见仅供法院参考，绝不能将自己的意见强加于法院，切莫越权试图与法院共同审理案件。此即"检察员说"。①

学术上对于这个问题的争论各有自己的根据，两种观点各自都有一定的道理。称谓之争的实质在于出庭的检察人员究竟是消极抗诉人还是积极参与人，有没有监督再审法庭依法审判的权力。② 笔者认为，在确定出席再审法庭检察人员的称谓问题上，不仅仅要完全尊重和支持法院的独立审判职权，还应当充分保障检察机关履行对再审庭审进行法律监督职能的需要，发挥抗诉机关在诉讼活动过程中的积极性和能动作用，才能保障监督效果。应该看到，最高人民法院审判监督工作座谈会纪要意见已经明确规定，对于抗诉案件的审理，如果申诉人的申诉理由与检察机关的抗诉理由不一致的，原则上以抗诉理由为准。抗诉引起的再审，不仅取决于检察机关依照职权启动法定程序，而且再审的效果如何，抗诉理由的被采纳与否，很大程度上有待于和依赖于检察机关抗诉文书的说服效果。要求检察人员仅可以宣读抗诉书，其他无所事事，如同哑巴一般坐在再审法庭出庭，不利于保障再审程序潜在的纠错效果的有效发挥，最终也不利于维护司法公正。

根据抗诉再审程序法律监督的需要，出庭检察人员的主要任务有二：一是支持抗诉；二是监督再审法庭的庭审活动是否符合法定程序。履行前者职责需要进行一系列积极的诉讼行为，包括宣读抗诉书，参与法庭调查，发表出庭意见，阐述抗诉的理由和根据。后者需要采取适当的方式进行，检察人员既应当认真履行自己负有的监督职能，又不宜在法庭上直接与审判人员为一般性问题发生顶撞，可在休庭以后口头或者以检察机关的名义书面向法院提出纠正意见。检察人员作为国家法律监督机关的代表者出席再审法庭，检察人员在法庭上的活动，不代表任何一方当事人，尤其不是申诉人的诉讼代理人，不受任何当事人诉讼立场的限制，客观公正地站在维护国家法律统一正确实施的立场上。"抗诉人说"或"监诉人说"均不能准确全面地反映出庭检察人员的法律地位。"检察员说"是一个比较可行的方案，这是由检察机关在民事诉讼中的任务决定的，此说确立的检察人员的地位体现了检察机关的性质和职责，包含了可以对民事审判活动进行法律监督的全部内容，也体现了检察机关法律监督

---

① 江伟、李浩：《民事诉讼检察监督若干问题探讨》，载《人民检察》1995年第6期。

② 马滔：《民行检察：十年苦探索，期待天地宽》，载《人民检察》1998年第11期。

职能的一元化。① 笔者认为这一学说还较好地体现了人民法院与人民检察院之间在民事行政诉讼中互相配合、互相制约的法律关系，也较好地体现了人民检察院之间在民事行政再审过程中的公正立场。当然此说也应当是折中吸收前一种意见中的合理成分，不能越俎代庖或者喧宾夺主，不要试图取代法院行使审判权能。

检察机关作为特殊的诉讼主体，提起民事、行政抗诉是代表国家进行的，目的是为了履行宪法赋予的法律监督职能。一方面检察院和法院是一种监督与被监督的权利义务关系，对法院的审判活动实行法律监督，并不会影响法院在诉讼中的主导地位，法院作为行使审判权的专门机关在诉讼中具有主持、引导诉讼活动的职能，任何机关不得代替，整个审判活动都是在法院主导下进行的，检察机关必须尊重法院对诉讼活动的指挥权，并要配合法院的审判活动。另一方面检察机关与当事人及其他诉讼参与人的关系也是监督与被监督的关系，既要对他们的诉讼行为是否合法进行监督，又要尊重他们正当的诉讼权利，检察人员始终要站在国家法律监督者的立场上，服从案件管辖和审判规则，尤其不能在适用法律上试图代行法官的职权。②

**（二）法院对检察人员出庭活动的限制理由及检察机关的司法解释依据**

2001 年 11 月 1 日最高人民法院《关于印发〈全国审判监督工作座谈会关于当前审判监督工作若干问题的纪要〉的通知》第 19 条规定，人民法院开庭审理抗诉案件，由抗诉机关出席法庭的人员按照再审案件的审批程序宣读抗诉书，不参与庭审中的其他诉讼活动，以避免抗诉机关成为一方当事人的"辩护人"或者"代理人"，保证诉讼当事人平等的民事诉讼地位。该通知第 18 条规定，人民法院开庭审理抗诉案件，经提前通知提出抗诉的人民检察院，检察院不派员出席法庭的，按撤回抗诉处理。在实践中，有的地方法院存在不当限制出庭的检察人员的职责范围和诉讼活动的情况。比如，有的地方法院对部分抗诉案件的再审采用书面形式，致使检察人员无法对再审活动进行监督；有的地方法院只让出庭的检察人员宣读抗诉书，不让发表出庭意见，以至于检法人员在当事人面前就庭审程序如何进行争论不休；有的地方法院一概不让检察

① 李忠芳、王开洞主编：《民事检察学》，中国检察出版社 1996 年版，第 171—172 页。

② 杨英华：《对检察机关参加民事诉讼和提起民事诉讼的可行性探讨》，载《政法研究》1998 年第 2 期。

人员参加其他庭上活动，让检察员出"哑巴庭"，此做法导致检察干警根本无法完成支持抗诉并对审判活动是否合法进行监督的出庭任务。①

近年来，人民法院审判监督部门的主流观点对检察机关出席案件的再审法庭问题，出现了细微变化，体现在一些规范性文件和领导讲话材料中。如2003年全国法院审判监督工作座谈会上最高人民法院审判监督庭庭长纪敏讲话指出："当前有的（法院）纪要规定，检察院不出庭的视为撤诉，现在我们的思路完全变了，检察院民行案件的抗诉就是依法启动人民法院的再审。再审程序的启动与出庭不出庭是两码事。在法律没有修改的情况下，现在的具体做法可以有以下几种：（1）可以不出庭；（2）可以出庭宣读抗诉书后申请退庭；（3）可以出庭在宣读抗诉书后一直坚持到庭审完，但是不发表出庭意见，不参加庭审辩论。可以采取多种形式。……总之，这些工作双方要多来往、多协商、多协调、多换位思考。"②

法院系统不赞同出席再审法庭的检察人员实施参与法庭调查、法庭辩论和宣读出庭意见等诉讼活动，其主要理由：一是认为抗诉是针对原生效判决而提起的，换言之，抗诉理由的成立与否在对原生效裁判进行审查后即已经确定，不需也不应通过再审庭审支持抗诉主张。③ 二是认为如果检察人员认为庭审活动有违法之处，自然可以在提审后提出，而庭审的合法性根本无须由检察机关肯定；检察人员在庭审中表明法律监督者的地位，无非是想表明再审庭审同样在检察机关监督下进行，以此彰显检察机关"法官之上法官"的地位，这将对审判权带来极大危害。三是认为抗诉是由人民检察院而非检察员提起，检察员既不能对庭审活动是否合法作出个人评判，同样也不能对案件作出自己的认定，这与人民法院依法可由合议庭或独任审判员对案件作出裁判是完全不同的。因此这样的出庭意见既无必要，也无充分的法律根据；对于庭审中发现的程序违法行为应当在庭审后以检察院名义通过书面形式向再审法院提出。④

人民法院实行和坚持独立行使审判权力，这本身也是正当的法律原则，但是，独立行使审判权并非不要监督，因为"一切有权力的人都容易滥用权力，这是一条亘古不变的经验。从事务性质来看，要防止权力滥用，就必须以权力

---

① 李忠芳、王开洞主编：《民事检察学》，中国检察出版社1996年版，第181页。

② 转引自最高人民检察院民事行政检察厅编：《民事行政检察指导与研究》总第1集，法律出版社2004年版，第14页。

③ 汪治平：《民事抗诉若干问题之管见》，载《人民司法》1999年第11期。

④ 陆永棣：《程序冲突映照下的制度困境——现行民事抗诉制度考察》，载《中外法学》2003年第3期。

制约权力"①；缺乏监督的权力容易产生腐败，审判权也不例外。法院系统试图单方面削弱检察机关的职能作用，这是违背我国目前宪政精神和二元司法体制的不适当做法。虽然西方司法机关就是法院的代名词，其司法权由法院统一行使，但在我国，按照司法权狭义说，它一般包括审判权和检察权，分别由法院和检察院行使，此即为已属我国主流观点并得到党和国家立法机关认可的"二元权力说"。这种司法体制下，两院相互平等，各司其职、各负其责，分别通过裁判和监督方式行使审判权、检察权，两种权力互相制衡，都没有超越对方的权力。法院对民事、行政案件的审判活动，也需要受到监督制约，而检察机关在民事行政再审案件的庭审过程中的作用是举足轻重的，而不是可有可无的。

　　诚如诉讼法学者江伟教授指出，审判独立与检察监督都是相对的，审判机关不能以独立为由排斥任何外来监督，检察机关也不能以监督为由对法院的审判活动横加干涉；从法院对抗诉案件改判比例之高来看，检察院抗诉的质量、效果是良好的，并未构成对审判权的不当干预；至于抗诉削弱既判力的观点，从根本上说这一弊端是再审制度的产物，而不是抗诉制度的产物，也就是说，只要再审制度继续存在，不管以什么途径引发再审，都将会导致既判力的动摇，这是兼顾实质正义的实现而对程序安定性作出的必要妥协。②

　　与法院的主张相反，检察机关相应的主张和做法具有司法解释依据。1992年4月18日，高检院第七届检委会第77次会议讨论通过的《关于民事审判监督程序抗诉工作暂行规定》第11条将出席再审法庭的检察长、检察员的任务规定为四项：即宣读抗诉书；参加法庭调查；说明抗诉的理由和根据；对法院的审判活动是否合法进行监督。实际上，从起源来看，高检院对检察人员在出庭时不参与当事人之间的法庭辩论，始终有着明确态度，即只听不说，这与最高人民法院的主张一致，是难能可贵的共识，但其他方面则长期存在认识分歧。10年后，最高人民检察院2001年9月发布的《人民检察院民事行政抗诉案件办案规则》（以下简称《抗诉规则》）废止上述抗诉工作暂行规定，将出庭检察人员的任务仅规定为三项：即宣读抗诉书；说明抗诉的理由和根据；对法院的审判活动是否合法进行监督。此解释，与上述抗诉工作暂行规定相比，仅要求出庭的检察人员履行三项职责，而去掉了检察人员参加法庭调查的活动。这种变化的出现，主要是最高人民检察院与最高人民法院多次协商达成共

---

① ［法］孟德斯鸠：《论法的精神》，张雁深译，商务印书馆1961年版，第154页。

② 江伟：《略论检察监督权在民事诉讼中的行使》，载《人民检察》2005年第9期（下）。

识而引起的结果，即最高人民检察院在吸取最高人民法院意见的基础上，就出庭检察人员参与法庭调查的问题上后退一步，而采取废除这种出庭任务的做法。但是，即使是在两高多次协商之后，最高人民检察院仍然坚持出庭检察人员有权宣读出庭意见的做法，具体表现为《抗诉规则》仍然把说明抗诉的理由和根据，亦即发表出庭意见，作为出庭检察人员的三项任务之一。

## （三）对出庭工作中几个具体问题的主张

### 1. 是否一概不能参与法庭调查的问题

检察机关在抗诉以后的绝大多数情况下可以将不参与再审程序的法庭调查作为一般原则。但是笔者主张，在特别情况下，检察机关和检察人员仍然应重视对少数抗诉案件依照职权取得的证据，在法庭调查阶段的质证情况，这对于保障抗诉案件的质量，增强监督效果具有重要作用。

检察机关依照职权取得的证据材料，应当在向法院移交抗诉检察卷宗时而随案移送，并且由法院在向当事人送达裁定书副本时一并送达该材料。当事人收悉这些材料以后，对检察机关取得的证据材料及其来源如有疑问，可直接向检察机关询问、了解，检察机关应当给予接待和答复。当事人对于检察机关取得的证据，各自享有在再审法庭中使用或者不使用的自由选择权。使用方承担举证责任，当庭应当说明证据来源和庭前向检察机关询问了解的有关情况，另一方可以进行质证；不使用的一方事先做好对方可能举证的相应准备，因此任何一方当事人对检察机关取证材料的使用选择权都是公开、公正、平等的。出庭检察人员不承担举证、质证、辩论的责任。

例如，检察机关在抗诉文书中依据了在受理申诉以后，提出抗诉以前自行委托鉴定机构对有关技术问题作出的鉴定结论的，在再审庭审过程中仍然应当监督当事人在法庭调查阶段对抗诉依据的鉴定结论的举证和质证情况；如果当事人未提出或者法院未主动提出的，检察人员应当提示法庭对检察机关依照职权调取的证据进行质证。尽管2001年9月《抗诉规则》去掉了出庭的检察人员参加法庭调查活动的职责，这只是表明此项任务随着民行检察调查取证权限的限制而不再具有常态性，并不意味着检察人员对于法庭调查活动应当不闻不问而作为摆设坐在法庭上，不宜采取袖手旁观、不负责任的消极态度，必要时仍然应当对少数案件参与法庭调查活动，并且以适当的方式提请法庭注意。至于检察人员参加特定案件法庭调查的具体方式，可以据情灵活采取建议审判长提问、出示物证、宣读书证及鉴定结论的方法，或者经过审判长许可以后直接发问的方式。

2. 发表出庭意见有无必要、是否违背公平和正义的问题

最高人民检察院依照正当程序制定并讨论通过的民行检察制度有关规定，也是属于具有法律效力的司法解释，审判机关及其法官也应当遵照执行。出庭检察人员虽然不承担举证、质证、辩论的责任，但是，可以在听取法庭调查和法庭辩论以后，在发表最后评判意见时，可以对证据的证明作用和效力发表意见，供再审法庭参考。① 对于检察人员在庭审结束前发表出庭意见，说明抗诉理由和根据的行为这一点，审判机关应当给予必要的尊重和保障。否则，如果检察人员在庭审结束前，据理力争、阐述自己发表意见的根据，审判人员就不易妥善驾御庭审活动，也不能够在当事人面前很好地维护司法机关自身的形象和权威。检察机关对诉讼活动负有责无旁贷的法律监督职责，出席再审法庭的检察人员根据宪法赋予的职能和最高人民检察院司法解释规定的权限范围，在庭审结束前坚持发表出庭意见、说明抗诉理由和根据的做法，确实是对法院行使审判权的行为进行了监督制约，但并未因此而侵犯人民法院的实体审判权，出庭检察官也并未因发表出庭意见的诉讼行为而成为"凌驾于法官之上的法官"。从实践运作情况看，检察人员出庭意见一般包括先表明检察人员依法履行法律监督职责，有时还对再审是否合法问题作出评价，多为积极、肯定的内容，再者就是根据庭审情况进一步阐明抗诉理由和主张。检察机关的底限为至少应当保留发表出庭意见的权力，当庭有无必要宣读，可以由检察人员根据个案案情和庭审情况综合考虑。

法院系统反对检察人员发表出庭意见，有人甚至举出司法实践中出现的个别极端例子说明反对检察人员发表出庭意见的合理性。例如，有的法官指出，在其任审判长主持开庭审理的一起医疗纠纷赔偿抗诉再审案件中，对方当事人患者家属竟一下子跪拜在审判台和抗诉机关席位前，大呼这样不公啊！论者由此指出检察机关抗诉并派员出庭给对方当事人造成的压力，② 进而说明检察人员发表出庭意见存在的不合理性。笔者认为，这样的举例说明根本不具有典型性，因为实践中许多地方的检察机关在启动抗诉程序之前已经特别考虑维护实质正义和保护弱者的价值取向，也就是对不利于弱者的抗诉采取十分慎重的态度，有时甚至直接作出驳回强势单位申诉请求而不予抗诉的做法，以维护弱者的正当权益；前述论者举出的司法个案，更多是由于作为弱者的患者家属法律意识比较淡漠，对抗诉审理程序知之甚少以及心理素质比较脆弱等因素造成

---

① 张卫平：《民事行政抗诉再审制度若干问题研究》，载《政治与法律》2004 年第 6 期。

② 陆永棣：《程序冲突映照下的制度困境——现行民事抗诉制度考察》，载《中外法学》2003 年第 3 期，第 336 页脚注。

的，而根本不能归咎于检察人员发表出庭意见具有不合理性，这是两个不同性质的问题。因此，笔者认为，以上述个别引起被申诉人误解的案例说明检察人员出庭意见的不合理性，是从根本上站不住脚的。

# 五、民行案件的调解

## （一）尝试运用促成执行和解作为替代抗诉的有效手段

### 1. 执行和解的含义及其效力

诉讼法上，执行和解是指在生效裁判的执行过程中，双方当事人通过自由协商，自愿达成和解协议，变通执行生效裁判文书确立的权利义务关系，从而通过非法院强制性手段解决双方当事人之间的执行程序的行为。它也是双方当事人通过和解协议方式，就执行标的的全部或一部自愿协商确定如何变通执行，从而处分其民事权利和诉讼权利的行为。

民事案件双方当事人经过法院裁判以后，在执行阶段仍然可以通过达成执行和解协议，对生效裁判确立的结果进行变通执行，从而终结执行程序。执行和解是当事人处分自己诉讼权利和实体权利的表现，只要符合法律规定，在执行中达成的和解协议是有效的。[1] 但是执行和解协议并不能够撤销人民法院原来已经生效的法律文书，即执行和解协议只能由当事人自动履行，而不能申请法院强制执行。双方达成和解协议以后，如果一方不履行，法院可根据对方当事人申请而恢复对生效法律文书的执行，但当事人根据和解协议已履行的部分继续有效，法院不予执行；若和解协议已履行完毕，一方反悔而申请法院恢复执行原生效法律文书的，法院不予受理。[2]

### 2. 对检察机关可否主持执行和解的争论

对于检察机关能否在受理申诉案件过程中主持当事人达成和解协议，进而结束执行程序的问题，存在肯定和否定两种观点。

否定说认为，从民事行政检察权和民事行政审判权的合理划分的角度看，检察机关主持当事人之间的和解，明显有侵害审判独立之嫌，因为检察权的定位就应当是程序性的权力，即审判程序的启动权，对裁判内容的实体部分不能干涉，决定裁判的内容是审判权的职责范围；检察机关主持当事人之间的和解，事实上就可能改变法院已经作出的裁判内容，虽然和解内容由当事人决

---

① 刘金友、李春林：《新编民事诉讼法学》，法律出版社1991年版，第371页。
② 刘家兴主编：《民事诉讼法学教程》，北京大学出版社1994年版，第426页。

定，但不能忽视检察机关在和解过程中的作用，特别是当检察机关提出和解方案的情况下，对审判权的侵犯就特别明显了，因此检察机关主持和解的监督方式应当在民行检察权的完善过程中予以抛弃。①

肯定说认为，申诉人不服生效判决申请抗诉，而有可能拖延执行或引起改判，这与强烈要求执行的对方当事人发生利益碰撞，有可能在检察机关审查过程中自觉妥协或在检察官主持下达成和解协议，并将该协议提交法院结束执行，这样既可减少诉累、维护稳定，还可减少抗诉，对于这种皆大欢喜的监督方法，检察机关应当准许。②

笔者赞同肯定说，因为检察机关在受理民事申诉案件以及行政赔偿案件过程中主持当事人达成和解协议，进而结束执行程序，并不违反法律规定，反而有利于社会矛盾的化解和排除。检察机关尝试在审查办理申诉和下级院提请抗诉案件的过程中促成双方当事人达成执行和解，有利于节约司法资源，降低诉讼成本，减少申诉人无限申诉可能给其自身、对方当事人和社会造成的诉累，最大限度地追求实现社会效果和法律效果的统一，促进社会主义和谐社会的建设和实现。

检察机关办理申诉案件过程中，对生效裁判一般只能采取抗诉手段进行监督，通过审判监督程序促使法院再审纠正，但是抗诉案件有着严格的适用条件和范围，实践上常出现申诉案件不能满足抗诉条件，或采取抗诉手段不能取得最佳社会效果，对此检察机关已经探索、摸索出将促成双方当事人达成执行和解作为抗诉之外的补充手段这样的法律监督方法。如对因为村民宅基地采光、通风、邻里屋檐滴水等纠纷而引起的事实清楚，案情简单的民事案件，生效裁判虽已确定权利义务关系，仍不能彻底解决矛盾，民行检察部门审查认为没有抗诉必要，而双方当事人也不存在原则性分歧或根本性矛盾，遂决定召集有关当事人坐在一起进行友好协商，找症结以后，本着邻里团结和睦相处需要发扬互谅互让精神，通过摆事实讲道理的方式，在不违反法律规定的基础上教育双方当事人要正确行使权利，并引导他们自觉履行义务，说服执拗的当事人，促使其达成切实可行的双方均能接受的变通方式，③ 不仅通过简易途径避免当事人卷入程序烦琐的再审过程而饱受诉累之苦，彻底化解当事人之间存在较长

① 曾培芳：《完善民行检察权的法哲学思考》，载《南京检察》2005 年第 5 期。

② 最高人民检察院民事行政检察厅"民事行政诉讼检察监督方式"研究课题组：《民事行政诉讼监督与监督方式完善》，载最高人民检察院检察理论研究所 2001 年 11 月编：《检察理论研究成果荟萃》，第 121 页。

③ 孙建昌：《促成执行和解在民事检察中的运用》，载《人民检察》2000 年第 6 期。

时间的纷争，而且节约司法机关本就十分有限、宝贵的司法资源，实现诉讼经济原则，收到了难能可贵的社会效果最大化。

3. 民事行政抗诉程序中执行和解的适用范围

对于确有错误、符合抗诉条件的判决、裁定，当事人可以通过执行和解，达成变更执行标的的协议，由当事人自动履行；对存在一定错误，但尚不需要通过抗诉解决问题的判决裁定，当事人要求执行和解的，检察官可以主持调解，达成协议后，由当事人自动履行；对于没有错误的判决裁定，当事人要求和解并且达成和解协议的，检察机关不予干预；对于法院出具的民事调解书以及行政赔偿调解书申请抗诉，双方当事人自觉达成执行和解的，可以确认。①

## （二）再审法院对民事行政抗诉案件的调解结案问题

1. 民事行政抗诉案件的调解结案

我国民事诉讼中调解制度的地位和作用，从比较法的角度来看，是比较独特的创造。它实际上是我国民间社会几千年延续下来的"和为贵"的传统观念在诉讼过程中的体现和运用，因为"和为贵"的观念是我国传统文化中的精髓之一，在人民群众心目中有着根深蒂固的影响，它对于增进人际关系之间的和谐，维系社会秩序的稳定具有重要的作用。在诉讼中，调解和判决的根本目的都是为了定分止争，化解社会矛盾，促进和谐社会的建设，而调解结案无疑更加符合诉讼应当具有的定分止争，最大限度地化解矛盾的根本目的，因此再审调解结案与追求司法公正，维护司法权威并不矛盾。不能忽视的是，多年来的司法实践也表明，调解制度的存在，调解功能的发挥，对于尽可能彻底地解决矛盾，化解纠纷，引导当事人正确行使权利，促使当事人自动履行义务，减少申诉、上访的发生，发挥了有目共睹的积极作用，也受到了国外很多法律界人士的赞扬和推崇。

有论者指出，由人民检察院抗诉引起的民事、经济案件再审中，可以适用法院主持的司法调解作为结案方式，即在人民法院审判人员的主持、引导下，抗诉案件的双方当事人在平等、自愿的基础上通过互谅互让、达成协议，这样解决民事争端，既避免了使用司法强制手段，坚持了诉讼便宜原则，又化解了不安定因素，有利于增强人民内部的团结，而在检察机关抗诉引起的再审案件

---

① 最高人民检察院民事行政检察厅"民事行政诉讼检察监督方式"研究课题组：《民事行政诉讼监督与监督方式完善》，载最高人民检察院检察理论研究所2001年11月编：《检察理论研究成果荟萃》，第122页；霍力：《完善检察机关民事诉讼监督权的立法思考》，载《中国检察论坛》2005年第2期。

中，正确进行司法调解同样也是必要的、有益的。① 笔者认为，这一观点符合法律规范的要求，是适当的。

司法实务上，再审法院对于民事抗诉案件有时采取主持双方当事人达成调解协议并对其法律效力加以确认的做法。应当看到，《民事诉讼法》在总则部分确立的自愿、合法调解原则是一项可以适用于一审、二审和再审各个阶段，用于指导民事诉讼全过程的基本原则或者准则。同时，还应该看到，法院主持当事人达成调解协议，制作的确认当事人协议效力的民事调解书既是民法上意思自治原则和民事诉讼法上当事人处分原则的体现，也是人民法院在民事诉讼中审理结案的合法方式之一。应当注意到，如果检察机关反对或者限制法院对抗诉案件调解结案，则会影响到当事人对权利的自由行使和处分，而监督者不能把自己的意愿强加于当事人。② 因此，检察人员在开展法律监督的过程中，不应当因为案件的再审启动系抗诉引起而反对法院在再审中采取调解结案的方式。

2. 行政抗诉案件的调解结案问题

《行政诉讼法》第50条规定，人民法院审理行政案件，不适用调解；第67条规定，赔偿诉讼可以适用调解。因此，在行政诉讼法领域，除行政赔偿诉讼案件可以采取调解方式结案以外，其他行政诉讼案件一般均不能采取调解结案的处理方式。从理论基础的角度分析，行政诉讼原则上只能采取判决裁定的结案方式，不得采取调解方式终结诉讼，主要是这类案件往往涉及国家和社会公共利益，行政机关必须按照法律法规的要求合法正当地运用权力，履行公共管理职能，不得随意行使公共权力，无权擅自处分或者抛弃其负有的法定职责。而行政赔偿诉讼则可以适用调解，主要是因为它涉及行政相对人的人身、财产权益被损害，这种权益具有当事人可以自由处分的性质，权利人可以选择行使该项权益，也可以在自由自愿的基础上转让或者抛弃，而对于被告行政机关而言，赔偿诉讼主要涉及的是对受害人的损失如何赔偿，赔偿多少的问题，在法律规定的范围内也有一定的自由处分权利，因此行政赔偿诉讼案件的双方当事人具有诉讼调解的基础，人民法院在确认具体行政行为违法以后，完全可以根据当事人自愿的原则，在分清是非、事实清楚的基础上，采取调解结案的方式彻底地解决当事人之间的行政争议。人民检察院在办理当事人不服人民法院生效的行政赔偿判决、裁定的案件而提出抗诉以后，再审法院仍然可以采取

---

① 延河：《刍议由抗诉引起的民事案件再审中的司法调解》，载《人民检察》1996年第9期。

② 陈桂明：《程序理念与程序规则》，中国法制出版社1999年版，第152页。

调解结案的方式解决争议，检察机关也不应当因为再审系抗诉引起而反对通过再审当事人达成调解协议并被法院确认的结案方式。

值得强调的是，近年来再审法院对民事行政抗诉案件的调解结案问题不再只是学理上的探讨，而是已经有了规范性的具有指导作用的司法文件依据。2003 年 10 月 15 日最高人民法院审判监督庭《关于审理民事、行政抗诉案件几个具体程序问题的意见》（法释 [2003] 11 号）第 2 条规定，人民法院对民事抗诉案件、行政赔偿抗诉案件裁定再审后，发现双方当事人达成和解协议，且履行完毕的，应当裁定终结再审诉讼；和解协议尚未履行或者未履行完毕的，人民法院可以根据双方当事人达成和解协议的内容制作民事调解书或者行政赔偿调解书，并依法送达双方当事人。由此可见，最高司法机关已经认识到重视调解结案方式，贯彻当事人处分原则对于审理民事抗诉案件、行政赔偿抗诉案件具有特殊的重要意义。

需要指出的是，虽然再审法院可以采取调解结案的审理方式，但是也应当考虑到抗诉案件的特点，尤其是对抗诉指出的原审裁判存在的问题和错误，不能在检察机关与原审当事人之间进行调解，而只能是就当事人之间的实体权利义务纠纷进行调解，对此出庭的检察人员就法庭调解的合法性问题进行法律监督。[①]

# 六、再审时限问题

现行《民事诉讼法》、《行政诉讼法》只是规定了对于人民检察院抗诉的民事、行政抗诉案件，人民法院应当再审，而对于法院从接受抗诉到进入再审阶段的审限如何计算问题，没有作出具体的规定，这导致不仅最高人民检察院和最高人民法院作出的解释存在着差异，而且各级法院对审限问题应当如何认识和操作，也是观点各异，各种做法层出不穷，杂乱无章。其在司法实践中的种种不正常现象，具体表现如下：首先，有些民事行政抗诉案件到了法院以后出现久拖不决，严重积压的现象。例如，四川省人民检察院 1993 年提请最高人民检察院抗诉的绵阳实业开发公司厦门分公司诉江油八一矿石精选厂购销合同纠纷一案，最高人民检察院同年抗诉以后，最高人民法院搁置长达 3 年，直到 1996 年底才作出裁定指令四川省高级人民法院进行再审，致使案件长期未

---

① 宋朝阳：《民事抗诉再审若干问题探讨》，载《人民检察》2000 年第 7 期。

能审结。① 再者，地方检察机关开展的实证研究明确显示，由于法院对再审案件的审理时间过长，导致案件情况发生变化，致使抗诉案件不了了之。例如，在北京市，一件抗诉案件从再审到法院开庭再审一般需要 1 年左右的时间，在这期间双方当事人的情况可能发生很大变化，包括当事人迁居外地、死亡、破产等情形，造成再审已经没有实际意义，导致案件不能改判。② 还有，虽然最高人民法院《关于贯彻执行〈民事诉讼法〉若干问题的意见》第 213 条规定"再审案件按照第一审或者第二审程序审理的，适用《民事诉讼法》第 135 条、第 159 条规定的审限"，但由于《民事诉讼法》的这两项规定本身就属于弹性十足的条款，致使一些法院利用其中"有特殊情况"这一具有无限弹性的规定而对抗诉案件一拖再拖，采取消极拖延的态度，长期不开庭审理，甚至干脆打入冷宫。③

抗诉案件再审审限问题得不到妥善解决的危害主要有：一是抗诉案件再审的审判周期过于漫长，影响了人民法院自身司法行为的严肃性和权威性。二是抗诉案件再审审限问题得不到妥善解决，严重降低了人民检察院法律监督的实际效果，致使检察机关在履行法律监督职责的工作中容易陷入被动，不能实现国家最高权力机关预期的立法目的。有时在检察机关抗诉以后，法院以卷宗未调齐、对方当事人难以找到、主审法官出差未归等站不住脚的理由作为搪塞申诉人和抗诉机关的借口，长期拖延再审，迟迟不依法进行再审开庭，或者在拖拉三五年以后才草草开庭，并以维护既判力为由作出维持判决，致使再审程序失去了实质意义，异化成为戏剧化的形式主义的走过场。三是抗诉案件再审审限问题得不到妥善解决，即使申诉人最终得到了公正的再审判决，其合法权益得到了维护，但是却也违背了西方法谚"迟来的正义为非正义"所体现出来的司法效率理念，挫伤了申诉人企求通过再审而最终实行司法公正的信心，导致其原先的期望落空。

## （一）抗诉案件再审拖延的原因

实践中造成再审案件诉讼拖延的原因是多方面的，根本原因在于法院内部

---

① 最高人民检察院民事行政检察厅编：《民事行政检察论文集》，中国政法大学出版社 1998 年版，第 3 页。

② 许海峰主编：《法律监督的理论与实证研究》，法律出版社 2004 年版，第 510—511 页。

③ 赵钢：《正确处理民事经济审判工作中的十大关系》，载《法学研究》1999 年第 1 期。

整体上存在着对抗诉案件的再审重视不够，未能很好地执行一、二审程序确定的法定审限，有的法院甚至对检察机关的抗诉监督存在抵触和排斥心理，错误地认为检察机关通过抗诉手段进入民事诉讼是在与法院争权夺利，而对检法两院负有维护司法公正和司法权威的共同使命缺乏足够深刻的认识。有些再审拖延则是属于客观原因造成的，例如基于卷宗邮寄和公文旅行而造成的提出抗诉与实际进行再审开庭之间的长短不一的时间差，许多受诉法院以本院作出再审裁定之日起才开始计算再审诉讼时限，这样在实际工作中就可能造成检察机关抗诉之后、法院裁定再审之前已经经历了较长的时间空当。另外，其他客观情况还包括再审过程中出现承办法官在办案中途遇到职务变迁、调离法院、重病住院或者病故等情形而不得不更换承办人，导致诉讼期限的拖延。然而，有些诉讼拖延则是属于再审法官的工作态度不够认真，职业道德、法律素养不高，办事敷衍故意推迟等主观原因造成的，有的再审法官因为曾经被当事人举报并受到检察机关调查无果而记恨检察机关，或者因为个人经历而对检察机关的职能作用怀有成见，并对检察监督消极抵制，利用法律规定本身的不健全之处，借法院再审终局裁判之权，滥用自由裁量职权，背离了法院行使司法裁判权力、解决矛盾纷争的初衷。这些问题的存在是可以克服的，有的可以通过对在职法官加强教育整顿，提高素质，增强职业责任感和荣誉感，来促使审判人员谨慎行使法律赋予的裁判权力，有的则是可以通过完善《民事诉讼法》、《行政诉讼法》来实现，即在修改两法时明确规定审判监督程序的再审时限，为再审程序的有序运转和及时结案设定立法上的程序要求和保障。

## （二）抗诉案件再审时限计算的起点问题

关于审限计算的起始点问题，主要存在两种观点：一种观点认为，检察机关抗诉以后再审的起算，应当从法院作出再审裁定之日起计算，这种观点主要出自于法院系统。另一种观点认为，对于抗诉案件的再审审限，应当以法院收到检察机关的抗诉书之日起计算，参照一二审程序，原则上为3个月，需要延长审限的不得超过6个月。笔者同意第二种观点。因为检察机关抗诉的案件，应当区别于法院依照职权决定再审的案件，后者必须作出再审裁定，否则就不能重新审理案件。抗诉案件中法院的再审裁定只是法院内部开始审理工作的依据，不是再审启动的程序依据，这正是抗诉引起再审和法院自行决定再审的区别所在。如果将它作为抗诉再审审限的起始点，有些法院完全可以在收到抗诉书以后，将作出再审裁定的时间无限期地推迟，致使抗诉案件的再审结案变得漫长无比，甚至遥遥无期，导致出现人民群众痛恨的诉讼效率低下。再审法院对检察机关抗诉的案件无限期地推迟作出进行再审的裁定，并将其作为敷衍塞责的借口，不仅是对当事人实体和程序权利的严重漠视乃至亵渎，而且会对法院公正执法的形象造成不可估量的损害。

### (三) 抗诉案件再审时限问题的解决办法

关于审限问题的解决办法，我们不能离开既有法律规范的精神指导：即原民事判决、裁定是由第一审法院作出的，按照第一审程序审理，审限为 6 个月，有特殊情况经批准可以再延长 6 个月；是第二审作出的判决、裁定，按照第二审程序审理，审限为 3 个月，有特殊情况经批准可以延长。《行政诉讼法》对行政再审案件的审限未作规定，但却规定一审时限为 3 个月，二审时限为 2 个月，那么由检察院抗诉的再审案件进入再审时，一般也应当是以不超过 3 个月或 2 个月为宜，有特殊情况时经批准可以再适当延长。可见，现行诉讼法对再审案件的审限是有着明确规定的。基于上述认识，笔者认为，当前，抗诉再审审限问题虽然未能得到圆满解决，致使抗诉程序的效率价值难以发挥作用，但是这不能仅仅简单地归因于立法缺陷，现行法律没有得到很好遵守是其中重要的制约因素，表现在：尽管现行诉讼法关于抗诉案件再审期限的上述规定已经可以使具备一般法律常识的人都能够作出判断，但是对抗诉案件的再审久拖不决的现象依然司空见惯，[①] 而且无人会对抗诉案件再审延误承担相应的法律责任，这样的情况是耐人寻味的。

只是，在将来的诉讼法中仍有必要作出更加明确的规定，并对再审法院拖延再审诉讼的相应审判人员设定和科以相应的法律责任，以督促其严格履行法律赋予的职责，这样才能减少乃至避免抗诉案件的再审被延误。修改《民事诉讼法》、《行政诉讼法》时，建议吸收某些较为成熟的有关司法文件规定，而对审限问题作如下规定："接受抗诉的人民法院决定提审的，应当在收到抗诉材料之日起三十日内裁定再审，并将再审裁定书送达提出抗诉的人民检察院。接受抗诉的人民法院决定将案件交由下级人民法院再审的，应当在收到抗诉卷宗材料之日起十五日内将抗诉卷宗材料移交下级人民法院，并通知提出抗诉的人民检察院。下级人民法院应当在收到抗诉卷宗材料之日起三十日内裁定再审，并将再审裁定书送达提出抗诉的人民检察院和同级人民检察院。"这样可以很好地解决由于法律对抗诉案件的再审审限规定不够明确，而在法院系统经常容易出现的诉讼拖拉迟延等不适当的行为，有助于促进抗诉再审案件的及时审理和及时判决。

---

① 张步洪：《民事行政抗诉程序的价值》，载《人民检察》1998 年第 11 期。

# 七、连续抗诉问题

由于立法自身没有明确规定同级检察院抗诉以后应当由抗诉机关的同级法院进行再审，司法实践中接受抗诉的法院时常将案件裁定或者函转作出原生效判决的下级法院再审，这样导致经常出现上级检察院抗诉，下级法院再审的情况，其中较多情况下接受指令再审的该下级人民法院常会作出维持原审判决的再审判决。对于原抗诉机关就原审法院接受上级指令再审后，维持原裁判可否再次提出抗诉的问题，理论和实务上均存在不同认识。一种意见认为，无论上级还是原审法院再审维持原裁判的，原抗诉机关再次抗诉的，法院均不予受理。另外一种意见认为，法院是否受理原抗诉机关再次抗诉的案件，应当取决于由原审法院还是上级法院再审，原抗诉机关就原审法院作出的再审判决再抗诉的，应当受理，就上级法院再审作出的判决抗诉的，不予受理。

1995 年 10 月 6 日，最高人民法院就此争论作出了法复〔1995〕7 号批复规定："上级人民检察院对下级人民法院已经发生法律效力的民事、经济、行政案件提出抗诉的，无论是同级人民法院再审还是指令下级人民法院再审，凡作出维持原裁判的判决、裁定后，原提出抗诉的人民检察院再次提出抗诉的，人民法院不予受理；原提出抗诉的人民检察院的上级人民检察院提出抗诉的，人民法院应当受理。"此项批复的出台，大体上是最高人民法院试图确立有限再审、有限监督、有限救济的司法理念的背景下而作出的一系列限制再审、限制抗诉的举措之一。最高人民法院有关负责人士曾经指出，现行诉讼法对申诉和申请再审的时限和次数的规定均不甚严格，致使一定数量的当事人长期申诉或者以同一理由或者同一请求事项重复申诉，这是社会上存在较大上访群体及大量申诉案件久拖不决的制度性因素，因此应当按照有限再审的模式，对发动再审的时限、再审的审理时限以及再审次数进行规范。①

最高人民法院该项批复作出以后，各方面的反映不一。赞同论者认为此批复是有道理的，原因是如果受理原抗诉机关的再抗诉，会使生效裁判的效力陷入再次被审查，不断受到质疑的境地，势必会损害法院裁判的权威性和稳定性；如果受理原抗诉机关就维持原判的再审判决的再抗诉，将会在逻辑上陷入再抗诉—再审—再再抗诉……的恶性循环，违背国家设立法院对纠纷作强制性终结性裁断的目的；受理原抗诉机关的再抗诉，会加剧司法资源供求之间的矛

---

① 沈德咏：《关于深化审判监督改革的若干意见》，载《诉讼法学·司法制度》2003
年第 1 期。

盾，使之难以得到有效配置。

批驳论者认为依法应当受理原抗诉机关就发回重审所作再审判决提出的再抗诉，最高人民法院的该项解释缺乏充足根据，理由包括：再抗诉仍然属于上级检察机关对下级法院的审判监督，在立法机关对抗诉次数作出限制性解释前，原抗诉机关再次抗诉是符合《民事诉讼法》规定的；对抗诉后维持原判的案件，检察机关再次抗诉会格外慎重，再抗诉本身说明上级检察机关与下级法院对案件的处理存在截然不同的认识，此时由上级法院审理此案，判断是抗诉有理还是原判决正确，显然有必要；该批复会导致被监督者与监督者在级别上的严重失衡，将不适当地加重最高人民法院和省级人民检察院的工作负担。而原审下级法院再审维持原判的，未必表明原裁判就正确，如原判是经审判委员会讨论决定的，或者经本地行政干预作出的，都可能导致再审法院不采纳检察机关正确的抗诉意见而维持原判。此时不受理检察机关再次提出的抗诉，不利于发挥检察机关在民事诉讼中的监督职能；只要处理得当，受理原抗诉机关再次提起的抗诉不会造成抗诉与再审的循环，如抗诉机关的同级法院接受抗诉后对原审判决自己进行提审，就不会出现多次循环。① 根据该主张，问题根源在于立法没有明确民事行政抗诉案件的再审法院应当为原审法院的上一级法院，只要这个立法性缺陷得到弥补，上述怪圈即可摆脱，因为上一级法院接受抗诉进行提审后作出的再审判决，原抗诉机关当然不能再抗诉，而只能依法提请抗诉。②

还有论者指出，仅就法院能否单方就此类问题作出解释，令人怀疑，因为检察机关能否就维持原裁判的再审判决、裁定再行抗诉、由哪一级检察院向哪级法院提出抗诉，这些问题不仅是法院单纯适用法律的问题，而是直接涉及检察监督权和检察机关的法律适用，应由两高联合解释或由立法解释解决分歧。就该解释内容而言，其合理性也值得商榷，因为上级法院指令再审后，下级法院仍然维持原裁判，并不能表明被维持的原裁判就是正确的，由于原裁判是经审委会决定或根据院、庭长或地方党政领导的干预意见而作出，接受指令的再审法院拒绝采纳检察机关正确意见而继续维持原错误裁判，此时允许检察机关再次抗诉，无疑是必要的；而且该解释显然有悖于抗诉中的对等原则，导致监

---

① 李浩：《民诉检察监督若干问题研究》，载《中国法学》1999 年第 3 期。

② 杨明刚就一起由最高人民检察院两次提起抗诉并由最高人民法院提审后改判的案件所作的点评。参见最高人民检察院民事行政检察厅编：《人民检察院民事行政抗诉案例选》第九集，法律出版社 2006 年版，第 62 页。

督者与被监督者在级别上严重失衡，给抗诉工作带来极大不便①。按照这种解释思路，抗诉案件的再审会被不适当地提高抗诉机关所属的级别，将不服生效裁判的案件退到上级检察院尤其是最高人民检察院，致使矛盾集中在中央和省级检察机关，这不仅会加大上级检察机关的负担，有失内部分工的均衡，而且违背我国在历史上形成的"矛盾不上交"的司法原则。②

　　本文认为，从法理上分析，最高人民法院解释规定，对于抗诉机关的同级法院再审以后维持原裁判的，原抗诉机关即再审法院对应的下级检察院不得就该判决再抗诉，法院亦应不予受理，具有规范文件的正当性。但对于抗诉以后指令原审下级人民法院再审所作的再审裁判，无论是维持、改判还是撤销原判发回重审，与原抗诉机关对应的同级法院，并未对引起抗诉再审的案件作任何实体上或者程序上的审查判断，该再审判决本质上仍然属于原抗诉机关的下一级人民法院作出的裁判，依照《民事诉讼法》第185条上级检察院有权对下级法院的错误裁判提出抗诉的原则规范，合法的解释应当为原抗诉机关仍然有权对该下级法院的再审裁判进行审判监督。最高人民法院法复〔1995〕7号批复中却解释为原抗诉机关即作出再审判决的上一级人民检察院不得再次抗诉，否则法院系统将不予受理，这种关于抗诉案件指令原审法院再审后所作任何判决，原抗诉机关不得再次抗诉的解释，明显缺乏法理上的根据，是没有道理的越权解释。因为这样的做法不仅导致诉讼效率低下、浪费司法资源，人为地增加当事人的诉累，而且也助长原审法院知错不改的错误做法，影响抗诉效果。③

　　1981年五届全国人大常委会第19次会议讨论通过的《关于加强法律解释工作的决议》，业已对法律解释工作作出了四项原则性观点，其中之一就是凡属法院审判工作或者检察院检察工作中具体应用法律、法令的问题，分别由最高人民法院和最高人民检察院进行解释，两院解释如有严重分歧，报请全国人大常委会解释或者决定。根据上述决议的精神，检、法两院在检察机关抗诉次数等问题上存在的原则性争议，要想得到妥善解决，也应当由全国人大常委会作为权威主体，通过符合宪政运行规则的正当程序，作出合理的立法解释。即

---

①　廖永安、何文燕：《民事抗诉程序若干问题研究》，载《法学评论》2000年第2期。

②　《民事行政诉讼监督与监督方式完善》，载最高人民检察院检察理论研究所2001年11月编：《检察理论研究成果荟萃》，第108页。

③　《民事行政诉讼监督与监督方式完善》，载最高人民检察院检察理论研究所2001年11月编：《检察理论研究成果荟萃》，第207页。

使我国最高权力机关作出的正式立法解释限制了检察机关可对生效裁判抗诉的次数和主体层级，根据我们的宪制，相信无人再去加以非议和无理指责。

法律一方面使用"裁判确有错误"、"违反法律法规"等确定性法律概念界定检察机关的抗诉适用标准，另一方面又要求法院根据再审程序中的证据情况独立作出法律判断。检察机关对于自身认为确有错误的裁判提出抗诉，只是检察机关根据法律和案件事实所作的认定，与审判机关就同一问题的认识不一致的现象在所难免。而由法院最终作出判断只是法律技术上的要求，并不能说明审判机关的判断一定比检察机关的判断高明，即便是经过再审，再审判决的正确性也不是绝对的。① 基于这一认识，检察机关抗诉后维持原判的再审判决，并不一定具有正当性，由最高人民法院以单方面解释的形式，完全剥夺原提出抗诉的检察机关根据事实和法律情况斟酌决定是否再次提出抗诉的权力，就其正当性而言，很难服人。从兼顾法院审判权威和当事人利益的角度来看，既判力内容也必须是二元的，即既判力的根据必须在尊重当事人程序权利、实体权利和尊重法院权威两个支点中求得，既不能在损害当事人程序、实体权利的前提下追求审判权威，也不能为实现所谓审判权威而牺牲当事人的程序、实体权利，这是既判力原则的内在要求。② 既判力存在的前提基础应当是判决具有正当性，否则就应当对判决保留启动再次再审的可能性，不能一味地借口维护既判力而知错不改，这样虽然可以充分强调法院的审判权威，但当事人尤其是申诉人的愿望和利益就可能遭到虐待，从而产生不公正结果。

在确定抗诉机关可否再次、连续抗诉的问题上，笔者认为比较可行、合理的做法应当为，对于原审法院接受上级法院指令后对原抗诉作出的再审判决，原抗诉机关如认为再审判决仍然存在错误，需要再抗诉的，应当慎重地经过内部严格的审查程序，然后才能作出就再审判决进行再抗诉的处理决定。一旦提出再抗诉的，应当由再抗诉机关的同级法院即原审法院的上一级法院受理并提审作出再审判决，实现定分止争的目的。从司法实践的角度来看，不同级别的检察机关对同一案件连续抗诉 2 次，乃至 3 次的民事行政案件是非常罕见的，并非抗诉权运作行使中的常态，并没有侵害、危及审判独立或者法院的权威。

上级法院接受抗诉后转交原审法院再审不过是一项权宜之计，原抗诉机关对发回原审法院再审后作出的判决进行再次抗诉，不管其理由如何，都不是针对原先被抗诉的那个旧裁判，而是原审法院所作的再审判决，仍属于抗诉机关下级法院作出的裁判，因此再抗诉并不违背级别管辖和一事不再理原则。按照

---

① 张步洪:《民事行政抗诉程序的价值》，载《人民检察》1998 年第 11 期。
② 蔡巍:《论民事检察权的完善》，载《国家检察官学院学报》2004 年第 2 期。

一事不再理的要求，原审法院不应当对自己作出的生效裁判进行再审，原抗诉机关必要时再次抗诉，并由其同级法院进行再审，也符合最高人民法院审判监督程序改革关于同一法院对同一案件只能再审一次的要求，从而将民事行政再抗诉问题纳入其中：原抗诉案件已由原审法院再审一次，再抗诉案件由其上一级法院提审，既能够发挥上级法院对下级法院的审判监督作用，也能够避免最高人民法院法复〔1995〕7号批复产生的负面效果，实践中也比较容易操作。从检察机关的立场看，对抗诉案件本就作过很多限制，除认为确有必要，一般不会使用再抗诉的手段，但是保留再抗诉的可能性，对于督促下级法院尽早纠正错判是很有必要的。①

与本问题相关联的一个方面，为降低诉讼成本、节约司法资源，防止反复申诉、缠诉和反复抗诉、反复再审问题的出现，应当明确建立适用于审判监督程序各种启动方式的再审次数限制制度，即无论是检察机关抗诉启动再审，还是作出生效裁判的法院依照职权启动再审或者上级法院指令再审，也不管是当事人自行申诉或者人大代表反映的案件，已有生效裁判的每件案件适用审判监督程序进行再审，均不得超过法律明确限定的具体次数。无论从国外还是我国司法实践情况来看，并非诉讼次数越多，实体处理结果就越公正或办案质量就越高；相反，无休止的诉讼只能会无谓增加不必要的诉讼成本，浪费有限而珍贵的司法资源。

从既有的再审裁判案例来看，同一案件经过多次裁判、处理结果反复变更，以至于形成那种再审裁判如同"烤烧饼"似的来回反复，不仅是不严肃的，可能也是不正常的社会现象。鉴于此，有实务界人士提出，对所有案件可以规定只要经过两次再审，均不得再次适用审判监督程序进行再审，理由是再审程序本身不是一种普通程序和必要程序，而只是一种特殊救济程序，这种救济应当是有条件和有所限制的。② 笔者认为，这一建议是具有一定合理性的，应当严格贯彻执行有限再审、有限监督的现代司法理念原则，除非处理结果失当等确有必要，一般情况下不轻易启动包括再抗诉在内的审判监督方式。

---

① 杨明刚就一起由最高人民检察院两次提起抗诉并由最高人民法院提审后改判的案件所作的点评。参见最高人民检察院民事行政检察厅编：《人民检察院民事行政抗诉案例选》第九集，法律出版社2006年版，第62页。

② 王金生、张小金：《民事审判监督程序之完善》，载《人民法院报》2002年6月25日。

# 八、审级问题

审级问题不仅是抗诉再审程序最迫切需要解决的实践问题，而且也是十多年来困扰民行检察工作的三个"老大难"问题之一。由于《民事诉讼法》、《行政诉讼法》受到了"立法宜粗不宜细"的指导思想限制，对抗诉案件的审级规定过于简单，没有明确"同级检察院抗诉，同级法院再审"的原则。但是我们不能忽视检法之间的法律关系尚没有完全理顺，立法机关解决不了而刻意回避的问题，在司法实践中将会更加难以解决。抗诉案件在审级上影响公正再审的问题，导致检法两院各执一词，难以达成共识。

法院系统主张一般由作出生效裁判的原审法院自行再审，这种认识最初见于 1991 年 11 月，原最高人民法院副院长马原在讨论如何办理检察院抗诉再审案件部分高级法院座谈会上的一段讲话，即"民事行政抗诉体现的是事后监督，在案件已经法院审理并作出生效裁判的情况下进行再审，为了便利当事人诉讼和法院再审，原则上应由原作出原生效裁判的法院进行。"[①] 随着这篇讲话印发全国法院，这个意见也成为长期以来法院系统办理此类案件的主导观点，并且随之导致许多地方出现上级检察院抗诉后，案件被转回下级原审法院再审的局面，造成了民行检察实践运行中较为尴尬的局面。

## （一）法院原则上指令再审（或发回原审法院重审）的弊端

其一，指令再审的做法违反了检察院和法院同级对应原则，不符合《民事诉讼法》设立抗诉权的本意。按照一些学者的解释，《民事诉讼法》第185条没有赋予地方各级检察机关对同级法院生效裁判的抗诉权，而规定它们在发现同级法院的生效裁判存在错误时应当提请上一级检察机关进行抗诉，其中就包含了在检察机关提出抗诉的情况下，一般应当由上级法院进行再审的意图。[②] 这种指令原审法院进行再审的做法实际上单方面、不适当地降低了抗诉案件再审的审级，背离了职级上的对应性，不适当地致使行使民事监督权的检察机关在诉讼地位上低于了同级审判机关，造成了诉讼程序上的繁复和混乱。根据诉讼法和两院组织法规定，基层检察院没有向同级法院提出抗诉启动再审的权力，基层法院也没有审理抗诉案件的权力。当在实际执行中由于受上级法

---

① 马原：《民事审判司法解释及相关案例》（第 3 辑），人民法院出版社 1999 年版，第 176 页。

② 李浩：《民事诉讼检察监督若干问题研究》，载《中国法学》1999 年第 3 期。

院的指令，基层法院直接审理了抗诉案件，这样可能出现下级法院驳回上级检察院抗诉的局面，也降低了检察机关抗诉监督的效力。这种做法也给人民检察院派员出庭带来了困难，造成了"出庭的不抗诉，抗诉的不出庭"的不合理现象出现。①

其二，指令再审的做法混淆了法院按照审判监督程序再审和检察院抗诉以后引起再审的界限，在一定程度上改变了检察机关抗诉的特殊属性，将抗诉机关降格为一般诉讼参与人的地位，严重影响了法律监督的严肃性和权威性，使抗诉监督的效果打了折扣。检察机关行使抗诉权引起的再审应明显有别于当事人申请再审和法院按照审判监督程序再审的两类情形，如接受抗诉的上级法院指令下级法院再审，则将检察机关置于一般诉讼参与人的法律地位，这无疑影响了法律监督的权威性和严肃性，也非立法本意。② 同时，这种不适当的做法也背离了自然公正原则对于"任何人不得为自己案件的法官"的要求，违背了法院回避制度，损害了人民法院的公正形象，造成自监自审的尴尬局面。"原审法院可以管辖再审案件如同让病人来当医生，不利于纠错目的的实现。"③

其三，指令再审的做法导致了上下两级检察机关的工作人员重复劳动，增加了开展抗诉工作的诉讼成本，降低了抗诉再审的工作效率。原审法院的同级检察机关提请其上一级检察院抗诉，这个提请抗诉步骤的设计已经暗含着应当由原审法院的上一级法院对于抗诉进行再审，而将抗诉案件指令再审直接导致案件经历了一圈子公文旅行，再度回到了原审法院，这样的做法不只是对检察机关抗诉工作的不尊重，也造成了抗诉再审效率的低下，不合理地造成了两级检察官的高成本重复劳动。而且，这种对抗诉案件采用裁定或者函转方式发回作出生效裁判的法院重新审理的做法，由于未能体现抗审同级，造成抗诉机关只得指派提请抗诉单位出庭，大大增加了案件的审理环节，办案周期延长，实际诉讼成本得以增大，并不能体现民事诉讼法关于便利当事人诉讼、便利法院办案的两便原则精神。④

其四，指令再审的结果是法院系统为再审纠正原审错误判决造成了制度性

---

①　宋朝阳：《民事抗诉再审若干问题探讨》，载《人民检察》2000 年第 7 期。

②　雷万亚：《民事抗诉制度的价值及程序问题分析》，载《诉讼法学·司法制度》2006 年第 2 期。

③　华峰：《刑事再审程序改造之价值目标及模式》，载曹建明主编：《程序公正与诉讼制度改革》，人民法院出版社 2002 年版，第 215 页。

④　俞亚仙：《民事抗诉案件"发回重审"缺乏法律根据》，载《人民检察》2000 年第 9 期。

的障碍，不利于通过审判监督程序纠正原审裁判的错误之处。俗话说，自家人难揭自家短。检察机关提起抗诉的许多案件在原审裁判作出以前，是经过审判委员会讨论定性和定论的或者经过院长、庭长"把关"定夺的，再审决定作出以前仍然需要通过同一审判委员会通过，其难度可想而知，不利于错误裁判的纠正，严重降低了纠错概率，致使抗诉监督的效果打了折扣。如果由原审法院进行再审，原审法院出于人际关系和"铁案工程"的政绩考虑，一般是不会改判的。① 如果立法对程序操作的设计不能够让当事人认为公正无私，即使再审法院认为其裁判完全合法合理，结果也不能使当事人尤其是申诉人心悦诚服，也不利于再审法院做好申诉人的息诉服判工作。

其五，严格执行原则上指令再审，在此条件下的例外做法即抗诉机关的同级法院提审为再审法官的权力寻租提供了制度上的温床，增加了腐败机会。从实证的角度来看，原审法院再审的纠错难度过大，而抗诉机关同级法院再审即所谓上级法院提审的裁判改变原审裁判的比率偏高于原审法院再审裁判，申诉人往往为了寻求再审胜诉而使出浑身解数，利用一切可行的关系找到抗诉机关同级法院的主管院长或者审判监督庭庭长，不惜耗费钱财求得握有权柄的法官同意对其案件决定提审。

## （二）可供选择的解决审级问题的方案

方案一：修改《民事诉讼法》时，建议对审级问题增加如下规定："人民检察院提出抗诉的案件，接受抗诉的人民法院可以指令作出生效裁判的下级人民法院再审，也可以提审。指令再审的，再审裁定由接受指令的下级人民法院作出。接受指令的下级人民法院，不得再行指令再审。""下列抗诉案件，一般应由提出抗诉的人民检察院的同级人民法院提审，或者指令作出生效裁判的人民法院的其他同级人民法院再审。（1）下级人民法院已经作出再审判决、裁定的；（2）下级人民法院的生效裁判已经上级人民法院复查维持的；（3）人民检察院与人民法院协商认为应由同级人民法院再审的；（4）提出抗诉的人民检察院的同级人民法院认为需要直接提审的；（5）生效裁判是由下级人民法院审判委员会决定的。"这是部分地方法院与检察机关通过会签文件形式建立的适用于本地方抗诉再审案件的方案。

方案二：坚持同一法院对同案只能再审一次原则，实行原审法院对其未再审过的民事行政案件再审一次，如遇检察机关对再审判决抗诉，则由上一级法

---

① 蔡文懋、蔡福华：《民事检察制度改造论》，载中国法学会民诉法学专业委员会、最高人民检察院民事行政检察厅编：《民事检察制度热点问题探索》。

院提审或指令与原审法院同级的其他异地法院对原案进行再审。这是最高人民法院主张的再审审级解决办法。如2001年最高人民法院《全国审判监督工作座谈会关于当前审判监督工作若干问题的纪要》第16条规定："人民检察院根据审判监督程序提出抗诉的案件，一般应由作出生效判决、裁定的人民法院裁定进行再审；人民检察院向作出生效判决、裁定的人民法院的上一级人民法院抗诉的，该上级人民法院可以交由作出生效判决、裁定的人民法院进行再审；人民检察院对生效的再审判决提出抗诉的，一般应由上级人民法院提审。"即实行本院审判监督部门先对未经再审过的案件进行再审一次，如遇再抗诉等需要再审情形的，则由上级法院审判监督部门对下级法院审判监督部门再审过的案件进行再审。在此基础上，一定程度上又出现部分案件标的虽不太大，却经省级法院再审后又需最高人民法院提审，造成较多案件汇聚到该院，致其不堪重负。为解决这个问题，最高人民法院提出可交由异地其他省级法院进行再审的解决办法。在2003年全国审判监督工作座谈会上，最高人民法院起草的《关于再审案件裁判问题的若干规定（征求意见稿）》拟规定"下级法院在审理再审案件中，由于特殊原因，不宜继续审理的，应当报请上级人民法院提审或者另行指定其他人民法院审理。上级人民法院认为正在审理再审案件的人民法院不宜继续审理的，应当撤销原再审裁定或者决定，裁定由本院提审或者另行指定其他人民法院再审。"最高人民法院已对此条规定的精神开始试行，并指示各高级、中级人民法院也可试行。据悉，该规定主要适用于出现需要再审法院回避问题的情况，例如涉及法院为一方当事人，法院领导或者领导的近亲属为一方当事人，对方当事人怀疑原法院审理本案的公正性等情形。[1]

方案三：完全确立抗审同级对应规则，即明确一律由抗诉机关的同级法院受理审查检察机关提出抗诉的案件，而不再转交原审法院再审。主张这一方案的学者较多，较为典型的观点：从体现检察机关抗诉的严肃性和法律的权威性，提高再审审理的公正性、纠错的准确性，完善回避制度的目的出发，对于检察机关抗诉的案件，应当一律由提起抗诉的检察院的同级法院提审。[2]

（三）本文主张选择的审级问题解决方案及法理根据

笔者赞同方案三，主张在修改《民事诉讼法》、《行政诉讼法》时或者由

---

① 转引自最高人民检察院民事行政检察厅编：《民事行政检察指导与研究》总第1集，法律出版社2004年版，第19页。

② 段厚省、郭宗才：《既判力与民事抗诉机制的冲突及协调》，载《人民检察》2006年第7期。

全国人大常委会进行立法解释时，明确确立抗审同级对应规则。确立抗审同级对应规则的法理根据及意义：

1. 抗审同级对应规则符合我国《宪法》确立的法律监督权力设置模式

在我国宪政体制下，法律监督权和审判权地位平等，检法两院同向权力机关负责并报告工作。《民事诉讼法》一方面将抗诉权定位于必然启动再审程序的三种途径之一，并且暂时中止原裁判的执行；另一方面又将抗诉权限定为仅仅是一种改判建议权，抗诉权的行使并不能够强制再审法院作出改判，二者互相平衡、互相制约，该项制度设计基本上满足了法律监督权和审判权平等模式的设置要求。但在法院对抗诉案件原则上指令再审的模式下，上一级抗诉机关被迫与下一级再审法院相对应，前者的抗诉理由能否成立还要由后者来判断，这种做法必然导致平等模式的制度设置难以在现实中发挥预期的作用。只有实行抗审同级对应规则，才能在审判监督程序内建立符合宪法所规定的权力运行架构的办案模式，还原抗诉权以平等模式运行的庐山真面目。

2. 抗审同级对应规则能够有效地弥补我国现行诉讼法在审级制度设置上存在的不足之处

通观世界各国立法例，多数国家诉讼法上均实行三审终审的审级制度，而我国二审终审原则长期以来一直是我国诉讼法学界许多学者指责和诟病的对象。审判监督制度本来就是为纠正原审仍然可能存在的错误而作为二审终审制度的补充程序设立的，而实行抗审同级对应规则将能够更加有效地弥补我国现行审级制度的不足，有利于提高终审裁判的完整性和统一性。[①]

3. 抗审同级对应规则符合审判监督程序的完整性和统一性

三大诉讼法对于再审程序的设计方面，要数《刑事诉讼法》最为完备，因为它增加了向哪级法院提出抗诉和由哪级法院进行再审两项内容，明确确立了抗审同级为原则、指令再审为例外的抗诉案件审级模式，清晰地揭示了审判监督程序中抗诉权的运作模式。比较而言，刑事诉讼审判监督程序中抗审同级为原则、指令再审为例外的模式在民事行政审监程序中却变成了指令再审为原则、抗审同级为例外，这实在是一个令人费解的不正常现象，也破坏了抗诉制度的统一，损害了三大诉讼法中审判监督程序制度的和谐一致。民事行政抗诉案件只有也实行抗审同级为原则的模式，才能共同构建出和谐一致完整的审判监督程序。

4. 建立抗审同级对应规则，有利于再审法院对下级法院作出的原审裁判

---

① 李进忠、王玄玮：《民事抗诉案件再审审级研究》，载《民事检察热点问题探索》，中国检察出版社 2004 年版，第 295 页。

和检察机关的抗诉理由作出公正的裁决，有利于原审错误裁判的顺利纠正。从再审尽可能促使当事人息诉服判的角度而言，由于申诉人或者再审申请人一般都对原审法院产生了一种不信任的心理障碍，实行抗诉案件由原审上一级法院受理和再审，形成实际上有限的三审制，不仅有利于通过上级法院高水平的再审监督及时纠正错案，而且能够充分保障当事人的诉讼权利和实体权利，满足当事人的诉讼心理要求，无论再审结果如何，申诉人都比较容易接受。①

---

① 景汉朝、卢子娟：《论民事审判监督程序之重构》，载《法学研究》1999 年第 1期。

# 第六章　人民监督员制度研究

　　司法改革是近年来人们极为关注的热点。在司法改革中，人们最为关心的是如何建立起一个科学的机制，监督司法权力的正确运用。然而长期以来，作为法律的监督者，检察机关在直接受理侦查案件时，却一直缺乏有效的外部监督机制制约。因此，如何使检察机关的侦查权不被滥用，不但为社会公众所关心，也是检察机关自身必须面对和解决的问题。2003 年 9 月，最高人民检察院报告全国人大常委会并经中央同意，决定在检察机关办理自侦案件中试行人民监督员制度。10 月，最高人民检察院在全国十个省、市、自治区（天津、河北、内蒙古、辽宁、黑龙江、浙江、福建、山东、湖北、四川）开展人民监督员制度进行试点。同时，还印发了《最高人民检察院关于人民检察院直接受理侦查案件实行人民监督员制度的规定（试行）》（以下简称《规定》）。该制度经过短短几个月的试点后，在十届全国人大二次会议上受到了全国人大代表的高度赞扬，赢得了社会各界的广泛认同和支持。时任中共中央政治局常委、中央政法委书记的罗干同志对人民监督员制度试点工作的重要意义给予了充分肯定，在全国政法会议的讲话中，他列举的去年政法机关推出的三项改革举措，其中一项就是人民监督员制度，在全国检察长会议上，罗干同志亦强调指出："检察机关按照中央的部署积极进行司法体制改革研究论证工作，开展人民监督员制度试点，完善办理职务犯罪案件的监督制约机制，取得了初步成效。"中共中央 2004 年转发的《中央司法体制改革领导小组关于司法体制和工作机制改革的初步意见》明确指出："人民检察院办理职务案件实行人民监督员制度，可继续进行试点工作。研究相关法律问题，依法规范并不断完善人民监督员制度。"

　　实行人民监督员制度，是最高人民检察院在检察工作中进行的一项重要改革探索。这项改革的目的，就是要建立一种全新的外部监督机制，把办理职务犯罪案件的关键环节自觉地有效地置于人民群众监督之下，从制度上保证职务犯罪侦查权、起诉权的正确行使，提高执法水平和办案质量。人民监督员制度作为一项重大改革措施，已经成为检察工作的一大亮点。作为检察理论研究人员，应致力于此项研究，为全面推行人民监督员制度和完善人民检察制度提供有力的理论支撑。

# 一、人民监督员制度的法理基础

## （一）公民参与司法是民主法治时代的呼唤

监督制度源远流长。世界各国的历史、社会、文化背景各不相同，但现代司法理念和价值却是相同的。国内外学者较多地从权力配置的合法性、有效性，从社会的公平、正义与效率，从社会的监督功能与社会责任，从多元民主与精英政治等角度来探寻权力监督机制，而公民参与司法不仅成为通行理念，而且已经成为现代民主法治国家的特征之一。

作为具有较早资本主义文明的英国，公民参与的司法传统悠久。2002 年 7 月英国司法改革报告白皮书《所有人的正义》在"前言"中写道："本国的人民希望有一个有利于实现正义的刑事司法制度。他们认为犯罪的被害人应当成为这一制度的核心。本白皮书意在重新调整刑事司法制度，使其有利于被害人、证人和社会公众，以树立起更大的信任度和可信度，使所有的人都能享有公正。"白皮书认为公民对刑事司法的积极参与的传统让司法机关受益匪浅，建议采取措施，增加公民对司法的参与。

日本于 1999 年 7 月成立了司法制度改革审议会，经过长达两年的调查审议，司法制度改革审议会于 2001 年向内阁提交了《支撑 21 世纪日本的司法制度——日本司法制度改革审议会意见书》，其中提出了通过引进让公民广泛参与诉讼程序等制度来提高公民对司法的信赖度。

俄罗斯在 2002 年对其《刑事诉讼法典》进行了全面修改，对陪审制度作了根本改革，规定在全国范围内推行陪审团制度。新的陪审团制度与英美国家的陪审制基本相同。俄罗斯的法官们认为，陪审制度让百姓享受宪法规定的参与司法的权利，既可以提高公民的责任感和纪律感，又可以促进法官、检察官、律师等更积极地做好准备工作。

## （二）公民参与司法拥有不可替代的优越性

公民参与司法能够防止司法权的滥用和倾斜。在我国，法官、检察官是由党委、人大选举、任命，法院、检察院的办案及行政开支由政府划拨，如果某些党政等上级领导出于部门或个人私利而干预司法，判决、裁定及其他处理决定难说公平。在公民参与司法的情况下，作为公民权利的维护者和自由保护者的人民监督员等，因无切身利益之虞而不会屈服于权势。

### （三）公民参与司法蕴涵着深厚的法理价值

公民参与司法可以克服司法人员因职业惯性形成的职业弊病。意大利著名刑法学家贝卡里亚曾评价法官为："总是期望发现罪犯同时又落入学识所形成的人为窠臼"。法律职业的高度专业化、精英化使司法系统逐步地远离社会群体，呈现神秘主义趋向，往往难以排除职业潜意识的干扰，暴露出职业弊病。公民参与司法，是依据朴素的社会正义感、公平感，根据自身的心智、阅历、情感，以及对人情世故的了解来评价司法过程的正当性。以平民司法的"普通意识"对职业司法官的"职业意识"加以制约，才能真正体现社会正义，从而实现司法公正。

### （四）公民参与司法能对司法公正起到保障作用

当前我国司法改革以效率优先，而执掌较之以往有更大权力的司法官员又难有精英及公正素质，以致天平难免倾斜；同时，多数法官、检察官，尤其是在基层和落后地区，待遇低劣，生活的艰辛及攀比等，造成心理的失衡，导致权钱交易而影响案件处理的公正。公民参与司法，可以防止暗箱操作，是消除司法腐败的良方之一。

在我国，公民参与司法不仅体现了司法民主、司法公正、保障人权、权力制约等现代司法理念和价值观念，而且更具有现实意义。公民参与司法是我国宪法人民当家做主精神的具体表现；是政治民主以及司法民主的具体体现；在我国目前司法信任危机形势严峻的情况下，它是防止司法腐败、保障司法公正的迫切需要；它有利于从根本上化解纠纷，维护社会稳定；有利于公民对司法的群众监督；有利于保障公民的权益；有利于提高司法官和公民的素质；有利于司法的公信力和威严。

## 二、人民监督员制度的性质

根据《最高人民检察院关于人民检察院直接受理侦查案件实行人民监督员制度的规定（试行）》，人民监督员制度监督范围明确为自侦案件个案的立案、侦查、逮捕和不起诉的几个环节。主要是对拟作出撤销案件决定的、拟不起诉的和被逮捕的犯罪嫌疑人不服逮捕决定的三类案件的监督，此外，人民监督员发现应当立案而不立案、超期羁押、违法搜查或扣押冻结、应当刑事赔偿而不赔偿、办案人员徇私舞弊贪赃枉法等五种情形，有权提出纠正意见供进一步查证核实。在监督方式上，人民监督员的评议意见，仅具程序上的意义，检察长不同意人民监督员表决意见的，应当提请检察委员会讨论决定。多数人民监督员不同意检察委员会决定时，还可以要求上一级检察机关复核，并及时反馈复核结果。相对约束力规则，既体现了检察机关非常严肃对待人民监督员的审查监督决议，又必须依法独立行使检察权的原则。

据此，可归纳人民监督员制度的性质为：第一，人民监督员制度不是刑事诉讼程序上的监督，而是社会性公众监督；第二，人民监督员制度既不同于检察机关内部的监督，也不同于公、检、法相互之间的制约，而是属于检察机关外部监督；第三，人民监督员制度中的监督仅具程序上的意义；第四，人民监督员制度中的监督是对某一类案件的逐案监督，是宏观与微观监督的结合。

因此，人民监督员制度是公众对人民检察院直接受理侦查案件终局性处理决定的诉讼外监督。

# 三、人民监督员制度的功能

人民监督员制度是针对我国人民检察院直接受理侦查的案件，外部制约、监督机制匮乏的情况设置的。我国的刑事诉讼程序，实行的是公、检、法三机关"分工负责，互相配合，互相制约"。但人民检察院直接受理侦查的案件，如果不提起公诉，则是一个相对封闭的程序结构，即立案和撤案、侦查行为、决定逮捕或不逮捕、决定起诉或不起诉，都是检察机关一个执法主体控制。尤其是如果作出不起诉的决定，则终止诉讼程序，几乎没有检察机关以外的监督和制约机制。而权力监督理论要求，一项权力必须加强制约和监督才能保障其准确、公正行使。所以必须设置内部监督和外部监督、诉讼内的制约和诉讼外的制约相结合的机制。

检察机关是法律监督机关，广义上，对国家公职人员进行司法监督，是检察机关的法定职责；同时，职务犯罪与普通刑事犯罪有着明显的不同，将该类案件脱离公安机关划归检察机关管辖对于特殊群体的精确打击以及预防犯罪等都有积极意义。另一方面，理论界有学者提出由法院决定逮捕，笔者认为，在当前司法体制改革的大潮中，不少专家尤其是缺少司法特别是基层调研的同志盲目西化，但我国的宪政体制很难"容纳""三权分立"框架下的"大司法"体制，我国国情在许多方面亦与英美法系相悖，就好比西方的同性恋婚姻合法化很难为国人接受一样。因此，希望由法院决定逮捕，未必恰当。实践证明，国家工作人员的职务犯罪由检察机关直接立案侦查、决定逮捕等，收到了良好的效果。

因此，从法律定位上以及现实效果方面，在我国现行宪政体制构架下，由检察机关管辖职务犯罪的侦查和决定逮捕等更具优越性。当然，由于法律上欠缺外部制约的规范而产生或可能产生一定的相关问题。但这些问题的解决，是完善法律而不是改变管辖的问题。最高人民检察院本着对司法负责的态度，主动将宏观的公民监督落于实处，加强了自身的外部监督。所以，人民监督员制度的功能就在于此，即加强对人民检察院直接受理侦查案件终局性处理决定的诉讼外监督，以更好地体现司法公正。

# 四、人民监督员制度的价值

根据权力制衡理念，权力失却监督就会产生腐败，这种腐败可能产生于部门利益、功利以及个人的私欲等。我们可以提倡司法人员都要有高尚的情操，但又很难保证每一位法官、检察官都有公德心，尤其是在我国存在着大量低薪而又素质低下（特别是经济欠发达的基层）的司法人员，因此，在培养精英法官、检察官（如通过司法考试等）的过度期内，在国家难以在短时期内高薪养廉的国情下（我国存在着庞大的低收入阶层，目前已给政府造成了沉重的上访压力，过分地对某一领域高薪养廉，可能会因"患寡而不患均"的传统思想而造成社会动荡），以严密的法律制度来制约司法是唯一可行的办法。小平同志说，还是制度来的可靠些，正在于此。

人民检察院直接受理侦查案件以及所做出的终局性处理决定，在宪政上有人民代表大会及其常委会监督，在法律和规定上有内部制约以及还有各级党委的领导。但诸多监督制约，或者是宏观的，或者是泛泛的，很难为人们广为认同和确信。因此，将宪法、法律等赋予的公民监督权力具体化并落于实处，加强外部制约，势在必行，也符合法制民主化的发展趋势。

实行人民监督员制度，首当其冲的是加强了司法的民主性。通过公众直接参与，实现了公民的宪政权利，提高了广大公民的民主和法律意识，也增强了对司法权威的信任。其次，人民监督员制度可以有效地制约司法腐败，创造一个公平的法治环境，实行人民监督员制度，从外部对检察机关直接受理侦查案件的终决权进行监督。使原封闭性的内在权力外在化，把办案及处理的具体程序透明化，并适时提出不同意见并以有效的程序加以保障，实现相对公正的司法价值。第三，实行人民监督员制度，通过对检察机关直接受理侦查案件的终决权进行制约，以保护被追诉人以及被害人的合法权益，维护社会的公平正义。对被追诉人而言，检察机关既要将真正的犯罪分子诉交法院，又要保障被追诉人的合法权益；对被害人而言，检察权的运用要达到保护国家、社会的整体利益与被害人个人利益的统一，同时，要尽量避免被害人因受损害的利益在刑事追诉活动中得不到保护而再次受害。但现实中，确实存在检察机关直接受理侦查案件以及所做出的终局性处理决定发生偏差情况，因此，实行人民监督员制度，对该项检察权加强外部监督，以有效地避免冤假错案，是为人民监督员制度的价值所在。

# 五、人民监督员制度的基本原则

人民监督员制度的基本原则是指实施人民监督员制度所必须遵循的基本行为准则。这些原则贯穿于监督活动的始终，产生着重大的影响和作用，有着普遍的指导意义。笔者以为，基本原则作此表述当然是正确的，但又过于笼统，一项制度的基本原则还要与其性质和特点紧密关联。比如说，《刑法》、《民法》都应一体遵循《宪法》的基本原则，却没有学者怀疑《刑法》的罪刑法定原则及《民法》的诚实信用原则在宪法原则下所独有的鲜明个性。所以，虽然有学者提出，人民监督员制度的原则应包括："坚持检察机关依法独立行使检察权不动摇原则、客观公正原则、民主评议原则、以事实为依据和以法律为准绳原则以及人民监督员独立行使监督权原则。"但人民监督员制度所要解决的就是既要对缺乏制约的部分检察权实施有效的外部监督，又要保证检察权的依法独立行使。故其基本原则应为：

## （一）检察机关依法独立行使检察权原则

《宪法》第131条和《人民检察院组织法》第9条规定，人民检察院依照法律规定独立行使检察权，不受行政机关、社会团体和个人的干涉。此为人民检察院依法独立行使检察权的法律依据。但依法独立行使检察权并非可以对抗合法监督，因为独立行使检察权法定，合法监督亦法定，所以才有公、检、法三机关分工负责、互相配合、互相制约原则的存在。人民监督员制度是检察机关在现行法律规定的框架内，为完善直接侦查案件的外部监督机制而进行的一项改革，是检察机关落实宪法的规定，主动接受人民监督的一项制度创新。因此，在目前缺乏立法的情况下，人民监督员制度的监督，在性质上，仅具非刑事诉讼的程序意义，而没有决定案件实体处理权。也就是说检察机关依法独立行使检察权与人民监督员的监督因不居同一层面而相对独立。按照《最高人民检察院关于人民检察院直接受理侦查案件实行人民监督员制度的规定（试行）》，在检察官对案件提出初步处理意见后、检察长或者检察委员会依法对案件正式作出处理决定之前，检察长和检察委员会必须在认真考虑人民监督员的监督意见后，按照检察机关依法独立行使检察权的原则，依法对案件作出处理。

### （二）人民监督员独立、有效行使监督权原则

一项制度不能单纯追求功利而淡薄其实效意义。因此，为避免人民监督员制度表面化、形式化，必须坚持人民监督员独立、有效行使监督权原则。坚持这一原则，首先要切实做到凡是《最高人民检察院关于人民检察院直接受理侦查案件实行人民监督员制度的规定（试行）》所列的"三类案件"，均要无一例外地进入监督程序，避免出现"监督盲区"。其次，要防范各种外部的不当干涉，确保监督权的独立行使。尤其要科学人民监督员的选任程序、范围，以避免外在干扰，实现客观、公正。再次，要以制度保证评议和表决过程的独立性。人民监督员既能独立、充分地发表个人的观点和理由，相互之间又不可施加不当影响。最后，以少数服从多数（可采无记名投票方式）的民主原则形成监督意见。

## 六、人民监督员制度的概念

依据《最高人民检察院关于人民检察院直接受理侦查案件实行人民监督员制度的规定（试行）》。人民监督员制度是公众对人民检察院直接受理侦查案件终局性处理决定的诉讼外监督。如此概念是对人民监督员制度的本质特征等的概括总结，但仔细推敲又觉有诸多欠妥之处，尤其是"人民监督员制度"术语本身与其监督范围似乎不太协调。

首先，人民监督员制度中的"人民"用语，实际上是政治概念，不是法律术语。我国立法之初及其以后，以政治当先是有其特定历史背景的，但法制建设至今，在宪法及法律中，再以"人民"取代"公民"等似难为人们所接受。政府是人民的，法院是人民的，检察院是人民的，监督员制度也是人民的。在政治方面，作为人民对立面的敌人是否就是法律意义上的罪犯还是包括罪犯，好像概念有些模糊，又好像不在一个层面，而法院审理的大量民事、行政等案件似乎是中性的，没敌我之分。这里不存在不讲政治和抹杀法律的阶级性问题，只是追求概念、术语的科学、严谨。政府、法院、检察院等单纯冠名国家、区域等级无有不可，法律制度则以法律术语规范为佳。

其次，"公众对人民检察院直接受理侦查案件终局性处理决定的诉讼外监督"冠名"人民监督员制度"不太协调。无论从字面文意还是做限制解释，人民监督员制度中的监督者和监督的内容都会是广泛的，庞大的人民监督员制度最终监督的仅仅是检察机关直接受理侦查案件终局性处理决定（部分检察

处分权），好像头大身小。一个概念也好，一项制度名称也罢，都应精练地反映内容的本质特征。因此，对人民检察院直接受理侦查案件终局性处理决定的诉讼外监督制度，其名称应与内涵紧密关联，最好是一目了然。笔者以为，可否称为（检察机关直接受理侦查案件之）"检察处分权审查制度"。"检察处分权"的内涵仍然宽于"检察院直接受理侦查案件终局性处理决定"，但囿于名称、概念的精练，有时候难于求全。日本的"检察审查会制度"也只是对检察机关部分处分权（主要是决定不起诉案件）进行监督。所以，"检察处分权审查制度"的称谓，相比而言，可能更为贴切。

## 七、人民监督员的构成形式

人民监督员的构成形式主要涉及"专业化"还是"公众化"问题。"专业化"如《最高人民检察院关于人民检察院直接受理侦查案件实行人民监督员制度的规定（试行）》修订前规定人民监督员应具备的条件之一："有良好的政治素质和较高的政策、法律水平"（2004 年 7 月 5 日，改为"公道正派，有一定的文化水平和政策、法律知识"）。"公众化"是排除公、检、法工作人员和同级党委、政府、人大官员等以外的具有一定文化素质的公众（笔者认为可以从人大代表、政协委员中选任）。"精英化"可能会对案件的事实、性质和法律的适用作出较为准确的判断（由于《最高人民检察院关于人民检察院直接受理侦查案件实行人民监督员制度的规定（试行）》的要求等缘故，目前人民监督员的构成多采精英人员）；"公众化"可能会使"人民陪审员制度"流于形式。但这里涉及法理基础及价值取向等问题，前文已述，实行人民监督员制度，是为了加强司法的民主性，同时，通过公民参与司法可以克服司法人员因职业惯性形成的职业弊病，以平民司法的"普通意识"对职业司法官的"职业意识"加以制约，真正体现社会正义，从而实现司法公正。在这一点上，无论是民众参与审判权行使的大陆法系中的参审制、英美法系中的陪审制，还是制约检察权行使的日本的检察审查会、美国的大陪审团制，概莫能外。基于此，我国以采"公众化"为宜。采用了"公众化"，并不是说要照搬他国之法，我国总体上较低的国民素质（主要指文化层面），使得我们广泛的国民参与，可能难于取得监督效果，因此，在充分考虑公众代表性的前提下，设置一定的学历门槛，会保障该项制度广泛而有效地实施。

# 八、人民监督员制度与人大监督衔接构想

我国《宪法》第3条第3款规定："国家行政机关、审判机关、检察机关都由人民代表大会产生，对它负责，受它监督。"也就是说，人大对检察机关的监督是法定监督，其依据是国家根本大法，而人民监督员制度的监督依据是《最高人民检察院关于人民检察院直接受理侦查案件实行人民监督员制度的规定（试行）》，这种系统内规范性文件与法律的效力不可同日而语，因此，目前人民监督员制度充其量也只能算作社会性的民间监督。如果检察机关推行的该项改革行之有效，能够弥补人民检察院直接受理侦查案件中检察处分权制约之缺欠，那么，人民监督员监督就应该法定化为官方之正式制度。首先，作为人大立法保障的人民监督员制度可以融入人大广义监督之宪政体系，并脱离检察机关之规范框架（检察机关自我外部监督难为认同）。也就是说，人民监督员制度实质上与《刑事诉讼法》规定的公检法相互之外部制约居于同一层面，应有立法加以支撑。其次，我国政体是人民代表大会制度，人大代表的广泛性涵盖各方，如果人民监督员产生于人大代表，完全可以体现其公众性。第三，任何制度的产生和发展都会具有成本，成本的最小化，效果的最大化，是我们追求的目标。将人民监督员制度立法置于人大监督之宪政框架下，在人大内司委专设人民监督员办公室（检察机关的相应机构仅负责联络、安排等事宜），避免另起炉灶以节约制度成本。

检察机关首创人民监督员制度试行以来，得到社会广泛赞许和认同，但因该项制度所体现之外部制约是由被监督者自我组织和实施又受到一定程度的质疑。因此，作为一项行之有效的机制，法定化、制度化、规范化势在必行，目前，在我国宪政体制下，笔者认为与人大监督衔接较为适当。

# 九、人民监督员制度的监督范围

《最高人民检察院关于人民检察院直接受理侦查案件实行人民监督员制度的规定（试行）》第10条、第11条、第12条、第13条中明确了人民监督员监督范围，几乎包括了检察工作的全部。共分四个层次：一是对检察机关直接受理侦查案件拟作撤案、不起诉和犯罪嫌疑人不服逮捕决定的（简称"三类案件"），这是监督的重点；二是发现人民检察院办理直接受理侦查案件中，应当立案而不立案、超期羁押、违法搜查扣押冻结、应当给予刑事赔偿而不依法予以确认或者不执行刑事赔偿决定或办案人员徇私舞弊、贪赃枉法的（简

称"五种情形"），有权提出纠正意见；三是对人民检察院直接受理侦查案件的其他执法活动中的违法情况，可以提出建议和意见，接受人民群众对检察人员的投诉，转交检察举报、控告；四是最高人民检察院和上级人民检察院的人民监督人员，可以对本地检察工作实施监督。目前，检察机关试行阶段，主要开展对"三类案件"的监督，对"五种情形"亦以时间表列入考虑之中。

对此包罗万象之规定，是不是最高人民检察院过多地考虑了"人民监督员制度"的含义。虽然，检察机关实质的监督目前仅体现于"三类案件"，但作为制度化规定，如果监督范围过于广而泛之（诸多问题非具典型意义），则有可能冲淡主题，失却监督意义。

因此，为防止贪多不力，应强调重点，高效利用资源，人民监督员制度仅针对失却外部制约的检察自侦案件处分权为好。

# 十、人民监督员监督程序和权限

《最高人民检察院关于人民检察院直接受理侦查案件实行人民监督员制度的规定（试行）》的第四章是"人民监督员的监督程序"。主要内容包括：监督的准备（第18—20条），监督员的选定（第21条），监督员的回避（第22条、第23条），监督工作的步骤（第24条），检察机关如何处理人民监督员的意见（第25条、第26条），监督的期限（第27条）等。对此具体步骤不作评论，但在宏观程序上，笔者认为，为保证监督的有效和公正，应进行必要的岗前培训和案件听证。

由于人民监督员不以精英为必要，多为公众之代表，因此，人民监督员办公室可组织专家针对所监督案件相关法律知识及证据运用等加以讲授，使具有一定文化程度的监督人员，在掌握相关法律知识后，实施有效的非专业意识监督；而案件听证，是为了做到"兼听则明"，让控辩双方同时到场，充分听取办案人员对案情和法律适用的介绍（同时可以查阅相关案件材料）以及被处理人及其他代理人的意见，以帮助人民监督员作出正确判断。

关于人民监督员监督权限问题，主要涉及在不妨碍检察机关依法独立行使检察权的前提下，如何使人民监督员的监督独立而有效。依法独立行使检察权应主要体现于检察机关对案件的实体处理，而人民监督员的监督当然不是取而代之，只能在程序层面尽可能保证检察权行使的公正。具体可似审判之两审制，实施两次评议制（当然，最高人民检察院不在此列），即人民监督员不同意检察机关处理决定的，检察机关应将该案报送上级院重新审定（检察机关直接受理案件之不起诉处理等按规定应由检察委员会决定，目前人民监督员的监督只是体现于本级检委会或检察长重新研究似无意义），经检委会研定仍与监督意见相悖的，应由上级人民监督员再行评议，无异议自不待言，否则，提交再上级院审理并经检委会研究终局决定。

# 十一、人民监督员制度的完善

总之，在当前，《刑事诉讼法》所规范之监督体制不变的情况下，人民监督员制度不失为一项有效的堵漏措施。实践试行表明，该项制度在一定程度上行之有效并得到广大公众的认同。因此，作为一项制度长期推行似所必然。但同时，以改革面目出现的新生事物尚待完善。

首先，目前检察机关推行的主动接受监督的该项改革举措填补空白，受到广泛赞誉。但由于客观存在被监督者组织实施对自己的监督弊端，使人产生疑虑，因为这毕竟是一项外部监督制度。鉴于此，人民监督员制度作为公众监督，上升为人大监督范畴，由广泛代表民意的人大负责实施运行为宜。

其次，人民监督员制度虽有宪政基础，但就宏观而言，一项欲长期推行的正式法律制度，微观层面仅根基于部门之规定，似乎不相协调。因此，人大立法势在必行。

第三，一项制度的名称，是其内容的浓缩和提炼，而人民监督员制度之语境过于宽泛。同时，作为具有阶级内容的立法、司法强调政治自不待言，法律制度应将此寓于其中，但规范用语仍应以法言法语。故，人民监督员制度可改为（检察机关直接受理侦查案件之）"检察处分权审查制度"。

第四，监督应有针对性，如果名称为人民监督员制度，又与之相称，对整体检察业务实施了广泛制约，这和人大、政法委及一般公众监督有何区别？不说难以有效，实践也不好操作。因此，仅对失却外部制约的检察机关直接受理侦查案件之检察处分权予以监督为必要，也就是"三类案件"的监督。

第五，监督的独立和有效。脱离检察机关的组织和管理，是为独立；自主的发表评议意见是为独立。有效体现于以程序保证实体公正，人民监督员评议实施两议制，检察机关相应予以三审（上两级检察机关检察委员会两议），真正做到监督的切实有效。

# 后　记

　　本书历时三载完成，它凝聚着安徽省人民检察院领导和研究室全体人员的辛勤汗水。书中除统稿和编写者外，原省人民检察院及研究室的负责同志对本书的起意、策划、组织撰写及修改论证均作了大量的工作。时值本书付梓出版之际，向所有做过贡献的人员表示由衷的感谢和敬意。

　　本书各章执笔人员为：第一章职务犯罪侦查问题研究：陈怀安、刘继国；第二章侦查监督问题研究：张静；第三章公诉问题研究：王敬安、刘友宇；第四章刑罚和刑罚执行监督问题研究：杨勇；第五章 民行检察工作问题研究：李强、常海蓉；第六章人民监督员制度研究：唐保银。全书由安徽省人民检察院副检察长陈怀安、刘铁流统稿。

　　千淘万漉虽辛苦，吹尽黄沙始到金。《检察业务热点问题研究》一书虽不能称有黄金屋，但可自信坦言：所有的内容都是用心血和责任浇铸而成。作为一个探索性的课题，希望通过对检察理论中突出焦点问题的探索和研究，对执法实践起到指导作用。

　　本书作者均来自检察实务部门，资料和水平有限，书中难免存在不足之处，企盼读者批评指正。

编　　者

2009 年 6 月